总序

一座法律教学与研究的宝库

中国加入WTO 10周年,给我们提供了16份争端解决裁决报告。这些报告不仅对中国与美国和欧盟等其他WTO成员之间的贸易争端作出了裁判,而且向我们展现了一系列精彩的法律分析。例如,采取"保障措施",应当如何对"未预见的发展"进行分析?《补贴与反补贴措施协定》中的"公共机构",是指"政府控制"的机构,还是"履行政府职能"的机构?对中国的产品同时采取反倾销和反补贴措施,为何要考虑"双重救济"问题?为何美国有关行政部门拨款的法案属于"卫生与植物卫生措施"?为何专家组认定欧盟单独税率的规定不符合《反倾销协定》,而上诉机构又是如何"基于不同理由"维持了专家组裁决?在针对中国产品采取"特殊保障措施"时,应当如何分析进口与产业损害之间的因果关系?再如,中国对构成整车特征零部件的税收为何属于"国内费用",而不是"普通关税"?中国知识产权法律中的刑事门槛为何没有违反《与贸易有关的知识产权协议》第61条的"商业规模"之规定?《中国加入WTO议定书》承诺中的"sound recordings",为何既包括物理形态(CD、DVD)也包括电子形态(网络音乐),而上诉机构又如何解决了一个"复杂的法律问题",即议定书承诺能否援用GATT第20条例外的问题?但在另外一个案件中,为何中国关于出口税承诺又无权援引GATT第20条例外?

在这些法律分析中,专家组和上诉机构不仅对案件事实("措施")进行了详细的描述和准确的归纳,而且对相关法律,即WTO协定的相关条款进行了明确的解释。更为重要的是,对于"法律为何适用于案件事实",裁决报告中有充分翔实的论证,常常达到几十页的篇幅!这些是真正意义上的法律分析,体现了法律的严谨和理性。

WTO中涉及中国的争端解决裁决报告,只是WTO裁决的一小部分。自1995年成立以来,WTO争端解决机构已经作出了200余份裁决报告,有更多更为精彩的法律分析。

而且,随着全球化和各国经济贸易交往的增加,WTO争端解决裁决报告的数量还在不断增加……

WTO裁决报告仿佛一座宝库,亟待法律教学和研究的挖掘。

法律教学应当使用WTO案例,因为研读这样的法律分析,学生必定会得到很好的法律训练。此外,对于中国是当事方的案件,裁决涉及中国的贸易法律和政策以及中国的经济利益,因此使用这些案件教学是饶有趣味的。对于中国并非当事方的案件,由于它们涉及国民待遇、最惠国待遇和取消数量限制等重要的国际贸易规则,覆盖了货物贸易、服务贸易和知识产权等主要的国际贸易领域,而中国作为一个贸易大国,有短期或长期的利益,因此使用这些案件教学,不会让学生有"事不关己"的"陌生感"。这也契合了国家实施卓越法律人才

教育培养计划的要求,有助于培养一批具有国际视野、通晓国际规则、能够参与国际法律事务和维护国家利益的涉外法律人才。而对于研究者,研究这些案件所涉及的国际规则和中国利益,提出对策建议,对中国法律和政策的制定以及“全球治理”的参与,都有非常重要的意义。

更为重要的是,这些裁决得到了 154 个 WTO 成员的充分尊重,按照 WTO 的法律程序得到了执行。法律的权威在这里得到了体现。法律是管用的,能给法律的学习者和研究者带来无穷的动力,也为我国建设法治社会提供了借鉴。

开启这座宝库的大门,只需举手之劳:钥匙就是每个人手中的鼠标,只要对着 WTO 官方网站轻轻一点,全部案例就会出现在屏幕上!我们这套丛书,不过是在为这座宝库做个广告。

是为序。

商务部条约法律司前副司长　**杨国华**

西南政法大学国际法学院院长　**张晓君**

2012 年 3 月 31 日

前　言

特殊时期的 WTO

——2018 年春季学期清华大学法学院
"世界贸易组织法—中国案例研究"课程实录

杨国华

2018 年春天，当我走进教室，面对同学们，已经准备好回答一个问题：WTO 面临危机，我们为什么还要学习 WTO？

是的，2018 年春天，中美经贸摩擦正式爆发——美国对中国产品加征关税，悍然违反 WTO 规则，而中国不得不奋起应战，对等额美国产品加征关税，引发是否符合 WTO 规则的讨论。世界上两个贸易量最大成员之间的冲突，事关重大。不仅如此，作为 WTO"皇冠明珠"的争端解决机制危机日益加重，上诉机构 7 名成员由于美国阻挠而不能及时补足。这两个事件，加上久拖不决几乎宣告失败的 WTO 新回合谈判，使得 WTO 出现了前所未有的危机。多边贸易体制何去何从，人们议论纷纷，忧心忡忡。

同学们并没有直截了当提出这个问题，但是的确有同学关注到了全球化逆潮以及对 WTO 的质疑，甚至"WTO 已死"这样吸引眼球的标题。因此，在第一节课上，我们就讨论了全球化与 WTO 等宏观问题。我所准备好的答案是：WTO 规则是全球治理的重要成就，是国际法治的重要发展，代表了国际经济关系的趋势，即使 WTO 不在了，类似的国际组织也会出现；WTO 案例是法律学习的极好资料，其法律推理部分极其精彩，具有超越 WTO 领域的独立价值。在随后课程中，我没有回避经贸摩擦逐步升级给 WTO 带来挑战的问题。相反，我将经贸摩擦所引起的国际法问题，包括中美在 WTO 互诉和贸易反制国际法依据等，作为专题内容，拿到课堂讨论。事实上，经贸摩擦对 WTO 规则的冲击，恰恰是学习 WTO 的一个契机，让同学们有亲历历史的时代感。从课程综述可以看出，同学们并没有对 WTO 丧失信心。

当然，课程重点是研究 WTO 中国案例。知识产权协定中的"商业规模"一词应该如何理解？议定书与关贸总协定之间的关系是什么？征收反补贴税是否要考虑反倾销税？电子支付服务是否属于中国承诺范围？从课程标题就可以看出，要解决这些问题，需要进行仔细的法律分析，特别是使用《维也纳条约法公约》第 31 条和第 32 条所提方法进行解释。从课程论文（见附录 1）可以发现，同学们所关注的就是这些问题。法律解释方法和技巧，当然具有普遍价值而独立于 WTO 领域。不仅如此，法律解释能力是法律人的看家本领，当然能够引起同学们的极大兴趣。

课程结束，已是盛夏。看着同学们的论文和感想，回顾一学期的课堂讨论，我早已忘却

了当初走进课堂时所准备的那个问题和答案，倒是电影《无问西东》中的一个场景时常出现在眼前——西南联大时期，战火纷飞，人心动荡，但是在漏雨的教室里，在防空的壕沟中，师生们专心致志，刻苦学习。他们知道这是坚守，这是未来。我们也是。

如鱼饮水,冷暖自知

徐朝雨(课程助教)

2018年的春天,我收到杨老师的通知,担任“世界贸易组织法—中国案例研究”的课程助教。接到这个任务,我欣喜、激动又有点担心——欣喜的是我终于有机会全方位参与和了解这门从本科开始就非常向往的课程,激动于有机会同清华大学法学院的优秀本科生一起学习、思考,却又担心在这个“中美经贸摩擦”的特殊时期,WTO面临巨大挑战的情况下,同学们学习WTO的热情会降低很多。

时光已过去大半年,第一次的课堂情景却记忆犹新。杨老师启用“雷达加好友”的功能建立了班级群,随后我给大家演示了“桌签”的使用方法。“桌签”是参加杨老师课程的必备工具,希望发言的同学举起桌签,杨老师按照举手的顺序确定发言的顺序。第一堂课上,同学们主要讨论了WTO的发展历程,涉及多哈回合和乌拉圭回合两次谈判。杨老师毫不避讳WTO面临的问题,也引导大家在全球化的政治、经济格局中认识WTO。整堂课下来,我能充分地感受到同学们对于WTO的热情并未减退,反而更加高涨。

我印象最深的是中美经贸摩擦专题的三节课。因为之前写过关于“美国301调查”的论文,我对这部分的内容比较熟悉,杨老师也借此机会让我和张维营同学(北大法学院的硕士生)给大家分享一下不同的观点。观点分享过程中,有同学提出疑问,美国既在国内发布301调查报告又在WTO提起诉讼的心态究竟如何,它到底想不想运用WTO多边贸易规则解决问题呢?我认为,这反映了美国国内对WTO的不同观点,美国想运用WTO维护本国利益,但是又不想受到多边贸易体制的限制,这才生发出其矛盾的心态。一方面美国试图通过WTO制裁中国,另一方面又认为WTO的争端解决机制不能最大限度地维护美国的经贸利益,所以同时采用国内调查程序给中国施加压力。回应同学们疑问,触发了我的深度思考,301条款的(a)(b)两项的区分究竟是形式内容还是实质依据?行政行动声明作为政治文件,它究竟对法律分析产生了多大影响?下课之后我查阅了大量资料,最终在硕士毕业论文中给出了一个解释。

最后一节课,随机数决定由哪些同学来分享期末论文提纲,再一次体现了课堂的“绝对”民主。实话说,我很羡慕那些有机会分享论文的同学,其他同学的疑问、杨老师的建议对于最后的论文撰写有莫大的帮助。课后,杨老师和我交流,他认为随机数编号的方式是很好的,但是一次抽出全部的随机数可能会减轻不分享同学的压力。我思考后认为,明年的课程可以有所改进,比如由助教抽出第一位分享的同学,分享结束之后由分享人抽出下一位分享的同学。当然,明年的课程由明年的同学和助教决定,每一年的民主形式都不一样,也是这节课独具魅力的原因之一。

大约从10月份开始,我与林盟同学一起整理所有同学的课程综述。虽然上学期的课后也进行汇总,但重新整理综述的过程仍然大有收获。综述是课程的精华所在,从同学们的综述中,我看到了清华法学院本科生对于学术的认真态度,很多时候令身为研究生的我自惭形

秽。我邀请 8 位撰写“综述之综述”的同学，于每个专题挑选了 15 篇高质量的综述。这是你们的思考，也是你们的成就。希望课程结束后，同学们继续关注中美经贸摩擦的最新进展。

翻开这一本厚厚的课程实录，中美经贸摩擦硝烟未逝，没有人会知道 WTO 的未来将走向何方。“如鱼饮水，冷暖自知”。无论如何，如此精彩的 WTO 案例，已经为国际法的学习提供了足够的素材。所以我愿意坚守，我愿意相信即使 WTO 解体，也会有类似的组织来调节国家之间的经济、贸易关系。我更愿意相信，从明媚的春天到炎热的盛夏，坐在明理楼 320 教室里孜孜以求的同学们，定会拥有更为光明的未来。能成为杨老师的学生，能成为你们的助教，我三生有幸。

周虽旧邦，其命惟新

林　盟（清华大学法学院2016级本科生）

2018年对于中美关系而言，是又一个历史性的十字路口，对于世界贸易组织而言，也是其生命周期中的一场历史性的阵痛。2018年的春季，在中美贸易摩擦不断升级的大背景下，“世界贸易组织·中国案例研究”这门课程被置于更加现实和深刻的语境中。这对于学生来说，既是幸运，亦是挑战。现实中尖刻而复杂的语境给予了我们不同于学长学姐们的视角，重新探索这些早已“一锤定音”的案例。在不同领域不同规则下的案例背后，现实仿佛元命题一般若隐若现。选修这门课程的同学们仿佛如两百年前托克维尔一般，出于获得有益启示的期待和一种合理的好奇心，开启了一场旅行——走进世界贸易组织法的中国案例中，试图窥探被称为“模范国际法”的世界贸易组织法的一隅，它的思想、激情、偏见、实践；试图理解这个已经走过二十四载的世界贸易守夜者，它正在经历的冲击、矛盾、困境、迷茫。

“世界贸易组织·中国案例研究”向来以“讨论式课堂”“举牌制发言”“课程综述”等独特的授课方式著称于法学院内。早在课程开始前，每个同学都收到了一份来自杨老师精心准备的课程“大礼包”。这其中有本门课程需要的各种重要资料，也有学长学姐传承下来的宝贵经验和成果。在这门课上，老师并不会提供已经系统化的一揽子知识给你，而是最原始的一手资料，由学生来自主搭建起课程的实体内容。初初阅览，从学长学姐的综述和总结中对这门课程开展的形式有了大体的了解，内心既充满期待但也对翔实的课程内容感到压力。

尽管大部分同学选修这门课程时尚未修习世界贸易组织法，跨越WTO实定法直接跃入浩瀚的WTO案例中，确实存在不少困难。但同学们对选修课程缺乏的恐惧，在几周的课程后就几乎被打散了——实际上，直接从案例研讨出发未尝不是一种更优的进路。

回顾这些已被“一锤定音”的陈年旧案，不仅仅是因为每一个案例都是WTO法的生动演绎，也不仅是因为在WTO争端解决中存在着“事实上的遵循先例”，更是因为一个个具体的案件帮助我们从抽象而宏大的“高地”，回到事实和细节的“平原”，透过规则的表达直接地看向规则的演绎，而这正是法律的生命脉搏所在。

自由发言的讨论形式，更加激发了观点与观点的碰撞，形成头脑风暴。课堂上案例的讨论是从发散走向聚合的，但讨论并非以凝聚共识为定向，而是以相互请教与交流为主。实际上，课堂上讨论的问题基本上是非事实性问题，因此不存在所谓的放诸四海皆准的正确答案。在不存在正误尺度的情况下，思考和交流得以充分展开，也正是在充分交流与辩论的过程中，真理越辩越明，道理越讲越清。两个多小时的激烈碰撞后，铃声响起，意犹未尽者常常有之。

在杨老师慷慨交出课堂主动权的另一面，实际上是对每一个课堂参与者提出了更高的要求。不同于传统的课堂以教师“输入”的教学方式为主，在“世界贸易组织·中国案例研

究”的课堂上，学生在走进教室前必须先完成一轮自我“输入”，课堂上要完成的是“输出”的过程。这需要学生在课前有相当数量的时间投入，因为每个人学生的课前准备都直接关系到课堂的知识密度和整体质量。与课堂讨论相伴的另一任务是“课程综述”。一方面，课程综述是同学们对课堂讨论的复盘，通过课后梳理与再思考，自主地形成个性化地认知体系。另一方面，同学们记录下自己在课程中的所思所想，作为思想和知识成长的见证。

因此，在一定程度上这门课程也具有“分享性”的色彩。在这门课程中，每个学生都是“分享者”，课程的实体内容是由学生在杨老师提供的丰富翔实的资料上，彼此搭建起来的。除了课堂讨论本身就是观点的分享，每一个同学的课程综述和课堂心得也是开放分享的。在大家多元化观点的引导以及学长和老师的启发下，一些在个体思考下往往被遗忘或忽略的视角得以被发现。可以说，在具体的案例学习之外，这门课程更是“授人以渔”的。在与同辈和前辈的切磋中，思维交锋与碰撞，我们得以高效率地收获全面的认知视角。从而将 WTO 的历史、现实与未来有机地串联在一起，将个案事实、法律文本与法理学结合，甚至将法学与语言学、逻辑学、哲学、政治学等多学科加以综合，由此构建了更为多元开阔的视野，超越相对化的思维方式，开拓新的认知疆界。

在“课堂讨论—课后总结”的模式外，本学期课程的一大突破在于，课堂讨论中引入了“主持人”。主持人的加入在一定程度上替代了杨老师原先所扮演的“引路人”角色，也将杨老师从讲台上“解放”到了发言席上。在发言席上，杨老师也带来了自己的名牌，踊跃举牌发言、提出观点，甚至与同学们展开辩论，促进了课堂讨论的深入。另外，经过几次过渡与适应，主持人很快就驾轻就熟，有序地组织引导课堂，把控课堂讨论节奏。在主持人的引导下，发散式的提问很快就走向相对集中的讨论，课堂氛围活跃。

本学期课程的另一亮点是，杨老师根据现实背景调整了课程计划，用两节课的时间让同学们讨论中美贸易摩擦中的 WTO 法律问题。现实的博弈无疑是最鲜活的学习资源，能以理论知识观照当下现实，实在是一种幸运。在中美贸易摩擦的现实背景下，我们直观地感受到了国家与国家之间是如何在国际贸易上展开交锋。除了从课程案例中接触到的反倾销、反补贴、保障措施等传统策略外，在中美贸易摩擦中，美国还同时采取了以“国家安全”为由的 232 调查和 301 调查，以及“中兴通讯案”等在一定程度上可以说是大国贸易摩擦下的牺牲品。其中，美国著名的 301 调查在 WTO 规则下的合规性一直是敏感问题，中美贸易摩擦将一些几度被搁置或回避的问题再度带到 WTO 规则前。

到课程后期，同学们愈发不满足于个案的法律问题，逐渐将讨论和思考的重心渐渐转移到世界贸易组织的体制问题。从司法能动主义到立法滞后性，再到上诉机构越权与否的问题。这些问题其实早在课程开始阶段就曾间或出现在讨论中，但在课程初期对此类问题的思考往往是就事论事，或以学者的成熟观点为据泛泛而谈。随着阅读案例的增多，同学们开始形成自己的观点与见解，尝试着以我们分析过的案例作为论据展开讨论。亦有同学发现，其实我们在不同案例中讨论的许多问题，在一定程度上都是由体制性问题所生发，因此我们对于案例的研讨总是殊途同归般走向一些共性的问题，那或许就是我们这一学期以来对 WTO 案例观察所抵达的核心。同质性的问题反复在不同的案例中出现，并不意味着重复咀嚼，而是在一轮又一轮的讨论中，在一个又一个不同的声音中，逐渐理清思路和打磨认知。

随着课程的深入，课堂讨论的白热化，现实中的 WTO 更是进入了特殊时期。

至今犹记第一节概论课上，梳理完WTO的前世今生后，"WTO已死"的命题就被同学们带到了课堂上。这使同学们在WTO的门前时，视野从就从乌拉圭回合转向了多哈回合。而站在多哈回合多轮谈判陷入僵局的时空位置上，二十多年前确立的秩序和规则显然已无法恰如其分地调整现今的国际贸易，然而推动WTO新陈代谢的机制却无法顺畅运行。在多哈回合僵局的背后，不同利益盘根错节的国际贸易格局与不同益集团之间的多维博弈，使得多边谈判被挟持，难以运转。

WTO似乎正在经历前所未有的艰难时光。从2001年启动的多哈回合到2013年"巴厘一揽子协定"的"零的突破"之后再陷僵局；从TPP到"一带一路"等新型区域经贸合作的涌现，越发成为经济全球化的新进路……自特朗普上台以来，更是自行其是地采取所谓"蓝水"外交策略，甚至争端解决机构新一批大法官上任的进程都因美国的蓄意拖延而停滞不前。近期WTO上诉机构大法官Ramirez-Hernandez在结束任期发表临别感言时竟说，"WTO正在被慢慢勒死，但这个机构不应该窒息而死……WTO到底是人类文明的一项成就，还仅仅是一个暂时的试验品，尚待观察"。

中国加入世贸组织十八载，其中滋味，冷暖自知，仅用十五周的课程远远不足以论尽"世界贸易组织·中国案例研究"这一宏大主题，只得窥探冰山一角。适逢中美关系再度尖锐的历史时机，也让我们深刻体察到WTO在现实博弈中生存境况。尽管现在对中美两国各自采取措施的合规性尚无定论。但至少可以认为两者的部分行为在很大程度上是偏离合规行为之常态。世界贸易组织法在很大程度上是被视为博弈的工具所"利用"而非作为法律确信被"尊重"。

或许，直到今天WTO令人充满信念的原因不是它已经实现了贸易自由化，而是这一套规则体系中蕴含着贸易自由化的可能性。但这也并不是说WTO规范指向的是一个乌托邦，在一定意义上制度实践本身比制度目的更重要，结果论者往往会丧失把制度付诸实践的热情。但是如果我们选择坚持制度中所蕴含的"可能性"，那么或许我们就有理由相信"路途尽头，星辰降生"的故事。

感激在2018年的春季有幸与杨老师，与三十一位同学，与这门课程相遇。

目　　录

1. 第一至二周

世界贸易组织概论

引言

2018年3月2日,"世界贸易组织法——中国案例课程"正式启程,同学们第一次与"世界贸易组织法"这座高山相遇。"行远必自迩,登高必自卑",同学们由浅入深、逐步前行,通过课前阅读、课堂讨论、课后综述的方式增进了对WTO的理解与认识。课程综述的第一部分主要涉及世界贸易组织法的基础性、背景性知识,这些知识为同学们攀登"世界贸易组织法"这座高山奠定了扎实的根基。第二部分涵盖了同学们的课程心得与感想。从世界贸易组织法课程中总结出的普适性学习方法,如主动思考、问题思辨、严谨求证,也对同学们未来的"行远""登高"大有裨益。

本次课程整理由林子郁同学完成。

课程内容

第一、二周的课堂讨论涉及两大主题：WTO 的发展历程与 WTO 的争端解决机制。

主题一：WTO 的发展历程

课堂伊始，杨老师介绍了一份重要的课程资料：《世界贸易组织乌拉圭回合多边贸易谈判结果法律文本》。这便引发了同学们的疑惑：既然最新一轮的多哈回合贸易谈判已经开启，为何法律文本仍停留于乌拉圭回合？这一问题在课堂中不断得到延伸，同学们以多哈回合贸易谈判为原点，沿纵向维度探究了 WTO 的发展历程。下面笔者将以问题为导向，尝试展现同学们课上、课下的探索与收获。

问题一：什么是多哈回合？多哈回合是否取得实质性成果？是什么因素成为多哈回合顺利前行的障碍？

多哈回合是 WTO 最新一轮多边贸易谈判，于 2001 年 11 月在卡塔尔首都多哈举行的 WTO 第四次部长级会议上正式启动。首先，大家在课堂上对于多哈回合贸易谈判是否取得实质性成果展开了交锋与论争。有同学对多哈回合的进展与成果提出质疑，认为多哈回合“失败了”。但也有同学举“巴厘一揽子协定”和“内罗毕一揽子协定”的签署为例说明多哈回合的成就。课后同学们自行检索文献，对多哈回合谈判成果进行了完整的梳理，其中蒋佳佳同学以表格的形式为我们提供了较为系统性的总结。

同学们基本达成共识：虽然多哈回合客观上取得了一定成就，但其屡次陷入危机与困境，甚至曾于 2008 年宣布谈判破裂。原计划于 2005 年全面结束的议程竟延宕至今。虽尚未明确宣布结束，但多哈回合事实上已处于“无限期停摆”的状态。这促使同学们思考：是什么因素成为多哈回合顺利前行的“拦路虎”？是什么阻碍了多哈回合这艘满载希望的大船驶向理想的对岸？大家从参与主体、决策机制、国际贸易格局等多元维度探讨了多哈回合举步维艰的原因。

（一）参与主体

同学们首先将目光投向了发展中国家与发达国家之间的利益冲突。多哈回合又称“多哈发展议程”，致力于通过国际贸易合作消弭日益深化的南北鸿沟。然而，发展中国家集体力量的崛起也造成了谈判僵局——发展中国家与发达国家难以在农业等重大议题上达成妥协。刘书杭同学写道：“南北集团的利益失衡可以说是阻碍多哈会议的最主要的原因之一。”林盟同学也认为，发展中国家的联盟实质上“加剧了多哈回合的摩擦力”。姜林沣同学则进行了更为具体的分析：“美欧等发达成员的主要目标是进一步打开发展中成员的工业品和服务市场，而发展中成员则希望美欧降低农业补贴并开放农业市场。”因此，南北集团分化的利益诉求使得多哈回合难以达成令人满意的谈判结果。

（二）决策机制

其次，同学们对 WTO 自身决策机制的效率提出了质疑。刘雨晴同学认为：“全体协商

一致的要求可能使谈判效率低下，不断拖延，而效率的过于低下又可能导致体制权威性和可信赖性的减弱。”陈华屹同学则用具体数据对多哈回合谈判的艰巨性加以佐证：“只有在所有152个谈判参加方就近20个谈判议题都达成一致的前提下，谈判才能结束。”孙艺芸同学还着重批判了WTO的“绿屋会议制度”。“绿屋会议是指在进行决策时WTO秘书处单独与少数国家进行秘密会谈，却把非加太的部长们拒之门外。这体现了WTO会议的不透明与不民主。”简言之，低效率与透明度缺失的决策机制导致国家对WTO的信赖度、期望值不断降低，最终谈判陷入困境。

(三)国际贸易格局

同学们认为当前国际贸易格局的主要特点有：双边和区域贸易协定的兴起、贸易保护主义的增强。同学们不仅以此对多哈回合的困境加以阐释，还借此展望了WTO未来的发展前景。双边和区域贸易协定的崛起也使WTO的重要性有所削减，因为其动摇了WTO制度的基石——最惠国待遇。除此之外，不断抬头的贸易保护主义为WTO的发展又添一层阴霾。刘书杭同学以近日美国对进口钢材、铝材征收高额关税为例进行分析：“美国发出的‘经贸摩擦’信号依然在持续，这种坚持以‘美国优先’为政策导向的做法是否会对WTO的体制造成冲击呢?”陈嘉琳同学则认为“英国脱欧，特朗普执政……诸多事件让人们不禁怀疑如今全球化是否面临着倒退的危机”。但是，大多数同学还是对WTO的未来持乐观态度的。例如袁丁同学就论证了发展中国家对外资刺激的需求、发达国家对廉价劳动力的渴望，证明WTO构建的贸易秩序“绝不会出现大幅度的倒退”。

问题二：什么是乌拉圭回合？关贸总协定与世界贸易组织之间的关系是什么？

乌拉圭回合始于1986年9月在乌拉圭举行的关贸总协定部长级会议。该回合历时七年半之久，是迄今最大规模的一次贸易谈判。最终一致通过《建立世界贸易组织马拉喀什协定》，促成了WTO的诞生。乌拉圭回合在关贸总协定(GATT)与WTO之间起到承前启后的联结作用。具体而言，乌拉圭回合中达成的《1994年关税与贸易总协定》(GATT 1994)具有继往开来的重要作用，其既是对GATT 1947的补充和继承，又与《服务贸易总协定》(GATS)、《与贸易有关的知识产权协议》(TRIPS)一同构成了当今规范世界贸易的法律体系。这便触发了同学们的兴趣，既然乌拉圭回合标志着GATT使命的终结与WTO的诞生，同样致力于规范国际贸易体系，WTO与其前身——GATT有何异同呢?

(一)法律性质

金文璇同学对这一问题有精准阐释：“WTO为国际组织，享有国际法上的法律主体地位，对内拥有稳定的决策机制，对外拥有代表WTO意志并行使职能的独立机构；而GATT仅具有条约性质，只是临时适用的政府间的行政协定，缺乏独立的国际法律人格。”因此，作为一个常设性、永久性存在的国际组织，WTO能够独立地承担国际法义务、享受国际法权利，在调解成员争端方面具有更高的权威性。

(二)涵盖领域

蓬勃发展的全球贸易促成了一些崭新贸易领域的诞生。这些领域亟待一套国际法律制度的规制，WTO则提供了这样的契机。王乾同学具体列举道：“WTO涵盖领域更为广泛，其管辖的范围除传统的和乌拉圭回合确定的货物贸易外，还包括长期游离于关贸总协定外的知识产权、投资措施和非货物贸易(服务贸易)等领域；而GATT的管辖范围主要是传统

的关税领域。”

（三）履约方式

王乾同学认为：“WTO 的成员对义务的承担具有强制性。WTO 成员不分大小，对其所管辖的多边协议一律必须遵守，以‘一揽子’方式接受 WTO 的协定、协议，不能选择性地参加某一个或某几个协议，不能对其管辖的协定、协议提出保留。但是 GATT 的许多协议，缔约方可以接受，也可以不接受。”这种特殊的机制增强了 WTO 法律制度的强制力，也为世界范围内自由贸易的进行“保驾护航”。

主题二：WTO 的争端解决机制

在课堂讨论的第二部分，我们主要探讨了 WTO 的争端解决机制。首先，“反向协商一致原则”是 WTO 最具特色的决策机制，同学们围绕该原则的优势、缺陷展开了激烈争辩。其次，我们还由“反向协商一致原则”追根溯源，通过姜文朵同学提供的流程图学习了争端解决的具体制度构成。同学们重点对其中“专家组成立”“通过专家组报告”“上诉机构审议”等阶段进行了探讨。最后，同学们结合争端解决机制中的“授权报复制度”，对 WTO 的裁决的强制执行力展开了激烈讨论。以下笔者仍将以问题为导向，对课堂讨论中争议性、思辨性较强的内容进行梳理。

问题一：反向协商一致原则是什么？反向协商一致原则具有怎样的特点？

首先，为消除同学们对反向协商一致原则的陌生感，潘隽吉同学用“举手表决是否下课”的模拟实验，引导大家体验了协商一致和反向协商一致的决策过程。廖林风同学则较为简洁地阐释了这两项原则的实质性差异：“协商一致原则意味着‘一票否决’，而反向协商一致原则意味着‘一票通过’。”这一见解也基本为同学们所采纳。接下来，同学们对反向协商一致原则的优势与缺陷进行了讨论。

（一）提升争端解决效率

金文璇同学通过介绍国际联盟的历史，说明了反向协商一致原则在效率上的巨大优势。“随着国联成员规模的不断扩大，成员国间的利益分歧更为突出，导致决策成本上升，少数国家可以凭借‘协商一致’的制度获得实质上的否决权，阻碍了国家联盟决策机制的正常运行，国际组织在其职能履行方面处于疲软状态。”我们在文章前半部分讨论到的多哈回合贸易谈判，同样因协商一致原则而举步维艰。因为国际社会缺乏一个凌驾于各平等主权国家之上的国际司法机关，国际组织的裁判在强制性与执行力方面存在“先天不足”。但 WTO 独具特色的反向协商一致原则能够较好地弥补这一缺陷，通过授权报复增强专家组报告的强制性、执行力。

（二）冲击国家主权

有同学在课堂上质疑：反向协商一致原则构成了对国家主权的冲击，与之相伴的“强制管辖权”造成了对国家自由意志的贬抑。例如曹文潇同学举国际法院为例：“国际法院采取‘选择强制管辖权’，只有在争端双方都同意由国际法院管辖时，国际法院才有管辖权。”但曹文潇同学认为 WTO 突破这一传统国际法的拘束是合理的，因为“各国决定接受反向协商一致规则的约束是他们在利益衡量之后作出的选择”。简言之，一国自愿加入 WTO 并享受其经济福利，也应同时履行争端解决程序的基本义务。陈华屹同学还用宪法原理对此进行阐释：“每个国家都把其国家主权让渡给了 WTO，形成了一个更高的意志，而每个国家都必须

遵守这个意志。这与国家主权并不违背。”

作为其优势，反向协商一致原则显著地提高了争端解决效率；作为其劣势，反向协商一致原则削弱了国家自由意志。张锏戈同学认为：在何种阶段采纳反向协商一致原则，实质上是一个利益衡量的问题。“在争端解决中更重视的是效率，在这样的条件下可以牺牲成员国一定的自主性，不需要形成一致的意见；而在决策制定中，更重视的是自愿，所以可以为了形成一致的意见牺牲一定的效率。”因此，反向协商一致仅特殊地适用于 WTO 争端解决机制的四个阶段：专家小组的成立、专家小组报告的通过、上诉机构报告的通过、对报复授权请求的通过。

问题二：专家组是如何组成的？如何保证专家组的公正与威信？

高云曼同学通过检索 WTO 官方文件《争端解决谅解》第 8 条对这一问题进行了解答：“专家组由合格的政府或非政府人士组成，WTO 成员可定期提供名单，经 DSB 批准后即可进入专家库。专家库来源广泛且身份独立，拥有多种不同的背景和丰富的经验，从而确保其公正性。”WTO 现建有“指示性名单”，但该专家组成员的筛选并不局限于该名单。

谢譞同学则提出了专家组构成中发展中国家与发达国家的不平等。“中国迄今有 20 人进入指示性名单之中，其中老师也在此列，但是真正参与裁决案件的却寥寥无几，而一些发达国家作为争端的当事人或第三方，仍存在该国专家例外进入专家组的情况。因此中国还需要培养更多的精英人才进入指示性名单，提升在 WTO 的话语权和影响力。”

问题三：什么是“贸易报复”？贸易报复制度能够真正赋予 WTO 争端解决机制强制性吗？

贸易报复是 WTO 争端解决机制的最后救济。若违法成员在一定的时间内并未履行争端解决机构的建议或裁决且双方未达成补偿协议，申诉方可申请 DSU 的授权，采取报复性的经济制裁措施。贸易报复与 WTO 争端解决机制的强制性息息相关。例如廖林风同学就认为：“WTO 的强制性不在于暴力，而在于其带来的经济影响。”贸易制裁可能会对违约国的经济产业造成巨大冲击，同时影响其国际声誉和贸易关系。国家为经济利益所迫，不得不严格遵守、履行 WTO 法。

但是亦有同学质疑贸易报复制度的有效性：当国家力量对比悬殊时，弱国采取的贸易报复措施真的能够对强国起到威慑作用吗？陈华屹同学谈道：“是否履行法院裁决要靠胜诉方自助。这仍然逃脱不了‘用拳头说话’的宿命。弱小的国家难以有效地利用报复，是 WTO 争端解决机制中的一个重大问题和不足，对法律的公平公正会有一些打折扣。”换言之，如果贸易报复最终走向凭借经济实力的“私力救济”，经济弱势国家恐怕难以从 WTO 争端解决机制中获得公平正义。

姜文朵同学与袁丁同学均对上述观点进行了反驳。姜文朵同学认为：“诚然，在整套争端解决机制中难以排除国家实力的震慑作用，但 WTO 机争端解决机制重在使博弈过程的程序运用最大化，尽可能使双方有更大可能性排除国家实力强弱而平等地坐下来共商解决之策，或是更容易地让专家组帮助作出中立的裁决，以作为依据。尽管这并不能真正解决报告通过后的执行效率问题，但相比原先已经是值得肯定的进步了。”袁丁同学则认为：“有没有实力进行报复是一个客观事实，但最终能不能依法进行报复还是要由 WTO 授权，这也是一种规则的体现。”因此，两位同学认为 WTO 的贸易报复制度并不是纯粹的“丛林法则”，贸

易报复制度仍是建立在法治的基石之上的。

有学者提出以“集体报复”代替“私力救济”。但高珂同学对这一建议的可行性提出了质疑。对于高度依赖于发达国家进出口贸易的小国来说，报复行为无异于“自取灭亡”。因此，难有第三方甘愿冒着贸易和经济上的风险帮助弱小国家实施对大国的报复。陈华屹同学也呼吁谨慎适用“集体报复”，因为这将造成“人对人是豺狼”的危险局面。

课程感悟

同学们并未停留于知识层面，还对“世界贸易组织法”课程进行了方法论上的反思与总结。为构建一个良好的“学习共同体”，同学们不仅倾情分享自己的学习方法与经验，还为课堂讨论建言建策，以期实现课堂的高质量与高效率。

(一)从被动思考到主动思考

在世界贸易组织法的课堂上，同学们均感到学习模式的巨大转变。金文璇同学将思考分为两种类型：被动思考与主动思考。“被动思考意在针对已有学说体系，通过思考加以批判性取舍，此过程限定了思考的范围，使得思考结果易于类型化；主动思考则是面对全新的领域，从问题入手，对思考的范围不设明确边界，因个人兴趣着眼点的不同而产生出不同的研究侧重点及结论。传统的法学课程模式多为前者，而本门课程则明显属于后者。”袁丁同学也从课程类型上对此进行讨论：“真正要建设社会一流大学，还是要逐步由 lecture 向 seminar 取代，否则在 Mooc 越来越流行的情况下，老师当堂进行机械的 lecture 一定会被取代。”

(二)从“知识普及”到“问题思辨”

尽管大家普遍对研讨性、开放性的课堂氛围赞誉有加，但也有同学坦率地指出课堂讨论的不足之处。姜文朵同学认为“发散的课堂模式使我们囿于一种‘知识普及’式的分享，而缺乏对问题的思辨性思考”，并且强调“我们在注重拓展横向的宽度时，不妨再进一步挖掘纵向的深度”，提出更多具有思维强度的问题。潘隽吉同学则提出了较为犀利的质疑：“事实需要讨论吗?”他认为：“事实是不以人的意志为转移的。讨论事实命题不但无益，反而可能有害。对事实的讨论很可能会让课堂进入‘后真相时代’。”简言之，同学们认为事实性问题可以在 WTO 法律规则中寻找到明确、权威的答案，我们应当将宝贵的课堂讨论时间更多地留给思辨性观点的碰撞。

(三)从二手资料到权威文献

每当同学们引用资料、提出观点时，杨老师总是不断追问：“资料从哪里来的？是英文的吗？是 WTO 官方文件吗?”这样的追问使同学们意识到严谨求证的重要性。刘书杭同学指出了同学们在文献引用方面的变化：“从直接在百度上查找到引用官方文件、权威期刊、著作。”孙艺芸同学也谈到自己努力“克服对英文文献天然的恐惧心理，尽量去阅读英文原版，因为这些材料最准确，最权威，最全面”。

综述汇编

撰稿人 陈家棋

一、课程概述

这两次课程主要是导论部分，旨在通过同学们自行阅读并提出的问题来引入 WTO 的框架，寻求切入点，同时让大家逐步适应一种讨论式教学的节奏和方式。

对于课程本身我们进行了一些例如发言顺序、课程安排和上课流程的讨论，然后就逐渐进行对 WTO 本身的讨论。我们从乌拉圭回合入手，对整个 WTO 大致的历史进行了一次梳理，并提出了对多哈回合的质疑、GATT 和 WTO 的关系、“反向协商一致”原则等内容的相关疑问并展开探讨。之后，我们在对“反向协商一致”的讨论中开始阅读原始文件，从而对 DSU 的内容开始了研究，例如争端解决机制的流程、反向协商一致原则的适用、争端解决过程中的专家组的组成和资质等问题。

对于我们得出的意见和评论，大概已经形成了共识，此处不再赘述。

二、课堂感想

这周的课程中，还是对于“反向协商一致”以及 DSB 的相关章程的讨论较为激烈，自然通过相关的官方文件、各类的论文等能够有一个不止停留在表面的理解。对于反向协商一致，主要是通过文本解读和案例推断来分析的，尽管各个同学发表了自己的观点，但是我觉得其内容是一致的，也就是反向协商一致实质上就是提供了一种在决议中一票通过的权力，因而赋予了 DSB 以强制的管辖权，从而建立一个能够有效力的争端解决机制。从一票这个角度来讲，只有行使和不行使的区分能够影响结果，弃权实际上是没有意义的。我们在这里停留了太久，虽然说对于课程而言有讨论和因讨论而起的研究，能够让我们尽早适应这样一种上课的节奏，但是“自说自话”可能还是需要我们予以注意的——我们的讨论终归是通过意见的碰撞来发现问题从而探索问题，如果我们停留在一种满足于“讨论”本身的状态，那么这样的讨论我认为是没有太大意义的。

所以在课程中，我对 DSB 相关内容的感想会较为深刻，因为在这一部分我们开始熟悉这样一种上课的模式了。我们对具体的如第 6 条、第 8 条以及第 16 条等都进行了讨论，从而也意识到了中英文文本关于诸如“compelling reasons”等内容可能产生的理解上的分歧等等。这实际上是一个很好的开头，因为我们开始了解一个完整的程序运作和中间可能存在的疑问了，而且更加愿意从原始文本进行解读并发现问题：DSU 中间，其实有很多地方是较为模糊的，例如第 6 条的专家组以及类似第 19 条的“suggest ways in which the Member concerned could ...”，对于这样的内容的讨论自然会对我们了解我们之前关于强制执行方

面的疑问有所裨益。

因而这样一种课堂模式，相较于平时的模式来看，能够更加吸引人，优点自然无须赘述。但是同时也可能导致几个问题：第一，就是对于一个话题的重复讨论，这点可能需要老师更多地进行引导，不过也可能是我听得不够仔细，所以可能我觉得并没有“差别”的地方其实还是有差别的。第二，就是课堂节奏可能需要老师更多地把握。因为同学们的讨论成为课堂的主体，如何让各个同学的言论能够给予大家以足够的时间进行深入的思考，如何在大家激情讨论的时候适当放缓节奏进行总结，这些可能相对传统课程要更加困难一些。

撰稿人 陈自力

一、课程内容

前两周尚未进入案例讨论，主要讨论了：

第一周：

(1)课程的运作机制、资料的使用；

(2)乌拉圭回合与多哈回合文件之选择(介绍了两个回合的主要内容，同时引入 WTO 与 GATT 的关系)；

(3)反向协商一致原则(negative consensus)。

第二周：

(1)反向协商一致原则；

(2)WTO 的争端解决机制(主要围绕 DSU，讨论了基本流程、专家组事项、执行力问题)。

1. 乌拉圭回合与多哈回合

(1)为何课程文件中只给了乌拉圭回合文件而不给多哈？

—乌拉圭回合奠定了 WTO 的基础。

—多哈回合最初关注的是发展中国家。在实际谈判时并未取得较好的成果(但仍然取得了一些，例如“巴厘一揽子协定”)。

—……

(2)乌拉圭回合与多哈回合之定位

—乌拉圭回合是 GATT(关税与贸易总协定)的第八轮谈判。前五轮谈判集中在关税，第六轮增加反倾向手段，第七轮增加非关税手段与“框架”协议，而乌拉圭回合则大幅拓宽了议题，还涵盖到了服务业、知识产权、争议解决、农业、WTO 的创建等。

—多哈回合是在 2001 年的 WTO 第四次部长级会议开始的新一轮多边贸易谈判，意图建立更合理的多边贸易体系。

(3)WTO 与 GATT

—GATT 1947 是 WTO 的前身。在乌拉圭回合，各国签订《建立世界贸易组织协定》建立 WTO 的同时，当轮谈判形成的 GATT 1994，以 WTO 各项协议中的一环被 WTO 吸纳，可以说，具有组织性的 GATT 死了，但作为协议的 GATT 仍然活着。此外，乌拉圭回合确立的协议还包括 TRIPS(《与贸易有关的知识产权协议》)、GATS(《服务贸易总协定》)。

2. 反向协商一致原则——与协商一致原则之对比

a.定义

协商一致原则：全员同意方可通过。

反向协商一致原则：“准通过程序”，有一人同意即可通过。

*沉默与缺席问题

b.适用：

协商一致原则：适用于多数场合。

反向协商一致原则：基于DSU(《关于争端解决规则与程序的谅解协议》)确立，是WTO争端解决机制中的一项特殊决议规则，适用于争端解决程序中的三个方面：专家组的设立，专家组与上诉机构的报告的通过，胜诉方申请对败诉方中止减让或其他义务的授权。

c.反向协商一致原则相对协商一致原则的优劣势：

优势：明显提升争端解决的形式效率，所适用的三个方面能给双方明显的可预见性。

劣势：潜在的不公平性很可能会导致争议解决效率的实质降低。

3. 争议解决机制(直接参照DSU)

(1)Article 5-三种争议解决方式

Good Offices，Conciliation and Mediation(斡旋，和解与仲裁)。

(2)Aritcle 8-专家组组成

(3)执行的强制性与有效性问题

二、课程感想

有幸得以亲历杨老师的“杨式教学法”。老实说在听到教师不主导课堂进程时，我其实相当担心课堂节奏的问题，但两节课下来，感觉这种自由讨论的形式相当有趣，而且不同人不同角度的思索丰富了对议题的认识。

课堂上信息量相当大，既要抓住发言同学的关键点，确认相关的文件资料，还要自己就感兴趣的点进行检索，一旦分心或者思考前面的议题没回过神来，很容易造成混乱。课前准备以了解背景和进行思考确实十分重要，在正式进入案例研读阶段后，手忙脚乱的情况随着逐渐适应课堂节奏大概也会有所减少。

我建议更有效地发挥微信群的作用。课前与课后在群内要求同学展开交流可能比较困难，但在课程讨论的过程中，若发言的同学们于发言前后在群里简单记录自己的问题与论点(可以附姓名，未必要标序)、分享文件与信息的同学备注文件来源或说明自己为议题的哪个点补充，对课程记录效率的提升大概会更有帮助，也方便同学们抓住重点。

撰稿人 程雁遥

一、课程内容

前两周的课首先是探讨了我们课程的学习对象 WTO 的概况，以及学习方式及上课方式。

课堂的开始从对于老师上传的资料进行概括和老师提出问题我们给予回答，开始了对于 WTO 的初步认知。然后慢慢因为一个较深入和具体问题的疑问开始了这两周的讨论，就“多哈回合”的回合的定义，摸索着探索着真正开始实践这门课程的讨论式学习。之后随着一个一个问题的提出和解决，第一节课的结束以及第二节的大部分的讨论都集中于“反向协商一致”这个话题。就这个原则的定义、意义和使用条件以及与“协商一致原则”的不同，进行了讨论。在讨论的过程中，用不同的方式理解这个原则如何运作和设计的目的；以及深入理解探讨许多其他的相关概念，比如专家小组的作用，如何设立和成员组成。

二、课程感想

首先体会了这种人数较多的讨论课，老师在课程中的角色不是单方面地输出知识，更像是一个会议的主席，以旁观者的视角引导讨论的深入。所以我感觉，可能不同的学生同样是参加第一节课，其讨论的方向是截然不同的，就像是抛出骰子后的多种可能性和未知性，而我们都在经历着独一无二，没有固定方向和结局，看似未知的讨论。以及这种讨论使我们的焦点从树的主干到枝干一直到树梢，其中有无数的岔路可以去探索的选择，自主地获取信息，深入了解一小方面的知识。与平时的教授式学习不同，上课时教授主干支干的大部分内容，从而可以大致知道其轮廓结构。

其次，在这种讨论课上倾听反而更重要，我们面对的不只是一名老师的语言逻辑思维，在倾听不同同学的发言时要更冷静认真。感觉这次课程讨论中有许多这种情况，其实两个人的认知是一样的，从表达上来讲也可以理解出是一致的，可是因为相互理解的偏差，就在为了达成语言层面上的表达一致，或是去理解对方意思，来来回回地讨论，在某种程度上会产生大家讨论思路上的曲解。不过这也是讨论课所体现和我们要学习的，有多角度对一件事物的看法，也有对一件事物不同的表达，和对一段文字不同解读，在讨论中解除误解达成共识，更精确地理解概念。讨论课应该是最自然以及效率最高的使同学参与课程、随着课程进程思考的一种方式。只是要注意，也是要锻炼的是在表达自己观点的时候尽量精确和减少赘余，和其他同学说的一样观点就可以简略表达，这样就可以使讨论节奏加快，听的同学的注意力也不会分散。

对于这门课程，越来越期待之后的一个思想更活跃，气氛更积极的课堂。

撰稿人 姜文朵

一、课程内容

前两次课的目的在于使同学们对 WTO 的组织结构、运作模式等概况性内容具备基本认识。第一周课上，同学们从"WTO"这个笼统的大概念出发不断抛出问题，进而逐步将讨论点收紧在乌拉圭回合和多哈回合上。围绕两回合谈判，大家进一步讨论了乌拉圭回合的谈判成果，多哈回合的进展、停摆原因及其与乌拉圭回合的关系。从乌拉圭回合，我们追溯其前位概念"GATT"，通过资料的查询和阅读，我们很容易理顺 WTO、乌拉圭回合和 GATT 的逻辑链条：GATT 下开展的多轮谈判中，乌拉圭回合是最后一个也是最大的一轮谈判，WTO 的诞生为其谈判成果。

第一次课程的下一阶段，由"反向协商一致原则"的提出开始，课程的讨论也由此进入到 WTO 争端解决的领域。一个基本问题摆在我们面前：negative consensus 的程序场景是怎样的？此问题从第一周过渡到了第二周课程的开始，不少同学用模拟的程序场景对此问题进行阐明，诸多尝试最终殊途同归。

不少同学在此提及了反向协商一致原则下报告的预设状态。此处可以作出结论的是，在反向协商一致原则下，预设报告的效力应是"通过"。这反映出了 WTO 司法化的努力，即，使其裁决当然地具有效力而不任意受到各国意志的阻挠，进而可以推知反向协商一致原则具有更强的操作性。然而，这里也有同学提出反向协商一致原则虽然可以提高裁决的效率，但如果相关国家被动接受裁决结果而采取实际行动报复，是不是能真的使境况改善不无疑问。这里不妨联系后面探讨的 WTO 争端解决机制强制性加以思考。

由反向协商一致原则引出，第二周课程的讨论重点落在了 WTO 的端解决机制上（DSB 和 DSU）。同学们不断补充细节，包括专家组设立始末、WTO 争端解决的一般流程、斡旋调停调解等内容。最终，该话题指引我们更深入思考 WTO 争端解决机制是否具有强制性和执行的有效性，同学们发表了不少多角度的见解，由于时间关系，很多问题还有待进一步的讨论。

在这块讨论中，斡旋、调停和调解的相关规定（Article 5）或许可以帮助我们理解 WTO 争端解决机制的逻辑。从条文不难解读，斡旋、调停和调解贯穿 WTO 争端解决机制的主干，可以随时依双方意愿展开，难致合意可再付诸标准流程由专家小组裁决，可以说是一种外交与司法双管齐下的方式。

走完流程进入执行阶段，对不执行的情况，可以采取报复方式。这里不免会产生一个悖论，一方面，WTO 致力于建立司法化的争端解决机制，但另一方面很大程度上可能还需要依仗成员国的经济实力将解决结果付诸实现，拖延、施压期间也会耗费很多的资源、财力。此处不妨反向理解，诚然，在整套争端解决机制中难以排除国家实力的震慑作用，但 WTO 争端解决机制重在使博弈过程的程序运用最大化，尽可能使双方有更大可能性排除国家实力强弱而平等地坐下来共商解决之策，或是更容易地让专家组帮助作出中立的裁决，以作为

依据。从这个意义上讲，尽管反向协商一致原则、设立专家组等并不能真正解决报告通过后的执行效率问题，但相比原先已经是值得肯定的进步了。

二、相关问题的思考和课程感想

（一）以小见大——细节背后的知识网络

WTO 课程全程由提问与回应领航，几十颗高速运转的头脑不断为课堂扩展涉猎方面、注入新的话题。这里欢迎一切问题的提出，鼓励从细节向深挖掘的精神。譬如，看起来很容易理解的“negative consensus”，也会让我们为搞清楚其操作程序而犯了会儿难，可见知识贯通并非想象中的容易。

这样一种“无门槛”的提问形式给我在课后整理中带来了一些启发，一个小问题背后也许有其独特的历史渊源和理论联系。比如，为什么在 WTO 协定附件 1A 中还要单独使用 GATT 1947 和 GATT 1994 两个术语，而不是直接对 GATT 1947 版本作出修订？理由如下：其一为 GATT 1947 第 30 条对条约修正作出的限制：“对接受缔约各方有效”，如果一方接受以修正 GATT 1947 的方式而产生的新条约，而相对方对修正不予接受而只使用原条约，无疑会给 WTO 框架下的国际交往带来莫大障碍；其二，联系到乌拉圭回合，“一揽子”协议要求成员方均与接受，如果采用修正的方式导致缔约方在适用新旧条约上的混乱，这也与乌拉圭回合的成果相悖，会使其价值大打折扣；其三，体现 WTO 对 GATT 的继承和相关规范条款的直接沿用。由此可见，一个小小的问题背后实则也有诸多的利益考量，值得我们通过资料搜索和阅读进行延伸思考。

（二）从“知识普及”到“问题思辨”

信息量之庞大是两周课程带给参与者的第一感受。这样一种发散的课堂模式，一方面如上所言，给同学们各异的思维搭建了展示平台，为我们提供了很多课下思考的分支，但另一方面，也容易使我们囿于一种“知识普及”式的分享，而缺乏对问题的思辨性思考。

其实我注意到，在开启每一个小话题时，都会有同学针对该话题提出近似价值衡量的升华性问题。例如，刘书杭同学在第一节课提到的 WTO 中发达国家与发展中国家公平问题，林子郁同学提出的 TPP 等组织出现后 WTO 如何继续发挥作用的问题，孙艺芸同学在第一节课提出的当前是否还需要全球性贸易谈判和第二节课提出的 WTO 争端解决机制的强制性问题等等。不少同学也做了阶段性的总结，比如刘雨晴同学在第一次课上发表的对各国责任承担和利益取向的看法，以及袁丁同学对反向协商一致原则意义的阐述等。但相比之下，诸如此类更具思维强度的问题在课程中的比重还是略少了。我们在注重拓展横向的宽度时，不妨再进一步挖掘纵向的深度。

（三）“集体负责”——把握在我们手里的课堂质量

在 WTO 课程上，可以说是没有两次完全相同的课堂。内容很大程度取决于参与者的案头准备工作和当堂的思维活动，这使课堂具有很强的不确定性和期待感，或许一个问题的出现，就将全盘改变本次课程的讨论重点。在第二次课前预习时，我重点关注了一些关于

WTO 原则的问题，但课上讨论的其他问题也让我进行了一次新的学习过程，与课外学习起到了双重积累的功效，也不失为一件好事。

预先储备知识的深度和广度直接决定了讨论的内容和质量，个人的课前准备至关重要。因为之前学期有“看 case”时留下的心理阴影，我起初对阅读英文材料这一点颇感头疼。好在资料包和课程大纲里为我们提供了辅助的中文材料和一些简明的英文阅读材料，可以作为原文材料的背景知识，与原文材料结合阅读增强理解。但需要注意的是，建立在他人见解之上的理解到底是空中楼阁，阅读原文材料的过程必不可少。

在课堂上可能遇到的困难是被发言同学快速切换的问题带跑，往往针对上一个问题的拓展搜索还未结束，已经进入了一个新的话题，起初会使人略感措手不及。而如果紧紧跟住课上提出的诸多问题中的某一条思路走，又往往会忽略掉其他值得挖掘的思维点。解决这个问题，一方面做课下准备时，要尽可能注意思路的逻辑性，另一方面如果能在一些讨论节点及时进行总结，可能集体智慧成果能更好地为大家所吸收。

撰稿人 蒋佳佳

一、课程内容

(一)主要讨论内容

1. 如何理解 WTO 的回合

同学们针对回合都发表了各自的理解,让我印象深刻的是赵文轩同学提出的回合是一种类似于“轮”的表达,而我的观点是 WTO 要解决的问题长期以来都离不开关税、市场准入等等,每当成员国对这些问题产生分歧,便可产生一个回合来谈判,达成一致则一个回合结束。除了多哈回合,前面还有七个回合。

2. GATT 和 WTO 的关系

GATT 是 WTO 的前身,但二者也有区别。世贸组织是一个国际组织,拥有成员国,而 GATT 是一个协定,只有缔约国。WTO 管辖范围比 GATT 更广,不仅仅管辖货物贸易。WTO 更加具有强制性,成员国必须遵守其协定,而 GATT 却是可以接受也可以不接受缔约。GATT 虽被 WTO 取代,但作为协议仍然存在,更新后的 GATT 与《服务贸易总协定》(GATS)和《与贸易有关的知识产权协议》(TRIPS)并列形成 WTO 协议的一部分。

3. 协商一致机制和反向协商一致机制

对于这个主题,我们主要讨论了三个问题:①两种机制的规则和区别;②如何解决弃权的情况;③反向协商一致机制的适用范围。

在 GATT 机制中,Consensus 协商一致原则一直是在解决争端时作出决议的传统方法,其一般原则是,只要决策时没有人正式提出反对,则该决议则可通过,缺席、弃权、沉默均不妨碍决议的通过。而反向协商一致原则即 Negative Consensus 简单地说是指,只要决策某项决议时,没有人表示同意,就算否决该决议,但只要有一个人表示同意,则该决议即可通过。课上同学们还现场做了一次决策模拟,以“现在下课”为一向议案,当使用协商一致原则来解决时,则问“现在下课,反对的举手”,如果此时没有人举手反对,则通过即现在下课,即使有人弃权也不影响,但如果有一人举手反对则不通过,则不能下课。当使用反向协商一致原则来解决时,则问“现在下课,同意的请举手”,如果此时没有人举手表示同意,那么这个决议就被否决,不能下课。如果此时有一人举手表示同意,则该决议通过,可以下课。在讨论协商一致机制和反向协商一致机制时,还考虑到了弃权的情况,我们讨论的结果是,弃权的影响不大,除非是在“多数决”的情况下。对于反向协商一致机制的适用范围,在《〈关于争端解决规则与程序的谅解〉的理解》一书中说到,建立专家组、通过专家组报告、通过上诉机构报告、授权报复这四个关键阶段是适用反向协商一致机制解决问题。

4. 专家组相关知识

对于专家组这个话题,我们主要讨论了专家组的资质、组成、现有名单。

从微信中同学们提供的杨国华老师的《WTO 争端解决机制中的专家组程序研究》一文

中，我们了解到 DSU 的第八条对专家组的组成做了详尽规定，专家组人选既有政府人士也有非政府人士，主要包括曾担任其他案件专家组成员的人、曾经在其他案件中向专家组陈述过案件的人员、WTO 成员常驻 WTO 的代表、GATT 时期缔约方的代表、在相关理事会或委员会的代表、WTO 秘书处人员、曾讲授或出版过国际贸易法或国际贸易政策著作的专业人士、曾任 WTO 成员贸易政策高级官员的人士。专家组成员最后由当事方选定，但实践中常常是 WTO 秘书处向当事方推荐专家组成员，且除非有特殊原因，否则当事方不得拒绝。而专家组一般有三名成员，专家组成员以个人身份任职，审理案件应当独立公正，不得代表政府或任何组织的利益。同学们也查到了 WTO 争端解决专家组里的中国人，一般都是从事国际贸易与贸易相关领域的国际组织官员、政府官员、退休官员、大学研究机构长期从事国际贸易法律的教授，比如中国政府推荐的杨国华、韩立余、李仲周等专家。

5. WTO 争端解决机制的强制性

对于 WTO 争端解决机制的履行是否具有强制性，同学们有不同的看法，有的同学认为总体来说具有强制性，DSU 规定了 DSB 可以监督裁决和建议的履行，并可授权进行义务减损，但一些大国可能会倚仗自己的实力而拖延履行。有的同学认为没有强制性，不执行的话，胜诉方可以进行斡旋调解或者报复，压力就转移到了胜诉方，最后的话很多案子就解决不掉。

我的观点是 WTO 的争端解决机制具有强制性，但有效性因国而异，因为一方面有对履行的监督，另一方面，即使不监督，也可以授权胜诉方进行报复，进行报复便是对败诉方利益的强制剥夺。但是是否有效则还要看具体国家，比如胜诉国得以报复对方了，但是对方也许因为国力强盛而因这种强制而受到的影响不大时，则有效性降低。

(二)课后学习收获

在课堂上老师同学们讨论了许多问题，自己也有很多疑惑以及感兴趣的话题，老师也在第一周之后布置了三个问题，在课上却没有机会谈，所以在课后也通过阅读一些书籍和资料拓展自己的思路，作为对课堂内容的补充。

1. WTO 概况

WTO 前身是关贸总协定，目前有 164 个成员，总部在瑞士日内瓦。组织机构包括部长级大会、总理事会、总理事会下设的货物贸易理事会、服务贸易理事会和与贸易相关的知识产权理事会、部长级大会下设的贸易和发展委员会、国际收支委员会、预算、财务和行政委员会以及秘书处。宗旨是促进经济和贸易发展以提高生活水平、保证充分就业、保障实际收入和有效需求的增长；扩大货物和服务的生产和贸易；根据可持续发展的目标考虑对世界资源的最佳利用，寻求既保护和维护环境，又与各成员在不同经济发展水平的需要和关注相一致的方式；保证发展中国家，特别是最不发达国家在国际贸易增长中获得与其经济发展需要相当的份额。

2. 多哈回合成果及最新进展

第一节课结束后，老师给我们留了一个课后思考作业，就是多哈回合的成果以及最新进展，在课上我们争论过多哈谈判失败的原因，其中一个便是没有成果，课后我查阅了一些资料，归纳出多哈回合谈判的一些成果。(见表 1)

表 1　多哈回合谈判成果

已临时实施的成果	1. 关于公共健康和知识产权的关系的谈判成果：减少了仿制药国际贸易中的知识产权法律障碍，从而有利于发展中国家和最不发达国家通过进口获得便宜的仿制药，解决公共健康问题 2. 关于区域贸易协定的透明度谈判的成果，旨在加强区域贸易协定的通报和审议工作
已达成一致但尚未实施的成果	1. 农产品出口补贴：到 2013 年底，发达成员必须取消所有农产品出口补贴；到 2016 年底，发展中成员必须取消所有农产品出口补贴 2. 给予最不发达成员的免关税和免配额（“双免”）待遇 3. 棉花问题：发达成员必须于 2006 年底前取消对棉花的出口补贴
接近一致同意的成果	1. 扭曲贸易的农业国内支持的削减 2. 农产品关税的削减 3. 农产品保障措施 4. 非农产品关税的削减 5. 贸易便利化谈判
潜在的成果	1. 服务贸易的谈判：提高世贸组织成员间服务贸易市场准入水平 2. 环境产品自由化谈判 3. 规则谈判 4. 知识产权谈判 5. 非农产品部门减让谈判

世贸组织的多边贸易谈判通常采用一揽子谈判方式，即所有谈判领域都达成一致后才能达到最终的回合协议，实施各领域的谈判成果。比如如上所述的“已达成一致但尚未实施的成果”就是由于一揽子谈判的既定原则，这些已经具有法律效力的谈判成果还须等多哈谈判一揽子协议达成后才能实施。但也可看到多哈谈判并非在所有领域谈判都达到一致时就临时实施了一些成果，是由于个别议题本身具有特殊性，世贸组织以总理事会决定的形式授权成员国临时实施个别已达成一致的谈判结果。

对于多哈回合的进展，归纳如表 2：

表 2　多哈回合进展

2001 年 11 月	在卡塔尔首都多哈启动多哈回合
2004 年 8 月 1 日	达成具有里程碑意义的《七月框架协议》，确定各谈判领域成果的主要轮廓和下一步谈判原则
2005 年 12 月	《香港部长宣言》进一步细化各领域谈判的成果
2008 年 12 月	农业谈判特会主席和非农谈判特会主席案文
2008 年	金融危机爆发，多边会议多次强调反对贸易保护主体，推动多哈回合进行
2013 年 12 月	世贸组织第九次部长级会议达成多哈回合“早期收获”
2015 年 12 月	世贸组织第十届部长级会议，通过《内罗毕部长宣言》

3. WTO 争端解决机制的流程

DSU 设计了六大争端解决的程序：磋商程序、斡旋调解和调停程序、专家组程序、上诉机构程序、执行程序。磋商程序是 WTO 争端解决的前置程序，当一成员方认为另一成员采取的措施违反了 WTO 协议，从而损害自身利益，可以要求对方进行磋商。斡旋、调解和调停程序可以适用于争端解决的任何阶段，即争端各方自愿选择中立第三方帮助协商。我认为斡旋、调解和调停程序具有很大的灵活性，首先它是争端方自愿采取的一种程序，其次，它适用于各个阶段，它还可以跟专家组程序同时进行。专家组程序我们在课上已经有所讨论。上诉机构程序是指争端各方可对专家组报告进行上诉，且范围仅限于专家组报告中涉及的法律问题，所以可以说上诉机构表明了 WTO 争端解决机制的司法特征。执行程序体现了 WTO 争端解决机制的强制性，超过合理期限还执行不了，则可实行中止减让制度，开始实施报复，报复时应遵守相当原则，即仅限于相当于利益丧失或损害的程度。（见图 1）

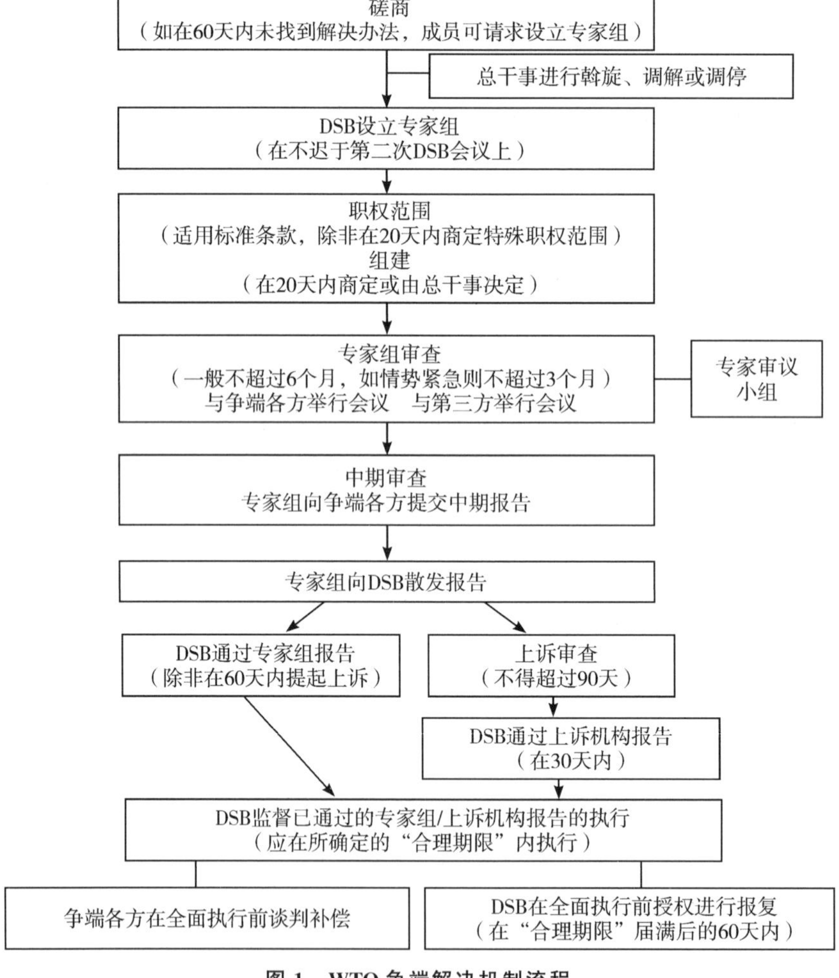

图 1　WTO 争端解决机制流程

二、课程感想

(一)头脑风暴,积极探索

一般我们都是上着讲座形式的课,虽然可以系统接收知识,但总会缺少点互动,而在杨老师的课堂上,我首次尝试到了这种自由讨论的上课形式,从前这种形式只听说在国外课堂有过。我觉得非常锻炼人的思维,因为这样上课其实就是在互相交流,每个人都努力迸发出思想的火花,同时别人发表的观点又能碰撞出更加精彩的东西,思想的交流和碰撞就让思维拓展得越来越宽,走出这个教室,真正走到 WTO 去探究学习。同时也锻炼了我们检索信息的能力。杨老师是我见过的第一个鼓励同学在课上使用手机的老师,一开始还有点不习惯,可是后来越来越喜欢这种方式。在微信群里,同学们会发很多很多信息,自己也不停地去检索、筛选,然后把有用信息也分享出来,课上课下都可以看,可以说在有限的时间里得到了更多的知识,而且同学们常常可以从互联网为大家找到很多新的没想到没讨论到的信息。但是我也有一个建议就是当我们需要发别人的论文出来时,最好能够标注一下重点应该看哪里,或者截下重要的地方,这样可以提高阅读的效率。

(二)注意记录,及时反思

我觉得自己还应该注意的地方就是要及时记录同学们的发言,有时候讨论显得比较散,可能就是因为我们讨论着讨论着就忘了我们刚才的主题是什么,已经发散到其他地方去了。所以在倾听以及检索时最好能够稍微记录一下,并在一定阶段让同学来分别总结一下每个时段我们讨论的重点和结论。这样既可以让我们清醒地知道每个时段我们在讨论什么,课后阅读其他资料时,还可跟课上同学们发表的观点相互印证。

总之,我觉得这种活跃的课堂氛围非常好,希望能继续保持下去。

蒋　昕

一、课堂总结

前两次课程属于本学期的导论和入门课，主要介绍了如何上课的问题，并讨论了一些同学们对 WTO 感兴趣的一些问题。主要问题和讨论如下。

第一节课，老师从网络学堂上上传的资料包开启了话题。从讨论课程大纲起，带领同学们讨论“本课程的讨论模式”。在提取资料包的相关信息并在全班同学面前交流表达的训练中，同学们了解了本课程的学习模式，比如如何回答问题，如何阅读材料，如何确定发言顺序等。明确了课堂参与的基本问题后，杨老师问起同学们对 WTO 的兴趣点和印象。知识面丰富的林子郁同学提到了多哈回合谈判的问题，之后很长时间的讨论就围绕对这一会议的理解。比如什么是“回合”，各国如何参与讨论，讨论了哪些问题，达成了怎样的成果，和乌拉圭回合有什么相同和不同等等。在讨论中，同学们的兴趣逐渐转移到“反向协商一致”，并与“协商一致原则”做了区分。对此的讨论持续到第二节课。

第二节课，同学们对这一原则的理解从模糊逐渐到清晰，比如还讨论了专家小组的作用和其中蕴含的一些价值判断。一位同学以表决是否下课为例，向我们演示了两个原则的不同，生动形象又富有创造力。很快有同学发现这个例子有不完善之处，如果默认或者弃权该怎么办呢？之后的同学又进行了完善。之后又区分了斡旋、调停和调解三种方式，讨论了报复问题和执行问题，感受到了其中对大国和小国隐约的不平等。

二、课堂感想

通过两周的学习，我对 WTO 有了初步的印象。我认为 WTO 的程序设计十分精巧，“合理期限”“反向一致”、协商、斡旋等，都探索了国际法这种平行结构主体间，遵守法律和强制执行都比较困难的情况下如何建立规则的方式。我想会在之后的案例研习中感受程序和规则的力量。同时，WTO 这种多方“坐下来”讨论的理念从自由民主的角度看很先进，或许可以为国内立法借鉴。

坦率地说，在上课之前，我认为自己应该会更偏爱体系完整的传统学习，并且在第一次课程的前一小节课上，觉得全班性的讨论虽然有利于活跃思路，但对于学习知识不一定高效。但第一次课程完整结束后，我的想法就不同了。因为在同学们积极搜集并交流资料和杨老师的适当引领中，我们真的明白了多哈回合的很多问题，并在自主学习和交流中感受到了 WTO 的魅力，不仅是很有特点的流程设计，还有其中平等交流的精神内核。这引起了我自主学习的兴趣，在知识了解之外，还能提高发现问题和交流表达的能力，同时可以感受到不同思维方式的碰撞，比如文义解释和价值判断等，这些都是这节课给我的全新感受。

另外提一个小建议。希望同学们在微信群里发资料的时候可以发截图或者说一下需要读者注意的点在哪里，而不是直接放一整篇论文，这样可以让没有读过文章的同学更快领会分享者的意思。

以及，非常期待之后的案例学习部分，希望在之后的学习里多多交流、一起进步。

撰稿人 金文璇

第 1—2 周的课程以 WTO 概论为讨论主题，主要围绕 WTO 的发展过程、决策形式、争端解决的具体程序、争端解决机制裁决的执行以及专家组的构成等问题展开。表面上看，讨论中涉及的每个分支领域都各自独立，每个问题都立足于不同的切入点，体现着不同的研究视角；但纵观整个讨论过程，可以发现，众多问题之间存在着内在联系，既揭示了在 WTO 成立与发展的漫长过程中制度设计者们对世贸规则体系的建构与完善，又体现出规则体系本身的灵活性、严谨性、实践性与可操作性。面对 WTO 争端解决机制这样一个全新而未知的领域，在“自主发现问题并解决问题”这一思考模式的指导下，大家对 WTO 内部规则体系与建构模式建立了初步的认识，并在此基础上对制度加以评价。在此我将结合自己的思考，对课堂中涉及的问题及讨论成果加以归纳概括，以文字的形式将讨论成果固定化，希望在日后的案例研讨中，对于本次课程中一些常谈常新的话题，在课堂中能和大家进行进一步的回顾与再探讨。

一、课程内容

在为期两周的讨论中，同学们探讨的问题可归纳为四点：第一，WTO 的发展过程（包括乌拉圭回合与多哈回合的成果、WTO 与 GATT 的关系、GATT 在 WTO 成立后定位的转变、GATT 1994 和 GATT 1947 的联系与区别等）；第二，“反向协商一致”原则的操作规则、适用范围及其评价；第三，专家组的设立程序及成员资质；第四，争端解决机制的具体程序及强制执行力。在这四个大问题的框架下，又包括众多细节问题，例如，对 WTO 判决效力与国内法院及联合国国际法院判决效力的对比，对规则适用过程中是否存在歧视的关注，以及对 DSU 中相关条款的解释问题。

（一）WTO 在国际经贸舞台中的定位及其发展过程

针对杨老师在概论部分提供的阅读材料，林子郁同学首先提出疑问：为什么课程资料只包括乌拉圭回合相关内容，而不包括目前正在开展的多哈回合？对这一问题的解答，需要从 WTO 组织结构、运行模式及发展现状等多角度进行思考。首先，杨老师抛出了一个难以被回避的问题，即什么是多哈回合。在概念解释的背后，往往蕴含着多元化的解读与阐释。面对多哈回合这样一个同学们并不熟悉的话题，通过检索，大家得知多哈回合已开展多年，但目前谈判陷入僵局，前景不容乐观。在此基础上，大家又进一步提出相关问题，使思考方向由事实层面转向规范分析。具体问题包括：(1)多哈回合谈判当前进展如何，目前已达成哪些成果？(2)乌拉圭回合与多哈回合之间存在怎样的关系，其就相关议题内容的重合反映出二者之间怎样的内在联系。(3)多哈回答陷入僵局的实质性原因是什么。(4)谈判僵局的出现是否暗示了居于世界贸易主导地位的发达国家与发展中国家的博弈，是否揭示出实质层面发达国家对发展中国家的歧视？

谈判的过程也是各国为实现利益最大化而进行博弈与妥协的过程。多哈回合谈判也不

例外。就议题的范围而言,该回合包含农业、非农市场准入、服务贸易、知识产权、规则(包括反倾销、反补贴和区域贸易协定规则)、环境保护等多元议题,采取一揽子谈判方式,除“公共健康与知识产权的关系”及“关于区域贸易协定的透明度”这两个议题由总理事会授权临时实施以外,其余事项须在所有领域均达成一致同意后方可全面施行①。此种谈判形式使得多哈回合的进展愈发缓慢,也注定了该谈判回合的漫长性。具体而言,各国针对农产品出口补贴、给予最不发达国家“双免”待遇等议题已达成一致,但因一揽子原则而尚未实施;在农产品关税的削减、农产品保障措施、贸易便利化等领域接近一致同意;而在服务贸易谈判、规则谈判、知识产权谈判等领域各国仍存在较大的立场分歧。从多哈谈判涉及议题的实质内容来看,各国对贸易自由化的关注已不再限于关税壁垒层面,大量非关税壁垒(如补贴、进口配额等)已成为各国谈判中不可忽视的重要组成部分,尤其在农业领域,针对防范非关税壁垒的讨论体现着各国对贸易自由化提出的更深层次的要求,也从另一侧面体现了多哈回合的积极意义,即从原有初步的、框架性的同意向具体化、多样化层面发展。诚然,面对着贸易保护主义的抬头,区域贸易协定的兴起,以及发达国家与发展中国家利益诉求的断层等问题,多哈回合的开展一度陷入僵局,但这恰恰是 WTO 规则体系发展过程中不可或缺的阶段。通过对乌拉圭回合已达成成果的再审视及对国际经贸实践中已获经验的总结,以及尊重当前国家间的利益博弈这一现状,多哈回合的前景并非全然黯淡,在坚持各国平等话语权的基础上,对贸易领域的具体议题加以调整与重构,以实现制度设计的平衡及各国利益的多赢。

接着,大家讨论的重点回到 WTO 本身:作为规范各国间贸易活动的国际组织,WTO 与其前身 GATT 之间有何区别? GATT 1994 和 GATT 1947 之间体现着怎样的联系与区别?现今 GATT 1994 又包含对哪些领域的规制?

WTO 和 GATT 的核心区别在于其法律性质不同:WTO 为国际组织,享有国际法上的法律主体地位,对内拥有稳定的决策机制,对外拥有代表 WTO 意志并行使职能的独立机构;而 GATT 仅具有条约性质,只是临时适用的政府间的行政协定,缺乏独立的国际法律人格,也未形成权威高效的争端解决机制。从这一角度看,WTO 较 GATT 而言,具有良好的法律基础,通过统一的规则体系实现争端解决的规范化、有序化和高效化。现今 GATT1994 作为货物贸易服务协定,在继承 GATT 1947 基本结构的基础上,通过乌拉圭回合的开展被更新补充,成为 WTO 法律规定的重要组成部分。因此在法律地位上,与 GATT 1947 这一非正式文本不同,GATT 1994 已成为正式的国际协议。在讨论过程中,大家对 GATT、GATS、TRIPS 三者的关系这一问题的认识存在着分歧,我认为,这三者为并列关系,但在基本原则的适用层面存在着一定程度的重合。一方面,从法律文本结构出发,在《乌拉圭回合协定》②的附言中,GATT、GATS 与 TRIPS 为并列关系,可见在法律框架上这三者相互独立;另一方面,上述三者在规则适用层面又体现着较强的共性,具体表现为最惠国待遇、国民待遇、透明度等基本原则的一致适用。

---

① 万怡挺.多哈回合谈判主要成果评析[J].国际经济合作,2011(01):77-82.

② 参见 *The Uruguay Round agreements*,来源:https://www.wto.org/english/docs_e/legal_e/legal_e.htm.

(二)反向协商一致原则的适用

1. 具体操作规则

第一周课程接近尾声之时,孙艺芸同学提出“反向协商一致”这一概念,由此引发大家对于 WTO 争端解决中这一独特决策机制的讨论。决策机制的设计看似简单,其背后却体现着多种法价值的平衡与博弈。为明确反向协商一致规则的具体操作形式,潘隽吉同学在课堂上进行了一次生动形象的现场模拟(为方便说明,此处举极端情形):在协商一致的前提下,只要有一人明确否决,提案即不能通过;在反向协商一致的前提下,只要有一人明确赞成,提案即可通过。其中,弃权票在表决中并不具有实质性意义,因为上述两种模式的实质分别对应着一票否决与一票通过,因此在此种情境下对于弃权的理解应与多数决形式有所不同,在多数决前提下,弃权票会影响到相对多数或者绝对多数的计算结果,而在协商一致与反向协商一致中,则不需要考虑此点。

2. 适用情形

反向协商一致的适用情形有四种,分为设立专家组(establishment of panel),专家组报告的生效(adoption of panel reports),上诉机构报告的通过(adoption of appellate body reports),授权报复措施(authorization for retaliation),具体对应 DSU 的第 6 条第 1 款、第 16 条第 4 款、第 17 条第 14 款和第 22 条第 6 款以及第 7 款。

3. 正当性论证——与“协商一致”的比较分析

在 WTO 的一般决策阶段,即决议草案提交表决前 WTO 成员就谈判议题进行谈判的阶段,以及 WTO 成员在部长级会议和总理事会等决策机构上针对已提交的草案进行表决的阶段,普遍适用“协商一致”原则。而如前所述,在争端解决的相关程序中,则专门确立“反向协商一致”原则,原因何在?

对于这一问题的探讨,需要基于对反向协商一致原则与协商一致原则的对比分析,从中归纳出反向协商一致在司法层面得以适用的内在原因、自身特色及其局限性。首先来分析协商一致原则在决策程序中适用的合理性。在立法阶段,即对决议草案的表决阶段,通过协商一致原则,实质上充分保障了成员国的国家主权与自由意志。但从决策效率角度着眼,该决策机制存在着一定的局限性。纵观国际组织决策机制的发展与演进进程,以国际联盟为例,在国联时期,基于对保障国家主权的考量,决策采取协商一致原则,一方面维护了主权平等,依据国家主权理论使该项制度设计得以自洽;另一方面,在组织成立初期因成员数量及涉及议题有限,容易达成共识,决策成本相对较低,该决策机制也具有可行性。但随着国际组织成员规模的不断扩大,成员国间的利益分歧更为突出,导致决策成本上升,少数国家可以凭借“协商一致”的制度获得实质上的否决权,阻碍了国家联盟决策机制的正常运行,国际组织在其职能履行方面处于疲软状态。因此,联合国成立时期,为缓解“协商一致”原则的弊端,多数决的表决方式得以设立,在实现高效决策的基础上,联合国得以充分发挥其在“维护国际和平与安全”层面的功能。从这一角度上看,联合国对“consensus”这一决策方式的转变体现了国际组织决策独立性与权威性的提升。

由此可见,一方面,协商一致原则在一定程度上影响了决策效率;另一方面,协商一致的决策形式也导致 WTO 的规则限于框架性范围,难以实现更深层次的经济合作。这也成为

多哈回合陷入僵局以及各区域性组织迅速发展的原因之一。而与协商一致原则相对,反向协商一致原则体现了司法程序中对判决权威性与可执行性的关照。以专家组报告的通过为例,一方面,在表决程序中,只要有一国对报告持同意态度,该报告即生效,大大提高了判决的权威性,也使 WTO 争端解决功能得以充分而有效发挥,有效解决了协商一致原则主导下判决效力受阻的顾虑。另一方面,与国内判决的绝对强制力相对比,专家组报告并不当然生效。这在一定程度上也体现了国际组织对国家意志的尊重,以及对争端解决程序功能化的理解,即以争端的最终解决为目的,立足于成员国的自身立场与利益衡量。当胜诉方自身也对报告认定结果不满意时,同样存在着判决不被通过的可能,因此判决不致走向绝对主义的极端。

国际组织决策机制的选择体现着效率、公平等多元价值观的博弈,从利益衡量的角度看,反向协商一致原则虽可能导致公平性的缺失,但并没有完全背离“主权原则”。因为在国际法语境下,一国自愿加入 WTO,在从中受益的同时也须履行相应义务,遵守争端解决程序。受反向协商一致原则的约束是各国自主选择的结果,是其自由意志的体现。从这一角度来看,WTO 争端解决过程中反向协商一致这一决策形式的正当性并没有被遮蔽。

(三)争端解决机制的程序及判决的强制执行力

姜文朵同学提供的图表对争端解决的具体程序进行了详细的说明,从磋商、成立专家组直至最后的报复性救济途径,在此图表中均一一呈现,在此不再赘述。在制度设计层面,WTO 已建立了一套系统化的争端解决体系,但在判决的执行层面,专家组或上诉机构作出的报告是否具有强制执行力呢?对此问题,多数同学认为争端解决机构的判决具有强制力,争端当事国有义务遵守专家组报告及上诉机构报告的内容。从法律文本出发,DSU 中有关“授权终止减让或其他义务”的救济措施,就对判决的强制执行力加以印证。但就制度运行的实际效果而言,争端解决又存在着主观目的与适用效果的背离。具体而言,对此问题的解读需要结合法条语境与现实语境加以分析。一方面,在规范语境下,结合 DSU 对专家组报告效力的表述,争端解决机构的判决具有强制执行力。但另一方面,从实际效果来看,对于裁决强制执行力的判断,不仅须立足于对法律文本的逻辑化解读,还离不开对于现实的审视。为此,我们需要回归制度运行中的具体情形,判断争端解决机制裁决的实际效力。对此孙艺芸同学指出,大国易利用自身经济优势拖延履行。另外,大国违法成本低,难以确保裁决的权威性(以安提瓜诉美国及 1916 年反倾销法案的诉讼为例)。

诚然,基于各国发展水平的不平衡,对判决强制执行实际效果的现有保障机制难以兼顾所有情形,但对于判决的实际执行力也不可全然抱有悲观态度,在败诉国对判决的复杂态度背后,仍存在着有利于执行判决的因素。对此林子郁同学指出,在报复性制裁得以实施的情形中,国内经济形势也可能导致违约国对裁判结果的遵守。由此可见,判决能否被有效执行不仅取决于判决本身对败诉方利益的负面影响,还因复杂的国内社会经济背景而更显不确定性。WTO 争端解决程序与复杂的国内国际背景相互制约,使得争端解决离其理想效果还存在着一定的差距。通过制度的精细化设计实现对判决执行力的保障,将成为 WTO 规则体系进一步完善的重要一环,以此促成争端的最终解决。

(四)专家组的设立及其构成

针对专家组成员的构成情况，姜林沣同学将其划分为两个具体问题：首先，在名单内的专家，是以个人身份被 WTO 聘用为专家组成员，还是以国家代表身份被列入专家组成员名单；其次，在名单之外的专家组成员又是如何产生的。本问题涉及对专家组的设立、专家资质的认定、选任方式及职能划分等多个角度的思考。对此，同学们结合 DSB 的具体条款对专家组这一机构加以解读。

第一，专家组的设立。如前所述，专家组的设立适用反向协商一致原则，具体程序为：首先，起诉方以书面形式提出设立专家组的请求，指出是否已进行磋商，确认争论中的措施并提交法律根据概要，明确陈述问题；其次，DSB 在提出请求后 15 日之内展开会议，至少提前 10 日通知；而后，经过两次 DSB 会议，最终适用反向协商一致原则决定专家组的设立。

第二，专家组成员的选任。专家组的设立与其成员的选任分属两个独立阶段。对专家组成员的资质及选任程序，DSU 第 8 条作出明确规定，可概括为以下内容：第一，专家应为资深政府或非政府个人，具体包括曾在专家组任职或陈述案件的人员、曾任成员国代表或 GATT 1947 缔约方代表、适用协定或其先前协定的理事会或委员会的代表、秘书处人员、讲授或出版国际贸易法或政策著作的人员，以及曾任一成员国高级贸易政策官员的人员。专家组成员的选择应保证各成员的独立性、背景的多样性及其经验的丰富性。

第三，专家仅以个人身份对争端进行裁决，而非以政府代表或任何组织代表的身份任职，因此专家组成员独立于任何成员国或组织，不代表成员国利益。由此保障争端解决的中立性与公正性。

第四，除非争端当事国同意，当事国或第三方的公民不得担任专家组成员。该制度设计的背后原理类似于国内法中的“回避”制度，维护了判决的中立性。

第五，当争端当事国双方分属发达国家与发展中国家时，发展中国家可提出请求，至少一名专家来自发展中国家。这一制度设计体现了对发展中国家利益的保护。

第六，在专家组成员选任的具体程序上，为协助专家组成员的选择，秘书处保存有一份指示性名单，即对具备专家组成员资质的政府和非政府个人的提名。成员可定期推荐候选人，提供与其资质相关的信息，由 DSB 进行批准。秘书处可向当事方推荐专家组成员，除非存在强有力的理由，当事方不得拒绝。

如果在专家组设立之日起 20 日内，当事方没有就专家组成员的选定达成合意，则由总干事(general director)与 DSB 主席、委员会或理事会主席以及当事方协商，指定专家组成员。WTO 一般应允许其官员担任专家组成员。

杨老师曾经撰写的《WTO 争端解决机制中的专家组程序研究》一文为本问题的讨论提供了相当有益的借鉴。① 其中，有关专家组审理案件的职权范围，因时间有限，在课堂讨论

---

① 杨国华，李詠箑，纪文华等.WTO 争端解决机制中的专家组程序研究(上)[J].法学评论，2004(3)：78-85. 文章指出，WTO 争端解决这一核心目的在 DSU 第 5 条(即“斡旋、和解及调停”)中也可见一斑。只有争议双方在斡旋、和解、调停等形式下未达成合意的情况下，才由受害国一方提请设立专家组。可见，专家组的设立并非解决争端的必经之路，而是在当事国双方未达成和解时为实现争端有效解决的另一种选择路径。

中并未展开。文章中提及专家组审查范围的界限与司法节制原则，从中可见争端解决机制只是以专家组对事实的审查和对法律的适用为手段，其最终目的是为实现争端的有效解决，即以司法形式缓解 WTO 成员之间就贸易领域的冲突，以 WTO 规则的规范化适用实现当事国间争端的解决，并在专家组报告的基础上对已有规则进行体系化构建。

二、课程感想

经历了为期两周的讨论，我对 WTO 的理解也经历了由浅入深的过程。对我来说，本门课程为我提供了一个转换思维模式的平台，换言之，这是一门真正以问题为导向的课程。通过同学们的提问，在对讨论主题进行自由而又不失逻辑化的选择的同时，大家对 WTO 这一国际组织的认识也由表层逐渐深入到其决策机制、成员国之间的关系乃至本门课的主题——争端解决，由此在建立框架性认识的基础上，分析制度背后的内在法律价值，探讨制度设计的可借鉴性及局限性。可以说，思想的无限可能性在课堂上得以充分呈现。

我认为“思考”也可分为两种类型，一种是被动思考，另一种则是主动思考。前者意在针对已有学说体系，通过思考加以批判性取舍，此过程限定了思考的范围，使得思考结果易于类型化；后者则是面对全新的领域，从问题入手，对思考的范围不设明确边界，因个人兴趣着眼点的不同而产生出不同的研究侧重点及结论。传统的法学课程模式多为前者，而本门课程则明显属于后者。这也是为什么每年同学们讨论的内容均不雷同的原因。在传统的法学学习模式下，我习惯了先从教科书中接触新概念，立足于法律解释，在了解国内外各理论学说的基础上接受多元化的选择路径，然后再通过案例分析对基础理论框架加以补充。此种法教义学的学习模式极为稳妥，既构建了清晰的学科体系，又不失对学理本身的批判思考。这在国内法的学习中实为奏效。但是，当我面对一个全新的领域——世贸组织法时，原有的学习模式似乎并不适用。因为作为以促进贸易自由化为目标，以争端解决为任务的国际组织，WTO 的运行机制体现出更强的灵活性，争端解决机制对规则的解释与适用虽立足于规则本身，但不可避免地高于抽象化规则，力图在法律与事实之间搭建一座以严谨论证为基石的坚固桥梁。

在讨论的过程中，通过对 WTO 争端解决机制运行程序及执行效力的思考，我发现不同于国内法高度强制性的纵向运作机制，在国际社会的横向规则体系中，严密的程序化设计只是理想模型构建过程中的起点，而规则在适用过程中的权威性与规范性还需实质化规定加以保障。而对于 WTO 规则体系的评价，不仅需要关注规则是否被普遍且统一适用(即形式平等)，还应关注发达国家与发展中国家不同的利益诉求(即实质平等)；对于争端解决机制的评价，不仅需要关注法律文件中对程序的规定是否具有可操作性，还应结合裁判的实际执行现状及争端解决的效果加以综合考量。

希望在以后的讨论中，结合前两周对 WTO 规则体系的总体认识，我能在专家组报告的基础上逐渐形成自己对法律问题的审视视角和思考逻辑，在和大家的讨论中不断充实提高。我相信，在日后的案例讨论中，专家组报告中的争议焦点与论证逻辑将为我们提供全新的思考视角，立足于对法律文本的规范化解释与适用，WTO 争端解决机制的内在合理性及其对国内法律发展的借鉴意义将进一步呈现在大家面前。

撰稿人 林 盟

一、第 1-2 周课程内容回顾

第 1、2 周的课程内容是 WTO 概述，通过课后的整理我将这两周课程的主线划分为“多边贸易谈判(体制)”和“争端解决机制”。第一节课的讨论从乌拉圭回合出发，回溯 GATT 时代，最终落脚到如今陷入僵局的多哈回合，使我对 WTO 的前世今生有了概貌性的了解。之所以把第一节课的内容提炼为“多边贸易谈判(体制)”，是因为在整理几个课堂问题的过程中我发现无论是从 GATT 到 WTO、从乌拉圭回合到多哈回合，在本质上都是多边贸易谈判体制的演绎。课堂讨论中关心的几个“关系性”问题串联起了多边贸易谈判体制的初生(GATT)、辉煌(乌拉圭回合)和式微(多哈回合)。对这些问题的思考，使我渐渐进入 WTO 的语境。第二节课的讨论以反向协商一致原则为入口进入 WTO 的争端解决机制，从原则到机理，从机构到程序，最后开始思考这样的争端解决机制是否具有强制力。(见图 1)

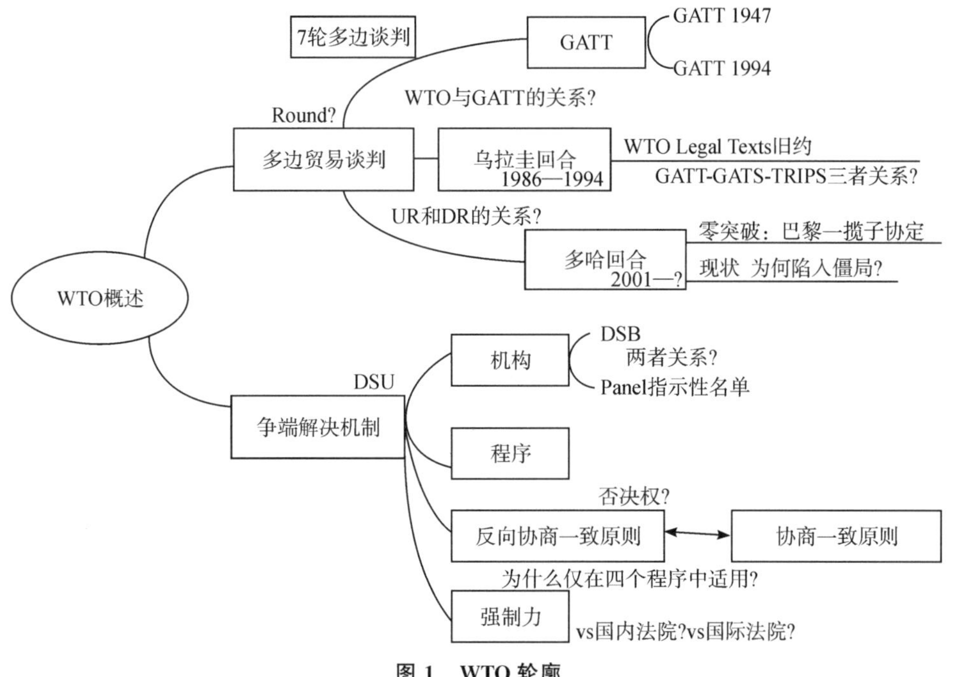

图 1 WTO 轮廓

至此，在上述两条主线和几个核心问题的建构下，WTO 的轮廓被大体描摹出来。

二、对多哈回合现状的思考

对知识性的问题在此不多做回顾，仅就课堂上涉及到的一个问题结合自己课后的补充阅读谈谈个人理解。

(一)WTO的“体质”

议题的广泛性和交叉性、决策机制的陈年旧疾、国家发展的差异性和利益多元化等，是自乌拉圭回合以来就有的因素，但几乎所有分析多哈回合的文章都难以避免对WTO体质性因素的分析。固有体质从1986年至今一直都在发酵，无疑加剧多哈回合的难度。

(二)“博弈联盟”

在课后补充思考的过程中有一个论点对我有所启发——WTO成员内部结构的变化加剧了多哈回合的摩擦力。有学者观察到在多哈回合中出现大量博弈联盟的现象，尤其在农业、NAMA等关键谈判领域，甚至绝大多数联盟由发展中国家组成。[①] 这种博弈联盟的构建并非依据传统的“南北”逻辑，而是以利益取向为联系纽带在不同的议题立场上各自抱团。然而发展的差异性和利益的多元化势必造成纷繁复杂的博弈格局，而博弈格局其实就是体制内部结构嬗变的一个缩影。

(三)结合科斯定理的思考

从上述归纳来看，现有研究大多是从宏观视角分析谈判进程，我受近期阅读的启发对多哈回合有了一点新的思考与大家分享，有论述不当之处还请多多指教。

多边贸易体制下的国家主体其实是非常标准的“理性人”，国家理性在对外关系上几乎可以抽象为国家利益。因此可是说国家主体在多边贸易体制下的行动受国家利益驱动，每个国家都力图用最小的代价去获得最大的国家利益。所以或许可以尝试通过法经济学的视角分析多哈回合的现状。

科斯定理认为，在零交易成本的情况下，无论权利界定如何，通过当事人之间的充分谈判就可以实现资源配置的帕累托最优；在正交易成本的情况下，权利初始界定则会影响资源配置的效率和结果。显然零交易成本的模型不适合我们当前讨论的对象，正交易成本情形的推论或许可以解释多哈回合陷入僵局的原因。在正交易成本的情况下，只有当权利重新安排后的产值增长大于安排它带来的成本时，权利的安排才会重新进行。换言之，谈判得以进行的前提是谈判后带来的效益结果大于谈判本身的成本时，谈判才有可能成功。结合前述原因分析可知，无论是利益集团内部的合意，还是不同利益集团之间的博弈，都意味着多边谈判的交易成本相当之高。即便不考虑交易成本问题，从直观的时间数据上看，多哈回合业已消耗的时间成本也相当高。再者，多哈回合未来谈判的结果未必会带绝对的效益。所以，高昂的交易成本、不确定的谈判效益弱化了各方的信心，甚至在旷日持久的僵局中渐渐滋生对多边贸易体制的怀疑。加上双边和区域贸易协定等其他体制的冲击，进一步分散了国家主体对多边贸易体制的需求。在谈判陷入僵局上仅妄图依靠“全球合作、共谋发展”的核心理念来凝聚共识恐怕是相当困难的，制度性的内生驱动力是一个推进方向。所以，多哈回合僵局给当前最重要的问题或许不是一个确切的结束日期，而是WTO是否有新陈代谢的必要。

---

① 沈大勇，王火灿.多哈回合的进展、困境及其原因探析[J].世界经济研究，2008(11)：29-34，88.

三、课程感想

早就听学姐说过杨老师在课上比较“寡言”，但体验后还是有些惊讶，杨老师真的几乎把课堂主动权都交给了大家。学生掌握主动权的课堂固然氛围活跃轻松，但这实际上也对学生提出了更高的要求。大部分的课堂模式以教师“输入”为主，而杨老师的课堂则是需要学生先在课前完成“输入”并在课上“输出”。从“输入”到“输出”是一个 digest 和 reproduce 的过程，这需要每周有相当数量的时间投入，而每个人的课前准备都直接关系到课堂的整体质量。最后还需要一个 reunion 的过程，把课堂上讨论的记录汇总整合，形成框架性认知，或许在这个程度上才真正达到了学习的目的。虽然自我摸索的过程中难免会磕磕绊绊(例如，面对海量 WTO 规则和资料如何提取所需要的信息)，但这种学习方式令人甘之如饴。

四、对后续课程的建议和期待

虽然前两周的讨论整体节奏紧凑、主线清晰，但个人觉得或许课堂讨论秩序上有改进的空间。其一，讨论规则明晰化。在前两周讨论中出现：先行问题尚在讨论白热化阶段，有的同学迫不及待就提出自己在其他方面的问题。于是先行问题进一步讨论的空间被挤压，新问题另起炉灶。当然先行问题继续进行与否每个人都有自己的需求和判断，这是课堂讨论所无法避免的，但可能的优化方向是，制定一个讨论规则，或许也可以参考去年学长学姐们在 WTO 讨论课上创造的“课堂版罗伯特议事规则”。其二，是否可以减少在事实性、概念性问题的讨论，把宝贵的时间留给有更大讨论空间的问题。当然这也需要同学课前充分的知识准备作为基础，否则造成舍本逐末的尴尬。

五、自我反思

(一)受知识局限的影响，课堂参与受限

前两节概论课中很明显感觉到自己对 WTO 的了解相当有限，这就使得在讨论中常常需要及时补充知识，课堂参与较为被动。所以，需要加强课前准备，在课程初期夯实知识储备，后续慢慢打开视野。

(二)课后及时总结

课堂上的时间相当有限，许多问题的讨论常常意犹未尽就戛然而止，如果不及时整理反馈，恐怕有意义的问题就在课后石沉大海了。所以对于课堂上的问题，硬功夫应该在课后。

撰稿人 刘雨晴

一、课堂内容

1. 程序部分:课堂讨论规则与方式

杨老师在首节课为我们介绍了本课的特色——采取讨论的课程进行方式,然而又与普通的讨论课给定讨论主题、发言主要以课前准备为基础的讨论方式不同,本课鼓励自由主题探索深入和信息的开放性汲取。讨论主要在两个层次进行,首先是课上发言,同学们将桌签竖起示意发言,由老师记录顺序安排大家发言。发言内容可以是评论也可以是提问,不限于回答前一位同学的问题,也不一定要继续之前讨论的话题。发言须有论据支撑,做到简洁有力。聆听的同学也要认真做好记录,以便进一步补充或反驳。第二个层次是微信群的利用,同学们可以将查到的相关资料在微信群中与大家分享,亦可将对有关问题或其他同学发言的评论写在微信群中与大家分享。同学们是课堂进程的主导者,而老师更多的是扮演补充、总结和启发者的角色。

我想最初大家对这种讨论模式可能都带有一些由于未知而生的隐隐担忧和期待,不过两周的课程下来,大家逐渐适应,课程进行挑战性与收益性并存,大家也都渐入佳境。

2. 实体内容:WTO 历史与争端解决

有关课程实体方面,归结起来大家主要讨论两个方面的内容:首先是 WTO 的历史,在这个话题下大家主要讨论了多哈回合的现状与成果,乌拉圭回合和多哈回合的关系,GATT 与 WTO 的关系;其次是 WTO 的争端解决,在此话题下大家交流的内容包括反向协商一致原则、专家组的组成和资质以及 WTO 争端解决程序的强制性。

2.1　WTO 的历史

课程的开始,林子郁同学在浏览课程资料包后提出"为什么资料包中仅包含乌拉圭回合的文件而未包含最新的多哈回合的文件"的问题,由此引发了大家对于多哈回合的进展情况和其与乌拉圭回合关系的探讨。

2.1.1　多哈回合的现状与成果

通过查找课上资料,同学们了解到多哈回合是世贸组织成员之间的最新一轮多边贸易谈判,2001 年于卡塔尔首都多哈启动,由于各方分歧数次几近中断,拖延十余年之久。杨老师提出该如何理解"回合"一词的含义,大家结合英文"round"一词的含义认为应是一个初始的发展议程指导下的一系列谈判,并猜测每一新回合的命名方式极有可能是以启动地名称冠名。但有关多哈回合现状与成果的问题在课上并没有解决。通过课下资料阅读得知,2013 年 12 月 7 日 WTO 第九届部长级会议在印度尼西亚巴厘岛闭幕,会议发表了《巴厘部长宣言》,达成了"巴厘一揽子协定"(包括 10 份文件,内容涵盖了简化海关及口岸通关程序、允许发展中国家在粮食安全问题上具有更多选择权、协助最不发达国家发展贸易等内容),实现了 WTO 成立 18 年来多边谈判的"零突破"。至于多哈回合是否已经结束,各方看法不一,美国认为《巴厘部长宣言》没有明确地重新确认多哈回合就意味着多哈回合已经结束,要

继续多哈回合的唯一方法是全体世贸组织成员一致同意如此；然而中国、印度等发展中国家认为 WTO 遵循“全体一致”的决策机制，结束多哈回合需要全体世贸组织成员的一致同意。

此处想多谈一些有关多哈回合失败原因的内容，此问题在课上并没有被展开讨论，但刘书杭同学在他的发言中提到：既然 WTO 这个谈判框架落实下去时存在很多细节性的问题，是否说明这个框架本身存在问题？这引起了我的一些思考。自 GATT 时期至今，WTO 在决策方面一直采用全体协商一致的原则，目的是保障决策的平等性和公正性。此原则在初期无疑发挥了巨大的作用，吸引了更多国家参与到这个体制中，也达成了很多促进世界贸易发展的成果。然而国家之间在基本问题和原则上达成全体一致的共识是相对容易的，一旦开始细节性的进一步磋商，全体协商一致的要求就可能使谈判效率低下，不断拖延，这便突出体现在了多哈回合的谈判中。而效率的过于低下又可能导致体制权威性和可信赖性的减弱。在《巴厘部长宣言》中我们也可以看到，世贸组织成员都认为多哈回合中的议题需要进一步讨论寻求解决办法，但是否还要继续在多哈回合这样的体制框架下讨论，很多国家是存疑的。同时更多的区域贸易组织兴起也是一些世贸组织成员寻求其他解决问题促进贸易方式的表现。而我们也可以看到在出决策之外的其他方面，WTO 已经引进了其他的决策方式，比如争端解决程序中的反向协商一致原则以及多哈回合中增加议题时的多个国家一致的原则，然而决策作为整个 WTO 的基础与核心，其方式该如何在效率和公平之间寻求平衡，恐怕还有待我们进一步的探索与思考。

2.1.2 乌拉圭回合与多哈回合的关系

多位同学发言确认了乌拉圭回合作为建立世贸组织的谈判回合的重要地位，乌拉圭回合的相关协定为世贸组织的运行发展和世界多边贸易的进一步发展奠定了基本的框架，而多哈回合旨在促使世贸组织成员在一些尚未解决以及新出现的问题上进一步达成合意，尤其关注了如何营造更公平的贸易环境以促进较贫穷国家的经济发展问题。

2.1.3 GATT 与 WTO 的关系

我在发言中提到了“多哈回合是第九轮多边贸易谈判”，由此引出大家对发生在 WTO 成立之前 GATT 时期的八轮谈判的关注，以及 GATT 和 WTO 关系的探讨。同时大家注意到关贸总协定有 1947 年和 1994 年两个版本，两者应是包含关系，GATT 1994 包括经乌拉圭回合修改后的 GATT 1947 的内容并在其基础上进行了补充。而 GATT 1994 作为建立 WTO 的《乌拉圭回合协定》的附件 1 中的一部分，是 WTO 协定的重要组成部分。

2.2 WTO 的争端解决

2.2.1 反向协商一致原则

孙艺芸同学在课上提出了为何 WTO 采取了如此独特的反向协商一致原则的问题，由此引发了大家对于反向协商一致原则的探讨。反向协商一致原则是指只要不是所有参加成员协商一致反对即视为通过。有关反向协商一致原则的具体实施方式，多个同学进行了举例但大家对于提出议题方式究竟是“同意者举手”还是“不同意者举手”没有达成一致，当然这并不影响大家对本原则实质的理解。我在课后进一步查阅资料时看到这样一段话：“反向协商一致原则仅要求一票即可，因此，专家小组的设立成为了一种必然。同理，专家小组或上诉机构的报告将因受益一方的投票而得以通过，对报复授权的请求将因胜诉一方的投票而得以实现”，我认为从这段话推断来看，提问方式似乎应为“同意者举手”。

有关反向协商一致原则的适用范围,高珂同学指出该原则主要适用于 WTO 争端解决程序中的四个方面,即专家小组的成立、专家小组报告的通过、上诉机构报告的通过、对报复授权请求的通过。而有关此原则的利弊,其最大的优点应是高效,使"通过"这一结果几乎成为必然,增强了 WTO 争端解决机制的强制性和可预见性。而林子郁同学在发言中也提到对这一体制的担忧,忽视了反对一方的意见是否带有不公平性,是否会导致决定难以落实甚至一些成员选择则离开的情况。在这一点上我同意高珂同学的观点,即报复阶段存在被报复者违反义务在先,其利益在法律上的受保护程度降低,因此反向协商一致原则带来的强制报复结果不存在损害其利益和不公平的问题。

另外孙艺芸同学在发言中提出了对弃权情况下反向一致原则漏洞的思考,即如果一部分人表示反对另一部分人弃权,不存在能使决定"通过"的一票,此种情况该如何处理? 廖林风同学认为反向协商一致只需要有一票赞成就可以通过,而提出决议或受益的一方一定会投赞成票,所以实际中不会出现上述弃权悖论。陈华屹同学认为弃权问题让的讨论只有在多数决的情况下才有意义,可能因为弃权的出现而造成无多数的尴尬局面。

2.2.2　专家组的组成和资质

姜林沣同学提出了专家组人选是如何挑选以及除了 indicative list 之外专家组成员有没有可能有其他来源的问题。大家找到了 DSU 中 article 8 第 4 条的规定,从其中用词" indicative"和"may be drawn"都可以推断出理论上 indicative list 并不是专家组人选的唯一来源。有关专家组的资质可以参见 DSU article 8 和杨老师文章《WTO 争端解决机制中的专家组程序研究》,此处不再赘述。

2.2.3　WTO 争端解决程序的强制性

孙艺芸同学首先提出了 WTO 争端解决机制是否具有强制性以及对不同国家的强制性效果是否不一。林子郁同学认为国内的经济形势和各方力量为了使自己利益遭受的损失最小化会在一定程度上推动裁决的落实。杨老师引导大家将 WTO 的 compensation 和 retaliation 与国内法院的强制执行作了对比。孙艺芸同学则将 WTO 的裁决强制性与国际法院进行了对比,国际法院实行一审终审,如对判决有异议需要提交安理会,而安理会常任理事国有一票否决权,这就是结果的强制性和可预见性降低。相比较而言,WTO 的上诉机关是在同一个体制内,还有报复和补救的措施,实行的是一票通过的反向协商一致原则,这些在一定程度上增强了争端解决程序的强制性。

赵文轩同学依据一篇论文提出在 report 这一强制另一方接受的争端解决之外 WTO 还存在 mutually agreed-upon solution,即 good offices,consiliation 和 mediation。林子郁同学进一步就这三部分即斡旋、调解和调停作出了解释,具体规定详见 DSU article 5 争端双方诉诸这三种程序可以直接导致专家组裁决形成 report 的进程被打断。杨老师指出在强制性程序之外同时存在这种带有更多意思自治色彩的程序规定实际上是 DSU 条款和体系内的一种平衡。

二、课程感悟

1. Multitasking skills 的锻炼

两节课下来,我觉得在此门课上最大的挑战是需要同时进行多项工作:一边认真听同学

的发言一边要做好记录、批判分析他的观点和思考他提出的问题，同时要快速查找和阅读相关资料，要思考总结形成自己的观点……在有限的课堂时间内完成如此高密度的任务，也难怪每次都觉得课堂时间飞逝，感觉充实又有些意犹未尽了。我觉得自己在 multitasking 方面还是有所欠缺，在同学们发言时常常无法跟上大家的思路或者是就一句话“浮想联翩”而跟不上节奏。我发现身边很多同学做得非常优秀，希望可以通过跟他们的交流借鉴他们的方法经验让自己更快地适应这种节奏。同时我觉得第二节课的自己也有了一些进步，最客观的证明就是相比第一节课片纸只字的笔记，第二节课的笔记更充实、更有价值一些了吧。

2. 快速凝练重点

其实我觉得 multitasking 做得不够好的一个很重要的原因就是提炼凝练重点的能力不够强，在听同学发言时无法快速抓住他们的中心观点，在阅读资料时无法快速浏览找出自己需要的内容，在发言的时候语言也欠缺组织性和简洁度，另外觉得写课程内容总结的时候也还是有些啰嗦了……我想这些也是我接下来要着重注意和提高的地方。

3. 总结梳理的重要性

课上大量的信息让下课之后的及时整理成为必要，本周在写课程总结的时候我觉得对第一节课的很多内容已经记不清楚，第二周的课程也是听过录音之后结合微信群的材料和笔记再梳理才觉得比较清晰，以后要养成每周下课之后即使简短地整理出课上讨论的要点、遗留的问题等内容，也为详细地梳理做好准备和节省时间。

许菁华

在第1—2周的课程上，大家主要讨论了WTO的一些基础性问题，比如何谓“多哈回合”，WTO与GATT的关系，WTO的争端解决机制是如何运作的……内容十分广泛。下面我将分几个部分综述这两周的课程内容以及我的思考。

一、课程内容

这两周的课程主要讨论的是WTO的一些基本问题，主要有如下几个方面(我大致归纳并制作了一个图表来表示)：

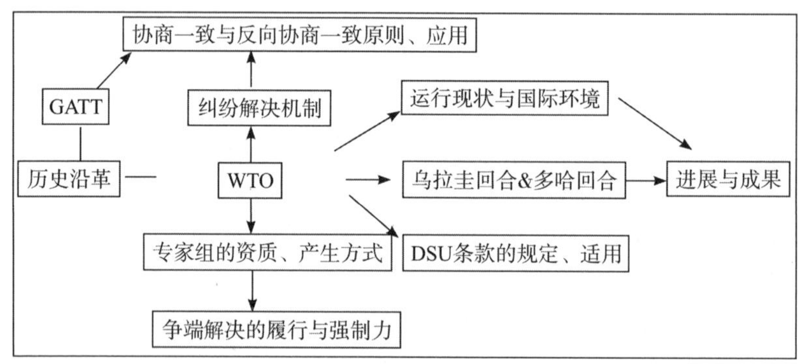

图1

(一)关于“乌拉圭回合”与“多哈回合”

这个问题开启了两周的讨论。老师也时不时提醒我们去查找两次谈判中到底有没有成果等问题。

课堂上，大家讨论的焦点集中在乌拉圭回合的操作以及相关问题上；而我一直比较困惑的是，为什么要进行“乌拉圭回合”的谈判与磋商，以前的谈判出现了什么问题。结合相关材料，我了解到当时的历史背景，即在关贸总协定建立初期，对于促进国际贸易、降低缔约国关税起到了极大的促进作用，但20世纪70、80年代，贸易保护主义重新抬头，经贸摩擦一触即发。为了遏制保护主义，建立一个更加开放的、持久的多边体制，1986年9月，关贸总协定决定发起乌拉圭回合谈判。

明晰了乌拉圭回合诞生的背景，也就更明确其所希望解决的问题；对于乌拉圭回合的了解和学习也就更加明确和有针对性。因此评判乌拉圭回合的过程、成果也要紧紧围绕着消除贸易保护、促进国际贸易等原则进行。

课下我查找的其他文献显示，乌拉圭回合的谈判主要集中在两个方面，一是关于关税的减让问题，二是关于规则的制定问题；在这两方面应该说成果还是比较显著的。单从数据上来看，发达成员国的关税削减了40%以上；从关税约束水平方面看，发达成员国承诺的关税约束的税目也从70%以上提升到80%，甚至有的国家提升至90%以上。而发展中国家虽

然在力度上不如发达国家，但是也有着大幅度的提升。而几乎所有成员国都承诺在农产品的贸易问题上作出减让关税的承诺。因此，历时数年的乌拉圭回合谈判在一定程度上取得了成果。

而多哈回合是世界贸易组织成员方之间的议论贸易谈判。相比于乌拉圭回合，多哈回合谈判的内容有了更为丰富的扩展，不仅仅注重具体贸易的推动，更关注贸易规则的制定和执行、争端解决、知识产权保护与国际合作等方面。有资料显示，多哈回合虽是多边谈判，但真正的谈判主角是美国、欧盟和由巴西、印度、中国等发展中国家组成的“20 国协调组”。这也是与乌拉圭回合的一个显著差异。

不过，在谈判过程中，各成员方之间的分歧也很明显，突出表现在农产品问题上，这个问题也成为一个巨大的阻碍。不过，随着全球经济不稳定因素的增加，各成员方也加强了沟通，寻求解决全球粮食危机的解决方案。多哈回合在 2013 年达成了“巴厘一揽子协定”。

(二)关于“协商一致”原则与“反向协商一致”原则

课堂上，有同学提到了“协商一致”原则和“反向协商一致”原则，重点讨论了二者的区别和联系、具体应用以及出现的问题。

通过课堂讨论，我了解到，无论是“协商一致”原则，还是“反向协商一致”原则，都是争端解决的机制。最初在 GATT 的相关谈判中，采用的是协商一致的原则，目的在于尽可能使每个成员国都能充分表达自己的诉求，但实际上在大小国家主权平等的表面现象之下，掩盖了各国在参与决策和谈判方面的巨大不平等。因此在 WTO 中，采用了“反向协商一致”的原则，主要适用于四个方面，即专家小组的成立、专家小组报告的通过、上诉机构报告的通过、对报复授权请求的通过。适用“反向协商一致”原则的优势在于，使争端解决的方案更加流畅地表决通过，从而使纠纷可以在可预见的时间内得以处理，缩短争端解决程序的时间，提高办事效率。

不过，也有研究者提出担忧，认为 WTO 通过的争端解决方案带有一定的强制管辖性，可能对国家主权带来挑战。在此处，我也有疑问和忧虑：争议解决和国家主权之间的矛盾真的是不可调和的吗？是否存在着不侵害国家主权，同时又带有强制力的解决方案呢？眼下无法做到，在未来(比如国家的概念可能受到挑战的时候)一定无法达到吗？

(三)关于 WTO 中的专家组

由争端解决机制即可引出专家组人员的相关问题。有同学提问专家组的资质问题，是否一定要从指示性名单中产生。这个问题在 DSU 第 8 条中有着比较明确的规定。而所谓的指示性名单其实是公开的；在课堂讨论过程中，我也查找到了近几年公布的名单情况。

二、自身存在的不足

这门课程的形式对于我来说无疑是全新的；在前两周的课堂上，我还没有完全适应这种模式，因此在课堂发言的环节上有所欠缺，参与的积极程度尚不足。在接下来的课程中，我

希望自己可以深入参与课堂，不仅仅是查找、阅读文献，思考问题，还要在课堂上表达自己的想法。

三、对于课程的建议

两周的课程体验让我收获颇多；个人认为如果老师能在课程秩序和进程上再强化把握，课程效果可能会更好一些。

具体而言，建议老师在课程讨论的过程中大致把握一下讨论方向。有时大家的讨论过于分散和跳跃，可能缺乏一定的连贯性。很可能对于第一位同学提出的问题，第二位同学没有回答，而是提出了另外的问题；而第三位同学回应了第一个人的想法。这样一来，的确可以训练发散性思维，不过在连贯性上也就有所欠缺。所以，希望老师能大体规制一下讨论的方向，比如，先让大家说出问题，而后稍微归纳一下，再进行课程讨论。

总之，在这两周的课程学习中，我收获颇丰——无论是在关于 WTO 的专业知识方面，还是在课程参与的技能方面。

期待接下来的课程。

撰稿人 谢　諹

一、课程总结

在第一周的课上，老师首先就课程大纲、教师简历、课程攻略等，引导同学们提出问题，从而介绍了这门课的学习方法和教学模式，即通过阅读材料，在课上提出问题，同学、老师之间的讨论来获得对 WTO 法更深的理解。

随后我们进入对 WTO 的讨论，林子郁同学提出："多哈回合是世贸组织成员间最新的一轮多边贸易谈判，但是老师给的阅读材料中为什么全是乌拉圭回合的谈判成果呢？"首先阐明了回合一词的意思，即从 round 翻译过来，是指谈判各方在一段时间内针对一定主题进行的谈判。根据林子郁的问题，引伸出三个问题：(1)多哈回合与乌拉圭回合的关系。(2)多哈回合取得了什么成果，是否是失败的。(3)乌拉圭回合之前的七个回合与乌拉圭回合的关系。

第一，乌拉圭回合议题涉及关税、非关税措施、热带产品、自然资源产品、纺织品服装、农产品、保障条款、补贴和反补贴措施、争端解决问题等传统议题和服务贸易、知识产权和与贸易有关的投资的新议题，此次谈判对促进国际贸易和世界经济的发展产生了积极效果，尤其是强化了管理国际贸易的多边纪律框架，进一步改善了货物和服务业市场进入的条件，建立了 WTO。乌拉圭回合的成果，为多哈回合谈判奠定了基础。而随着世界经济发展，成员国的增多，出现了新问题、新要求，多哈回合应运而生。

第二，多哈回合谈判包括农业、非农产品市场准入、服务贸易、规则谈判、争端解决、知识产权、贸易与发展以及贸易与环境 8 个主要议题，取得了一些成果，如 2013 年通过的"巴厘一揽子协定"和 2015 年通过的"内罗毕一揽子协定"。但是在课上孙艺芸同学提出，从网上的一些报道看，多哈回合失败了。多哈回合的确时间跨度很大，而且一度陷入僵局，主要的分歧在农业和非农产品准入问题上。分析原因，主要是发达国家和发展中国家的发展水平不同，因此利益诉求也不同，美欧等发达成员的主要目标是进一步打开发展中成员的工业品和服务市场，而发展中成员则希望美欧降低农业补贴并开放农业市场。因此我认为谈判中存在着不平等的因素，在权力的博弈中，谈判结果向发达国家的利益倾斜，发展中国家或多或少会遭受损失。同时多哈回合的谈判进程也暴露了 WTO 自身制度的问题，尽管我相信 WTO 在一段时间内仍然会在世界贸易中发挥重要作用，但需要不断适应当今局势，才能不断注入生命力。

第三，在乌拉圭回合之前的七轮谈判都是在关贸总协定框架下开展的。GATT 是一个政府间缔结的有关关税和贸易规则的多边国际协定，它的宗旨是通过削减关税和其他贸易壁垒，削除国际贸易中的差别待遇，促进国际贸易自由化，以充分利用世界资源，扩大商品的生产与流通。作为多边国际协定的 GATT 从未正式生效，而是一直通过《临时适用议定书》的形式产生临时适用的效力。前七轮谈判主要涉及关税问题，而随着国际贸易发展，乌拉圭回合创新性地加入了服务贸易、知识产权等新议题。GATT 与 WTO 的主要区别是：(1)

GATT 是临时性的，只是一个法律文本。WTO 及其协议是永久性的，是一个国际组织。(2)GATT 处理货物贸易，WTO 还涉及服务贸易和知识产权。(3)WTO 争端解决机制与原 GATT 体制相比，速度更快、更主动，作出的裁决不会受到阻挠。(4)WTO 成员不分大小，对其所管辖的多边协议一律必须遵守，以"一揽子"方式接受世贸组织的协定、协议，不能选择性地参加某一个或某几个协议，不能对其管辖的协定、协议提出保留。GATT 的许多协议，则是以守则式的方式加以实施的，缔约方可以接受，也可以不接受。

接着有同学提出："既然 GATT 在 1994 年已经被 WTO 取代，那么为什么还存在 GATT 1994 的概念呢？"GATT 1994 来源于 GATT 1947，尽管关贸总协定被世贸组织所取代，但是它的谈判结果仍然存在于 WTO 的伞状框架之中，修改之后与 TRIPS、GATS 并列，形成一套单一的规则，适用单一的争端解决机制。

在第二周的课上，我们的讨论主要围绕争端解决机制展开。DSU 对 WTO 的争端解决机制作出了规定。首先，我们讨论了何为反向协商一致原则和它的优缺点。潘隽吉同学关于举手表决是否同意下课的例子，生动形象地区别了反向协商一致原则和协商一致原则。反向协商一致原则是指在多国会议决策时，只有当所有成员国协商一致表示不通过某项议案，该议案才能被否决，如果有一个成员国表示同意，该议案就应通过的规则。主要适用于四个方面，即专家小组的成立、专家小组报告的通过、上诉机构报告的通过、对报复授权请求的通过。弃权票在表决中并没有实质意义。该原则不仅会使争端解决机构或专家组的决策更加流畅地被通过，使争端解决机制对各个程序所需的时间有了确定的可能，从而使纠纷可以在可预见的时间内得以处理，缩短争端解决程序的时间，更重要的在于它实际上确立了对争端的强制管辖权，增强了争端解决机制的强制性，提高了国际会谈中争端解决机制的有效性，有利于争端解决程序迅速、顺利地进行，确立和保持专家小组程序在贸易争端解决方面的权威和威慑力。但是，反向协商一致原则会增加败诉方的不满，从而导致执行难的问题。同时，一项决议很难做到被所有成员国共同否决，因此反向协商一致原则基本上使决议获得了自动通过的效力，不利于决议的公平公正。这也引发了我的反思，是否可以适用除协商一致原则和反向协商一致原则以外的第三种争端解决机制，可以更好地兼顾协商的效率与公平。

其次，姜林沣同学对专家组的组成提出疑问。根据 DSU 第 8 条的规定，专家组应由资深政府和/或非政府个人组成。专家组成员的选择应以保证各成员的独立性、完全不同的背景和丰富的经验为目的进行。为协助选择专家组成员，秘书处应保存一份具备第 1 款所述资格的政府和非政府个人的指示性名单，可从中酌情选出专家组成员。备用专家由成员政府推荐，争端解决机构批准。此时老师提出不在指示性名单中的人可否成为专家组成员的问题，从 DSU 第 8 条第 4 款文本可以推断，指示性名单并非专家组成员的唯一来源。政府为争端方或第 10 条规定的第三方成员的公民不得在与该争端有关的专家组中任职，除非争端各方另有议定。当争端发生在发展中国家成员与发达国家成员之间时，如发展中国家成员提出请求，专家组应至少有 1 名成员来自发展中国家成员。中国迄今有 20 人进入指示性名单之中，其中杨国华老师也在此列，但是真正参与裁决案件的却寥寥无几，而一些发达国家作为争端的当事人或第三方，仍存在该国专家例外进入专家组的情况。这体现了发达国家与发展中国家的不平等，中国还需要培养更多的精英人才进入指示性名单，提升在 WTO

的话语权和影响力。

最后，姜文朵同学提供的图表详细解释了争端解决的程序，包括磋商、成立专家小组、通过专家组报告、上诉机构审议、争端解决机构裁决、执行和监督六个步骤，在执行阶段双方如果无法按照裁决内容执行，可选择补偿，若不愿提供补偿，WTO 可授权当事国采取贸易报复，包括 parallel retaliation，cross-sector retaliation，cross-agreement retaliation，林子郁同学提出还存在 good office，conciliation，mediation 这一路径，是争端当事方自愿而非强制选择的争端解决方式，可以适用于争端解决的不同阶段，规定在 DSU 第 5 条中。

课堂最后，孙艺芸同学提出："WTO 的裁决是否具有强制力？执行情况如何？"DSU 第 21 条、第 22 条分别规定了有关成员的通知义务，协商补偿和报复手段，体现了 WTO 的裁决具有一定的强制力。将 WTO 的补偿和报复手段同国际法院的强制执行相对比，国际法院实行一审终审制度，对判决有异议的要提交安理会，经安理会常任理事国投票决定，实行协商一致原则，而 WTO 在报复阶段实行反向协商一致原则，具有更高的强制力。通过查找资料，我们发现未履行的案件也有很多，例如欧共体香蕉案，欧共体荷尔蒙案，美国反倾销法，美国抵销法案等等。一些发达国家由于实力较强，一再拖延履行，对于经济势力雄厚的国家，交叉报复手段对他们来讲只是伤及皮毛，因此对于不同的国家，裁决的强制力发挥的作用大小不同。由于缺少更高一级的机关来促使成员国履行义务，国家的力量博弈不可避免地会对强制力产生影响，对一些大国拒绝履行无能为力。这样的现象不仅在 WTO 中，在社会的方方面面都很普遍。在很多国家看来，强制执行力是对国家主权的极大威胁，不愿意将部分主权让渡，同时 WTO 也存在规定的合理期限过长，缺乏对履行的有效监督等制度问题，让一些国家得以钻空子。我认为想要裁决得到更好执行，就需要完善报复制度，通过统一的机关力量来制裁拒绝履行义务的国家。

这两周课的基本思路整理如图 1：

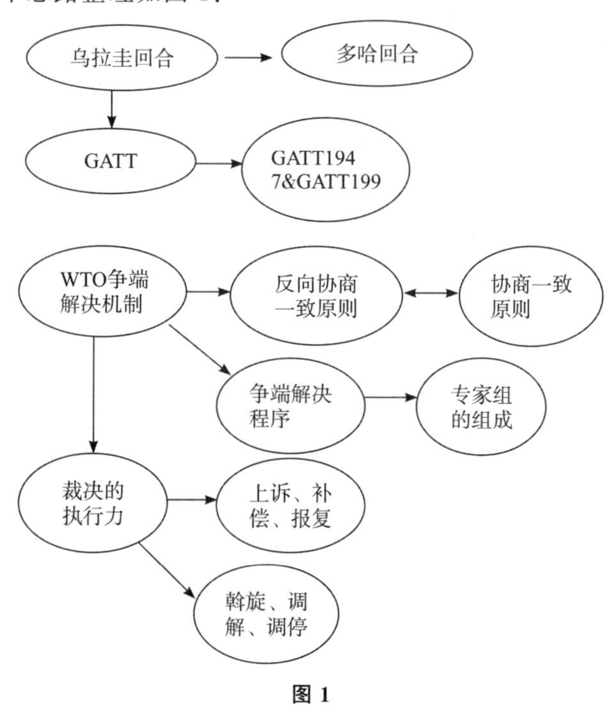

图 1

二、课程感想

这门课作为世贸组织法的中级课程，需要我们在课下掌握 WTO 基本知识和相关规则，由于在第一节课上准备不足，我并不能很快融入课堂氛围。讨论式的课堂模式，一改我们所熟悉的老师讲授，学生倾听和做笔记的惯有模式，使每个人成为推动课程发展的重要一员，在观点的相互交锋之中获得对世贸组织法更深的了解。但是这样的课堂模式也是对个人能力的巨大挑战，需要具有“一心多用”的能力，既要倾听和记录同学发言的内容，又要根据问题查阅和分享相关资料，还要组织好自己的发言内容，在这两周的课上，这样快节奏的推进既刺激又会让我有时觉得跟不上节奏。同时在这种交叉发言的进程中也暴露了一些问题，比如有的时候讨论的话题过于跳跃，导致一些问题没有得到妥善的解决。再比如在讨论反向协商一致原则时，几位同学的发言存在重复的地方，且每位同学的发言时间过长，语言不够精炼，还有在微信群里分享资料时文件过于冗长，很难让人在短时间内把握重点。这需要我们不断提高倾听能力、提取信息能力、概括能力、表达能力。另外我觉得我需要提升回溯原文本的能力，而不是简单地在网上搜索，因为经过加工后的材料真实性和准确度都有待商榷，这就需要我努力去阅读英文原版文献。对课上和课下时间的规划也是一个重要的问题，在课上同学们的发言并不能做到条理分明的阐释某一主体，记笔记的时间也不足，因此就需要在每次课后梳理这节课的思路，根据每个主题分类归纳，对于自己感兴趣的话题进行进一步的挖掘，才能将这门课的内容彻底吸收。经过这两周的课，我发现我的能力仍然有不足之处，在之后的课上，需要以更加充足的准备，更加积极地参与课堂进程，表达自己的观点。

期待未来的课上迸发出更多的思维火花。

撰稿人 陈华屹

前两课大体框架如图 1：

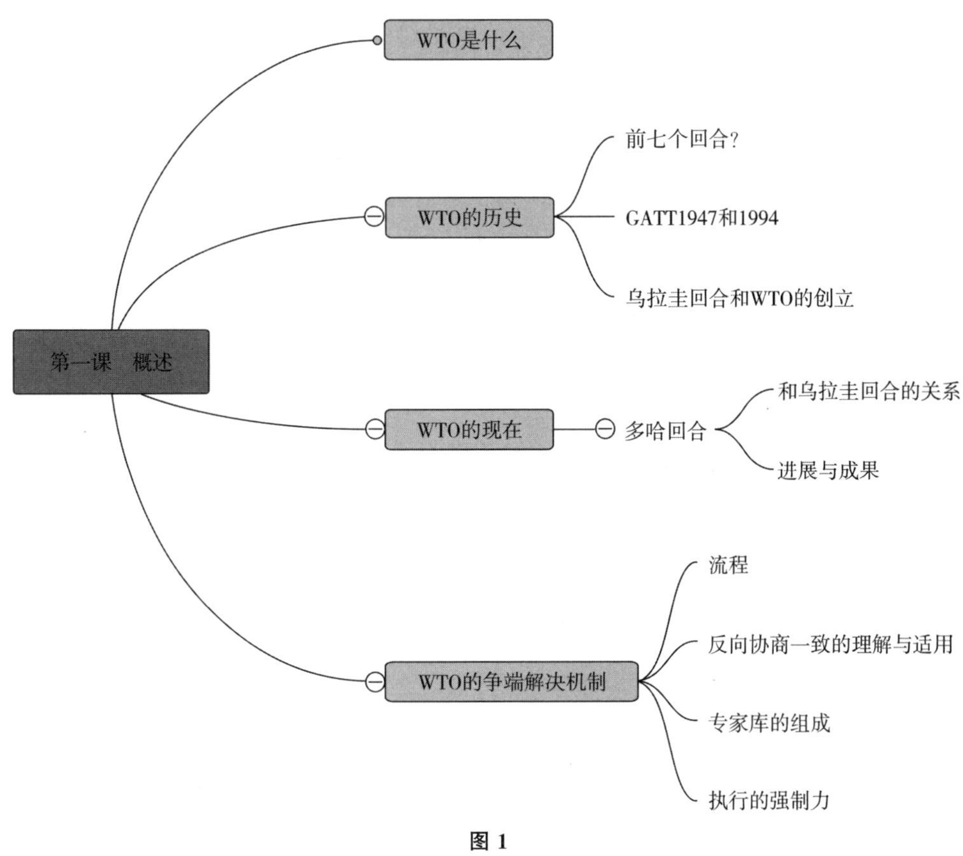

图 1

一、WTO 是什么

1. 概述

课程首先简要介绍了什么是 WTO。WTO 即 World Trade Organization，世界贸易组织，按照 Understanding 的说法，它在一个国际或接近国际的层面，处理国家与国家之间的交易规则。WTO 是当代最重要的国际经济组织之一。再进一步说，它是一个为了自由贸易而设立的组织，是一个政府间磋商交易约定的论坛，是一个解决国家间贸易纠纷的地方。

2. 两部重要的文件

大部分的 WTO 协议都是 1986—1994 年乌拉圭回合的谈判结果，有将近 60 个协议，共

计 550 页。[①] 因此，乌拉圭回合谈判结果也被老师称为 WTO 中的“圣经旧约”。

这本“旧约”中有三个正文，分别是 Marrakesh Declaration of 15 April 1994（马拉喀什宣言）、Final Act 和 Agreement Establishing the World Trade Organization，并有四个附录：附录一有 3 个小附录，分别是 1A：包括 GATT 在内的一些货物贸易多边协定；1B：GATS 服务贸易总协定；1C：TRIPS 与贸易有关的知识产权协定。附录二为 DSU 即关于争端解决的谅解。附录三为贸易政策审议机制（Trade Policy Review Mechanism）。附录四为目前尚存的一些诸边条约（Plurilateral Trade Agreements）。

在 Understanding 中，将这些协议分为六大块，即一个总括约定，分别关于货物、服务和知识产权的三部分约定、争端解决和政府贸易政策审议。可见图 2：

Umbrella	AGREEMENT ESTABLISHING WTO		
	Goods	Services	Intellectual property
Basic principles	GATT	GATS	TRIPS
Additional details	Other goods agreements and annexes	Services annexes	
Market access commitments	Countries' schedules of commitments	Countries' schedules of commitments (and MFN exemptions)	
Dispute settlement	DISPUTE SETTLEMENT		
Transparency	TRADE POLICY REVIEWS		

图 2　中国加入 WTO 的法律文件

中国加入 WTO 的法律文件同样是厚厚一本，被老师称为“圣经新约”。但概论课上并未涉及这本“新约”，今后再予以补充。

二、WTO 的历史

1. GATT 前七个回合？

尽管课堂上我们首先进入了多哈回合的讨论，但对前七个回合的认识是理解 WTO 的历史中不可或缺的一部分。所以我首先总结前七个回合。

a. 什么是“回合”

课堂上首先讨论了什么是“回合”。“回合”在英文中是 round，也可以译作“轮”。因此，所谓的“回合”其实就是一轮谈判。一轮谈判可以持续较长的一段时间，比如乌拉圭回合从 1986 年 9 月开始，一直进行到 1994 年 4 月；也可以先后在不同的地点进行，如多哈回合经历了多哈、坎昆、巴黎等 7 个地点。

回合结束的标志，我认为一般是达成了一揽子令谈判各方满意的协定，完成了在开始时预定的计划。比如说，在第一轮多边贸易谈判中，主要成果是下调关税的承诺。23 个缔约

① https://www.wto.org/english/docs_e/legal_e/legal_e.htm

方在 7 个月的谈判中，就 123 项双边关税减让达成协议，关税水平平均降低 35%。

b. 前七轮多边贸易谈判

在前七轮谈判中，WTO 尚未建立，存在的是关税贸易总协定(GATT)。它是一个政府间缔结的有关关税和贸易规则的多边国际协定，是通过削减关税和其他贸易壁垒，削除国际贸易中的差别待遇，促进国际贸易自由化。GATT 从 1948 年开始临时适用，一直持续到 1994 年。值得一提的是，GATT 其实一直都是“临时性”的，这是因为未能达到关贸总协定(GATT)规定的生效条件。

为什么会有 GATT？这是因为 20 世纪 30—40 年代，世界贸易保护主义盛行。国际贸易的相互限制是造成世界经济萧条的一个重要原因。在这样的情况下，为了解决复杂的国际经济问题，发挥各国的比较优势，促进经济的繁荣发展，各国尝试以多边协定的方式削减关税，减少贸易壁垒。

Understanding 中的一个经济学原理让我很感兴趣，即比较优势(comparative advantage)。这是经济学上一个简单但有力的原理：假设 A 国在做甲产品上比 B 国强，B 在做乙产品上比 A 强，那么只要 A 国全做甲产品，B 国全做乙产品，两国自由贸易交换，就能够利益最大化。这叫作绝对优势。但如果 A 国在所有产品上都比 B 国强呢？这时 B 国应当将资源投入到它相对来讲最擅长的地方，再进行交换，也能够利益最大化，这叫比较优势。

我感到这个原理有一个漏洞：在这个前提下，任何国家只要把资源全部投入最为擅长的领域，就可以在国际范围内利益最大化。然而，这是在交易成本等于 0 的情况下的结论。如果交易成本大于 0，比如有很高的关税、保护措施等壁垒，情况就会有变化，对较弱的国家更为不利。因此，GATT 的宗旨就是削减关税，从而达到自由贸易，促进国际范围内的利益最大化。这个出发点是朴素却十分有力的。

前七轮谈判有什么成就呢？其中，前五轮谈判针对的都是关税问题，而后两轮还开始关注反倾销、非关税壁垒等等。具体如图 3：

The GATT trade rounds

Year	Place/ name	Subjects covered	Countries
1947	Geneva	Tariffs	23
1949	Annecy	Tariffs	13
1951	Torquay	Tariffs	38
1956	Geneva	Tariffs	26
1960–1961	Geneva (Dillon Round)	Tariffs	26
1964–1967	Geneva (Kennedy Round)	Tariffs and anti-dumping measures	62
1973–1979	Geneva (Tokyo Round)	Tariffs, non-tariff measures, "framework" agreements	102
1986–1994	Geneva (Uruguay Round)	Tariffs, non-tariff measures, rules, services, intellectual property, dispute settlement, textiles, agriculture, creation of WTO, etc	123

图 3　GATT 各轮谈判

GATT 成功了吗？可以这么说：它大幅地降低了国家之间的关税，促进了国家间的自由贸易。但是它的成功也是局限的：一方面，关税的降低和经济衰退结合起来，造成了高失业率和不断的工厂关闭，让西方国家开始寻求一些双边的协议；另一方面，在进一步经济全球化中，出现了全球化的服务领域和知识产权领域，GATT 没能够涉及这些领域。因此在第八个回合，即乌拉圭回合中，更加全面的 WTO 诞生了。

2. 乌拉圭回合和 WTO 的创建

讨论过 GATT 后，我们进入对乌拉圭回合的讨论。从 70 年代开始，特别是进入 80 年代以后，以政府补贴、双边数量限制、市场瓜分和各种非关税为特征的保护主义重新抬头。因此，1986 年 9 月，关贸总协定第八轮谈判在乌拉圭开始了。这次谈判不仅仅关注关税，还关注一些新的议题，如服务贸易、知识产权等。这次谈判历经 7 年半，于 1994 年 4 月最终签署协议。

查阅资料并总结，可知乌拉圭回合主要有三个成果：一是强化了多边体制，并加强了争端解决机制；二是进一步改善了货物和服务业市场准入的条件，关税水平进一步下降，同时通过谈判达成了《服务贸易总协定》，与有关的措施和与有关的知识产权协议；三是建立了世界贸易组织。

新的 WTO 和 GATT 的关系和区别是什么呢？课堂上也有过一番激烈的讨论。大家的观点主要如下：

第一，GATT 是一个协定，是临时适用的，它的成员被称为"缔约国"，而 WTO 是一个正式的世界组织，成员被称为"成员国"。这个区别的重要性就在于，WTO 有独立的国际法人格，能够称为国际法的主体。

第二，WTO 的关注范围更加广泛。纵览 GATT 的前七回合谈判，重点无不放在货物贸易上，关注关税的削减和非关税壁垒的消除；然而它关注点的单一正是后来它作用减弱的原因——进入 80 年代，服务贸易等新议题的兴起使得 GATT 难司其职。而 WTO，此前已经介绍，在伞状总括约定之下，有三大块内容：除了处理货物贸易的 GATT，还有针对服务贸易的 GATS 和针对知识产权的 TRIPS。因此，WTO 将货物、服务、知识产权融为一体，置于其管辖范围内。

第三，WTO 成员统一承担义务，更具有强制性。WTO 的成员对于 WTO 的多边协议必须遵守，不能选择性地参加。而 GATT 的许多协议则可以选择接受还是不接受。这样的强制性，对于国际自由贸易有着极大的促进作用。

3. GATT 1994 和 GATT 1947

课上令大家疑惑的一个点是，GATT 在 1994 年就被 WTO 取代了，为什么又出现一个 GATT 1994 的概念？这个问题在 Understanding 中有很好的解答：

WTO 作为一个国际组织取代了 GATT，但这个总协定仍然作为乌拉圭回合的一个谈判结果，存在在 WTO 的伞状框架中。也就是说，GATT 1994 是 GATT 1947 的升级版，其内核仍然是最初的 GATT 1947。更新后的关贸总协定与 GATS、TRIPS 并列，形成一套单一的规则，使用单一的争端解决机制。

三、WTO 的现在

1. 多哈回合和乌拉圭回合的关系

乌拉圭回合 1994 年结束，而多哈回合 2001 年就开始，这期间只有 7 年时间。为什么这么快就又开启新的一轮谈判？Understanding 中给出了答案：

乌拉圭回合谈判持续时间长达 7 年半，尽管 1994 年达成了一揽子协议，但任务量还是过于巨大，全世界也都感受到了谈判的疲惫感。想要达成一个完整的、包含目前几乎所有的

贸易问题的一揽子协议是非常困难的，这也导致了很多声音认为在这一层面上达成协议是不可能完成的任务。不过，乌拉圭回合的谈判结果中，还是包含了一些未来的谈判的时间表，希望能够在未来达成新的协议。到 1996 年，一些国家就开始公开呼吁一轮新的谈判。WTO 从成立起，就把启动新一轮谈判，进一步完善多边贸易体制作为重要使命。因此，终于在 2001 年 11 月在卡塔尔多哈举行的第四届 WTO 部长级会议上，决定正式启动谈判，因而此轮谈判被人们称为“多哈回合”。与以往的多边谈判相比，这是包括议题范围最广(20 个)，参加成员最多的一轮谈判。

2. 多哈回合的成果和进展

多哈回合 2001 年启动，迄今已经 17 年，但仍然没有达成最终协议。

课堂上首先提到了“巴厘一揽子协定”：它于 2013 年 12 月 7 日达成，也被称为多哈回合谈判的“早期收获”，实现了 WTO 成立 18 年来多边谈判的“零突破”。我们了解到，它其实是一个“软柿子”，也就是由于完整的协议太难达成，而首先从较为容易的协议入手的产物。但无论怎么说，它也具有重大的意义——打破了多哈回合零成果的僵局。

“巴厘一揽子协定”包括 10 份文件，内容涵盖了简化海关及口岸通关程序、允许发展中国家在粮食安全问题上具有更多选择权、协助最不发达国家发展贸易等内容。

除了“巴厘一揽子协定”以外，多哈回合的进展如何呢？其实是非常缓慢、举步维艰的。2004 年各方达成《多哈发展议程框架协议》，剔除出 3 项议题；2005 年通过《香港宣言》在农业出口补贴和棉花问题上取得了重要进展；但 2006 年 7 月由于重大分歧，谈判破裂，多哈回合无限期中止；2007 年重启多哈谈判，但在发展中国家农产品的问题上再次产生分歧，给脆弱的多边贸易体系带来较大的负面影响。

为什么会出现如此困难的局面呢？第二次课上同学们也有一些讨论。其中称为众矢之的的，是“协商一致”的谈判原则和“一揽子”的谈判方式。这意味着，只有在所有 152 个谈判参加方就近 20 个谈判议题都达成一致的前提下，谈判才能结束。可想而知这有多么困难。查阅资料也可发现，2008 年 7 月 21—29 日，在日内瓦的小型部长会议上，部长们通过极其艰苦的谈判，就 20 个议题中的 18 个达成了协议，但最后却在第 19 个议题(即关于发展中国家农产品特殊保障条款)上谈判破裂。

同时，在查阅资料后，我认为还有以下原因：

一是谈判参加国家和议题越来越多。GATT 和 WTO 一共经历九轮谈判，参与谈判的国家从 23 个增加到 152 个。前五轮谈判都只有关税一个议题，而多哈回合涵盖了 20 个议题。在这样的情况下，各成员之间的目标追求差异越来越大，想要达成令多方都满意的谈判成果显得十分困难，时间也就越拖越长。

二是企业界推动多哈回合动力不足。资料显示，乌拉圭回合的成功，一部分因素归功于企业界的积极参与，如制药企业、娱乐产品企业、金融和电信服务企业等，他们向政府的施压使得谈判有更大的动力。然而多哈回合中，普遍认为商业界兴趣不大。原因为何？有学者总结，一方面是因为产品周期更新短，而多哈谈判时间太长。在这种情况下，商业界领导很难预计他们实际需要；另一方面，谈判的议题和企业兴趣点不符。谈判分歧最大的议题是发

展中国家的农产品补贴等问题，而这些问题并不被商界关注。①

综上，多哈回合的成果还并不明显，甚至有了被抛弃的趋势。我想，这也是这门课程不过多涉及多哈回合的原因。

四、WTO 的争端解决机制

1. 概述

首先需要了解的是 DSU，也就是 Understanding on Rules and Procedures Governing the Settlement of Disputes，即《关于争端解决规则与程序的谅解》。它对 WTO 的争端解决机制作出了全面的规定。

同时，我思考：WTO 的争端解决机制中，适用的法律渊源有哪些呢？它是更类似成文法国家，使用成文的条约作为渊源，还是更类似判例法国家，判例也作为渊源呢？查阅资料发现：自然，最重要的法律渊源是 WTO 达成的一揽子协议的法律文本。但是，也有许多其他潜在渊源。有学者认为，除了一揽子协议以外，最重要的法律渊源是以前的专家组报告和上诉小组报告。比如，"韩国奶制品保障措施案"中多次提到以前的上诉机构报告的推论。但是需要说明的是，这些"判例"只有较强的说服力，而没有拘束力。本质上，有拘束力的只有成员国之间达成的一揽子协定。

另外，国际惯例能否适用？我在 DSU 第 3 条第 2 款中找到依据："依国际公法解释习惯性规则，阐明有关协议的条文。"我据此认为，在对条文进行解释时，可以依国际惯例来进行阐明。

还有一个组织需要了解：Dispute Settlement Body，即争端解决机构。它是由全部的 WTO 成员共同组成的。

2. 流程

通过课堂的讨论和课下的学习，我首先将 WTO 争端解决的基本程序总结如下：

第一，协商。一篇论文中，有学者认为 WTO 的争端解决机制和中国民事诉讼法有一点非常类似，即调节贯穿始终的原则。不过，在 WTO 中，协商更是成为了一个首要的强制性手段，给予 60 天的时间，争议方先坐下来好好商量，再决定要不要诉诸 DSB。

第二，专家组的成立。在反向协商一致原则下，专家组的设立几乎是立刻的，即只要在会议上请求，就几乎是自动决定成立专家组，除非 DSB 以协商方式决定不成立(这几乎不可能)。

专家组成员方面，需要做到"独立性、公正性、合格性"，不代表任何政府。关于专家库的问题，之后再涉及。

第三，中期审议程序。在审议书面答辩和口头陈述后，专家组可以将报告初稿的叙述部分发给争端当事方，等待当事方给出意见。然后，专家组再发布中期报告，包括了事实部分和调查结论。

第四，最终报告。专家组完成最终报告后，首先发给争端双方，3 周后再发给 DSB 所有成员。

第五，报告的通过。60 天内，DSB 要通过一个会议来决定报告是否通过。值得一提的

---

① 王晓东.多哈回合谈判举步维艰的原因[J].国际经济合作.2008(4)。

是,在这次会议上同样采用反向协商一致原则,只要有一方同意即可通过。

第六,上诉。DSB 有一个常设上诉机构,负责对上诉案件进行“法律审”,即只审议专家小组报告涉及的法律问题和法律解释。上诉报告最长在 90 天内完成。然后同样要通过反向协商一致原则决定是否通过。

关于执行程序,之后再涉及。

3. 反向协商一致原则

课上大家对反向协商一致原则展开了较长的讨论。其实,反向协商一致原则非常简单,指在多国会议决策时,只有当所有成员方协商一致表示不通过某项议案,该议案才能被否决,如果有一个成员国表示同意,该议案就应通过的规则。在这个原则下,讨论弃权票没有意义:除非全体表示反对,议案才会不通过。

反向协商一致原则具体在 WTO 的争端解决机制中,运用在 4 个地方:专家小组的成立、专家小组报告的通过、上诉机构报告的通过、对报复授权请求的通过。

大家也讨论了反向协商一致原则的优点与缺点:它其实是一个效率和公平的衡量。在没有这个原则时,争端解决的效率非常低下:不利的一方可以一票否决判决,从而导致争端解决机制没有实际的强制力。但在反向协商一致原则下,实际上确立了对争端的强制管辖权,增强了争端解决机制的强制性,提高了国际会谈中争端解决机制的有效性,有利于争端解决程序迅速、顺利地进行,确立和保持专家小组程序在贸易争端解决方面的权威和威慑力。

我同时思考:这个原则公平吗?是否会出现法庭偏袒一方,从而让不公平的判决通过的情况?有说法认为,它损害了国家主权。但我认为,套用宪法的原理,其实是每个国家都把其国家主权让渡给了 WTO,形成了一个更高的意志,而每个国家都必须遵守这个意志。这与国家主权并不违背。至于公平问题,我认为这的确是一个缺陷:如果专家的专业素质有问题或者专家在认定事实上出现了误差,那么有瑕疵的专家小组报告就会被通过并生效。上诉机构审查程序给不利的一方多了一层保护,但是如果上诉机构的报告也存在瑕疵呢?针对这一点 DSU 缺少相关救济措施的规定。因此,就目前而言,WTO 必须保证其专家组成员和上诉小组成员有很强的专业能力,并保持中立性,以减少上述情况的发生。

4. 专家库(指示性名单)的组成

根据 DSU 的说法,专家组由合格的政府或非政府人士组成,其资格范围非常广泛且身份独立,以确保其成员的独立性,并拥有多种不同的背景和丰富的经验。为了协助选择专家组成员,秘书处有一份指示性名单,可以从中酌情选出专家组成员。但值得注意的是,这个指示性名单并非强制性的要求,而仅仅是可供选择。

如何进入指示性名单?根据 DSU 的规定,WTO 的成员可以定期提供可以列入名单的个人姓名,DSB 批准以后,这些姓名就可以增加进名单。这个名单是公开的,在 WTO 的官网上可以找到。

目前,中国共有 18 人进入这个名单(WT/DSB/44/Rev.31),其中包括杨国华老师。不过,就我能找到的情况来看,中国专家很少参与到案件裁决中去。如果要进一步提升中国在 WTO 的话语权,就要让更多的中国专家参与进来。

5. 执行的程序和强制力

(1)执行的程序

之前概述了裁决的程序,现在概述执行的强制力。

第一,通知。DSU 第 21 条规定,专家小组或者上诉报告通过 30 天内,有关成员应通知其履行裁决的意愿。

第二,协商补偿。DSU 第 22 条规定,如果有关成员方在合理期限内没有按照争端解决机构建议或裁决终止或修改措施,则它可以与原告国谈判,以达成相互接受的补偿。

第三,报复手段。如果 20 天内未能达成补偿协议,则当事国可以要求 DSB 授权中止适用对有关成员方依照各适用协定承担的减让或其他义务。中止减让一般应当在违法的相同部门之间,不过如果上述措施无效且情况十分严重,则可以采用"交叉报复"。

(2)执行的强制力

从事实层面来看,WTO 争端解决机制的执行的强制力有多大呢?会不会出现较强的国家依靠"拖"的手段逃脱裁决呢?(见表 1)

表 1　未履行的补救案一览

案名(案号 DS)	补救形式	补救日期/授权方/仲裁水平	实施情况
欧共体香蕉案(27)	授权报复	09/04/1999/美国/1.914 亿美元/年	未解决,再复审
欧共体荷尔蒙案(26/48)	自愿补偿 授权报复	13/07/1999/美国/一次性 1.168 亿美元 13/07/1999/加拿大/一次性 1.13 亿加元	最后履行 仍有争议
巴西飞机案(46)	授权报复	12/12/2000/加拿大/3.4 亿加元/年	未解决
美国版权法案(160)	授权报复	11/09/2002/欧共体 121 万欧元/年	暂时和解
加拿大飞机案(222)	授权报复	18/03/2003/巴西/2.4 亿美元/年	未解决
美国 FSC 案(108)	授权报复	07/05/2003/欧共体公司的损失	已履行
美国反倾销法(136/162)	授权报复	24/02/2004/欧共体公司的损失	仍有争议
美国抵消法案(217/234)	授权报复	17/12/2004/澳大利亚等 8 成员/等值补贴	未解决

如上所说,WTO 争端解决的未履行补救,具有临时性,旨在最终迫使应履行一方,将其被裁定为抵触 WTO 有关协定的国内措施,与 WTO 协议相一致。因此,应履行一方是否做到,成为评估补救的效果的最重要标准。从这一点来看,迄今为一位同学指出,一些大国会因为自己的实力较强而拖延履行,因此这个强制性对不同国家发挥的作用和强度是不同的。有学者认为,WTO 原告胜诉裁决的价值因执行的无助性而降低。因此,被告是否接纳该"建议"本质上取决于执行该"建议"是否对被告有利。换言之,被告即使被裁决违反 WTO 协定,也可能会基于争议措施涉及的国内利益拒不执行这一裁决。比如,美国在"安提瓜诉美国限制网上赌博案"中就拒绝执行裁决。

我感觉,这是国际法上的通病:没有强制的暴力机关,是否履行法院裁决要靠胜诉方自助。这仍然逃脱不了"用拳头说话"的宿命:WTO 中最后的保护措施是交叉报复,但对于发展中国家来说,其对发达国家采取交叉报复,对对方造成的影响没有给自己造成的影响大。

弱小的国家难以有效地利用报复，是 WTO 争端解决机制中的一个重大问题和不足，对法律的公平公正会有一些打折扣。我有一个想法，是否能够在胜诉方自力报复的同时，由 WTO 授权其他成员也进行类似的报复，以达到"失道者寡助"的效果？当然，报复的手段在国际关系中也不能经常使用，否则会造成"人对人是豺狼"的局面。只有在万不得已的情况下，才能够动用报复手段。

前两堂课所教授的内容总结到这里，并加进了一些我个人的想法和感想。

附：课程感受

这门 WTO 法的课程是我目前为止上过的最独特的一门课程，在课堂上大家没有固定的主题，以自由讨论的形式发言。我对这个模式有一些想法：很多时候，由于发言的同学较多，受限于时间，课堂上经常会针对一个问题讨论过久，而没有照顾到老师提出的其他问题。另外，同学发言的先后顺序也经常会造成前后讨论内容的不一致，很容易让人没有头绪。我认为，这也和我自己在课堂上对大家的发言记录不够有关。今后的课堂中，还要更完整地记录每位同学的发言，并从中寻找思路。

另一个感受是，阅读英文文献的重要性。上次课后，我用了较多的时间阅读了 Understanding the WTO，结果发现对自己的理解就有不少帮助。这也启示我，遇到一个问题，首先去找官方的文献，而不是在各种新闻、网页中读二手的资料。尽管现在还不太习惯，阅读速度也较慢，但在更多的练习下，自然就会有所提高。

2. 第三至四周

中美知识产权案

引言

第三周和第四周,我们围绕 DS362 中美知识产权案的刑事门槛问题展开讨论。这一发生于 2006 年至 2008 年的案件由美国发起磋商,其请求主要涉及以下三项内容:一是刑事程序及处罚的门槛,二是海关处置货物的权力问题,三是未获得批准而出版发行之作品不在著作权法的调整范围内的问题。本次课程中我们主要研读和探讨了第一项请求,即刑事程序及处罚门槛的相关内容。

在前两周的概论课中,我们集中讨论了 WTO 的历史沿革和争端解决机制。这是我们第一次接触 WTO 争端解决的真实案例,同学们在概论课的基础上学以致用,对中美知识产权一案裁决书的逻辑结构和裁判结果、WTO 争端解决机制中各方的职能以及知识产权保护评价等问题展开了激烈的辩论。课前、课上与课后,同学们对相关法律、国际背景等多种材料进行检索和整理,并采取思维导图等多种形式与大家分享,努力实践杨老师在课程大纲中表达的对同学们"自主学习、相互学习、法律思维、批判思考和公开表达"的希冀。

本次课程整理由高珂同学完成。

课程内容

一、实体法部分

(一)本案关于刑事门槛部分的思路

第四周课前,孙艺芸、翟宇凡等多位同学以思维导图的形式对裁决书刑事门槛部分的思路进行了梳理,并在课上进行展示,对同学们厘清案情大有帮助。根据袁崇霖同学的课程综述,裁决书的思路可以文字形式简洁介绍如下:

首先,专家组介绍了本案的事实部分,即罗列了涉及知识产权犯罪的刑法和司法解释条文以及刑法总则的相关规定。随后,专家组对美国基于 TRIPS 第 61 条第 1 款第一句的诉讼请求进行了总结,即中国的刑事门槛过高,不符合 TRIPS 中"具有商业规模(commercial scale)"的规定。上述诉求具体表现为两方面,其一,刑事门槛中的计算标准(levels)太高;其二,中国刑法中没有涵盖其他可能构成商业规模的因素(other factors)。其后,专家组通过论证 TRIPS 义务的效力和范围、对"商业规模(commercial scale)"的解释和 TRIPS 是否要求考虑其他因素等问题,得出了"中国刑事门槛需要结合中国市场状况进行判断"和"美国举证未能达到 prima facie case 的程度"的结论,故驳回了这一诉讼请求。同理,由于美国举证不力并结合"司法节制(judicial economy)"原则,专家组也对美国关于 TRIPS 第 61 条第 1 款第二句和第 41 条第 1 款的请求予以驳回。

1. commercial scale 的解释

本案一个极其重要的争点在于何为"commercial scale"。在第三周的课上,有同学质疑专家组关于这一短语的解释是否过于冗余,为何花费了近十页篇幅进行阐述。这一观点很快遭到了反驳,姜文朵等同学指出大篇幅解释 commercial scale 的意义在于保证逻辑严谨,只有对 commercial scale 作出了清晰的解释,专家组才能正确判断中国是否违反了 TRIPS 义务。林子郁同学对解释内容提出了异议,认为 commercial scale 不应是一个相对的模糊标准,而应当是明确的,比如"音像制品行业的侵权案件,如果利润额达到行业平均水平的 20%,即构成 commercial scale"。她还认为,正是因为本案专家组将这一标准解释为一个可根据各国具体情况确定的概念,所以美国承担的举证责任过重,甚至达到了难以证明的程度,从而不可避免地败诉了。对于这一观点,陈华屹等同学进行了反驳:由于各国具体情况差异极大,知识产权领域纷繁复杂,设置一个统一的标准是不合理也不现实的。刘雨晴同学还提出,专家组对 commercial scale 作出宽泛模糊的解释也是出于对国家主权的尊重和司法克制的考虑。

2. 法律解释方法-维也纳条约法公约 A31 的适用

关于这一问题的讨论由林子郁同学引发,她提出专家组在对 commercial scale 进行解释时采取了文义解释、历史解释、体系解释等多种法律解释方法,裁判者在运用这些解释方

法时是否有优先级，如果不同方法的结论存在冲突时应如何处理的问题。针对这一问题，潘隽吉同学提出了文本是目的的体现、各种解释方法需要综合考虑的因素的观点，他认为解释方法不应当是孤立割裂而相互对立的，应该综合利用为解释条文这一目的服务。高珂同学则引用了齐佩利乌斯的《法学方法论》中的相关表述来解释这个问题，书中认为各种法律解释方法没有优先适用，都是为裁判者得出正确的结论而服务，而解释只是为寻求“正确的结论”提供一个“有规可循之思考的领域”，从而有助于对司法评价加以约束。关于部分同学“裁判者先产生结论还是先进行推理”的疑问，她认为，每个人在面对某一法律事实时都会基于直觉和“朴素的法感情”产生一种预判，但是寻求正义并非一个完全主观的过程，因为这些解释方法的结果是相对固定的，比如历史解释就是考察立法者意旨，文义解释也有一个相对固定的文义范围，严谨的法律推理为整个思考过程注入高度的理性和客观，即结论是被约束的，而裁判者是在这一约束的范围内寻求他心中最合乎正义的唯一结果。课后林盟等多位同学对各种解释方法的含义、适用及在本案中的体现进行了细致的整理和思考，对同学们深入理解法律解释方法大有助益。

(二)裁决结果

1. 举证责任和 prima facie case

在关于 commercial scale 解释的讨论中，有同学提出专家组认为 commercial scale 是一个可根据各国具体情况确定的概念，加重了美国承担的举证责任，因此美国几乎不可能胜诉。很快就有同学作出了反驳：美国未能胜诉的原因不在于其负担的举证责任过重，而在于未能将证据和法律结合进行充分论证。刘雨晴同学也指出，美国不需要正面证明中国的刑事门槛不符合 commercial scale，而是只需要举出一个反例证明中国存在明显符合 commercial scale 却低于刑事门槛而没有入罪的情形，因此不存在美国的举证责任过重的问题。

关于举证责任，prima facie case 是一个重要的概念，根据 DSU 第 3 条第 8 款的规定，当原告针对被告违反义务的行为建立了 prima facie case 时，举证责任就转移到了被告一方。这一概念在欧共体荷尔蒙案、加拿大博彩案和美国乳制品案中都有论述。接下来的问题是，prima facie case 的标准为何？DSU 第 11 条规定，判断一方是否满足 prima facie case 的决定权在于专家组。孙艺芸同学在课程综述中指出，韩国乳制品案的专家组认为考虑是否构成 prima facie case 需要综合考虑双方提供的陈述和证据，而 India-Quantitative Restrictions 案的上诉机构则认为只需要看原告一方的证据与分析即可。比较来看，前一方式可能使裁判者的心证受到被告一方的影响，对原告要求过高；而后一方式仅取决于原告的证据及分析的有力程度，应该更加合理。在本案中，美国未能将证据和法律充分结合和论证，因此未达到 prima facie case 的标准，因举证不利而承担败诉后果。

2. 知识产权保护的评价问题

刘书杭同学首先提出了在本案中专家组仅就法律角度解决争端而并未解决中国盗版现象猖獗的问题。关于中国知识产权保护的争议可以分为两个不同层次的问题。第一，知识产权要不要保护？针对这一问题大家的结论是一致的，知识产权要保护，但是理由各不相同。林盟同学指出，保护知识产权的意义在于保护创作者的利益，如此才能激励创作者进行

持续性的创新,促进整个国家的科学文化发展。王宥人同学认为保护知识产权不在于其"神圣性",而是因为它"好",即有利于社会的发展。孙艺芸同学则从法经济学的角度考虑这一问题:设立知识产权保护制度是有成本的,当激励创作者的收益大于设立制度的成本时,保护知识产权才有意义。陈华屹同学在课程综述中提出了一个新颖的看法:保护的意义既不是所有权绝对,也不是利益衡量,而是因为"条约必须遵守"的国际法原则——我国是 TRIPS 缔约国,因此必须遵守 TRIPS 的最低要求。在大家均得出"知识产权需要保护"的结论后,第二个值得探讨的问题是保护的程度。知识产权的公益性与权利性在一定程度上存在天然的矛盾,被创作出来的作品只有被分享才有意义和价值,但是创作者的财产权利也需要保护。针对这一矛盾,张铜戈同学提出"知识产权的强保护理论和弱保护理论"。她认为,发达国家对知识产权采用强保护的立法方式,而发展中国家应对知识产权采用弱保护的立法方式。因为在传统的社会观念和认知状态下,如果将知识产权界定为私有,给予智慧财产的创造人以完整的法律保护会遏制知识的传播和应用,就会影响本国的经济和贸易的发展。

二、程序法部分

(一)先例效力

在关于 commercial scale 解释的讨论中,多位同学提出专家组关于这一短语的解释是否会影响之后的判决的问题。由此同学们展开了关于 WTO 专家组和上诉机构裁决书的先例效力的讨论。有同学根据《WTO 协定》第 9 条第 2 款和 DSU 第 3 条第 2 款指出,DSB 的建议和裁决不能增加或减少适用协议所规定的权利和义务,因此 WTO 争端解决机制中不存在"法律上的遵循先例"。但是专家组和上诉机构的实践中存在大量"事实上的遵循先例",如截至 2001 年上半年,阿根廷对鞋类进口的保障措施案、日本酒类税案、美国汽油标准案等在裁决书中被引用超过 40 次。袁崇霖同学则援引了杨老师的《事实上的遵循先例》一文,以上诉机构"除非有令人信服的理由(cogent reasons),裁判机构应在嗣后案件中以相同方式解决相同的法律问题"的表述为确认,证明了"遵循先例"事实上的存在。关于先例效力问题,姜林沣同学还提出了"先例不能没了牙"的观点,通过对比 WTO 裁决的"说服力"、中国的指导性案例制度和美国的遵循先例制度,提出通过建立规则解释常设机构的方式增强 WTO 判例效力的想法,在尊重当前 WTO 秩序的前提下充分发挥判例作用,引人深思。

(二)第三方意见在裁决中的作用

在本案裁决中,共有 12 个第三方进行了书面陈述,第三方是如何参与到本案的争端解决中来的?为什么专家组要考虑他们的意见?这一问题最先由袁丁同学提出。他认为本案裁决书中的第三方意见过于政治化,其对于本案裁决的立场与其原本的政治立场十分接近,因此第三方的出场可能减损 WTO 的法律性。陈家棋同学提出第三国参与的原因在于他们认为与本案的审议事项利益相关。随后袁丁同学援引 DSU 第 10 条指出,第三方是对审议事项有实质利益并已将其利益通知 DSB 的成员,因此第三方参与争端解决是一个主动的行为;一旦该成员将其利益通知 DSB,专家组就应给予其表达意见并提出书面陈述的机会。

陈华屹同学针对第三方立场的政治性指出，政治、法律、经济本来就是紧密相连的，关于知识产权保护的问题也存在国情和社会意识的差异，因此第三方的立场并非纯粹受政治影响的结果，而是各第三方就知识产权保护表达不同诉求的结果。

(三)judicial economy 原则的运用

根据同学们梳理的裁决思路，专家组在反驳了美国基于 TRIPS 第 61 条第 1 款第一句的诉讼请求后，根据 judicial economy 原则对美国基于 TRIPS 第 61 条第 1 款第二句和第 41 条第 1 款的诉讼请求予以驳回，这引发了同学们关于 judicial economy 原则的讨论。孙艺芸等同学提出，专家组在判决中“遵循了司法经济原则，保持了克制，维护国家主权”。袁崇霖同学也认为 judicial economy 原则在本案中有明显的意义，它是专家组对美国的第一项诉讼请求进行审查并因证据不足而驳回后、对其建立在相同事实和证据基础上的其他诉讼请求不再予以审查的根本原因和正当性理由。在讨论过程中，同学们对 judicial economy 的概念产生了疑问：这一原则保护的究竟是国家主权还是司法效率？针对这一疑问，刘雨晴为大家区分了 judicial economy（司法节制）与 judicial restraint 司法谦抑（司法谦抑）两个概念：judicial economy 适用于当事方的争议解决之中，是就当事人提出的请求而言的；而 judicial restraint 是针对司法机关与立法机关之间的权力界限而言的。因此，本案专家组针对美国的后两项诉求采取的是 judicial economy 即司法节制原则，意在提高裁判效率和经济。同时，由于 WTO 的裁决对后面的判决有事实上的影响力，这一原则的运用更能为后来的裁判保留发展的空间。

课程感悟

一、打破学科界限，拓展思维广度

在第三周、第四周的课堂中，同学们讨论范围之广阔令人惊叹。在对 DS362 案件的研读和思考过程中，同学们广泛涉及知识产权法、法理学、经济学等领域，综合运用多学科知识对裁决进行解读和探讨。正如杨老师所言，部门学科都是人为划分的，它们本身并不存在泾渭分明的界限，因此我们在思考时不应局限于 WTO 规则，甚至不应局限于法律领域。同学们也深刻地感受到，国际贸易往往与国际政治、法律、经济密切相关，在研讨 WTO 案例中不可避免地涉及这些领域。通过本课的训练，作为法律人的我们应该掌握这种思维广度，让目光自然而然地在面前的问题和已有的各学科知识（甚至应该包括可能涉及但尚未掌握的知识）之间流转，让我们的思考更具广度和深度。

二、思维导图在思路梳理中的妙用

在第四周课上，孙艺芸同学和翟宇凡同学以思维导图的形式帮助大家梳理了专家组报告的分析思路，林盟同学重点对 commercial scale 解释部分进行了展示，王乾、曾涵钰、廖林风、姜文朵等同学也以图表等多种形式对本案裁决思路和相关法律条文进行了整理。同学们普遍发现，专家组报告和 WTO 规则往往篇幅较长，对于我们这些初次接触 WTO 规则和母语非英语的阅读者来说存在一定的梳理和记忆上的困难，而思维导图刚好帮助我们解决了这一困难。它能够清晰地展示逻辑的推进和思路的演变，帮助我们从宏观角度更好地把握整体框架。

三、专家组报告的严谨性

本次课程是我们第一次接触真实的 WTO 案例，在阅读专家组报告和课程讨论过程中，多位同学表达了对报告的严谨性的赞赏。正如金文璇同学所言“本案专家组报告推理过程的严谨性与逻辑性着实令我叹服……在阅读报告之初，我将裁决结果的决定性影响因素放在美国是否完成举证责任上，认为如果美国完成举证责任，那中国在这一争议点上将会败诉。然而我在讨论过程中发现，专家组对 commercial scale 的解释才是重中之重……可以说，本案专家组运用技术化手段，寓规范推理于争端解决之中，以条约的解释结论为前提，由当事国双方推动案件的最终裁决，以此增强裁决结果的可接受性。”commercial scale 的具体含义与美国的举证责任密切相关，如果未对 commercial scale 作出有信服力的解释，专家组关于美国未完成举证责任的结论的说服力就会大打折扣。对此还有同学指出，专家组的论证智慧值得被国内司法机关借鉴，通过提高分析论述的技术性增强裁判文书的权威性。

通过本次课程关于中美知识产权案的探索与思考,同学们首次将概论课中学到的知识与方法付诸实践,可谓小试牛刀、收获满满。此时恰逢中美经贸摩擦拉开序幕,同学们对此密切关注,杨老师也特意更改教学安排,让同学们针对经贸摩擦展开思考与讨论。非常期待下次课程的讨论成果!

综述汇编

撰稿人 曾涵钰

一、课堂内容

第三周和第四周的课程主要围绕“中国知识产权案”展开，这也是我们正式进入案例研讨后的开始。具体而言，课程的讨论主要针对：1. 知识产权是否应当保护？2. 中国的知识产权保护门槛是否需要调整？3. 专家组报告中的展开论述是否冗余以及维也纳条约法公约如何在其中应用？4. 专家组报告中的裁决是否合理？5. 先例的效力如何？以下我将结合课堂讨论和一些思考进行整理。

(一)知识产权是否应当被保护?

在讨论中国知识产权案中的具体问题前，对于中国的盗版问题首先应当确定一个应对的态度。问题的开始是袁丁所提出的“中国的盗版问题为什么要解决?”，似乎在这之前，我也并未想过为什么要去保护知识产权，而是想当然地认为知识产权必须要被保护。事实上，正如袁丁所说，在中国的环境下，盗版产品为我们的生活提供了许多经济上的便利，也为我们的娱乐生活提供许多资源。但对于盗版问题，始终是需要去解决的，因为对于知识产权的保护一方面可能促进未来的文化创新、社会发展，另一方面也如陈华屹所说，遵循着“条约必须被遵守”的规则而为国际条约中的知识产权保护提供相应的国内立法。

因此，知识产权是应当被保护的，而在这一案例的研讨中，我们的关注点则更多地在于如何去保护知识产权。美国的起诉针对点之一是中国的知识产权保护门槛过高，而导致许多侵犯知识产权的行为无法在刑法中被定罪量刑，而由此，对于中国知识产权保护门槛的讨论是本案的讨论之重点。

(二)中国的知识产权保护门槛是否需要调整?

在专家组报告中，可以看到对我国刑法第 213 条至第 218 条以及相关司法解释的介绍，而美国的起诉，针对的则是我国刑法规定是否未能与 TRIPS 协议第 61 条相一致。可以看出的是，我国刑法上规定的知识产权侵权行为的定罪量刑主要通过营利目的、经营数额计算等等方面规定了定罪的门槛，而对比 TRIPS 的第 61 条，则是通过 on a commercial scale 来进行概括性的规定。

林子郁提出专家组可以通过比例的数字来具体化 commercial scale 的定义。从数学的角度上来看，一个数据化的标准有助于对个案进行快速而明确地处理，也可以避免国家间的对于 commercial scale 的不同解读和规定而导致冲突。但另一方面，无法忽视地是不同国

家之间对于 commercial scale 的不同量化规定还涉及到国家对知识产权的不同保护力度。对于一个发达国家，尤其是知识产权高度发展完善的国家，其对知识产权保护的要求门槛也就越高；而相反，对于一个发展中国家，或是一个知识产权保护还在发展中的国家，其对知识产权的保护力度也就相应的会降低。对于中国而言，目前的知识产权保护在不断地发展和提高，但盗版商品对于目前社会而言，又带来了一定程度上的便利，在当前阶段对知识产权的保护成本可能是较高的，如果直接将保护力度上升到较强的标准，并不一定是完全有利于中国的。因此，对于 commercial scale 的标准，虽然一个数字化的标准可以明确的规定，但由于国情不同等原因，一个确定的标准未必能满足所有国家的需要。

而对于中国知识产权保护的门槛是否过高的问题，我认为，中国目前的刑事门槛确实与社会发展不相适应。虽然对低于刑事门槛的侵权行为在我国通过行政手段来进行处罚，但在入罪标准上，我国所规定的数额确实相对较高。而随着中国的科技、文化发展，国情变化，对于知识产权保护的要求也越来越高，而目前刑法的规定并不能完全与社会水平相适应。另一方面，美国提起诉讼的原因中，我们必须考虑到美国的保护标准与中国的保护标准之间的差异，如果中国保护力度远远小于美国，那么在涉及多国管辖的问题上，可能也会引起更多的冲突。

(三)专家组报告中的论述是否是冗余的?

专家组报告中的论述，整体而言是从中国的刑法规定及有关司法解释开始，到针对 TRIPS 协议第 61 条的解释，通过孙艺芸的思维导图，帮助我们对整体的论述思路进行了一定梳理。而同时参考由林盟整理的与维也纳条约法公约第 31 条和第 32 条的体系。整体而言，专家组的报告大致是从文义解释、体系解释和目的解释三个方面来进行的。同时，与维也纳条约法公约第 31—32 条所规定的解释规则的思路是一样的。因此，专家组的论述并非是冗余的，因为要对争议焦点的 commercial scale 进行充分的解释，不仅要考虑 commercial 和 scale 各自的含义，以及二者整合后的效果是否能达到对争端的解决。

当然由此引申出来的问题即是林子郁所提到的维也纳条约法公约中第 31 条的解释方式之间的顺序问题。文义解释、体系解释和目的解释三者之间是可能发生矛盾而导致不同结论的，在这种情况下如何解决值得思考。首先，应当区分的是解释方法的顺序和解释方法的效力顺序，前者指的是适用上的前后，后者则是适用效力上的优先。根据维也纳条约法公约中的规定，第 31 条的第一段将 3 种解释方法共同作为一个解释的原则，但这三者之间在具体解释中的应用应是不能割裂开的，文义解释应是最先的解释方法，但同时亦不能忽视体系解释和目的解释下的语义，即三者构成一个合并的体系，三种解释方法均应被充分考虑到而不在最终的解释中产生矛盾。

(四)专家组报告的裁决是否合理?

专家组报告整体上是以美国举证不足而作出裁决，但并没有对中国是否违反 TRIPS 协议作出认定。而根据 18.77 中的规定，关于“on a commercial scale”的范围只给予了最低限度的规定，即所列出的是各成员国在立法中应当最低限度纳入定罪标准的商业行为，但同时由于并没有给出明确的量化标准，其实难以判定中国刑法中定罪量刑的标准与 TRIPS 协议

中是否不一致。

如果回到案件的争端本身，实际上可以看出的一点是中国对于知识产权的保护力度与其他国家，尤其是美国的保护力度上的极大差异，这一点如前述所说，与各国的不同国情都有关系。而美国的强保护与中国的弱保护之间的差异带来的是在知识产权保护上的争端。如果没有国际化的统一标准，对于同一知识产权侵权行为定罪与否、刑罚标准如何等在不同国家都会有极大的差异。因此，本案中专家组仅仅是以美国举证不足为由作出了最终的裁决，但对于知识产权侵权行为中 commercial scale 的标准仅仅是给出了一个相对性的概念，不足以解决在这一问题上的根本矛盾。

因此，本案专家组报告的处理其实只是在形式上的一个判断，以美国的举证不足作出最后裁决，但对于实质上的问题并没有给出最后的判断或给予一个明确的 commercial scale 的标准。

(五)先例的效力如何?

在专家组报告中，可以看到的是专家组对于过往案例的引用和叙述，而这些先前的案例对于之后的争端解决有何效力是值得讨论的问题。

从国际条约以及相关的法律规定上看，并没有关于先例之效力的法律规定。在维也纳条约法公约第 31 条中，规定的是“There shall be taken into account，together with the context：(b) any subsequent practice in the application of the treaty which establishes the agreement of the parties regarding its interpretation；“同时，在国际法院规约中，第 38 条指出司法判例可以作为确定法律原则之补充，而第 59 条则指出”法院之裁判除对于当事国及本案外，无拘束力。“因此，法律上并没有明确地指出以往案例可以被作为法律渊源，也没有说明其在之后案件中的作用。

但值得注意的是，在司法实践中，以往案例则往往被作为先例予以应用。如在“美国汽油案“中，专家组报告共计 40 次引用和提及了 15 个 GATT 案件的争端解决报告。而据统计，有 20 多个案件的专家组或上诉机构报告被其他案件引用。因此，在事实上，也即司法实践中，以往的案例已经在作为判例在发挥一定的作用。总体而言，现行体制下的争端解决机构的报告，仅仅能够作为一种事实上被参照而有一定效力、但法律上不具有任何约束效力的资料来源，仅仅能作为裁判中的实质推理依据，而不能作为权威性的法律条文。

二、课程感想

这两周的课程讨论中，最值得注意的是微信群和思维导图的应用。微信群的使用帮助我们更好地抓住每一位发言同学想表述的重点，也使得每一位同学的问题都在微信群中有所记录，这样，在之后的讨论中即使转换到了其他的话题，依旧有可能回到这些最初提出的问题上。而思维导图的建立则使得对中国知识产权案的专家组报告梳理更为清晰，也有助于了解专家组在作出案件裁决时的思路。但同时，思维导图的整理和建立也并不简单，正如这次对于专家组报告中思路的整理，虽然自己也尝试整理出一个精要，但最后作出来的却仍旧有些凌乱和纷杂，而对比孙艺芸和林盟的思维导图，却发现她们通过分类和总结的方式，使原本复杂的报告思路在一张精炼的思维导图中简洁地体现出来。

同样，如何将自己的思考简洁地表达出来同样重要，思考时往往需要尽可能地全面，在文献检索、资料搜集时获取的信息也是纷杂而多样的，而最终如何将这些整理后用简洁地语言表达出来，使听者能最快地抓住重点，是我所希望能在这门课上锻炼出来的。同时，课堂的时间往往是有限的，如何在有限的时间内激发更多的思考是我们所要考虑到的。一方面，课堂上的讨论往往会围绕同学提出的问题以及上一节课由杨老师提出的思考而进行，但同时随着讨论的进行，新的问题也会不断地被提出，而如何将问题中相互联系的点连接起来思考，从而得出一定的思考结果将是我之后在课堂讨论中所需要努力的方向。

最后，期待下一次课上更多的讨论！

撰稿人 陈家棋

一、课堂内容

这次的讨论,针对的内容要更加具体和贴合实践,也更为集中。对于课程的概述和总结,我比不上同班大多数的同学,因此我选择更多地在综述中仍能对几个有一些争议和讨论的问题夹杂一些自己的看法。

(一)知识产权是否需要在 DSB 中得到实体性保护?

这个问题是刘书杭同学提出来的,即本案并没有解决中国的知识产权问题,可谓是和了一把稀泥。袁丁同学表示,为什么要保护知识产权?我在微信群中对他的话做了一些解释,我认为他的意思是,本案的争端本来就和中国的知识产权现状如何并无关系,也没有考量其的必要。

知识产权是否需要保护?这个答案是必然的,我们也无须赘述。但这实际上引出了两个内容,一个是更程序化的问题,即有没有必要在 DSB 解决这个问题,第二个是更实体化的问题,即有没有必要按照美国所要求的程度来对我国的知识产权立法进行修改。

我想,对于第一个问题的争论就是对于两位同学的回应,我的观点上没有必要。专家组的义务不是去要求中国如何立法,也不是保护知识产权,其义务如同学们讨论的,是解决中美两国此次的争端,亦即讨论中国刑法中相关的门槛是否符合 TRIPS 等问题,而并非讨论对知识产权保护本身的问题。DSB 作为一个争端解决的机构,其强制力是基本为零的,想要它去解决中国的知识产权问题,无异于是赶鸭子上架。同样,寄希望于一个争端解决机构站在中国的立场,用为中国谋福利、解决问题的思路来作出裁决,本身就是一个十分难以想象的事情。

林子郁同学认为专家组对 commercial scale 的定义有失偏颇,应该可以认定 scale 并非相对性而是确定性的,从而有助于清晰、公平判断是否符合该条款,也可以避免不同国家由于 commercial scale 的不同理解适用而再起争端。但正如张铜戈提出的强保护和弱保护问题,要求各个国家按照同样的标准来确认 scale,无疑是不公平的。因为不同国家的国情、经济都不相一致,如果同一个数额的话,那么对于谁有利?当然是消费水平和经济水平都要高的发达国家,那发展中国家可能会答应吗?参与本案的墨西哥等第三方会答应吗?事实上,这恰恰是专家组需要特别忌讳的内容,如果真的这么制定,那么适用变得粗暴了,但是法制的精神也就丧失了。

回到本案所谓中国现状,我认为美国的举证责任是恰当的。其如果认为中国的保护不够,必然要提出相关的数据,证明其遭受了相应的损失,其损失是来自于中国对于成规模的侵权的放任,就该程度的举证责任是必要的,也并不严苛。当然,如果要求美国对许多种类均举证自然不妥,但一定要有足够的理由来证明其诉请。而美国的材料多为新闻报道,对司法判决以及一些更权威的信息,专家组甚至已经提出了建议,但是美国并没有展开更加完整

而符合要求的调查，如果认为其举证责任过严苛，我想是站不住脚的，毕竟根据规则，专家组是有必要从轻解释的。

(二)司法经济与司法克制

这个问题其实是我觉得我们绕了好久的一个问题。但是实际上，就专家组本身在原文的表述而言，基于第一点已然确凿而放弃讨论第二点和第三点的举措，更多地是从司法经济的角度来考虑的。它想表达的更多是在分析过程中的一种取舍，根据前后文是对 A61 的分析来看，专家组的意见还是集中在该如何分析而不是分析到何种地步的角度。当然，专家组的意见是否体现了司法克制？从从轻解释、认定美国未达成举证责任等方面来看，司法克制是充斥在其文本中的，只是我们在此处无须太过钻牛角尖。

刘书杭等同学担心这样一种处事方式是否会使得争端没法得到实质解决，我觉得这是无须担心的，司法经济并不是司法懒政，只是在已然达成目的的情况下无须更多讨论，例如在认定美国举证责任未尽的时候，何必讨论具体规模是否合适？孙艺芸同学认为这和国内法大相径庭，我倒认为，在平时例如房产分割的纠纷中，如果一方根本无法证明其对房产有相应的所有权的话，对于具体的分割方案或者相应的损害赔偿也就没有了讨论的必要。

我会在自己的感想中更多谈到这一点。

(三)先例的效力

先例的效力问题实际上是一个从第二周就已经提出的问题。经过我们的翻阅，大致上我们可以肯定的是国际条约以及相关的法律规定并没有要求先例具有确定的效力，这大概是为了照顾不同法系习惯之不同。VCLT 第 31 条的要求是要根据文本进行参考，并且以补充和推断的姿态进入一个新的判决。同样，在被认为是重要文献的国际法院规约中，也有相应的条文认为法院的判决拘束力仅限于其裁判的案件。

但是大家也都在美国红酒案等案件中寻找到了适用先例的影子，老师在对“日本酒精饮料 II 案”和“美国油井管日落复审案”的分析中也都提出了“合理期待”的观点，我觉得这是妥当的解释。事实是，尽管是遵循先例，相应的法律推理也是难以缺乏的；就算是没有强制效力，面对合理期待，其本身也是具有佐证的正当性的，而在案例与案例的连接上，是否认可，也许需要专家组来决定。

(四)维也纳条约法公约第 31 条的适用顺序？

第 31 条的诸种方法是否有适用的顺序？文义解释、体系解释和目的解释三者之间如果发生矛盾，应该如何进行取舍或者解释缓和？在这个问题上，同学们的观点值得重视：解释方法的适用顺序和解释方法的效力顺序是不一致的。

按照公约中本身的内容来看，在老师提供的关于 VCLT 第 31 条的资料里，第一段实际上是表述了一个解释方法为整体的原则，而其中，文义解释被认为是最先予以适用的方法，但并不意味着其可以具有最高的效力。解释被认为是提供正当性的，一般来说文义解释是最恰当的，甚至各国在不冲突的时候可以各自适用理解。但是对文义的解释必然离不开目的和体系，后两者实际上正可以用来证明文义解释的恰当与否，例如专家组查询制定条约去

除 scale 的提议被多国否决，从而论证文义解释必然包括 scale 本身所实然包括的含义。从这个角度讲，他们本身并不具有效力之分，而是相互冲突而论证彼此的正当性的过程的体现。一般来说，文义解释和体系解释是常用的方法，因为目的解释本身主观性较大，只有在前两者矛盾无法解释或者本身就不适合解释某些问题的失衡，才运用这种解释方法，这更类似一个"兜底条款"。

二、课堂感想

这次课程与前面两次的相比，更多地集中在了一个具体案件的分析中，从而对分析思路、的依据和方法、分析的结果和影响等诸多方面有了一个较为深入的了解。依凭着一个较为具体的文件和事件，我们得以展开这样的讨论，这是值得我们高兴的。我自觉着说的内容和大家的分歧不大，更乐意以以微信发言的方式参与讨论，倒也能够跟上大家的思路，有所裨益。由此两周而来，我们这样一种较为与众不同的学习方法就初现峥嵘了。

我就此想要对上课我们最后讨论的一点东西接着进行一下探讨，因为这其实相比之前的内容要更令我感兴趣，也更适合放在"课堂感想"而非"课程综述"之中，这就是裁判和心证的问题。这个问题其实最早的苗头在林子郁同学对维也纳公约三十一条各种解释方法的顺序的疑问的讨论时，老师进行了一个引导的时候。我的观点可以概括如下：对于裁判和解释的推理，往往不是单一的，因为推理是一种赋予正当性的创造价值的过程。而价值的创造就来自于人的取向。为什么中国和美国运用同样的内容可以得出不同的结论？这个问题的答案就需要在这里寻觅。这还逐渐会涉及到一个更核心的问题：如果这样一种推理存在几位同学所说的"最正确的适用"，那么如何专家组的结论如何在一个必然以"同意裁判性规则的结果"为前提的条件下被认为就是所谓的"最正确"呢？

先有推理还是先有结论？基于推理是创造价值的过程，其实际上是基于某种指引——这种指引的直觉是基于多种原因的，性别、种族、经济环境、个人印象，当然更重要的是价值观。我并不是认为先有结论而推理是虚幻的，但我确实认为推理本身并非客观的，也并非单一的，每个人会根据自己的经验和立场开始自己的推理，也并不可能得出完全一致的结论。这就意味着，并不存在所谓的"正确"，有的只是拉扯中的"合适"。

我的观念也许是粗暴的、危险的，但我并不因此放弃它。因为推理和裁判如果是单一的，那么法技术将成为虚妄，因为认为最为贴合的就是最正确的这样一种观念必然导致的是法律将成为一种算法。但事实上，法律的魅力在于在众人的合意之间留出腾挪的空间，让众人的利益都有实现的可能，将也许野蛮的利益纷争转化为文明而平和的谈判和诉讼。尤其是在国际法上，脆弱的平衡与博弈之间，专家组的技术化手段更使得这样的博弈得以进行下去，这是十分符合国际法的要旨的。我甚至觉得，如果不是通过对"commercial scale"如此的解释，也许今天中美经贸摩擦一幕会来得更早一些。

WTO 作为多边贸易体系的维护者，想要保障其作为一个中立者能够更好促进多方的贸易，最重要的其实并不是"公平"，而是要让多方都能够"感觉"自己初衷的利益能够得到保障。WTO 的形成是建立在主权国家对"全球化有利于自己国家的利益"这一观点之下的，而不是建立在对"各国应该公平发展"的前提之下，公平是一种对各个主体的利益表示友好的举措，也是共意的一部分，但绝不是 WTO 的正当性和神圣性的内容。

这也可以一定程度上解释为什么301的"重启"被认为是对WTO规则极大的威胁——它表露出的是美国已经不认为WTO可以满足其"American First"的需求了，那么这个时候，一个违背WTO规则的、针对中国相关产业的进攻自然产生的结论不是去遵守WTO，而是放弃它来选择一套新的规则——只要这个规则是认为更合适的。因为多边贸易体系并不类似人权等"根本性规范"，它本身就是现代社会关系和经济体系的产物，侵犯它——从国家的角度而言，是可以用利益去估量的。"多边"的潜台词是，某一边都需要有受到制约的可能性，从而才能够争取到谈判桌上的可能性，才能"不做孤立者"。

因此如果要回应老师提出的问题，那么我的回答就是，对于解释不同的适用本身就是成员国天然的权利，正如考量国家利益是国家天然的义务一样。而能够使得他们有讨论的空间，这本身就是文书文本中间提供的一种缓冲机制。我并不赞成弱肉强食的社会达尔文主义，相反一种WTO类型的、通过专家组来"协调"的体制正是文明的体现，但是我们万万需要在剥离了表面的神圣性来看到本质——如此才能更好地维持一种脆弱的平衡。所以这里才是"公平"发挥作用的地方，这就是各国需要的"安全感"。

十年过去了，原本的"示威"也许是在不安下成为了"进攻"，但是我仍然希望这样一场战争能够因为更加重要的利益而停手——意识到了背后的国家政治味道，才会更加期许和喜爱一套在规则中的解释方式。只是，这样一种利益是很难从"正义"本身去寻觅的，最终，还是要落到我们是否还能在对"和平"、"合作"以及其所能带来的收获要大于孤立的收获充满希望。

最后，愿我们不作孤立者。

陈嘉琳

一、课堂内容

(一)知识产权的保护

在中美知识产权案例讨论过程中,首先出现的一个问题就是“知识产权为何要被保护以及应该受到何种程度的保护”的问题。知识产权,这个权利设定的初衷当是为了通保护知识创造而鼓励创造者继续创造,同时促进全社会的整体福利最大化。事实上,不同国家出于对本国实际情况和整体利益考量,对于知识产权的保护水平并不相同,相应对于 TRIPS 中规定的刑法介入的观点也有所不同。发展中国家主张“弱保护理论”,认为对知识产权的刑法保护应该进行低程度的介入,因为如果将知识产权界定为私有,给予智慧财产的创造人以完整的法律保护会遏制知识的传播和应用,就会影响本国的经济和贸易发展;发达国家主张“强保护理论”,认为非但不能减少技术取得障碍,而且由于不存在技术许可使用等规范,某些技术无法被利用,反而限制了技术的利用和发展,而且在弱保护状态下,刑法的保障功能和威慑功能受到极大的限制,严重侵权行为无法得到根本遏制,知识产权无法得到最终保护。由此可见,即使知识产权在全球化的趋势日益明显,每个国家仍然会有自己对于知识产权保护立法考量和保护程度差异,形成一个统一的保护标准至少在短时间内是不现实的也是不合理的。

同样,回到这个案例中,WTO 对于中美贸易的争端进行裁决,并不是为了解决中国盗版依然猖獗这样的一国国内的具体问题,而是为了解决特定的争端。也就是说,WTO 并不能够通过解决一个两国之间的具体问题而干预一国的“内部矛盾”。

(二)专家组报告的效力

在专家组报告中,着重强调了 commercial scale 这个概念的定义,这也引发了同学们对于专家组报告效力的思考。如果专家组报告具有类似英美法系 precedent 的效力,那么这个 commercial scale 的定义对之后的裁决就具有极大的参考性。首先需要确认的是,真正意义上的裁决报告指的是经过 DSB 表决通过后的报告,DSB 的审批使得无论是专家组报告还是上诉审报告的性质发生了改变,使得其经历了司法化的过程,向司法程序靠拢。DSB 的裁决报告作为判例不同于英美法系的判决书。裁决报告不具有对后案的拘束力。WTO 争端解决机构通过的专家组报告 对特定案件并不构成条约法公约所指的嗣后惯例。这并不妨碍专家 组和上诉机构在审理案件过程中积极引用先前裁决报告中的陈述。专家组和上诉机构在对 WTO 有关条款的解释和推理时往往是援引 以前所有相关专家组和上诉机构的相关解释,甚至可能会利用到 GATT 时期专家组的相关报告。这样的应用说明裁决报告有着很强的说服力,对后案有着极大的影响。事实上,在 WTO 争端解决的系统中,专家组的职能和立场与法官有相似但确乎是不同的。都是为了解决争端,但是显然在 WTO 这

个本身就不是一个简单的组织中，专家组或者说 DSB 所需要考虑的不仅是法律因素。有学者认为，DSB 依职权进行的审批活动直接赋予了裁决报告以法律效力，DSB 裁决报告的效力来源只能是 DSB 的职权。而 DSB 不是纯粹的司法机关，也不是一个仲裁机关，它的职权性质决定了裁决报告的力来源的性质。之所以有如此复杂的局面出现，是因为在 GATT 到 WTO 时期，争端解决经历了价值取向的转变。DSB 在专家组报告的 效力问题上宁肯设置一个类似虚置的表决程序，也没有选择让专家组报告或上诉审查报告当然获得效力。这就说明，WTO 争端解决机制 并未完全抛弃政治外交解决争端的思维。裁决报告效力的来源，只能归结到 DSB 的职权上来，它的职权的性质是特殊的，是集合了政治、外交、法律等为一体的一个综合体，不单单是法律的性质。

(三)法律解释方法

对于无论是法律、条约或者协定的条纹，这种通过文字表述出来的规定，总存在各种各样的解释方法，而这不同的解释方法之间，在杨泽伟先生看来是有上下位阶差异的，具体来讲，即：善良解释是根本，文义解释是基础，系统解释是精髓，目的解释是关键，历史解释是辅助性手段。对于不同解释的上下位阶观点我持保留态度，但是可以肯定的是在解释中不同的解释方法确实在适用时有客观顺序差异。然而杨泽伟先生这种表述，我认为不足以证明其认为的“上下位阶”的差异。

就 WTO 争端解决实践而言，专家组和上诉机构对于 WTO 的规则解释首先是从协定用语的通常含义开始的，“往往先查字典”。但是专家组和上诉机构常常也会讲文义解释与体系解释和目的解释结合起来用。一般情况下是先按照文义解释，再体系解释，后目的解释的顺序。事实上，只考虑一种解释方法，有可能会出现解释的偏差，而如果多种解释方式都能够得出一个统一的结论，那这个结论的可靠性也就会相应增加。

二、课程感想

这是本门课程开始阅读的第一个案例，不同于 Introduction 的环节，有了案例之后课堂讨论就变得在一个明确而统一的主线下的发散。课堂交流的环节，让我深刻意识到，不同的人阅读同样的内容所关注的问题也是各有不同的。有的时候，有同学会提出我在自己阅读时完全没有重点考虑过的问题，这种意想不到的问题的提出，正是让我们在课堂中保持高度专注的极大原因。

而在讨论过程中，同学们也不仅仅是根据文本进行僵化的阅读，更会就一个问题进行发散，从文本开始，又脱离文本进入理论讨论，甚至于结合自身实际进行思考。这种放射状的发散使得我们的思考集中而又各有不同。通过观点的分享，能够让我们在交流中对一个问题有更多的理解。和认识，也鼓励我们在课下更多地阅读和思考。

撰稿人 高云曼

(一)为什么要解决盗版问题

(1)价值判断 or 利益衡量

(2)其实没有必要考虑为什么要保护知识产权,无论是权利先定也好,利益衡量也好,都应该是立法上的问题,在 WTO 中也就是 TRIPS 等条约在谈判签署时讨论的问题。而现在的问题是条约的适用,所以保护知识产权的真正原因是"*pacta sunt servanda*",即"条约必须遵守"。

(二)第三方 Third Parties 组成及作用

Article 10

Third Parties①

1. The interests of the parties to a dispute and those of other Members under a covered agreement at issue in the dispute shall be fully taken into account during the panel process.

2. Any Member having a substantial interest in a matter before a panel and having notified its interest to the DSB(referred to in this Understanding as a "third party")shall have an opportunity to be heard by the panel and to make written submissions to the panel. These submissions shall also be given to the parties to the dispute and shall be reflected in the panel report.

3. Third parties shall receive the submissions of the parties to the dispute to the first meeting of the panel.

4. If a third party considers that a measure already the subject of a panel proceeding nullifies or impairs benefits accruing to it under any covered agreement, that Member may have recourse to normal dispute settlement procedures under this Understanding. Such a dispute shall be referred to the original panel wherever possible.

(三)司法经济原则

1. 基本含义

司法经济 judicial economy 原则在 GATT 和 WTO 的法律文件中并无明文规定,它是在解决国际贸易争端实践中逐步发展起来的惯例——为将有限的司法资源合理地应用于争

① WTO Analytical Index, DSU - Article 10(Practice).[2018-11-22] https://www.wto.org/english/res_e/publications_e/ai17_e/dsu_art10_oth.pdf.

端解决过程中，争端解决机构不一定对所有的诉求都进行审查，特别是如果认定一项措施违反某项规定就可以推定同时违反另一项规定时，就没有必要再重复分析与审查，即专家组或上诉机构只对那些必须予以裁决的事项作出裁决，而不必对争端当事方提出的所有“法律问题”进行审理。

2. 运用规则

专家组适用“司法经济”原则并非是一项“法定义务”，一般认为是专家组有权这样做，因此“司法经济”的程度应由专家组“自由裁量”。裁量的标准一般应以审查解决争端所必需为限度，当然这并不排斥专家组对其他问题进一步审查的权力。DSU 第 11 条并未要求专家组必须承担审查所有法律问题的义务，根据 WTO 协定第 9 条、DSU Art 3.9，专家组也无“造法”义务，其职责就是审查解决争议所必需的主张，而且这也是 GATT 几十年来解决争端的一贯做法。《争端解决谅解》第 3 条第 7 款规定了争端解决制度的主要功能是通过撤销与 WTO 不一致的措施以解决争端，而不是创造解释或对任何问题提出意见。

(四)专家组的职权

1. 法定职能

Article 7

Terms of Reference of Panels①

1. Panels shall have the following terms of reference unless the parties to the dispute agree otherwise within 20 days from the establishment of the panel:

“To examine, in the light of the relevant provisions in(name of the covered agreement (s) cited by the parties to the dispute), the matter referred to the DSB by(name of party) in document ... and to make such findings as will assist the DSB in making the recommendations or in giving the rulings provided for in that/those agreement(s).”

2. Panels shall address the relevant provisions in any covered agreement or agreements cited by the parties to the dispute.

3. In establishing a panel, the DSB may authorize its Chairman to draw up the terms of reference of the panel in consultation with the parties to the dispute, subject to the provisions of paragraph 1. The terms of reference thus drawn up shall be circulated to all Members. If other than standard terms of reference are agreed upon, any Member may raise any point relating thereto in the DSB.

2. 事实 or 法律

panel 的首要任务是解决争端，是判断 alleged deficiencies 与 provisions 是否符合。解释和适用法律是手段。好比陪审团(facts)、法官(apply the law to the facts)，专家组是陪审团的功能，即判断 facts 与 provisions 是否冲突，这是本案(争点)焦点。In this dispute, the

---

① WTO Analytical Index, DSU - Article 7(Jurisprudence). [2018-11-22]. https://www.wto.org/english/res_e/publications_e/ai17_e/dsu_art7_jur.pdf.

Panel's task was not to ascertain the existence or the level of trademark counterfeiting and copyright piracy in China in general, nor to review the desirability of strict IPR enforcement. The Panel's mandate was limited to a review of whether those alleged deficiencies, based upon an objective assessment of the facts presented by the parties, are inconsistent with those specific provisions of the TRIPS Agreement.

(五)裁决有无 dictum 先例效力

1.【先例制度能带来客观性和可预见性】

WTO 法律体系及其争端解决机制并不是普通法模式,DSU 中不存在先例制度的规定。但实践中,专家组或上诉机构经常引用之前的报告以论证自身结论的合理性和正当性。"这种看似矛盾的表现反映了 GATT/WTO 争端解决机制的灵活性,其好处在于,在采纳报告的同时又不束缚自己,再以后通过决议采取行动解释适用协定时可以与以前报告中的不同,也使以后的争端解决机构有机会根据实际情况变化作出更符合国际实践的解释。"否认争端解决报告先例效力当然可以赋予报告与协议解释之间一定的弹性空间,但却使得 DSB 对规则的解释和适用缺少预见性,而客观性和可预见性是 WTO 争端解决机构(DSB)的基石。

2.【国际法院排斥先例,但不影响 WTO 适当遵循】

①争端解决途径的多元化导致了传统国际法对先例的排斥(谈判、协商、诉讼、仲裁等政治或法律途径)。不同国际争端裁判机构间的关系难以明确,无法合理地说明甲裁判机构为何要遵循乙的先例。但是在 WTO 体制中,诉诸 DSB 是 WTO 成员解决贸易纠纷的唯一途径。

②国际法院缺乏强制管辖权。在国际社会这种平行式社会结构中,国际法主体地位是平等的,不存在超国家的机构。但 DSB 却拥有"强制管辖权"(DSU-6.1)。

③国际法院的判决不具有强制执行力。

3. 虽然争端解决报告不是 binding precedent 有拘束力的先例,无法决定此后的裁决,也不能"增加或减少各涵盖协定规定的权利和义务"。但是,已被通过的专家组报告具有很强的说服力,可以被视为一种不具有拘束力的先例。在实践中被援引,被作为"理由"加以考虑(除非专家组认为存在足够充分而重要的理由不遵循)。

4. 专家组和上诉机构虽然事实上会引用并考虑先前的报告,但是并不需要在法律上对其完全遵循。也就是说,它们虽然具有违背先例的权力,但却不轻易使用这种权力。这种先例制度与普通法严格的先例制度不同,后者是把以前判决中的解释作为法律直接适用的,而 WTO 表面上却是将其作为解释工具或论据来援引的,援引的同时作出自己的解释。这种独特的遵循先例原则保留了更大的灵活性。

(六)条约解释

1. 澄清:法律解释的原则不唯一

VCLT—31/32 并非必须适用的解释原则

也可适用其他习惯国际法规则 rules of interpretation of public international law.

Etc.有限解释原则(从轻)、有效解释原则

2. VCLT—31/32 解释原则的适用

文义解释 ordinary meaning、体系解释、目的解释、历史解释这四种解释方法是否存在效力等级？有无优先顺序？如果三种解释原则得出的结论不同且相互抵触时，应优先考虑哪一种？

DSU 第 3 条第 2 款凭借“WTO 争端解决制度……可用来保持成员方在各个涵盖协议中的权利与义务，并用按国际公法解释(条约)的习惯规则来阐明这些协议中的现有规则”的规定，把国际公法的习惯规则，即《维也纳条约法公约》(VCLT)的相关规定纳入了 WTO 法的范围中，使之成为解释 WTO 协定的法律依据。但在依据 VCLT 解释条约时，必须首先遵守 WTO 协定本身对条约解释的规定(如:DSU 第 3 条第 2 款“不得增加或减少各涵盖协议规定的权利与义务”的强制性规则)。

文法解释方法是 WTO 规则中约文的首要解释方式。但是，如果仅拘泥于约文的文法解释，就有可能忽视对其缔约目的的剖析，而目的解释方法往往能够给解释者提供了更为灵活的解释思路。因此，在司法实践中应注意把握目的解释和文义解释、体系解释三种方法的平衡与顺序。文法解释方法和系统解释方法是启动条约解释后的首要规则，而目的解释方法和历史解释方法不应当在一开始就使用。一种全面可靠的条约解释思路，是先将 WTO 规则文本看作是成员意图的正式表达，其次是将成员意图作为主观因素与文本区别开来，在依上下文解释了字面含义后，方使用目的解释方法来探求 WTO 规则所包含的目的和宗旨；如果确有必要，则最后再从 WTO 协定的制定和发展历史来探求约文的本意。

3. 法官解释法律的过程，是法律发现的过程(初始状态为价值中立，一边发现一边解释)，还是内心已经存在利益衡量和倾向性结果，再运用解释技巧自圆其说？

疑难案件 or 一目了然，应分情况讨论。

4. 如果严格按照 VCLT 31/32 的顺序，应如何解释 Commercial Scale？

(七)美国为何不上诉？当初又是为什么起诉？

我认为美国对本案裁定(美方败诉)较为满意的原因是：

1. 本案是 WTO 第一次针对刑事问题对条约进行解释，刑事问题事关一国主权，受经济政治各种因素影响，法律解释具有灵活、多变、主观性，谁也不能保证这么解释就是对的(ps:本案针对刑罚门槛这一项裁定，有无再审/复审的可能?)

2. 虽然美国起诉的最主要目的并未达成(有关刑事门槛那一项被驳回)，但对于美方指控中国著作权法第 4 条第 1 款和海关没收侵权货物并拍卖的措施违反 TRIPS 规定，专家组给予了部分支持。海关措施是否违约似有争议暂且先不论。我认为仅在著作权这一项，美国已然获得阶段性胜利，给我国立法施加了紧迫的压力。

3. 最后还有一点想法不太确定，联系民事诉讼想到的，关于 DSB 一审和上诉审的事实和法律问题。专家组的职能应该是审查某一项国内立法是否违约——中国政府对各类商品的侵权行为的措施(measures)是否合乎 WTO 规定。因为在不同领域、针对不同商品的侵权，措施(门槛)也不同，所以专家组既然要审查措施是否合乎 WTO 规定，就应该分门别类地查清中国每种产品的商业规模，从而衡量应予何种措施——刑法入罪 or 行政处罚 or 不

予追究。但这是不可行也不可能的。于是,专家组出于各种考虑把这个原本要解决的法律问题视为事实问题,丢给了美国……

(八)简明裁决思路

这份裁决报告主要分析了两个问题:

1. 是否应该设立刑事门槛,门槛该设多高,中国设立的门槛是否过高,以至于使一些具有商业规模的侵权行为不能受到刑事处罚,违反了国际义务。这是一个质的问题。

2. 设立刑事处罚门槛应该考虑哪些因素,容纳哪些程度的侵权行为?美国提出的"其他因素"是否应被中国刑事立法考虑,这些因素是否属于 TRIPS 协议的要求。这是一个量的问题。

以下对 2 个问题分别展开分析:

问题 1 主要取决于对商业规模 commercial scale 的理解。

通过对词义解释和立法司法的回顾,专家组认为"商业规模"是数量或程度上典型的或常见的商业行为。因此"具有商业规模的假冒和盗版"是指对某一产品的在某一市场上的具有一定数量或达到一定程度的假冒和盗版的常规商业行为。因此,TRIPS.61 有关商业规模以及处罚等规定都是相对的概念,是否要进行刑事处罚,要根据成员国假冒商标或盗版商品的具体情况而定。专家组认为美国对中国的刑事门槛提出挑战,就应由美国举证证明这个门槛高于国际公约的规定。美国提交了很多证据,但都无法直接证明中国的刑事门槛使得中国违反了 TRIPS.61.1 义务。

问题 2 美国指控中国的刑事处罚仅针对已完成的侵权产品,忽视其他具有商业规模的侵权行为(尚未完成的侵权产品、对产品包装的伪造)。专家组考察美方提交的案例后认为无法证明中国是否对侵权的产品零部件、包装、原材料和生产器具进行刑事处罚,美方提供的数据也不能说明。但中方的证据显示,在决定是否适用《刑法》第 213 条时,中国法院不但考虑了已经完成的侵权产品,而且也考虑了半成品。此外,美国还提出了应当以市场影响作为刑事处罚的标准,但举证不能。

综上,专家组认定美国政府没有能够证明中国刑法有关刑事门槛的规定与 TRIPS 协议第 61 条规定的义务不符。

(九)如果适用 TPP-71,结果如何?

1. 国际社会中发达国家对知识产权刑事保护理念由"弱保护"至"强保护"的转变:

《反假冒贸易协定(ACTA)》(Anti-Counterfeiting Trade Agreement)、《跨太平洋伙伴关系协议(TPP)》(Trans-Pacific Partnership Agreement)、《跨大西洋贸易与投资伙伴协议(TTIP)》(Transatlantic Trade and Investment Partnership)

2. 2016 年 2 月 4 日"跨太平洋伙伴关系协议(TPP)"在新西兰的奥克兰正式签订。2017 年 1 月 23 日,美国总统特朗普签署行政命令,正式宣布退出 TPP C27,之后澳大利亚贸易部长席奥博表示"期盼中国等亚洲国家加入并挽救 TPP",中国外交部的回应并未否认中国加入 TPP 的可能。

3. TPP 第 18.77 条关于刑事措施与处罚的规定中,第 1 款规定:各成员方应至少对故

意的达到商业规模的商标假冒或版权、邻接权盗版案件提供可适用的刑事措施和处罚。对于故意的版权或邻接权盗版而言,“达到商业规模”至少包括以下两点:(a)行为的实施是为了获取商业优势或经济收入;(b)并非为了获取商业优势或经济收入的重大行为,但是对与市场有关的版权或“领接权”权利持有人的利益造成实质性的不利影响。

【扩大了知识产权刑事保护的范围】TPP 协议将 TRIPS 协议第 61 条中“至少在假冒商标或剽窃著作权的情况适用刑事程序和刑事保护”扩大至“至少在假冒商标、版权盗版或领接权侵权的情况下适用刑事程序和刑事保护”。将原本在 TRIPS 协议中允许各成员国自行选择是否提供刑事保护的邻接权侵权部分,变成了强制性的基本条款,不允许各成员国作出保留。这在根本上扩大了知识产权刑事保护的范围。

【商业规模解释】压缩了根据各成员国国内市场和特定产品的具体情况来界定“商业规模”的弹性空间,也使得知识产权犯罪的范围进一步扩大,降低了刑事门槛。

4. TPP 第 18.77 条第 5、6 款详细规定了处罚措施种类,适用条件以及特殊情形。第一项的规定与 TRIPS 中的规定颇为相似,即包括有期徒刑的判决与罚金刑的处罚措施,应足够高以产生对未来侵权行为的威慑效果,并且应对相应严重程度的犯罪适用相应水平的处罚措施。TRIPS 中也是这样规定的,其目的在于知识产权侵权活动本身的特性是低成本高收入,如果处罚措施过于轻缓,就不能打消侵权人为攫取高收益而冒风险作出侵权行为的念头,所以作出这样一个较为主观且宽泛的概念的规定,各成员方在适用过程中基于对其国内情况的考量,作出适当的处罚措施安排。第二项则特别提到了一些严重情形,比如说对人体健康和安全的危害,对于这些影响比较严重的侵权行为,刑事措施的规定也应随之更加严重。第三、四、五项主要规定了对侵权行为的产物、原材料、工具等涉案物品的销毁与没收程序,充分的表明了 TPP 对各成员方关于清除侵权行为所造成影响的关切,对于涉案物品的处理反映的正是对侵权行为给权利人带来的不利影响的消除。第六项规定的是权利人申请行政机关举证的程序性事项。第七项规定主管机关应主动对上述侵权行为提起公诉,积极追究其刑事责任,而不是消极地等待权利人或第三人提出告诉才处理,但对主动追诉的情形作出了限定。

(十)课后感想——决策机构的软弱,司法机构的强大

强制管辖权、常设上诉机构的设立、有效的监督执行机制使 WTO 具备了司法化特征。尤其是反向协商一致原则的运用,使得专家组的设立、专家组和上诉机构报告的通过皆具有准自动性,克服了关贸总协定时期争端解决的诸多弊端,高效异常。但正是由于决策机构的软弱和司法机构的高效性,再加上 WTO 制度本身设计上的缺陷,才助长了争端解决机构的司法能动主义。举个简单的例子,Panel report 除非所有成员方反对,否则就被通过。如果成员方认为报告就某一问题的解释有误,根据《谅解》第 3 条第 9 款规定:“本谅解的规定无损于各成员通过《世贸组织协定》或一属诸边贸易协定的所涉相关协定项下的决策方法,寻求对一所涉相关协定规定作出权威性解释的权利。”然而由部长级会议和总理事会作出权威解释是非常困难的,实践中也未曾发生——权威解释的表决过程不再适用“反向协商一致原则”,因此,要想获得 3/4 多数成员国表决通过并非易事;况且,各个成员国基于国内主权都不愿受到未经同意的义务拘束。一定程度上来说,世贸组织争端解决机构的司法运作实际

是缺乏有效的监督和控制程序的。

可见,我们应当对司法机构职能、当事人双方权利与义务以及法律本身作出调整和设计,以防今天的小问题变成明天的大危机。首先,专家组和上诉机构在解释世贸组织协定时,主观上应当"一碗水端平",给予成员方政府相当的尊重,不能主观预设一定的价值取向而解释世贸组织协定,不得损害成员方的经济主权甚至国家主权。《谅解》第 3 条第 2 款对专家组作出的条约解释是否恰当准确提供了明确的判断标准,VCLT.31,32 条款也应被严格遵守,起到"头上三尺有神明"的警钟作用。具体到上诉机构而言,由于高级委员会的 7 位"大法官"并非民主选举产生,其在解释、适用法律条约时更应保持谨慎态度,保持司法克制。

同时,WTO 各成员也不能滥用世贸组织争端解决机制,争议方应理性行为,不要试图将非贸易领域争端也牵扯进 WTO 争端解决机构中解决,致使专家组和上诉机构陷入尴尬。因为如果专家组作出的裁决不能起到协助争端解决机构解决争端的作用,那么专家组作出这样的裁决不仅不适当还有可能存在僭越。因此,在一些 WTO 相关协定中未做明确强制规定或成员之间还存在明显分歧的问题,可以考虑赋予专家组和上诉机构不予裁决的权力,有效地秉持司法克制原则,避免走上司法能动主义的歧途,打破国际经济贸易脆弱的生态平衡。

我相信,如果对 WTO 的制度框架稍加完善,通过加强立法、修订《谅解》,使立法不要落后于司法,力求维护多边贸易体制司法活动的客观性和可预见性,就能让每一次国际争端的解决都最接近民主和正义。只要 WTO 所有成员国能永远崇尚契约,奉行权利与义务精神,国际社会就一定能维持相对稳定的平衡状态。

 林子郁

一、课堂内容

第三、四节课我们围绕"中美知识产权案"进行了讨论。主要话题如下：

(1)专家组是如何解释"商业规模"的？专家组对"商业规模"的模糊化处理是否恰当？商业规模是否需要更为明确、具体的定义？

(2)是否需要保护知识产权？知识产权应当采取"强保护"还是"弱保护"模式？

(2)第三方在WTO争端解决中的政治意义是否大于法律意义？

(4)WTO专家组报告是否具有先例的作用？是否有拘束力？

(5)如何将维也纳条约法第31、32条运用于本案？文义、体系、目的解释方法是否存在效力优先级？各解释方法相互冲突时，该如何处理？

第三、四周课堂讨论范围广泛，涵盖了"中美知识产权案"的程序法与实体法问题。虽然在课堂上，"知识产权保护"的话题与案件讨论略显疏离，但经过课后查阅资料，我发现知识产权"弱保护"与"强保护"模式之争与本案有千丝万缕的联系。对"商业规模"的不同阐释体现了"弱保护"与"强保护"模式间的冲突与矛盾。ACTA、TPP协定对"商业规模"的重新阐释正体现了从"弱保护模式"向"强保护模式"的转变。此外，借鉴经济学的视角，我们亦能对知识产权保护与发达国家、发展中国家的利益关系作出理性的梳理。因此，我本周的课程综述主要聚焦于知识产权保护模式之争。

(一)从中美知识产权案看知识产权"弱保护模式"与"强保护模式"

在中美知识产权案中，各国对"商业规模"的不同阐释体现出知识产权"强保护模式"与"弱保护模式"的矛盾与冲突。以美国为代表的发达国家倾向于对尽可能多的盗版、侵权行为采取刑事制裁手段。例如澳大利亚就认为commercial scale "includes any act or series of acts of trademark counterfeiting or copyright piracy"。但以中国为代表的发展中国家坚持：达到一定数额的侵权行为方能入刑。例如巴西认为commercial scale须有"significant amounts of infringing goods"。

由此可见，美国等发达国家采纳的是知识产权"强保护模式"，其对剽窃、盗版行为的刑事打击力度大，籍此强化知识产权的垄断性。中国等发展中国家采取的是知识产权"弱保护模式"，为剽窃、盗版行为设立了"刑事门槛"，未达到该门槛的行为不予惩戒。"强保护模式"通过强化权利人的私权(垄断权)来激励更多的发明创造活动；"弱保护模式"，则弱化了权利人私权，强调公共利益，维护社会公众取得知识与科技的权益。①

尽管中美知识产权案表面上是对《TRIPS协定》中"商业规模"的解读不同，实质上是美国对中国采纳的"弱保护模式"感到不满。美国寄希望于WTO诉讼，一旦赢得这场诉讼，便

① 邵小平.著作权刑事保护研究[D].上海：华东政法大学，2011.

能通过 WTO 的争端解决渠道强制中国提高刑事门槛,采纳知识产权"强保护模式"。

最终专家组肯定了中国的主张,强调量化指标在判断"商业规模"中的重要作用,认为"the limitation(of Article 61)depended on the size of acts of counterfeiting and piracy"。也就是说,"商业规模"应兼具商业性与规模性的两大特征。从专家组对《TRIPS 协定》第 61 条的解读来看,各国刑事制裁无须涵盖所有商业性的盗版、侵权行为,数量较少、规模较小的盗版、侵权行为是无须动用刑事制裁手段的。这意味着,WTO 并不强求发展中国家采纳美国所推崇的"知识产权强保护模式"。只要能够制裁商业规模以上的盗版行为,发展中国家采纳的"知识产权弱保护模式"是可行的。

(二)从经济学角度看知识产权"弱保护模式"与"强保护模式"的冲突:"强保护模式"一定会损害发展中国家的利益吗?

通过经济学的学习中,我了解到奥地利经济学家熊彼特的技术创新理论。技术创新理论认为,创新所带来的"创造性毁灭"是经济持续增长的真正动力。在知识产权保护议题上,"强保护模式"激励创新,鼓励科学技术研究,有利于经济的可持续发展。但值得注意的是,当前强保护与弱保护之争主要存在于发达国家与发展中国家之间。发达国家的知识密集型、技术密集型产业发展良好,在自主知识产权上具有优势。实施"强保护模式",发达国家确实能够从垄断产权中攫取巨大的经济红利。这样的经济红利将会转化为有效激励,发达国家的资本与劳动力将逐渐聚集于知识密集型、技术密集型产业,有利于更多发明、创造的诞生及经济的持续增长。

但与此同时,熊彼特的技术创新理论也揭示了:"强保护模式"可能使发展中国家的新兴产业遭受重创。技术创新理论认为:模仿是创新的前提与基础。模仿的比例越高,创新的速度越快。[①] 客观上来讲,发展中国家拥有的自主技术、科技发明相对较少,其处于经济发展初期阶段,仍需要模仿既有的先进技术。一旦实施"强保护模式",不仅发展中国家的消费者将被迫忍受更高的垄断价格,其生产者也难以模仿最先进的科学技术成果。因此,"强保护模式"会严重限制发展中国家的经济发展空间,阻碍其自主产业的成长。

在阅读这些理论分析后,许多疑惑仍萦绕在我的脑海。经济学模型通常建立于理想化的假设之上,理论经济学得出的结果可信吗?强保护模式一定会使发达国家受惠,使发展中国家遭遇重创吗?因此我检索了一些经济学的实证研究,希望对这一问题进行研究。

我查阅到的一篇经济学论文测算了中国 1985 年至 2010 年的知识产权保护指数,并比较了实际 GDP、净投资流量一产出比与知识产权保护指数之间的相关性。数据测算表明:短期内知识产权保护对我国经济增长具有负面影响,但长期具有正面影响。[②] 这是因为短期内,强知识产权保护在一定程度上阻碍了发明创造的传播与使用。但是长期来看,知识产权保护能够激励科研机构探索新的知识与技术,也有利于吸引更多的外商投资与贸易。

因此,我的观点是:知识产权"强保护模式"并不一定导致发达国家受益、发展中国家受

① 王蕾,曹希敬.熊彼特之创新理论的发展演变[J].科技和产业,2012,12(06):84-88.

② 董雪兵,朱慧,康继军,宋顺锋.转型期知识产权保护制度的增长效应研究[J].经济研究,2012,47(08):4-17.

损。采取知识产权"强保护模式",发展中国家会遭遇短期的"转型阵痛"。以中国为例:中国2001年加入世贸组织后,知识产权保护的强度有显著提升,逐渐与国际接轨。虽然中国已经按照《TRIPS协定》中的承诺修改《专利法》、《商标法》及《著作权法》,仍不断因"知识产权执法力度不够、透明度不足"遭遇制裁。但从长期来看,知识产权保护的增强对中国技术创新有积极作用。国家知识产权局统计数据显示:2014年专利密集型产业对中国GDP增长的贡献率达到了22.6%,是当年GDP实际增长速度的两倍以上。[①] 因此我认为知识产权"强保护模式"在短期会造成经济阵痛,但是长期来看是有利于技术创新、经济发展的。

(三)从"弱保护模式"到"强保护模式"

《TRIPS协定》对国际贸易中的知识产权保护起到奠基作用。但是《TRIPS协定》业已颁布18年,以美国为代表的许多发达国家不再满足于《TRIPS协定》中对知识产权的"弱保护标准",通过签订双边、国际条约,或发起单边主义行动,加强对知识产权的保护。下文将介绍发达国家所采取的从"弱保护模式"到"强保护模式"的多元路径,并提出自己的一些思考。

路径一:TRIPS-plus协议

以美国为代表的发达国家不满足于《TRIPS协定》对知识产权的单一保护手段,开始在双边及区域范围内推行超越于《TRIPS协定》标准的双边或国际条约,称为TRIPS-plus协议。[②] TRIPS-plus协议代表着从"弱保护模式"向"强保护模式"的转变,而我们本节课上讨论的"商业规模"就是最佳例证。

在"中美知识产权案"中,专家组认为"商业规模"应兼具商业性与规模性的两大特征。但在以美欧等发达国家为主导的国际协议中,如ACTA、TPP,都对"商业规模"作出了较为明确的界定。ACTA(Anti-Counterfeiting Trade Agreement)第23条认为"商业规模"是指"commercial activities for direct or indirect economic or commercial advantage"。[③] TPP将"商业规模"定义为"acts carried out for commercial advantage or financial gain"[④]明显,ACTA与TPP规定的"商业规模"标准较专家组对《TRIPS协定》的理解要低得多。ACTA与TPP只考虑了"商业规模"的定性因素(商业性),不需要量化标准。这相当于直接否定了WTO专家组的解释,显著降低了刑事门槛,并剥夺了各国在刑事立法上的自由裁量空间。

(1)TRIPS-plus协议会削弱WTO的力量

---

① 入世15年:知识产权彰显"中国力量"[N],中国知识产权报,2016,12-16.

② 蒋琼.论国际条约视阈下知识产权刑事保护理念的嬗变及中国的应对,知识产权,2015(6).

③ Anti-Counterfeiting Trade Agreement: Each Party shall provide for criminal procedures and penalties to be applied at least in cases of willful trademark counterfeiting or copyright or related rights piracy on a commercial scale.For the purposes of this Section, acts carried out on a commercial scale include at least those carried out as commercial activities for direct or indirect economic or commercial advantage.

④ Trans-Pacific Partnership:Final Table of Contents, Article 18.77:In respect of willful copyright or related rights piracy, "on a commercial scale" includes at least:(a)acts carried out for commercial advantage or financial gain; and (b) significant acts, not carried out for commercial advantage or financial gain, that have a substantial prejudicial impact on the interests of the copyright or related rights holder in relation to the marketplace.

我认为 TRIPS-plus 协议会削弱现有国际多边贸易体制。如 ACTA 单纯由发达国家组成，造成了发展中国家话语权的缺失。且其谈判过程的秘密性、制定时间的迅速性，使得发展中国家难以置身其中，捍卫自身权利。这构成对 WTO 多边谈判机制的规避，可以说是发达国家主动放弃了与发展中国家达成共识的可能性。此外，Trips-plus 协议中的相关条款（如对于 commercial scale）的阐释是与 WTO 法律规范相冲突的，这会削弱 WTO 的权威性，造成法律适用上的混乱。

（2）TRIPS-plus 协议会产生溢出效应

虽然签署 TRIPS-plus 协议的主体通常不包括发展中国家，但 TRIPS-plus 协议会对发展中国家产生溢出效应，对发展中国家的经济利益造成负面影响。例如有学者指出，发展中国家的出口贸易将受到较大的冲击。欧盟一旦接受 ACTA 更高的执法标准、更严格的执法措施后，欧盟海关必将查封更多发展中国家的侵权货物。因此发展中国家的出口贸易将在 ACTA 缔约国面临强硬、严格的知识产权执法措施。[①] 这样的溢出效应会对发展中国家的经济发展产生消极影响。

路径二：单边主义行动

发达国家亦可采取单边主义行动，利用贸易制裁等手段迫使发展中国家采取“强知识产权保护模式”。美国近日针对中国采取的 232 措施与 301 调查即为典型的单边主义行动。鉴于我们将于下节课讨论 232 措施与 301 调查后，笔者在此不展开讨论，将于之后的课程综述进行详细分析。

二、课程心得

（一）经济学的视野

WTO 属于国际经济法，而我选修了经济学的二学位，所以我发现经济学的研究视角对我有很大的帮助。在研究知识产权保护对发达国家、发展中国家经济影响时，我可以参考、借鉴许多经济学的理论与实证分析。下节课要讨论的中美经贸摩擦，也涉及到宏观经济学中的国际贸易、开放经济、外汇储备等内容。经济学的知识能够帮助我跳出法学规范解释的思维框架，去运用公式、模型理性地分析经济现象，所以我感到受益匪浅。[②]

（二）广度与深度之辨

最近的两次课堂讨论中，同学们讨论的话题较为分散，涉及的范围十分广泛。发散性的思维对于拓展思路是卓有裨益的，但在讨论的深度上有所欠缺。我经常感觉到一个问题的讨论未至充分，另一个问题的讨论已经悄然开启。我想倘若同学们将精力集中于同一主题，一定能迸发出更多思维的火花。在后续的课程中，我们或许可以采取集体表决的形式，决定本议题的讨论是否充分、是否进行下一个议题的探讨，这样或许可以加深课堂讨论的深度。

---

① 袁真富，郑舒姝.《反假冒贸易协定》（ACTA）制度评价及其国际影响，国际贸易问题，2012(07)：164-176.

②

撰稿人 廖林风

在了解 WTO 的基本常识和争端解决机制后，我们开始了具体案例的阅读和研讨。第一个案例便是“中国知识产权保护案”，是 2007 年美国向 WTO 争端解决机构提起的，有关中国知识产权保护刑事门槛、海关措施和著作权保护不周的诉讼。大家的讨论由宏观到微观，由价值判断到技巧运用，话题多样。总的来说，第一节课的讨论主题更为丰富、容量更大，而第二节课的讨论侧重深度，但稍显拖沓。以下是笔者对讨论的梳理和一点个人感悟。

一、从知识产权保护的正当性说起

讨论一开始，刘书杭同学就提出了一个重磅问题：美国因举证不足败诉，但事实上侵害知识产权的行为在中国是猖獗的，中国虽然胜诉了，但国内的问题并没有解决，有何意义？由此袁丁同学提出了不同意见：知识产权为什么要受到保护，或者有无必要严格保护？其实，这个问题也正是蒋舸老师《著作权法》第一课所提出的问题。根据科斯定理的理论，只要法律界定了产权归属，当交易成本为零时，最终都能通过交易达到资源优化配置，从而为知识产权保护提供了正当性基础。但是值得注意的是，一方面，严格保护知识产权会阻碍其最大限度地发挥公益作用；另一方面，不保护知识产权则会挫伤创造的积极性，导致知识来源的枯竭。正如林盟同学总结提到，知识产权具有公益性和财产性的两面性。相比美国在科斯定理指导下严格的知产保护制度，是否一个适度的、平衡的法律制度更为妥当呢？北大王宥人学长也提出了自己的观点，他认为中国的知产保护是一个利益衡量，而不是一种必须坚守的价值判断。

其实回到本节课的主题，知识产权是否值得保护并不是 WTO 或 DSB 需要解决的问题。本案的最终目的是根据条约规则，审查美国提出的请求是否成立。审查的标准并非学理争论，而是各国合意签订的条约，即 TRIPS 第 61 条。张锏戈同学找到了学理上对此条的两种解释，即强保护理论和弱保护理论。

陈福利博士认为目前世界潮流倾向于强保护的观点。知识产权保护已经形成了行政、刑事、民事等多种保护措施并存，并越来越凸显刑事保护的局面。另外，低于保护也从国内保护和国际协调保护，逐步向国际统一保护方向发展。在外延方面，表现为知识产权的客体不断扩大，由传统的商标、专利、版权扩展为对 TRIPS 协定的 7 种权利客体的全面保护①。正是在此背景下，中美知识产权案争端发生。

这篇论文也认为，61 条存在争议，这和专家组的部分观点一致。在此基础上，结合国际法的限制解释原则、司法谦抑、举证责任等考虑，专家组最终判定美国败诉一定程度上回避了美国的强保护请求。专家组适用的几种司法技术和法律解释原则也成为了大家后来讨论的焦点。

① 陈福利.中美知识产权 WTO 争端[M].北京：知识产权出版社，2010：6.

二、争端解决与国家主权

阅读案例时，我一直有一个疑惑：WTO争端解决应不应该对国内立法进行干涉？一方面，条约义务需要用国内立法来实现履行，另一方面，不同国家的法律体系、国情不同，WTO争端解决机构又该如何判断并协调条约和国家主权之间的关系呢？孙艺芸：国际争端解决和国家主权之间的关系？

众所周知，中国法律体系的特点之一就是治安管理处罚法和刑法并用，互补形成公权力对违法行为的处罚模式。这一点也许是61条第一款“criminal procedure”没有考虑到的，也涉及到条约解释的问题。

从上述也可以看出，条约制定时虽然取得了协商一致，但未必将所有国家的情况都考虑全面，因此在争端解决时，尤其要注意个别国家的特殊情况，给主权以充分的尊重。

三、案件思路

课堂上，孙艺芸、翟宇凡、林盟同学分别展示了关于本案裁判思路的思维导图。其中，基友中文版也有英文版，侧重也各不相同。笔者认为，本案的思路可以概括如图1。接着笔者将一一阐述课堂上讨论的案件相关问题。

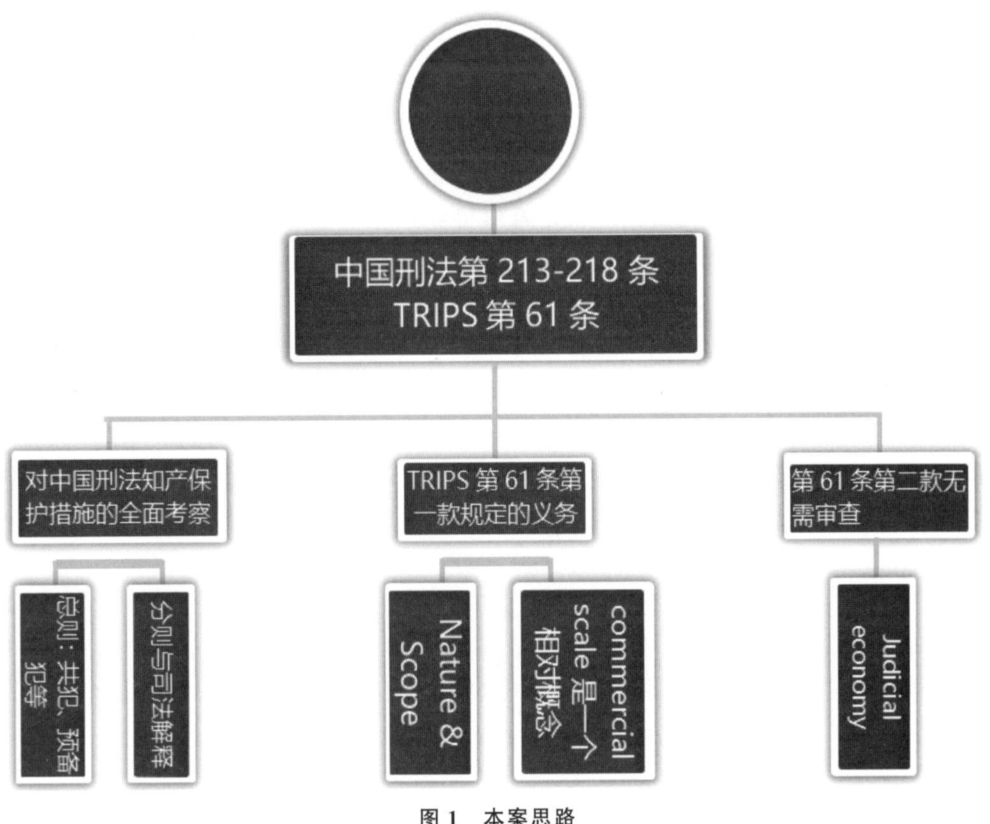

图1　本案思路

(一)第三方制度

有同学注意到,判决书中出现了不少其他国家的观点,例如墨西哥、加拿大、日本、巴西等都对于中国立法是否违反了 TRIPS 义务发表了观点。这也是 WTO 争端解决的特色制度之一,即第三方制度。DSU 第十条规定,利益相关的第三方应该被“fully taken into account during the panel process”。这时,袁崇林同学问道:什么是“有相关利益”的第三人?是否类似于民诉法中的无独立请求权的第三人?是自己申请还是通知参与?

从第十条第二款“having notified”的用语可以看出,第三方是主动的申请。至于相关利益,笔者认为要求非常宽松,因为在经济全球化的环境下,许多国家的经济利益都休戚相关。因此,只要第三方申请,应该一般都会被纳入专家组审查中。这个制度有利于专家组听取更全面的意见,作出公正决断,也提高了 WTO 争端解决的参与度和可信度。

(二)Judicial economy 与 judicial restraint

承接上述国际条约与国家主权的关系,王乾同学提到专家组在裁判中运用了“司法节制”的原则,似乎是给国家主权留出了相当的自主性。但后来,陈华屹等同学澄清,judicial economy 是为了节约司法资源衡量而减少对不必要的审查。在维基百科中,其释义为“the limited resources of the legal system or a given court should be conserved by the refusal to decide one or more claims raised in a case”。专家组在报告(节选)的第 4 部分认为,美国基于第 61 条第二款的诉请是否成立,主要依赖于前一诉请的裁决结果,在前一诉求未被支持的情况下,无须考虑第二个诉求。这是一种提高效率的方法。

而 judicial restraint 则译为司法克制,主要用在违宪审查时,强调法官不要过度行使自己的权力而让司法干涉了立法。

由此,笔者也收获一个教训:对于法律术语,尤其是英文,要多查阅,不能只看字面意思,否则容易造成误用。

(三)先例的效力

姜文朵同学提出,专家组在此份报告中对 commercial scale 的解释会不会产生先例作用?在第三人制度存在的情况下,裁决是否对第三人有拘束?对此,同学们各抒己见。有同学认为,裁决仅仅拘束争端方。曾涵钰同学则认为,法律解释对后来争端应该有指导意义。

笔者对此也很感兴趣,因此查阅了一些相关条文和文献。在国际法上,《国家法院规约》第 59 条明确表示,国际法院判决除了对当事国和本案外,无任何拘束力。这也许反映了国际法对“先例”效力的否认态度。另外,《WTO 协定》第 9 条第二款规定,只有部长级会议和总理事会有权解释条约。

由此可以看出,WTO 争端解决绝没有普通法中法官造法那样的制度,换言之,在制度设计上,专家组的报告并没有对后续案件的拘束力。

在争端解决的实践中,也有证据可说明专家组不具有拘束力。例如在巴西椰子干案中,专家组直接表明,本案所作报告不足称未来专家组处理争端时应该遵循的判例。在欧共体诉印度专利案中,专家组指出,即使案件主体内容一样,专家组也不受到之前专家组或上诉

2. The Ministerial Conference and the General Council shall have the exclusive authority to adopt interpretations of this Agreement and of the Multilateral Trade Agreements. In the case of an interpretation of a Multilateral Trade Agreement in Annex 1, they shall exercise their authority on the basis of a recommendation by the Council overseeing the functioning of that Agreement. The decision to adopt an interpretation shall be taken by a three-fourths majority of the Members. This paragraph shall not be used in a manner that would undermine the amendment provisions in Article X.

机构所作报告的拘束。①

但是，笔者发现，本案专家组在报告中援引了 EC-Chicken China Cuts 案中上诉机构的法律解释方法：

7.559 The Panel will follow the approach explained by the Appellate Body in *EC – Chicken Cuts:*

> "The Appellate Body has observed that dictionaries are a 'useful starting point' for the analysis of 'ordinary meaning' of a treaty term, but they are not necessarily dispositive. The ordinary meaning of a treaty term must be ascertained according to the particular circumstances of each case. Importantly, the ordinary meaning of a treaty term must be seen in the light of the intention of the parties 'as expressed in the words used by them against the light of the surrounding circumstances'".537

也就是说，即使没有法律效力，也不影响后续案件的专家组、当事国引用之前专家组报告中 reasonable、convincing 的内容，以证明自己的观点。一些文章也称之为“事实上的效力”，因为不少经典案例的报告也被后案援引数十次，尤其以上诉机构的报告为甚。

综上所述，WTO 争端解决并没有采用普通法系中的先例制度，但专家组和上诉机构报告中的法律解释和其他观点，类似普通法中的“*Obiter dictum*”，并不产生拘束力而只是有说服力。

(四)裁决是否公正

在讨论中，刘书杭同学提出，专家组是用一种技术手段判决美国败诉，而对于中国知识产权的刑事保护是否到位，专家组没有过多评价。由此，杨国华老师追问，本案的裁决是否公正呢？林子郁认为，专家组说 commercial scale 的概念应该是相对的，而中国刑法将其规定为一个固定数额其实是有点理亏的；专家组对于 Prima facie case 的成立条件并没有说明，而美国的举证责任似乎过重。而孙艺芸同学则认为，美国是有机会胜诉的，但其的确没有尽到举证责任。例如专家组报告中提到，美国援引一些新闻报道，说服力不强。但笔者认为，在现行条文下，美国在刑事门槛这一诉求上几乎没有胜诉的可能。在专家组看来，commercial scale 本身就包含了不止一个标准，而这个标准又未说明，完全可以在这个条文下合理地解释中国的刑事门槛。

接着，谢譞同学提出，为何美国没有上诉？赵文轩同学随后发表了自己的观点，他认为中美关系的缓和或许影响了美国对此案裁决的态度。笔者认为，本案中美国其实有三个主要诉求，是针对著作权不保护未审查作品、海关措施、刑事门槛（我们阅读的是最后一个），美国实际取得了第一个诉求的胜利，中国因此修改了著作权法。另外，美国或许也意识到自己在刑事门槛中的举证责任过重，而且上诉程序只能审查法律问题，因此没有上诉。

① 曾旭.WTO 专家组和上诉机构报告的效力研究[D].华东政法大学，2015.

但杨国华老师提道，在 TPP 的知识产权保护协定中，对于 commercial scale 有明确的解释。

在这里，只需要满足 commercial 或 scale 中的一个即可，与专家组的组合标准恰好相反。笔者发现，2008 年美国加入 TPP 谈判，并主导谈判进程，这个时间与中国知产案的进程恰好接近。经过几年的谈判，TPP 协定在 2015 年诞生，缔约国共 12 个，(现在 11 个)。很显然，这其中蕴含了美国大力推进的知识产权强保护理念。如今，美国已经退出 TPP，但当初美国主导的谈判结果，仍然对全球经济产生了一定的影响。知识产权的强保护理念会不会成为世界主流呢？这也许是一个值得探讨的问题。(如图 1)

on a commercial scale. In respect of wilful copyright or related rights piracy, "on a commercial scale" includes at least:

(a) acts carried out for commercial advantage or financial gain; and

(b) significant acts, not carried out for commercial advantage or financial gain, that have a substantial prejudicial impact on the interests of the copyright or related rights holder in relation to the marketplace.[125,126]

图 1

四、法律解释

之所以将专家组对"commercial scale"的解释单列，是因为它不仅是第 61 条义务范围的关键，也是专家组报告的主要内容，还是我们第二节课讨论的重点。

(一)维也纳公约 31 条

专家组解释的思路主要以维也纳条约第 31 条、第 32 条为基础，林盟同学为大家提供了第 31 条的重点勾画(如图 2)。

Article 31
General rule of interpretation

1. A treaty shall be interpreted in good faith in accordance with the ordinary meaning to be given to the terms of the treaty in their context and in the light of its object and purpose.
2. The context for the purpose of the interpretation of a treaty shall comprise, in addition to the text, including its preamble and annexes:

   (a) any agreement relating to the treaty which was made between all the parties in connexion with the conclusion of the treaty;
   (b) any instrument which was made by one or more parties in connexion with the conclusion of the treaty and accepted by the other parties as an instrument related to the treaty.

3. There shall be taken into account, together with the context:

   (a) any subsequent agreement between the parties regarding the interpretation of the treaty or the application of its provisions;
   (b) any subsequent practice in the application of the treaty which establishes the agreement of the parties regarding its interpretation;
   (c) any relevant rules of international law applicable in the relations between the parties.

4. A special meaning shall be given to a term if it is established that the parties so intended.

图 2

可以看出，维也纳公约主要规定了文义解释、体系解释、目的解释三种方法，专家组也主要运用了这三种方面。紧接着，林子郁同学提出文义解释、体系解释、目的解释是否有优先适用解释？笔者认为没有先后之分，是相互关联不可分的。高珂同学发言时说道：各项解释方法没有某种为理性所要求的严格的优先次序，而法律解释的结果冲突时的处理办法是寻找最合乎正义的解决（某书认为解释只是为寻求正义提供一个“有规可循之思考的领域，从而有助于对司法评价加以约束）。同时书中的论述也部分支持了林盟同学关于法解释学是一种先有结果再寻找理由的阐述。

（二）先有结论还是先有推理？

紧接着，袁丁同学提出“先有结论后有推理”和陈华屹同学提到张明楷老师在刑法课上提到的“直觉”，引发了大家的讨论。笔者认为，直觉结论是一种下意识开启的思维模式，也许是大脑受到长期训练后敏锐的、快速的推理，但在这个过程中可能忽视一些细节，或犯一些逻辑错误。这时，就需要从头开始的推理来验证和纠正直觉的结论。

在法学领域，这两种方法并不是对立的，但法律不是单纯的价值判断，因此判决书上不可能出现“根据直觉”这样的理由，至少也要提供一个“a reasonable person”的视角。

五、心得体会

（一）上课方式

在本案研讨的第二节课中，大家花了大量时间讨论几种解释方法的适用顺序以及结论和推理的关系，虽然法理学是法学的根基，但笔者认为此次讨论与课程关系实不紧密。

林子郁同学提到感觉课堂讨论的深度不足，笔者也想提出自己的看法。笔者认为课堂时间太仓促且宝贵，面对新问题几乎没有深入阅读的机会，加之集体自由讨论的特点就在于点子多而杂，几个小时也许只能触及一些皮毛。这种上课方式，更多的是提出问题，留待我们课后深入研究，或者私下开启讨论。不过表决的方式也许可行，笔者建议可以在最后 45 分钟设置一个专题讨论，论题可以由杨老师组织大家表决后决定，接着每人不超过 5 分钟的发言。

（二）其他

第一次接触到实实在在的 WTO 专家组报告，心情是欢喜又忐忑。五十页的英文阅读已不简单，案子背后的背景资料涉及更广。知识产权领域笔者并不熟悉，许多理论和现状需要查找了才了解到。但正是这样，踏入未知的领域，让人更有收获满满的成就感。

巧合的是，正值学习中美知识产权争端之时，中美贸易关系也出现了巨大变革。从学习角度来说，实在让人惊喜（从国家角度也许是令人担忧了）。期待明天与大家的讨论。

林　盟

“考察法律局限性处理模式的变化历史可以看出，几乎所有法哲学的全部问题都集中在严格规则与自由裁量的关系上，整部法学史就是严格规则与自由裁量、严格司法与无法司法两种选择不断循环往复的历史”。

——罗斯科·庞德《法律史解释》

一、第 3—4 周课程内容回顾

第三、四周我们围绕中美知识产权案展开了图 1 所示几方面的讨论，课堂讨论的模式是先由同学们发散性提问，然后在个别问题上纵身推进。有趣的是，两节课的讨论都是以一个相对个案而言更为抽象的问题作为收束——第一节课的最后是“知识产权保护的正当性”，第二节课最后是“法律解释和法官心证”。可以说整体思路是从具体到抽象、从个案到普遍。所以在整理思维导图时，我认为这样的讨论思路有助于我们打开思路，提升对具体问题的思考能力。基于课堂讨论，我对 WTO 法律解释的相关问题较为兴趣，在此次课程综述中做进一步整理和讨论。

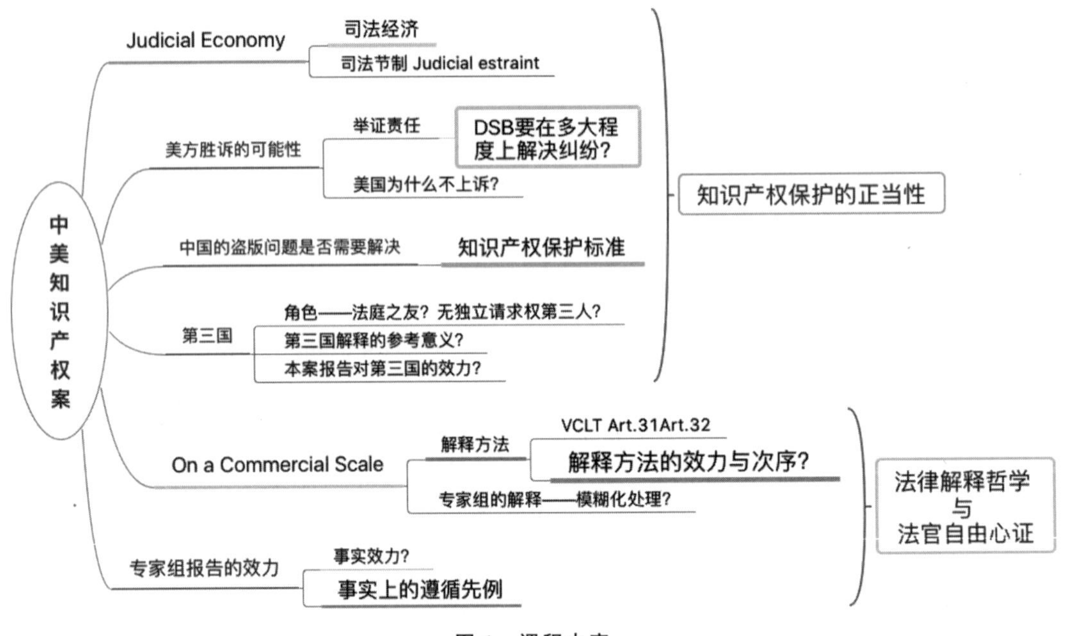

图 1　课程内容

(一)解释之于 WTO 法律

条约解释是条约适用过程中必不可少的关键环节，对条约的解释直接关系到 WTO 的能动性。尤其对于 WTO 法而言，大量的条文糅合在一起，彼此之间的关系更是错综复杂。

尤其，WTO 条约文本所具有的一个鲜明特征就是模糊性。这种模糊性一方面是因为法律条文本身须具备抽象性和概括性才能最大限度地涵摄事实；另一方面是因为 WTO 中

大量的协议是成员方反复磋商、相互博弈、多方妥协的产物，模糊性的条文既是为回避尖锐问题以达成共识的一种方式，也是在无法达成共识时不得意留下的空白。模糊性的条文应用到个案中则需要运用法解释技术予赋予其具体语境下的含义。也正如我们在中美知产案中看到的，仅仅是“commercial scale”的解释就牵扯到多种复杂的路径。因此条文的解释对 WTO 来说具有特殊的重要性。

（二）WTO 法解释主体？

《根据马拉喀什协议》第 9 条第 2 款，部长级会议和总理事会具有 WTO 法解释的专有权。① 而对于专家组、上诉机构法解释的效力则存在不同看法。虽然专家组、上诉机构在解决争端纠纷的过程中不可避免地需要解释 WTO 条约，但其解释所具有的效力却不甚明确。在 WTO 框架内对争端解决机构法解释的直接规定来源于 DSU 第 3 条第 2 款：“争端解决机构的各项建议和裁决不得增加或减少各涵盖 协议规定的权利和义务。”②对此条款的理解亦有多种，有将其作为争端解决机构进行司法解释的限制者，也有将其列为否认争端解决机构法解释权者……学理上的论述大多从应然的视角出发，去论证争端解决机构的法解释“应当”具有多大范围、多少程度的效力。但我认为，尽管抽象性的论述对现实中的应用具有一定程度的指导意义，但对实然状态的考察或许更能说明问题。而“先例的效力”恰好是对争端解决机构法解释效力进行考察的绝佳视点。

（三）De Facto Stare Decisis—事实上的遵循先例？

课上有同学提出“专家组报告对后案是否具有 stare decisis 的拘束力？”正如我们在报告书看到的，行文中通常会援引先例以支撑论证，并且每份报告前都会有一个援引案例表。这样看起来专家组和上诉机构都对先前案例予以相当的尊重，先例对后案具有一定程度的影响力。但这种影响力是否就是“stare decisis 一样的拘束力”呢？根据 DSU3.2，通说认为专家组和上诉机构的报告不能作为 WTO 正式的法律渊源，即不具有法律效力。在 WTO 的实践中，上诉机构亦申明：The decision of the Court has no binding force except between the parties and in respect of that particular case.但根据杨老师对 WTO 案例的分析，先例实然上约束了后案，具有事实效力，甚至形成了一个相当稳定的先例体系。③ 在理论上似乎很容易就可以通过概念工具来厘清效力之别，但是在现实中法律效力和事实效力却不易分辨，或者应当更进一步追问，这样分辨的效力又什么意义呢？鉴于该问题在中美知产案中并非显著，或许在后续案例中对先例效力会有更直观的感受。但至少在中美知产案中，这种所谓“事实上的遵循先例”至少对美国在后续其他知产领域活动产生了影响。正如课上杨老师所提到的，美国将本案中专家组对“commercial scale”的解释应用到其他国际条约之中，这或许也可被视为争端解决结构法解释事实效力的外延。

---

① [2]“The Ministerial Conference and the General Council shall have the exclusive authority to adopt interpretations of this Agreement and of the Multilateral Trade Agreements”.(Article 9.2 of Marrakesh Agreement Establishing the World Trade Organization)

②

③ 周建.论 WTO 争端解决中的先例遵循与规避[D].南京大学，2015.

(四)WTO 法律解释的真实演绎——“Commercial Scale”

在中美知产案中,我们重点阅读了专家组报告中关于“刑事门槛”的部分。其中,Commercial Scale 一词是判断刑事门槛高低与否的突破口。在(ii)Procedural Issues 部分,专家组审慎分析了当事国提出的两种解释方法:中国提出由于刑事法律本身的质素以及其涉及鲜明的国家主权色彩,应当采取 in dubio mitius(遇有疑义从轻解释)的方法;而美国提出刑事法律不会 DSU3.2 和维也纳条约法公约(VCLT)中的法解释规定。专家组最终肯认了美国的解释方法,认为本案应采用 general rule of interpretation 和 rules on supplementary means of interpretation,即 VCLT 第 31 条、第 32 条。但同时专家组也回应了中国的主张,在 7.051 段指出 TRIPS 的 Section5 具有重要的限制性和灵活性。这实际上也是所有法律解释所要面临的命题,在宽严之间选择一个恰当的维度让法律公允妥适的回答个案。为了更进一步地了解 DSB 是如何在争端解决过程中解释法律的,我决定从 VCLT 第 31、32 条的文本出发,梳理专家组对“commercial scale”一词的解释。(见图 2)

Article 31
General rule of interpretation

1. A treaty shall be interpreted in good faith in accordance with the ordinary meaning to be given to the terms of the treaty in their context and in the light of its object and purpose.
2. The context for the purpose of the interpretation of a treaty shall comprise, in addition to the text, including its preamble and annexes:
   (a) any agreement relating to the treaty which was made between all the parties in connexion with the conclusion of the treaty;
   (b) any instrument which was made by one or more parties in connexion with the conclusion of the treaty and accepted by the other parties as an instrument related to the treaty.
3. There shall be taken into account, together with the context:
   (a) any subsequent agreement between the parties regarding the interpretation of the treaty or the application of its provisions;
   (b) any subsequent practice in the application of the treaty which establishes the agreement of the parties regarding its interpretation;
   (c) any relevant rules of international law applicable in the relations between the parties.
4. A special meaning shall be given to a term if it is established that the parties so intended.

Article 32
Supplementary means of interpretation

Recourse may be had to supplementary means of interpretation, including the preparatory work of the treaty and the circumstances of its conclusion, in order to confirm the meaning resulting from the application of article 31, or to determine the meaning when the interpretation according to article 31:

(a) leaves the meaning ambiguous or obscure; or
(b) leads to a result which is manifestly absurd or unreasonable.

图 2

从篇章结构来看，第 32 条是对第 31 条的补充，第 32 条是用以确定第 31 条解释方法适用下的解释结果或当结果依旧有歧义、模糊之处或明显荒谬、不合理的时候，则启动第 32 条补充解释。需要注意的是，第 32 条是一个所包含的 instruments 相当广博，preparatory work 和 circumstances 只是举例式列举，根据 VCLT 在 32 条下 Contents 的说明，其他任何可以起到补充解释作用的材料都属于这个条款。① 根据每条下 Content 中的说明，我将讲两条的规范结构整理如下(见图 3)：

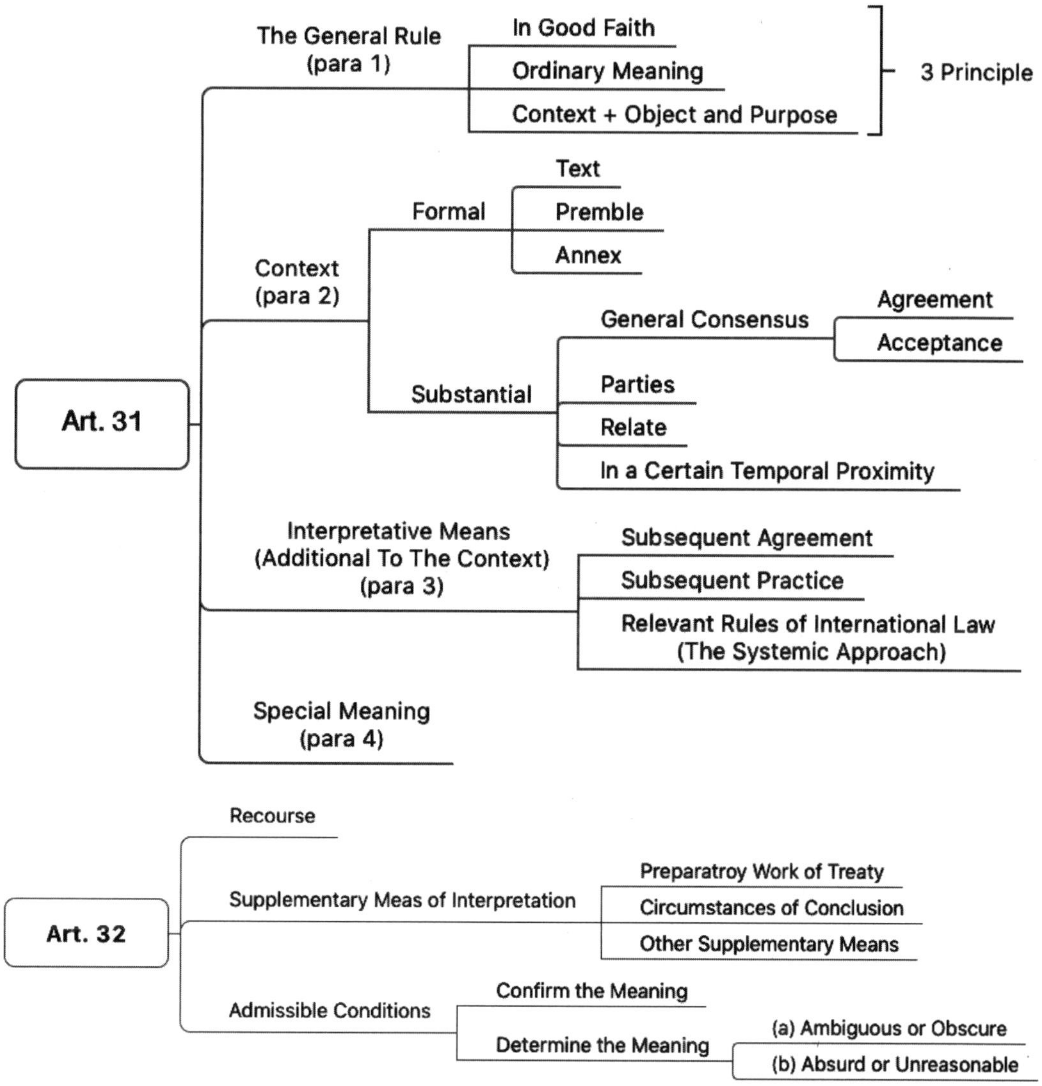

- Art. 31
  - The General Rule (para 1) — 3 Principle
    - In Good Faith
    - Ordinary Meaning
    - Context + Object and Purpose
  - Context (para 2)
    - Formal
      - Text
      - Premble
      - Annex
    - Substantial
      - General Consensus
        - Agreement
        - Acceptance
      - Parties
      - Relate
      - In a Certain Temporal Proximity
  - Interpretative Means (Additional To The Context) (para 3)
    - Subsequent Agreement
    - Subsequent Practice
    - Relevant Rules of International Law (The Systemic Approach)
  - Special Meaning (para 4)

- Art. 32
  - Recourse
  - Supplementary Meas of Interpretation
    - Preparatroy Work of Treaty
    - Circumstances of Conclusion
    - Other Supplementary Means
  - Admissible Conditions
    - Confirm the Meaning
    - Determine the Meaning
      - (a) Ambiguous or Obscure
      - (b) Absurd or Unreasonable

图 3

① Art 32 refers as supplementary means of treaty interpretation explicitly to the preparatory work of the treaty and to the circumstances of its conclusion, but at the same time indicates, by using the word "including", that these are meant to be examples, rather than an exclusive list. The provision implies, therefore, that other material may play a—supplementary—role in the interpretation of a treaty.

但当我带着这样所谓的"规范结构"去解读报告时我却发现,其实很难将报告中的论证和这两个结构中的分支一一对应起来(尽管我还是企图按照规范结构整理报告相对应的内容),但整体上专家组的论证思路依旧是沿着第 31 条、第 32 条的条文逻辑走的。这或许说明了一个问题,具有指导功能的规范在实践中发挥的并非是刻度尺一样的精准作用,更多时候发挥的是类似坐标系一样的参照作用。所以在此意义上,对报告中解释思路的梳理并不是去证明 31、32 条规范结构是如此,而是更好地理解在实践中第 31 条、第 32 条是如何被应用。(见图 4)

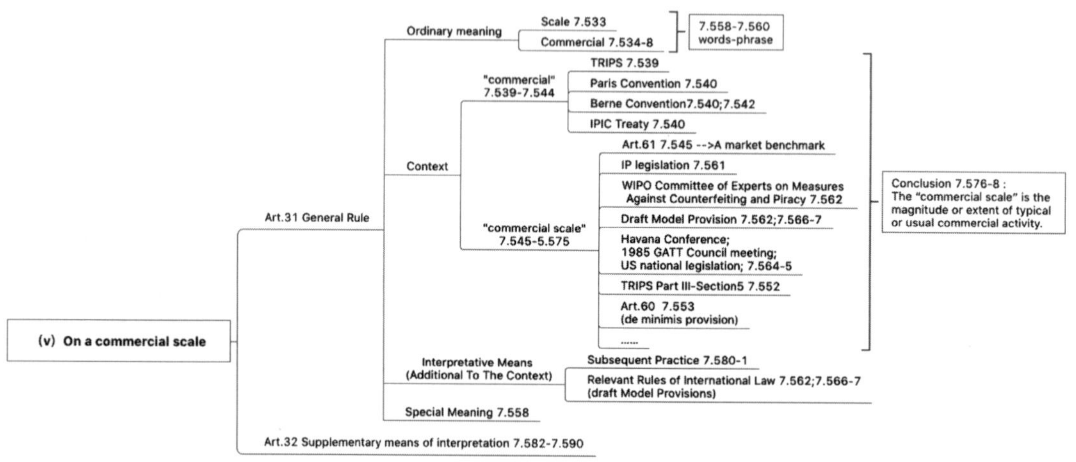

图 4

一法解释的工具理性之维

在我分享完我对条文和报告的梳理后,子郁同学提出:这些解释方法在应用上是否存在效力上的差别?当不同解释方法所解释出来的含义相冲突的时候又该如何选择?

子郁提出来的是非常现实的问题,但这个问题在之前的专业课上却甚少提及。在听到问题的当下我觉得"不同解释方法相冲突"是反直觉的,这在司法实践中似乎是一个假命题。我随后的回答,或者说是追问是"应然状态上的效力和实然适用上的顺序是两个概念",换言之,是企图澄清子所说的"效力"是一种法律意义上的效果力,还是一种实际应用上的影响力。从后续的讨论来看,子郁问的应该是法律意义上的效果力,那我认为在相应的法律条文中应该会找答案。但就我的初步检索来看,在 WTO 法律中甚至国内法中并没有直接规定了某一解释方法的法律效力。而我们通常接触的有关法律解释的效力性问题主要关涉解释主体,如有权解释机关作出的法律解释具有法律效力。我们通常所说的文义解释、体系解释等等解释方法仅仅是学理上的概念,并未进入法律规范的界限内。解释方法似乎是被保留在司法的界域内,或者说是被默认为法官自由裁量的一部分。所以,即便出现了不同解释方法结果上相冲突的情形,也会在法官自由裁量的限度内予以调和。这就是我所指的假命题。

所以在我看来,法律解释方法在本质上是一种工具理性,是实现法律价值理性的前提,工具理性为价值理性服务。这也正是我们经常说的,程序正义和实体正义之间的关系。袁丁同学的综述中引用了 Rupert Cross 爵士的一段话,或许可以进一步论证法律解释的工具理性。工具理性的内核在于为主体的某种功利实现服务,因此它必然带有价值倾向,法律解

释方法也逃不脱价值学的范畴。讨论中有同学认为存在客观的解释结论，但我认为这仅在理论上有生存空间，放诸司法司法实践之中始终无法脱离法官自身的价值判断。以 WTO 领域为例，不同的政策倾向砸很大程度上决定者专家组和上诉机构会选择何种原则解释规则，而不同原则的应用会在很大程度上影响案件的裁决。[①]

因此我认为无须过于纠结法律解释方法的应然属性，它就是一种实实在在的工具理性。而或许更有意义的问题是，法律解释方法作为一种工具理性，会对法律制度所追求的价值理性产生什么样的影响。诸多关于"司法能动主义"或者"司法克制主义"的讨论在本质上也都工具理性与价值理性对立统一性的演绎。

① 王毅.WTO 争端解决中的法律解释[J].法学研究，2009(5):62-85.

刘书杭

知识是创造性劳动的源泉，围绕着对知识产权的保护这一核心，我们正式进入了 WTO 课程的第一个案例的讨论。短短两节课，还有太多值得讨论的内容没能在课上涉及，为了不让这些沧海遗珠蒙尘，接下来的内容，我将在对两次课的内容做一个梳理的基础上，针对几个自己较为感兴趣的问题发表自己的看法。

一、课程内容综述

关于中国知识产权案的讨论从我所提出的一个疑问开始：美国就知识产权的保护问题将中国诉至 WTO，其中专家组驳回了美国对于中国刑事门槛违反了 TRIPS 的指控。美国输掉了这个案件，但是当时的中国盗版横行是一个客观的现实，虽然 WTO 的裁决解决了摆在桌面上的有关"刑事门槛"的争议，对于真正实现对于知识产权的有效保护，促进中国改进保护的手段裁决似乎就显得无能为力了。对于现实与法律的冲突，我们应当如何认识呢？对此，同学们主要就但不限于以下几个方面展开了讨论：对知识产权是否应当保护？保护应当到何种程度？具体到本案就是专家组对于 commercial scale 的认定是否正确？如何认识专家组的职能和权力边界？如何认识 judicial economy？

1　对知识产权保护必要性及程度的探讨

针对我提出的问题，袁丁同学提出了自己的质疑，可谓是"颠覆性观点"。袁丁同学提出：中国的盗版问题为什么要解决？中国的盗版问题不一定要像国外一样设置更严格的标准，在中国盗版可以牺牲版权人的利益以增进全体的利益。由此，针对知识产权要不要保护，保护应到什么程度的问题，同学们发表了自己的观点。

1.1　知识产权是否应当保护？

综合来看，针对知识产权是否需要保护有以下一些观点：

1)对知识产权的保护中，对创作者的利益保护是不可忽视的一方面。保护创作者的利益才能使其获得进行持续性创新的激励，有利于社会整体的持续进步。

2)从经济学的角度考量是否应当对知识产权进行保护。从外部性的视角上看，研究与发展创造出了别人可以使用的知识，属于正外部性，此时如果没有产权或专利的保护措施，知识产权的持有者难以从中获利，因此社会生产的数量小于合意的数量。知识产权的保护政策可以使外部性内在化，产权的持有者受到激励，可以进一步创新，增加了社会创新的总量。但这只是我从新古典主义经济学的角度出发所得到的结论，孙艺芸同学指出：对知产的保护要考虑成本的问题，一方面激励创作者；另一方面，设立知产制度本身是需要成本的；当对作者激励成本更大时，才应该去保护知识产权。

3)从价值判断和利益衡量的角度考量是否应当对知识产权进行保护。随着讨论的深入，有同学指出是否对知识产权进行保护归根到底是利益衡量而非价值判断的问题。当然，正如林盟同学指出，没有绝对的价值判断和利益衡量之分，价值判断在根本上也是利益的衡

量，在林盟同学的基础上，我认为价值判断突出了利益衡量主观性的部分，而不单纯只是客观利益的比较。回到是否应当对知识产权进行保护的问题上，袁崇霖同学指出：保护知产有价值判断的成分（天赋人权），现今社会对效率和社会福祉的扩大要求越来越高，带入了利益衡量和法经济学的色彩。

经过讨论，同学们基本上达成了一致的观点：对于知识产权是应当保护的，真正的问题在于保护应该到什么样的程度。

1.2 知识产权保护应当到什么程度？

“中美知识产权案”中关于形式门槛的争议核心就在于美国认为中国保护知识产权的刑事门槛过高，案件背后反映出的是不同国家对于刑法介入知识产权保护的不同态度。对知识产权的刑法介入程度有两种针锋相对的观点：“强保护理论”和“弱保护理论”。前者多为发达国家所支持，认为弱保护理论非但不能减少技术取得障碍，而且由于不存在技术许可使用等规范，某些技术无法被利用，反而限制了技术的利用和发展，弱保护是以牺牲智慧财产开发的有效激励机制为代价的，在弱保护状态下，刑法的保障和威慑功能受到极大限制，严重侵权行为无法得到根本遏制，知识产权无法得到最终保护；后者多为发展中国家所支持，主张在传统的社会观念和认知状态下，如果将知识产权界定为私有，给予智慧财产的创造人以完整的法律保护会遏制知识的传播和应用，影响本国的经济贸易和发展，因此，“弱保护理论”反对刑法干预知识产权领域的展拓，理由是对知识产权实行刑事弱保护可以降低成本，有利于节省国家资金，有助于减少依赖性，有助于推进地方工业。①

同学们在课堂上的讨论大体上也可以分为上述两种对立的观点。两种观点都有其合理性的一面，专家组在裁决中要做的，无非是寻求两者的平衡点。上课时我也提出，两个看似针锋相对的观点在 WTO 框架下是可以找到连接点的，TRIPS 协议第六章 Transitional Arrangements 就是关于最不发达国家成员的过渡性安排和对于发展中国家的技术支持。因此，让发展中国家甚至是最不发达国家径行承担和发达国家一样的保护知识产权的义务是不现实的，应当允许发展中国家逐步提高保护的标准。

2 关于 commercial scale 的探讨

2.1 定义的相对化

将上述对于知识产权的保护问题聚焦于本案，即是专家组关于 commercial scale 的认定是否妥当。林子郁同学曾提出“panel 将 commercial scale 定义为相对的是错误的”观点，但经过同学们的讨论，不同国家对于知识产权的保护程度应当有所不同的观点已经基本上成为了同学们的共识，如果对 commercial scale 定下一个国际化的标准是一种“一刀切”的做法。刘雨晴同学指出，对 commercial scale 的解释进行模糊化处理也是司法节制的表现，值得采纳。

2.2 专家组的解释思路

专家组解释 commercial scale 的思路是杨老师第一节课留下的作业，也是大家第二节

---

① 陈儒丹.WTO 规则与中国知识产权刑事立法——以美国诉中国知识产权执法措施案为背景[J].北方法学，2008(04)：144-152.

上课时讨论的重点。第二节上课伊始，孙艺芸、翟宇凡、林盟和王乾思维同学就她们所理解的专家组思路，思维导图的方式让大家对专家组报告的框架有了较为清晰的理解，但如果说要用一句话概括专家组的思路，可以这样概括：commercial 是一个 qualitative word，而 scale 是一个 quantitative word，如果 commercial scale 被理解为仅仅是“和商业有关的”，那么只有 commercial 的意思被解释出来，而 scale 则变得完全无意义了，因此，两者应当是相互修饰的。

3　法律解释与法官心证

专家组为了得到上诉结论所使用的解释方法，成为了第二节课的一项讨论重要讨论内容。DSU 第 3.2 条确认了对条约进行解释的规则：“各成员承认该制度用以保障各成员有关协议项下的权利和义务，以及按照国际公法解释的习惯规则，澄清有关协议的现有条文。”结合专家组的报告，大家认为这里的国际公法解释的习惯规则就是指《维也纳公约》第 31、32 条。除此之外，有同学指出：专家组在报告中还适用了两个解释原则：从轻解释原则，即 *in dubio mitius*（遇有疑义从轻解释），以及有效解释原则——对于条约中的每一个词都要解释出它的含义。

Article 31

General rule of interpretation

1. A treaty shall be interpreted in good faith in accordance with the <u>ordinary meaning</u> to be given to the terms of the treaty <u>in their context</u> and in the light of its <u>object and purpose.</u>

2. The context for the purpose of the interpretation of a treaty shall comprise, in addition to the text, including its preamble and annexes:

(a) any agreement relating to the treaty which was made between all the parties in connection with the conclusion of the treaty;

(b) any instrument which was made by one or more parties in connection with the conclusion of the treaty and accepted by the other parties as an instrument related to the treaty.

3. There shall be taken into account, together with the context:

(a) any subsequent agreement between the parties regarding the interpretation of the treaty or the application of its provisions;

(b) any subsequent practice in the application of the treaty which establishes the agreement of the parties regarding its interpretation;

(c) any relevant rules of international law applicable in the relations between the parties.

4. A special meaning shall be given to a term if it is established that the parties so intended.

针对该条确定的文义解释、体系解释和目的解释的解释方法，是否存在适用上的先后顺序以及相互间的效力问题，我认同潘隽吉同学提出的文本是目的的体现，各种解释方法都是

需要综合考虑的因素的观点，解释方法不应当是孤立割裂而相互对立的，应该综合利用为解释条文这一目的服务。高珂同学也引用《法学方法论》一书，指出：各项解释方法没有某种为理性所要求的严格的优先次序，而法律解释的结果冲突时的处理办法是寻找最合乎正义的解决。

解释法律是为了运用法律得到结果，那么无论是法官还是专家组成员是先有结果再去解释结果还是从推理过程中得到结果呢？这是一个法理学上的问题，也颇值得讨论。我在课堂上也提出：认识的过程不是飞跃的，而且在讨论这个问题是一定不能脱离具体的案件事实，其实在一个真实的案件中，不论是对于案件事实的认定，还是对于裁判结果，往往是法官的心证在当事人双方的举证和辩论的推动下不断形成的。这也是为什么要求法官的头脑最开始要像一张白纸，只有这样，才能最充分的体现法官的中立性，当事人双方举证证明事实的存在，解释所应当适用的法律，法官是站在中立的角度认为谁的解释更为合理，并在此基础上进一步形成了自己的观点。

4 专家组的职责与权力边界

针对最开始我提出的"专家组的报告只是解决了纸面上的争端，却无法解决实际的问题"，有同学指出，专家组的作用恰恰就是止于解决争端，中国盗版的问题能否解决并不在专家组的职权范围内。专家组只需要考虑中国是否履行了根据 TRIPS 第 61 条，成员国需要在刑法上对具备一定商业规模的盗版行为予以刑法制裁的义务。

那么中国到底负有什么义务？在我看来，在条文中予以规定对盗版行为的制裁只是第一步，切实的履行、加强执法同样不可忽视，正所谓"徒法不足以自行"，执行是法律的目标和果实，更是法律的确证。TRIPS 第 61 条在法条中的位置是 PART III Enforcement of Intellectual Property Rights，既然整个部分都是规定的是和 enforcement 相关的条款，如果只是在法律解释学上解释出所规定的条款符合了成员国应当承担的义务，条款却没有得到很好的执行，WTO 的规定则完全丧失了其存在的意义和目的。事实上，我对专家组的指责是解决争端和适用法律并无异议，只是专家组在本案中采取了十分"技术化"的手段，而避免自己过度的介入其中。

法律之所以精彩，大概和其是一门技术化极强的学科密不可分。专家组认为，美国因为没有达到举证责任，因此没有建立其 prima facie case，因此败诉。专家组也没有对 commercial scale 作出定义，因为过多的法律定义会使法律过于僵化，所以法律中的定义都是危险的，而且，法律的普遍性本质上决定了法律不能过于具体。对于中国到底有没有尽到其作为 WTO 成员国的义务的问题，专家组自始至终没有作出正面的回答。因此，专家组没有通过明确 commercial scale 的定义再来判断中国是否承担了相应的义务，而是完全从中立的立场出发，由争议的双方来建构整个案件，美国没有能够尽到举证责任证明中国的形式门槛过高，因此美国败诉而中国胜诉了。

价值也许不是中立的，但是法律的技术是中立的。法官推理论证的过程或许有其价值判断的因素在其中，但法官在判案时所使用的法律技术本身大部分时候却是客观公正的。的确，我在这里适用了本身一词，是因为法律的技术可能被拥有不同价值观的人所使用，但是谁也无可否认，在本案中，"举证责任的分配"这一项法律技术的使用是基本上没有争议

的。本案更不仅仅是一国内部的案件,是两个主权国家间的争议,中立性的技术手段的使用不仅有助于使结果得到双方的承认,也可以避免专家组在裁决中过度的介入国家主权的范围内。在大国的博弈和竞争中,国际法体系本就保持着脆弱的平衡,专家组的裁决也可谓是努力的保持这样的平衡了。

二、课程感想

1. 法律技术的中立

价值判断、利益衡量,这是大家在讨论法律解释时不断出现的两个词。但本案,带给我最直接的感受是价值也许无法中立,推理也是在价值的引导下有目的的活动,但法律的技术是中立的。但即便专家组采取了中立的技术手段巧妙的解决了争端,可还是留下了疑问,中国的知产保护程度到底符不符合 WTO 的规定?十年过去,美国再次就知识产权问题对中国发起了 301 调查,也在 WTO 框架下请求磋商,如果争议在此被摆在专家组的桌前,专家组还是会和十年前一样采取一个高度技术化的手段吗?更值得我们关注的是,十年之间,中国对于知识产权的保护走到了哪一步?能不能对国内和国外的知识产权提供同等的保护呢?这个问题,在我想和下一次课要讨论的内容有关,我也期待和大家的再一次讨论。

2. 旁征博引的跨学科式讨论

在经过两次的讨论,WTO 课程讨论的内容范围之广令人惊叹。同学们旁征博引,不仅仅局限在 WTO 的内容,而是对知识产权法、法理学、经济学都有涉猎,也极大扩充了我的思路。法律人很多时候都习惯于将自己的思路局限在法律之内,跳出法律的框架,游走在法条、规则、现实、政治、经济、文化种种之间,另有一番天地。更让人觉得幸运的是,在学习 WTO 的课程过程中,中美经贸摩擦箭在弦上,可以再学习的过程中见证历史的发生,参与历史的变革,期待与大家的见面。

撰稿人 刘雨晴

一、课程内容

过去的两节课中大家围绕中国知识产权案中的刑事门槛部分做了讨论，讨论的焦点主要是以下几个问题：

1. Commercial scale 的判断标准是否应该明确化？

此问题由林子郁同学提出。子郁同学认为可以分行业设置 commercial scale 的统一明确标准，比如音像制品行业的版权侵权，如果获利达到行业平均水准的 20%，即构成 commercial scale。同时子郁也认为应该将知识产权的保护国际化，因为互联网已经使得知识产权的传播全球化。然而多数同学，包括我自己，似乎都不太认同这一观点。从本案来看，专家组对 commercial scale 做了一个宽泛模糊的解释，或许是考虑到本身这一概念的内涵揭示就需要结合不同国家的国情和不同行业市场的具体情况，也是出于对国家主权的尊重和“司法”克制的考虑。跳出本案来看，我比较同意袁丁、赵文轩等同学的观点，即知识产权保护的国家化并不等于统一标准，不同国家情况不同，很难做到具体标准上的同意，不过实现一个原则框架上的相对统一还是有可能的，这或许才是我们应该努力的方向。

2. 美国胜诉的可能性

这一问题同样由林子郁同学提出，子郁认为本案中美国的举证责任过重，几乎不存在胜诉可能。孙艺芸同学不赞同这一观点，认为美国未能胜诉的原因不是其负担的举证责任过重，而是其未能将证据和法律结合进行充分论证。我也不赞同子郁同学的观点，我认为美国不需要从正面证明中国的刑事门槛是不符合 commercial scale 的，其只需要举出一例反例证明中国存在明显构成 commercial scale 却由于低于刑事门槛而没有入罪的情形即可，其举证责任并不存在过重的问题。

3. WTO 中 panel 和 appellate 所做的 report 是否具有先例效力？

本问题由文朵同学提出，本案中专家组的论证中提到了之前的 WTO 案例作为佐证，由此引发大家对这一问题的思考。以下是通过查阅资料我个人的一些理解：首先，从规定的层面上看，通常《WTO 协定》第 9 条第 2 款和 DSU 第 3 条第 2 款的规定被认为是 WTO 争端解决机制存在遵循先例原则的“官方否认”，这两个条款都表明了争端解决报告不能对抗和变更全体协商一致原则下的协定内容。这种从相关案例的争端解决报告的陈述中也可以佐证这一点：如日本酒税案的上诉机构在分析专家组报告的法律性质时就曾指出，专家组报告除了对各自案件的当事方有拘束力之外，并没有其他拘束力。上诉机构同时指出，专家组、上诉机构报告经常被以后的专家则考虑，它们在 WTO 成员方之间造成了合法预期，在于任何争端相关时得予以适用。巴西椰子干案和美国羊毛上衣案的专家组报告中也有类似论述。这说明 WTO 的争端解决报告类似于国际法院或国际仲裁庭作出的判决或裁决，仅对该案所涉及的当事方有效，对其他案件、其他成员方并无拘束力。

4. Judical economy 原则在本案中的适用

对这一问题我认为最初大家的一些理解是有误的，将 judicial economy 和 judicial restraint 这两个概念进行了混淆，judicial economy 指的是裁判者在争端已经得到解决的情况下处于节约司法资源的考虑对于其他一些争点不予裁决的问题，大家讨论的专家组体现的司法克制、对于国家主权的尊重应该更偏向于 judicial restraint。

5. 不同法律解释方法之间的适用顺序和效力顺序问题，出现冲突该如何适用？法官对于法律的解释究竟是从主观结论到客观推理的过程还是相反的过程？

此两个问题由林子郁同学最先提出，林萌同学提出效力顺序与适用顺序之辩；高珂同学引用法理学著作中的观点论证法律解释和推理是从主观结论出发的观点；杨老师引导大家思考假设自己是法官，在裁判案件时会是怎样的思维过程；赵文轩同学提出这是一个个案分析的过程，没有什么普遍的规则，法官在个案推理中究竟什么时候达成了心证也是不确定的；刘书杭同学进一步分析法律解释是一个法律应用于事实的过程，法官不仅要关注法律，更要结合事实和证据。

大家的讨论逐步深入，很具有启发性。其实我认为以上这两个问题的讨论核心是同样的，法律解释方法实质上是一种解释法律的思维性方法，进行法律解释方法分类的主要目的就是引导法律人在解释法律时，能够沿着一种相对稳定的思维路径进行解释，从而避免因思维混乱而不能将法律文本的含义释明的现象。因而不同解释方法之间的顺序效力以及法官的推理究竟是由主观到客观还是相反在我看来实质是同样的，即法官的主观因素在法律解释和推理(典型体现为目的解释这种解释方法)的过程中究竟扮演了什么角色。

首先想简单总结一下英美法系和大陆法系以及国际法中主要的法律解释方法。大陆法系的传统解释方法比较多样，其中包括文意解释、立法原意解释、历史解释、比较解释、体系解释、目的解释等等。前三种为“释有”的方法。后三种为“释无”的方法，这即引发了法律解释与法律续造之辩，以德国法学家的挂点为例，拉伦茨看来，法律解释与法律续造并非本质截然不同之事，毋宁应视为其同一思考过程的不同阶段。“如果是首度，或偏离之前解释的情形，则法院单纯的法律解释已经是一种法的续造，广义而言亦运用‘解释性’的方法。魏德士指出，法官应该区分法律解释与法律续造，在背离规范最初目的时，法院必须将公开并承担特殊的说明义务。法律解释方法有时充当的就是法律论辩的角色，法院在说理时，也就必然会涉及到对于法律漏洞应该如何解释的问题。对法律续造的承认使得德国法律解释兼顾了形式与实质，使得法律解释更加理性化，这一理性化的趋有益于更好地实现解释目标。相比之下，英国法的三大法律解释规则为：字义规则、黄金规则与除弊规则。字义规则(Literal rule)即如果法律文本的字面含义是清楚的，即使该字面含义会导致明显的荒谬结果，法官也必须遵循该文字所表达的意思，这是所有法律解释规则中最重要、最基本的一项；黄金规则(Golden rule)是指字义解释规则出现荒谬的结果时，法官应寻求字词的其他含义以避免荒谬结论的出现，这一含义可能不是对该字义严格解释的结果，但法官相信该字词应当包含这样的含义。除弊规则(Mischief rule)是指法官解释成文法时要充分考虑成文法所欲弥补的法律制度上的漏洞，并努力去弥补议会在制定该成文法时所欲弥补的缺陷，实际上是一种目的解释。而国际法中的条约解释原则主要包括：1. 善意解释原则：即严格遵循国际公法解释的习惯规则、尊重约文、不得越权修改条约；2. 文法解释，指严格从文字、语法分析角度

来确定法律条文的字面含义，而不考虑立法者意图或法律条款以外的其他因素的解释方法；3. 系统解释：主要体现在《维也纳条约法公约》中第三十一条、三十二条的相关规定；4. 目的解释：在《维也纳条约法公约》中三十一条同样有明确规定；5. 有效解释：国际 法委员会在对《维也纳条约法公约》最后草案所做 的评论中指出："当一项条约有两种解释，其中一 种能够而另一种不能使条约有适当的效力时，善意 和条约的目的和宗旨要求应当采纳前一种解释。

主观的目的解释方法，不论在国内法和国际法中都得到了越来越多的事实上的应用，不论其是否被国内法律所承认或是否形成了普遍的国家实践和确信。在学习英美法的过程中，可以发现脱离了 stare decisis 分析框架的判决，往往便是指向 public policy。我认为目的解释由其存在的必要性和合理性。就国内法来说，首先是个案正义的问题，不论是法内漏洞还是法外漏洞，随着时代发展不可避免地会出现立法时没有预见到的情况，这也意味着距离法律制定的时间越久远解释法律时目的解释的应用空间也就越大；而且主观目的和价值判断并不是凭空而生的，所谓"public policy"一定是顺应社会发展需要在社会上已经形成相当程度认同的，如果是完全的个人专断的判决即使作出也会成为"bad law"而被最终摒弃。就国际条约解释来说，条约的演化解释也在近年来引发关注，事实上演化解释已经成为了国际条约体系自我更新的一种体制，而且国际条约本身的规定往往采用一些灵活与模糊的用语，为日后的法律发展和解释留下了空间。《维也纳条约法公约》解释通则中所规定的"目的、宗旨、善意、上下文"等用词，也都具有高度的概括性和灵活性，且与时间因素具有高度关联性。因而条约的演化解释，只要是在《维也纳条约法公约》的规则框架下进行的，并不会颠覆国家同意原则，相反会对新出现领域的问题以及制定条约时国家间留下的分歧提供新的解决思路。

有关不同法律解释方法适用和效力的顺序，我读到的一篇文章中提到了影响法律解释方法位序的集中因素，即人们对"文意""体系""目的"等关键词的理解（例如如果从广义的角度理解"文意"一词，则字面、字中、字外含义都可以算作文意）、解释者的价值观和价值目标及一国的法律意识形态、法律发生的部门和领域（公法偏重法之安定性侧重形式性解释）、解释方法之间的内在结构与顺序。而该文作者提出了他关于法律解释方法位序表上的原规则的看法，即"当事人的可接受性"。

二、课程感想

1. 打破学科界限的综合思维

课上印象最深的一句话就是老师反复强调的"学科都是人为划分的，在思考时不必有学科界限"。的确，两周以来我们谈到了刑法、知识产权法、法理学等多个法学学科的内容，在类比思考的过程中有同学提到了民诉法的内容，在上一次的课程综述中有同学还提及社会学、教育学的内容，在这个过程中同学们旁征博引，让我获益匪浅，对很多之前没有深入了解过的学科和问题有了基本的认识和进一步探索的兴趣，同时也深感自己思维的局限性，在此方面还有很多提升的空间。

2. 运用类比方法拓展思路、加深理解

其实在过去四周的课堂上我们已经多次运用这种方法，在探讨 WTO 裁决强制性时我

们与国际法院的裁判进行了类比;在上节课讨论国际条约解释方法时我们也与国内法解释方法进行了类比,并提到了英美法系与大陆法系不同的解释方法;在讨论案件中的第三方时,我们与国内民事诉讼法的无独立请求权的第三人进行了类比。这些类比过程中的相似点启发我们从宏观层面融会贯通,其差异又提示我们从微观层面去批判思考,从而更加全面深刻地去理解问题。

撰稿人 王　乾

在第一、二周的课堂上，我们初步领略了 WTO 独特的魅力。了解 WTO 的概况后，我们开始了对具体案例——中国知识产权案的分析。（见图 1）

一、课堂内容框架

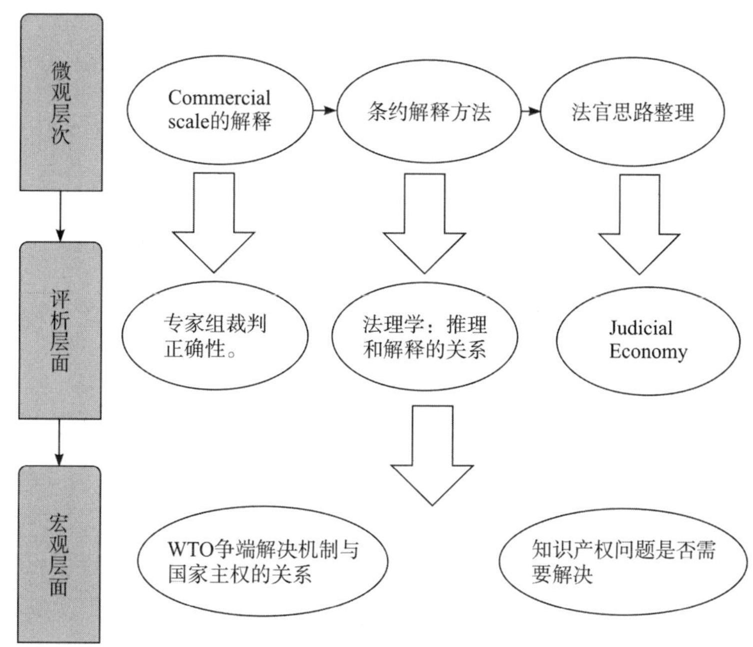

图 1　课程内容

二、课堂内容概述

（一）WTO 争端解决机制与国家主权关系

1. 课堂实录

刘书杭同学在课堂开始提出了自己的疑问："为什么在中国知识产权案判决之后，在中国盗版现象依然猖獗？"由此引发了同学们对于 WTO 争端解决是否需要解决国内实体问题的讨论。王乾同学提到了司法节制问题，认为专家组的主要作用主要在于解决争端，解决 WTO 法律如何适用的问题；赵文轩同学对此提出质疑，这一回答过于绝对，需要具体问题具体分析，需要对国际社会和主权国家的利益进行衡量。

2. 个人思考

我想针对"WTO 争端解决机制与国家主权的关系"来发表自己的看法。回答"WTO 争端解决机制是否损害国家主权"这一问题的核心在于对国家主权的理解。

关于主权的概念，法国哲学家博丹认为主权是一国的最高权力，不受国家法律的约束；我国著名的国际法学者周鲠生认为，主权是国家具有的独立自主地处理自己对内对外事务的最高权力。因此，按照传统主权的概念，WTO 确实限制了国家的主权。WTO 不仅管理货物贸易，而且管理服务贸易和知识产权贸易。成为 WTO 成员后，国家行为会受到 WTO 章程的约束①。

但是，从主权的实质内涵着手，主权一方面从来不是绝对的，不受拘束的，可以为所欲为的权力；另一方面，在经济全球化的今天，主权的内涵不应只是“不受侵犯、不受干涉”的消极意义，而应该被赋予发展经济，促进国家利益实现的积极意义。对于 WTO 成员来说，在向 WTO 出让一些权力的同时，也同时在享受着因为其他国家出让权力而获得的利益。在一定程度上，扩展了国家的主权。

综上，正如 WTO 上诉机构在“日本酒精饮料”案中所指出，“WTO 各成员所达成的协定正是通过行使主权，追求其国家利益的结果。”WTO 下国家主权获得了更为广阔的发展空间。

(二)judicial economy

1. 课堂实录

同学们在讨论中提到了 judicial economy，有同学把它翻译成司法经济也有翻译成司法节制，认为专家组只是对争端做一个判断，对法律适用予以关注，而不解决国家的实体问题。最后陈华屹对 judicial economy 作出了一个大家普遍赞同的解释——一方提出超过两个或三个的诉求，裁判在解决一个诉请后就不考虑其他诉请。比如在本案中专家组主要解决了 TRIPS 第六十一条第一款的诉讼，后面两个条款的诉求因为第六十一条第一款没有被解决而不考虑。

2. 个人思考

【judicial economy 与 judicial restraint】

我发现我在上课的回答过程中，将“司法节制”与司法克制”两个概念混淆在一起。

“司法节制”由 judicial economy 所译，在 WTO 文件中并无明确的规定，他是从 GATT 时期开始在国际贸易争端中逐渐发展出来的惯例；其目的是将有限的司法资源合理地应用于争端解决过程中：专家组不一定要对所有的诉求都进行审查，特别是如果认定一项措施违反某项规定就可以推定违反另一项规定时，就没有必要再分析与审查当事一方提出的违反另一规定的诉请②。

“司法克制”由 judicial restraint 所译，其所体现的是司法机关在司法过程中的“自我约束”。目的是尽量避免过度司法的消极影响。具体表现为专家组、上诉机构为了对争议当事方、成员国政府、WTO 其他机构表示尊重，大多数情况下会尽量避免对某些问题发表评论或作出规定。原则背后的价值在于解决争端时，谨慎、谦虚，克制的态度设定。

针对所查的资料，具体见表 1：

---

① 高金榜.WTO 下国家主权的三个问题[J].天水行政学院学报，2006(04)：10-13.

② 朱广东，刘利平.WTO 争端解决中司法克制与司法节制的界分[J].江苏商论，2005(12)：81-83.

表 1　司法节制

原则	司法节制
英文	judicial economy
法律基础	无明确规定，属实践惯例
含义	在争端解决过程中，专家组不一定对所有的诉求都进行审查。
具体表现	如果认定一项措施违反某项规定就“可以推定”违反另一项规定时，没有必要再分析与审查当事一方提出的违反另一项规定的诉请。
目的	司法资源的合理利用。

Judicial Economy 与 Judicial Restraint 的关系如下：

共通之处：

(1)在运用规则方面，二者存在一定的共通性。一方面，司法节制并不是专家组的一项“法定义务”，一般观点认为专家组有权这样去做。[①] 另一方面，是否及多大程度上行使“司法节制”的司法权属于专家组。而在 WTO 争端解决机制实践中，是否以及多大程度保持“司法克制”也取决于专家组的决定。综上，在实践中，“司法节制”与“司法克制”的程度大多数情况由专家组自作决定。

(2)在运用效果方面，运用“司法节制”原则可以达到“司法克制”的目的；在解决争端中保持“司法克制”客观上会有“司法节制”的效果。如果上诉机构在实践中背离“司法节制”的原则，不仅会背离“司法克制”的要求，同时也会使 WTO 争端解决机制的公平性受到质疑。不仅如此，司法节制也有可能成为专家组和上诉机构保持“司法节制”的一个小技巧。

不同之处：

我认为从价值取向上来看，“司法节制”(Judicial Economy)是为了提高办案效率，避免司法资源的浪费，因此所体现出来的具体实践便是不对所有的诉求都进行审查；而司法克制(Judicial Restraint)则重在维护司法机制的安全，避免“积极的”司法给专家组所带来的负面影响。

(三)案件裁判思路

课堂开始，由孙艺芸同学、翟宇凡同学、林盟、王乾同学分别对自己总结的案件裁判思路进行总结，各有特点。艺芸：宏观着手，梳理整个裁判书部分的内容。翟宇凡：梳理法官的思路。林盟：着重条约解释部分，分析维也纳条约 31 条的理论框架与专家组报告中对于 on commercial scale 的解释。王乾同学着重梳理条约解释在对 TRIPS 61 条的解释。但是这四个同学的解释介绍过于烦琐，于是老师提出问题：1)能否按照 31 条的顺序进行解释；2)能否通俗易懂简明扼要介绍裁决思路？

(四)条约解释方法

通过老师的引导，同学们就文义解释、目的解释、体系解释等方法的优先效力等级，优先

① 高建学，刘茂勇.世界贸易组织争端解决机制中专家组判案的审查标准[J].国际商法丛，2003，5(00)：255-312.

适用顺序进行讨论。林子郁同学进一步提出问题:如果几种解释方法而出互相冲突的结论,应该如何解决。

针对这一问题,同学们进行了如下讨论:

刘雨晴同学认为:在解释条约时,首先应该采用文法解释方法和系统解释方法,只有在文法解释方法、系统解释方法都无济于事或出现分歧时,解释者方可求助于目的解释的方法。

林盟同学引用 VCLT,"The general rule of interpretation dose not describe some hierarchical or chronological order in which those principles are to be applied, but sets the stage for a single combined operation taking account of all named elements simutaneously."认为不同解释方法次序表达不分先后。

潘隽吉:对于文本和目的的冲突来说。首先,文本本身就是对目的的体现。如果两者发生冲突,则一定要有除文本之外的材料佐证目的与文本显然不同。这时,按照第 31 条的 good faith 的要求,解释机构一般不会作出与目的相反的解释。这时,也许可以说目的解释高于文本解释。但这时的文本已经不是我们通常意义上的文本,而是错误的文本。总而言之,各种所谓的解释方法,其实都是解释时需要考虑的因素,需要综合判断。如果一开始在解释时,就在不同的要素之间进行穿梭,便不会出现矛盾冲突。质言之,所谓的解释方法的冲突,只是没有综合考虑各个解释要素。

孙艺芸同学认为,条约解释的出发点和中心环节是审查和解释条约的约文。探究条约用语的通常意义是条约解释的首要因素。

综上,同学们的不同观点主要集中在以下几个方面:(1)文义解释是基本方法,参照目的解释和宗旨解释是条约解释正当性的保证。以客观为主,主观为辅;(2)文本、目的、上下文解释浑然一体不可分割。(3)条约中包含法意,文义解释为目的解释服务。

(五)专家组心证过程

对此林盟同学提出自己的想法:解释方法的效力需要结合解释的结果本身。先有结论后有解释方法。高珂进一步加以肯定,用《法学解释论》里一句话来作为回答:"解释只是为寻求正义提供一个有规可循之思考的领域,从而有助于对司法评价加以约束。"认为无论是先有结果还是先进行推理,司法评价即结果都是被约束的,而裁判者是在这一约束的范围内去寻求他心中最合乎正义的唯一结果。

陈华屹:张明楷老师强调所谓"直觉解释",也就是在一个案件面前,任何人都会以自己的直觉作出一个判断,否则案件就无从下手。但这个判断并非绝对性的,而是一个倾向,法官会在做法律适用的过程中,逐一构成要件地去检验自己的倾向

陈家棋:着重于推理是没有错的,但这我觉得是建立在一个利益独立的前提下,这就是我觉得国际法在很大程度上更像辩论的原因;但是在国内法中,利益独立较为凸显,所以我们一开始并没有被施加一个力……例如刑法是体现价值观的学问,仅此而已,越不局限于个体,越到集体、生命等议题,个人的价值观会越发有影响

杨国华老师进一步肯定此问题的价值和意义。老师认为,虽然这个问题是法理学领域的问题,但是在 WTO 争端解决机制中却贯穿始终。

二、课堂总结与反思

(一)重视第一手资料,课前阅读英文文献

这是我第三周课程学习中最大的感想,在第三周的课前,为了课上的讨论,我优先对中文的材料进行了阅读,在中国知网上并且查阅了大量的资料。虽然在课前花了大量的精力,但是效果似乎不佳。经过课堂上老师和其他同学的追问,我发现我并没有真正理解案例中专家组的裁判思路。经过老师的点拨,我再第四周调整了预习的重点和方向,把重点放在对原始的第一手英文文献的阅读上,经过几天对英文材料的研读,我惊喜的发现,我第三周所疑惑的问题,都可以在原始材料里得到解答;并且通过划分专家组报告的层次,我对专家组的思路逐渐明了清晰。有一种油然而生的满足感。对此,我计划在接下来的课程中,克服自己不愿意阅读英文文献的懒惰心态,仔细研读专家组报告,来发现问题,并带到课堂中来解决问题。

(二)预习顺序:从专家组报告出发

原来的我,是首先去进行检索,想要通过检索相关论文,来深化自己的思考,但是经过几周的学习,我发现这样的顺序容易使自己浮躁,没有明晰的思路,没有基本原始资料做基础,对于案例的思考可以说是“空中楼阁”。

通过四周的学习,我逐渐摸索出了一种比较适合我的预习方法。首先需泛读,将整个报告中的裁判思路整理出来;然后,按照自己整理的思维导图来分单元对每个 issue 进行精读,对自己疑问的地方记录出来,整理出几个问题;然后,再去研读老师的相关文章;经过第一层次的泛读与精读,已经积累了几个不同方面的较为疑惑的问题。

第二层次就是进行文献检索,针对自己的不同问题,通过检索 WTO 相关法规、案例以及中外文献,形成自己内心的一种理解,然后带到课堂上来与同学进行分享与讨论。

(三)积极主动与同学交流

这是我之前在学习过程中非常欠缺的一点。在课前抽出时间与同学进行讨论交流,既有利于修正自己对于专家组观点不正确的理解,也有利于拓展自己的思路,拉长探究的思维链条。

比如说,在第三周课堂上所讨论的 Judicial Economy,在课堂讨论之前,我一直把这一原则当成 Judicial Restraint 来理解。因此,在课堂上提出,司法节制是解决争端时,一种谨慎、谦虚,克制的态度设定,其实与司法克制相混淆,通过陈华屹同学与孙艺芸同学的提醒,我才发现这一错误。如果在课前就可以与他们进行讨论,积极的表达出自己的看法,我想应该会提高自己在课堂上发言的质量,也相应地提升自己的预习效率。

期待下一堂课能够摘取更多 WTO 之树上的思维果实!

张铜戈

这两周的课程上我们主要讨论了美国诉中国知识产权案(China - measures affecting the protection and enforcement of intellectual property rights)。除了案件流程的梳理之外,这两节课的讨论还包括涉及知识产权的保护、刑法门槛的设定、commercial scale 的理解、judicial economy 的应用以及先例的效力等问题,并在第二节课重点对于维也纳公约 31 条、32 条进行了延伸讨论。本次的课程综述的结构与上次相同(课程内容的概述——关于问题的分析——课程感想),但是由于这两周课上的讨论内容极为丰富,我将选取其中几个感兴趣的提出自己的看法,而不再面面俱到。

一、课堂内容

这两周课程的讨论可以分为四个层次,我将它做成简图来说明。(见图 1、图 2)

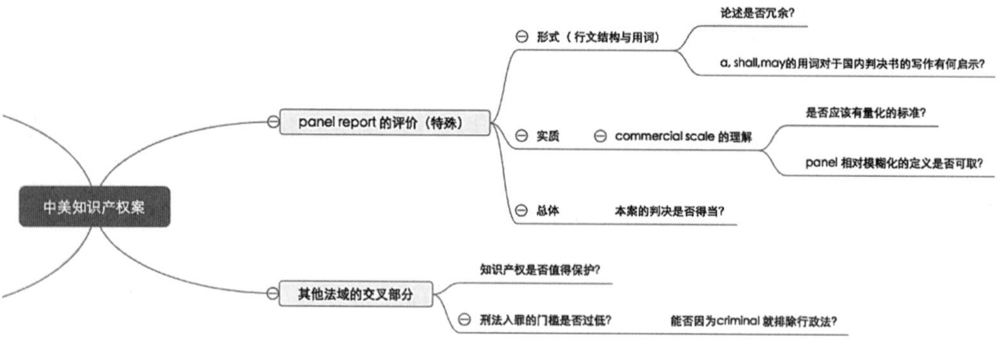

中美知识产权案
panel report 的评价(特殊)
形式(行文结构与用词)
论述是否冗余?
a, shall,may的用词对于国内判决书的写作有何启示?
实质
commercial scale 的理解
是否应该有量化的标准?
panel 相对模糊化的定义是否可取?
总体
本案的判决是否得当?
其他法域的交叉部分
知识产权是否值得保护?
刑法入罪的门槛是否过低?
能否因为criminal 就排除行政法?

图 1　课程内容 1

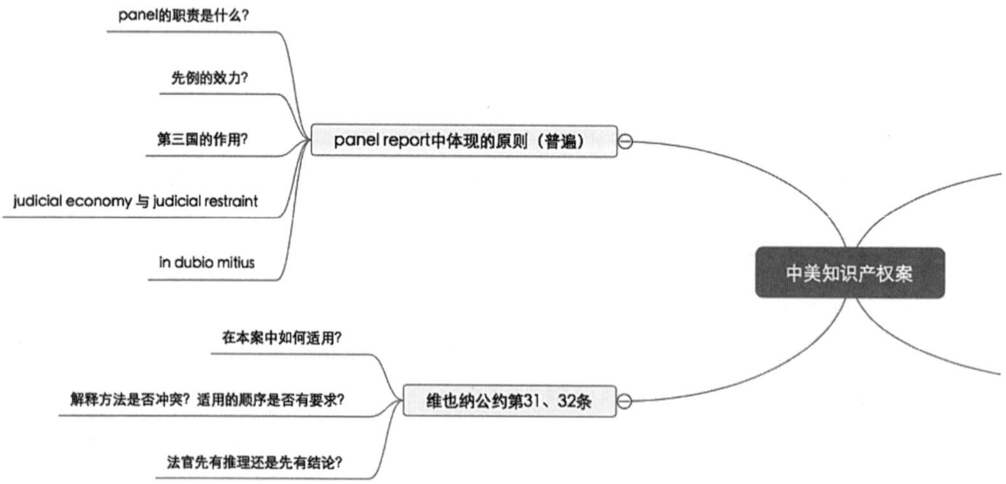

panel的职责是什么?
先例的效力?
第三国的作用?
judicial economy 与 judicial restraint
in dubio mitius
panel report中体现的原则(普遍)
中美知识产权案
在本案中如何适用?
解释方法是否冲突?适用的顺序是否有要求?
法官先有推理还是先有结论?
维也纳公约第31、32条

图 1　课程内容 2

层次一：对于 panel report 本身的评价

我将这一层次分为形式、实质与整体三个部分。在形式部分，孙艺芸同学、翟宇凡同学对于判决思路进行梳理，林盟同学对于维也纳公约 31、32 条在 commercial scale 中的应用进行了梳理，感谢三位同学的分享。其中，我想着重讨论一下对于 commercial scale 的理解。这个问题由林子郁同学提出，即，panel 给出的相对模糊的定义是否可取？应该给出具体量化的定义吗？

我认为是不用给出量化的定义，panel 的做法是可取的。理由如下：

首先，panel 不必给出明确的定义，对于 commercial scale 下精确的定义不在 panel report 的任务之内。那么首先要回答一个问题，panel report 的目标在于什么？我认为，要寻找 panel report 的目的，可以首先从 DSU 中寻找答案。Article 3 第 4 款规定，*recommendations or rulings made by the DSB shall be aimed at achieving a satisfactory settlement of the matter in accordance with the rights and obligations under this Understanding and under the covered agreements*，其中列明，得出满意的争端解决方式是裁决的目的。所以，panel report 要做的是解决争端而不是对于某一个概念作出精准的解释，除非对于 commercial scale 的精准定义是解决争端所必需。即便 commercial scale 是本案中的重要概念，是争议焦点，但是 panel 只要判断美国是否证明出中国有符合 commercial scale 的行为低于刑法制裁的门槛即可，就足以解决争端。在这一点上，我赞同陈华屹与刘雨晴同学的观点。事实上，panel 的解释已经足以支持他们的判断。因此，是否给出精准的定义不是争端解决所必需，所以这不在 panel report 的目标内。

其次，panel 也无法给出明确的定义。Panel 已经在判决中承认，commercial scale 是个相对而灵活的概念，应该根据所处市场、商品的不同而有所变化。（参见 7.578 段）另外，panel 已经根据维也纳公约 31 条运用了文义解释、体系解释等方法进行了解释，并指出了 commercial scale 应从 qualitative 与 quantitative 两个方面把握。我认为，panel 已经尽到了解释的义务与最大可能。commercial 无法完全量化，质与量的结合决定了这个概念无法给出精准的解释。每个国家的市场发展程度不同，不同商品的性质不同，“国际化”而一刀切的标准是无视了这些差异，有失僵化刻板。反之，给每个国家制定不同商品的具体标准也缺乏可行性，至少不应由 WTO 执行，不仅有侵犯国家主权之嫌，执行成本也过高，实际意义不大。此外，不是只有量化的精准解释才能保证结果的客观公正，相对化的定义也不意味着主观主义必然滥用，相反，它赋予了 panel 根据个案具体解释的空间。我认为，这些“自由裁量权”是必需的，也顺应时代的发展。

最后，对于后来的相似案件，由于裁决不具有 binding 的效力（关于效力会在后文详细论述），panel 同样无须承担为它们提供 commercial scale 定义的责任。

所以，我认为 panel 给出的相对化的定义是具有合理性的。

层次二：panel report 体现的普遍原则

这里的原则有很多，横跨众多领域，如国际法中的 in dubio mitius 等。关于这些普遍的原则，姜文朵同学提出，先例具有什么样的效力呢？我想就先例的效力进行深入的探讨。

我认为，先例可以指导后来的裁决，但是不能约束，即“法律上无约束，相关时应考虑”。[①] 理由如下：

首先，DSU 中没有赋予先例 binding 的效力。这里，我们可以类比判例法。在判例法中，判例是法律渊源之一。但是，在 Article 3 的第 2 款中，DSU 明确指出，panel 应该根据 covered agreements 和 customary rules of interpretation of public international law 作出裁决，而不是先例。它还特别强调，recommendations and rulings of the DSB cannot add to or diminish the rights and obligations provided in the covered agreements，即先例无权增减有关公约中的权利与义务。同样，DSU 在 Article 7 第一款再次强调，要根据 relevant provisions 给出 ruling。

其次，多个判决明确指出不受先例的约束。在欧共体限制苹果案的 12.1 段中，panel 认为先例可以作为参考(take into account)，但是包括 reasoning 部分在内，都不具有法律约束力(not legally bound)。在 12.10 段中 panel 否认了 conclusion 部分的法律约束力。尽管 1980 panel report 对于相同问题给出了肯定的结论，而 1978 panel14 中给出了相反的结论，这些都不能免除 panel 对于这一问题再次详细调查的责任。

但是，同样也有判决指出先例的指导作用。在墨西哥对危地马拉的水泥反倾销措施申诉中，第二专家组指出，对于第一案件专家组报告对第二案件的作用，第一专家组报告中的实体裁决部分不具有法律地位，但在专家组认为相关和有说服力时，可以提供有用的指导。[②]虽然从判决中找先例的作用，似乎是矛盾的循环论证。但是我认为，不是判决确立了判决的效力，先例是否具有效力早有定论(即便没有明确的条款规定，但也可认为隐性地确立在 DSU 的精神中)，判决只不过重复这样的观点并作为依据，而不是通过“没有法律约束力”的先例中的观点来得出“先例没有法律约束力”这样的结论。因此逻辑上是可以自洽的。

最后，可以参考国际法院对于先例的态度。在《国际法院规约》第 38 条中，第一款的卯项规定，“在第五十九条规定之下，司法判例及各国权威最高之公法学家学说，作为确定法律原则之补助资料者”。第五十九条规定，“法院之裁判除对于当事国及本案外，无拘束力”。所以，这里的“补助资料”与“无拘束力”，体现国际法院同样采取“法律上无约束，相关时仍考虑”的态度。

层次三：维也纳公约 31、32 条在本案中的运用

维也纳公约 31、32 条规定了对于条约内容的解释方法(ordinary meaning，context，object and purpose)。林子郁同学提出，条约的解释方法能否冲突以及是否存在适用的顺序呢？进而法官的判决中，是先有推理过程还是先有结论的呢？上周的课也围绕这些问题展开了集中的讨论。

就这些问题，我同意潘隽吉同学和刘书杭同学的观点。潘隽吉同学指出，文本是目的的体现，各种解释方法都是需要综合考虑的因素。(参见微信群)解释方法不是孤立而相互对

---

① 韩立余.WTO 争端解决中的案例法方法[C]// 中国法学会世界贸易组织法研究会二〇〇七年年会.2007.

② 韩立余.WTO 争端解决中的案例法方法[C]// 中国法学会世界贸易组织法研究会二〇〇七年年会.2007.

立的，应该综合利用为解释条文这一目的服务。另外，我觉得冲突的情况基本不可能出现，这些解释方法虽然具有具体差异，但是整体上是相通的。不可否认，文本是遵循目的写作而成的。

法官先有结论还是先有推理过程是个值得思辨的问题，但是我认为它是没有最终定论的。心证难以判断，我们无法通过一篇判决就来推断出法官是先有结论还是在判决的写作过程中逐渐形成自己的结论。这也是逻辑推理上演绎法与归纳法的差异。正如刘书杭同学提出，证据等的选择也是心证的体现。判决中最为“客观”的事实也不再是纯粹的客观，而是在法官心中主观的反映。在这个层面上，再纠结客观与主观的差别似乎没有多大的意义。

层次四:其他法域的交叉部分

由于本案的争议焦点在于中国在知识产权犯罪上的刑法门槛是否过高，因此本案判决中涉及到了刑法。国际法的 in dubio mitius 原则同样应用于法官的判决之中。

我认为，对于知识产权保护的行政法入罪化是不可取的。它违反了罪刑相适应的原则，模糊了违法与犯罪的界限，与国情相违背。陈华屹同学提出，是否因为字面上不符合 A61 的“criminal”就排除中国行政法的管辖作用？我认为这个问题非常值得探讨。TRIPS 第 61 条中的 criminal 是一个实质的概念还是形式的概念？这决定了中国是否违反了 TRIPS 第 61 条的规定。我初步的想法倾向于它是实质的概念，应该承认行政法的管辖作用。但是这个问题需要进一步的探讨与求证。

二、课程感想

这两周的课程与上两周有了较大的不同。因为针对一个具体的案件进行讨论，我们话题的范围有了一定的限制。并且，大家在讨论时都“有理有据”，或是根据判决文本，或是根据文本中提及的条约与原则。这两节课体现了同学们思维的深度与广度，既有发散的问题，又有细致而深刻的讨论。而在案件的学习过程中，无论是阅读专家组的判决，还是针对判决中的问题查阅相关的资料，都大大增长了我的 WTO 知识，让我的理解更为透彻。维也纳公约中 31、32 条的规则，不再是冷冰冰的条文，而是在判决报告中活生生的运用。这样自主的学习留下的印象比被动灌输了多少相关的知识都来的深刻。

形式上，感谢杨老师改进了我们的发言形式，建议同学们在微信群中分享自己的发言提纲。这大大减少了我们记录的负担，使我们可以全神贯注地倾听同学们的发言并进行自己的思考。我们不再疲于记录，而是可以更投入到课程的参与讨论之中，实属幸事。除了发言提纲外，微信群的利用率大大增加，包括杨老师与同学们分享的文件、案例截图等等。这是我第一次认识到微信群在课堂课下学习活动中能够发挥这么强大的作用。

最后，期待着与大家在接下来的课程中关于 301、233 条款的讨论！

潘隽吉

注书至难，虽孔安国、马融、郑康成、王弼之解经，杜元凯之解《左传》，颜师古之注《汉书》，亦不能无失。

——【南宋】洪迈撰《容斋续笔·注书难》

要把大象装进冰箱，总共分几步？

——宋丹丹《钟点工》

2007年8月13日，美国就中国知识产权案(DS362)向WTO提交了“设立专家组请求”(The request for the establishment of a panel)。在这份请求中，美国控诉中国“三大罪状”：(1)刑事程序及处罚的门槛(Criminal Thresholds)；(2)海关处置侵权货物；(3)未被批准出版发行的作品不受版权法保护。2009年3月20日，WTO争端解决机构通过了中国知识产权案的专家组报告。在这长达135页的报告中，最精彩的部分可能是关于刑事门槛的分析；而在这分析中，最精彩的莫过于对“on a commercial scale”的解释了。

根据我国刑法及其司法解释的规定，并非所有的侵犯知识产权的行为都会受到刑事处罚。只有“情节严重的”“情节特别严重的”“销售金额数额较大的”“销售金额数额巨大的”，才会被依法追究刑事责任。这些要求便是“刑事门槛”。美国认为中国刑法这样规定违反了TRIPS第61条：

Members shall provide for criminal procedures and penalties to be applied at least in cases of wilful trademark counterfeiting or copyright piracy on a commercial scale ...

如果仔细读一读这句话便会发现，TRIPS第61条并未给予所有的假冒商标或盗版的行为以刑事处罚，而仅仅是其中蓄意的(wilful)和具有一定商业规模的(on a commercial scale)。“蓄意”好理解，那么什么是“具有一定商业规模”呢？这便成为“判断中国刑法是否违法”的关键。

对这个问题，专家组毫不吝惜笔墨，洋洋洒洒写了似乎有十几页，头绪纷繁，莫可究诘。但仔细研读这份报告，便会发现，其实专家组对“on a commercial scale”的解释只用了将近两页纸便完成了(7.532—7.545)，而且思路清晰，令人拍案叫绝。

专家组一开始分别解释commercial和scale的含义。解释的方法也很简单——查字典。按照New Shorter Oxford English Dictionary (1993)，scale的定义为“relative magnitude or extent; degree, proportion”。词典中commercial的定义众多，专家组根据第61条的语境选取了合适的一项：engaged in commerce; of, pertaining to, or bearing on commerce。

明确了两个词各自的含义，专家组便试图将这两个词的定义组合起来(combination)。如果拼接成功，那么对这个短语(on a commercial scale)的解释基本可以宣告完成了。根据上文所述的定义，scale是一个量的概念(a quantitative concept)；而commercial是一个质的

概念(a qualitative concept),表示行为的本质属性,即行为是不是商业性质的。如果按照通常的语法,用 commercial 来修饰 scale,则 commercial scale 的意思便指的是所有行为中商业性质的那部分行为,简而言之,就是商业行为。再换句话说,scale 的范围是由 commercial 决定的。Scale 相当于所有种类的行为,因为前面 commercial 的限定,commercial scale 便只指代商业性质的行为。

这样解释似乎并无不妥,但在专家组眼中,却看到了一个十分严重的问题:在这一组合过程中,scale 不见了! 如上段所述,on a commercial scale 就等于 commercial acts(商业行为),而 commercial acts 所要表达的意思与 commercial 又有什么本质区别呢? 按照这样解释,scale 便没有任何含义,没有解释出来。专家组意识到,这违反了有效解释原则(rule of effective treaty interpretation)。

有效解释原则,简单地说,意在使条约条款的每一部分都有含义,即都有效。有效解释原则并未规定在《维也纳条约法公约》中,但这一原则与公约第 31 条规定的解释时要参照的"条约之目的及宗旨"有着密切联系。为什么我们要让条约条款的每一部分都有含义? 因为,解释条约时的一个基本假设就是,条约文本是缔约国目的的体现,条约中每一个用词都是缔约国有意为之,都被缔约国寄予了含义,所以必须被解释出来。

但是,存不存在一种可能,即这里的 on a commercial scale 就是 commercial 的同义替换,TRIPS 第 61 条中"wilful trademark counterfeiting or copyright piracy on a commercial scale"的意思就等于"wilful and commercial trademark counterfeiting or copyright piracy"。如果这就是缔约国的目的所在,那么便不必死搬硬套地适用有效解释原则,scale 也可以理所当然的"消失"。

专家组也意识到存在这种可能性,于是查找条约起草时的资料。专家组发现在谈判过程中,美国曾建议将这一条款表达为"wilful and commercial",但这一建议并没有被采纳。在后来的一项提案中,这里的措辞便改为"on a commercial scale",并成为最终的文本。这一项记录清清楚楚的表明,"on a commercial scale"是当事国有意选择的措辞(a deliberate choice),它的含义与 commercial 必然是不同的。Scale 必须被解释。

说到这里,我们明白 scale 一定要被解释出来,但如何解释便又成为了一个难题。这里不得不叹服专家组的解释技巧。前文说过 scale 是一个量的概念,而 commercial 是一个质的概念。在两个词的组合过程中,commercial 修饰、限定 scale,但这样就会造成 scale 没有实质的含义。为了克服这一缺陷,专家组采取的思路是,让 scale 也可以反过来修饰、限定 commercial,让这两个词互相修饰、互相限定、互为上下文。这时,commercial 就不仅仅是一个质的概念,在这种语境下,它同时具有了量的属性。scale 也不仅仅是一个量的概念,反而也具备了质的属性。按照这种思路,专家组对"commercial scale"给出的解释是"the magnitude or extent of typical or usual commercial activity"。

我们可以简单梳理一下。上文中对于 on a commercial scale 的解释,第一种解释认为它指的就是所有行为中的商业行为,而第二种解释认为它指的是商业行为中达至一定规模/程度的商业行为。可以看出后者的范围是对前者进一步的限缩。专家组根据有效解释原则采纳了后一种解释,进而表明 commercial scale 是一个相对概念,即假冒盗版产品在该产品全部市场中所占份额,而美国并没有证明所谓的中国"刑事门槛"没有达到这个份额。

专家组对“on a commercial scale”的解释，说简单也真简单，说复杂也真复杂。整个解释一共只需要两个步骤，第一步：分别解释 commercial 和 scale；第二步：将 commercial 和 scale 组合起来。但这两个步骤之中，文义解释、目的解释、有效解释原则、条约起草记录甚至语法知识通通上阵，须通盘考虑，不能遗漏任何一个要素。这好似“把大象装进冰箱只需要三步”一样，步骤虽简单明了，但个中艰辛困难自不必说。

结语

从 2007 年 4 月 10 日美国就知识产权问题向中国提出磋商请求，到 2009 年 3 月 20 日，WTO 争端解决机构通过了中国知识产权案的专家组报告。将近两年光阴，淘尽多少人事。到头来这 135 页专家组报告，又竟引多少英雄折腰。在一字一词之间百转千回，兜兜转转，蓦然回首时，纵然此中有真意，怕是也欲辨已忘言了。

注书难！注书难！多歧义，今安在？

长风破浪会有时，直挂云帆济沧海。

3. 第五至七周

中美经贸摩擦中的国际法问题

引言

第五周至第七周的课程，我们围绕中美经贸摩擦中的国际法问题展开了一系列的讨论。两周的课程，没有现成的专家组的报告和案件实施梳理，也没有现成的论文研究，有的是世界贸易中最真实而又触手可及的案例：杨国华老师在“中美经贸摩擦中的国际法”中将中美经贸摩擦概括为“232 之战”、“301 之战”以及“301＋之战”，围绕着三场没有硝烟的战争，同学们以 DS542、DS543、DS544 三个案件为线索，以美国的 232 条款和 301 条款为核心，对经贸摩擦涉及的诸多国际法问题展开了讨论。

经过第一个专题对 WTO 的历史沿革和争端解决机制以及第二个专题对“中美知识产权案”的讨论，同学们的思路随着课程的深入不断被打开。正如杨老师所说“提出问题比解决问题更重要”，同学们在讨论中纷纷提出了自己对于所讨论的问题的见解，因此课程所涉及的内容亦纷繁复杂，许多同学更在综述中进行了深入的研究，最后形成了丰富的成果。然而，作为综述的整理，是对课程和同学们综述中所涉及的核心问题的概括、归纳与提升，本有提纲挈领之用，因此不可能对所有涉及到的内容面面俱到。所以，笔者将课堂上所讨论的问题和同学们在综述中所涉及的问题进行了简要的集中概括，同时对观点大致相近的综述选取最具代表性的观点予以呈现，希望能使讨论所涉及的核心问题得以突出。

本次整理由刘书杭同学完成。

课程内容

一、232 条款是否违反 WTO 规则？

232 条款都是两次课程讨论的核心：根据 232 条款，美国有权对特定产品进口是否威胁美国国家安全进行调查、裁定和采取措施。232 条款主要规定了以下内容：商务部有权发起对进口产品是否威胁国家安全的调查，总统有权对调查报告进行审查并决定采取措施的方式和期限，国会有权审查和否决总统的调整措施及商务部调查、总统决定、国会批准三个步骤中应遵守的程序。第一次的讨论主要涉及 232 条款的适法性，而第二次的讨论则更为聚焦：如何认定 232 条款的性质？笔者认为第二个问题较第一个问题更为基础，因此先对第二个问题进行总结。

（一）232 条款的性质：安全例外还是保障措施？

对 232 条款性质的认定关系到美国如何为其对铝和钢铁征税的行为提供抗辩，因此，同学们在课堂上通过讨论，认为美国基于 232 条款实行的措施可能可以通过 GATT 第 19 条以及《保障措施协定》中的“保障措施”或者是 GATT 第 21 条的安全例外来进行抗辩。针对 232 条款的性质，同学们从不同角度提出了自己的观点。

高珂同学认为结合 232 条款考虑的因素：即“国外竞争对单个国内产业的影响，过度进口对国内产品替代所导致任何实质性失业、政府收入减少、投资和技术丧失以及其他严重影响”等，232 条款是保障措施和安全例外的交叉地带。

虽说单纯从 232 条款的文本规定来看，其性质或许存在交叉地带，但笔者也曾在课堂和综述中提出，需要结合具体的事实和措施来判断其性质。依据美国商务部得出结论，本次对钢铁和铝产品的 232 调查的核心内容就是美国维持国内生产能力以提供必要的物资来维护国家安全的能力。从美国的角度，其将 232 措施其实作为了安全例外，只是美国如果认定其为安全例外措施，需要对其结论负有举证责任。

廖林风同学则从美国历史上使用 232 条款的情况来看 232 条款的性质，认为 232 条款针对的“商品”范围广泛，不少调查是由行业协会申请发起，出发点是保护一个国内行业的健康发展。此次美国的钢铁和铝措施实在打擦边球，目的上“总统指出，该项关税措施将帮助美国国内产业恢复生机、保护相关技术、维持或增加国内产业产量。通过关税措施，美国国家对于钢铁和铝产品的需求将不再依赖于外国生产商，并且确保国内生产商可以为关键产业和国防提供标有的钢铁和铝产品”。

林子郁同学和陈家棋同学则以数据为支撑来论证 232 条款的性质：据两位同学提供的数据显示，美国钢铁、铝材的现有产能足以支持其战争需要。数据表明：国防开销仅占美国钢铁产能的 3%，高纯度铝材产能的 20%。而现在美国钢铁、铝材行业分别达到其产能的 72%与 39%，足以满足国防需要。其次，中国在，美国钢铁进口榜单中仅列第 11 位，仅占其

钢铁进口额度的 3%。而最终 232 条款措施针对的主要是中国,却对其盟友进行了豁免。因此,“安全例外说”难以成立。

其实课堂上同学们对于 232 条款的性质的认定更多是在猜测美国可能援引何种理由为其措施抗辩,并进一步探讨其抗辩理由是否成立。随着事件的进一步发展,通过 DS544 的两份文件,我们可以看出中国认为美国的措施构成了“实质性的保障措施”,而美国最终也的确援引了 GATT 第 21 条的“安全例外”作为其辩护理由。对此,袁崇霖同学指出:尽管保障措施说和安全例外说各有依据,也都力求把握 232 调查的本质,甚至中国已经主动出击运用了与保障措施有关的条款发起了责难,但这些可能都为时过早,远不如通过起诉美国违反 WTO 一般性规则而由美国被动提出抗辩,再针对抗辩进行回击更加有力。这也是张铜戈同学在课堂讨论和综述中坚持的观点:无论是安全例外还是保障措施都是属于 WTO 规则中例外的条款,是对于国家部分非常态行为的正当化,类似于抗辩权,应当由对方作为抗辩的理由而不是支撑磋商请求的理由。

(二)232 条款的违法性

基于对 232 条款性质的不同认定,具体到本次中美经贸摩擦,对于其是否违法的认定也有两条路径:如果从“安全例外”的路径着手,关键在于美国能否达到证明其措施属于“安全例外”的举证责任,因此也涉及对“安全例外”条款的解释问题;如果从“保障措施”的路径入手,关键在于美国实施该措施违反了特定程序和“非歧视性原则”。

1.“安全例外”路径

对于 232 措施是否具有 GATT 1994 第 21 条①的安全例外的正当性,首先需要对 232 第 21 条作出解释。赵文轩、陈华屹、刘书杭等同学通过通过文义解释、体系解释、目的解释等方法,均认为应当排除第 21 条的适用。

赵文轩同学指出:GATT 1947 第 21 条规定的属于一种例外情形,那么为了确保整个条约的稳定性,这种例外就应当被限缩得尽可能窄。即,当一个国家的存续因为某种贸易行为受到了严重影响的时候,其才可成为一种可以理解的安全问题。根据“瑞典鞋案”,不可以在没有证据证明有国际不法行为的紧迫的现实的威胁的情况下适用安全例外条款,美国虽然声称钢铁和铝产业直接关系到其国防安全,但是其措施和紧迫的国防安全问题关系不大,不具有现实紧迫的危险性。

---

① GATT 1994, Article XXI: Security Exceptions Nothing in this Agreement shall be construed

(a) to require any contracting party to furnish any information the disclosure of which it considers contrary to its essential security interests; or

(b) to prevent any contracting party from taking any action which it considers necessary for the protection of its essential security interests

(i) relating to fissionable materials or the materials from which they are derived;

(ii) relating to the traffic in arms, ammunition and implements of war and to such traffic in other goods and materials as is carried on directly or indirectly for the purpose of supplying a military establishment;

(iii) taken in time of war or other emergency in international relations; or

(c) to prevent any contracting party from taking any action in pursuance of its obligations under the United Nations Charter for the maintenance of international peace and security.

刘书杭、陈华屹两位同学均认为基于上下文的体系解释，能够援引安全例外的情形至少应当与 GATT 第 21 条所明确规定的安全例外的情形具有同等的甚至更高的危险性，对于国家基本安全利益不应当做过于宽泛的解释。林子郁同学同样提到，安全例外中根本国家利益应限缩于军事、国防目的，不能用于经济目的。刘雨晴同学提出动用经济制裁来缓解安全危机的前提是存在国际不法行为，即这种自卫必须是针对成员所面临的实际的政治和安全危机提供救济，而不能是对假想的和虚构的安全危机提供救济，尤其不是对经济上的危机和困难提供救济。本案中，一方面，现在并非战时，不存在所谓紧迫的危险；另一方面，美国在征收关税的同时对其一系列盟友进行了豁免。所以，其出于基本国家安全利益的出发点难以成立。

除此之外，袁崇霖、张铜戈、金文璇等同学均提出：不应简单将 GATT 第 21 条中的“it considers”等同于国家自决权，认定为国家主观的判断。否则会陷入主观主义的窠臼而有失公平，法秩序的稳定也无从保证，也使得使 WTO 关于贸易保护主义和单点主义的禁止性规定落空。

2.“保障措施”路径

根据陈华屹同学的归纳：协议规定成员实施保障措施必须满足四个条件：某项产品的进口激增(包括绝对增长和相对增长)；进口激增是由于不可预见的情况和进口成员履行关贸总协定义务的结果；进口激增对国内生产同类产品或直接竞争产品的产业造成了严重损害或严重损害威胁；进口大量增加与国内产业损害有着因果关系。如果美国的措施被认定为保障措施，根据第 12 条的规定，美国还附有在调查、采取措施都时对保障委员会尽快通知的义务。即使这两个要求美国都做到了，更为重要的是保障措施协议的“非歧视性”要求。美国对欧盟等七地区采取豁免的措施，于《保障措施协议》上是没有根据的，应当认为其违反了非歧视性的要求，针对特定的出口成员实施了限制。通过大部分同学们的综述，可以看出这一点基本是同学们的共识。

但是就条文本身来看，232 措施是否合法呢？孙艺芸同学认为论依据主要是《保障措施协定》第 3 条，在调查符合程序以及符合 GATT 1994 第 10 条所规定的情况下，各国才可以采取保护国家安全的措施。由此，可以理解为合理合法的调查是使得后期的措施符合 WTO 规则的重要前提条件，因此，只要调查是尊重法定程序的，当然也就是符合 WTO 规则的。而根据《保障措施协定》第 3 条的规定，调查需要包括的内容有利益相关方提交证据、举行听证会等。

二、301 条款是否违反 WTO 规则？

课堂上关于 301 条款是否违反 WTO 规则的讨论主要集中在 DS542 和 5S152 的关系，核心问题在于：专家组在 DS152 案中就 301(a)款作出的裁决能否适用于本案美国依据 301(b)款发起调查并得出结论的情形？

在徐朝雨和张维营两位学姐的指点下：大家意识到可以将依据上 301 条款展开的一系列措施分为调查、确认(决定)和和实施措施三个阶段。而两位学姐的结论基本一致但观点有一定差别；两位学姐都认为启动 301 调查并不违反 WTO 规则，但自行采取单边措施违反了 WTO 规则；其不同点在于，徐朝雨学姐认为 DS152 案不适用与根据 301(b)发起的调查，

而本次据 301(b)条款发起调查的决定不涉及中国在 WTO 协定下的义务,大概率是符合 DSU 规定的;而张维营学姐则认为 DS152 案中专家组的结论并不必然的不适用,美国作出的 SAA 的承诺是针对整个 301 条款的。杨国华老师也提醒大家:虽然美国是依据 301(b)发起调查,但是有没有可能美国是以 301(b)之名行 301(a)之实?例如,姜文朵同学认为,中国完全可以从 301 调查报告和美国的各种举措当中找到证据表明其行为实质和 301(a)无异。

陈家棋同学认为,301(b)"不违反 DS152 中的认定"的结论是值得探讨的:这是基于美国在 SAA 的承诺,保留其措施。DS152 中专家组的理由是,考查美国的"institutional and administrative elements"后,SAA 已经通过国会的审议通过具有约束力,且美国在回应专家组问题的时候,使用了"explicitly,officially,repeatedly and unconditionally confirmed"的用词确认会对"any section 301 determination"通过专家组或者上诉来进行裁决后认定,所以该条款的权力已经得到了有效的限制。这里的 301 条款并未区分 301(a)和 301(b)。陈嘉琳同学认为,此次美国适用 301(b)也许是想要避免正面应对违反 DS152 的裁判结果,违反自己在 WTO 中所做的承诺。但是,就美国所做承诺而言,并不能理解为仅仅是针对 301(a)的适用限制承诺,而是针对整个 301 条款,也就是包括 301(b)的部分。因此,可以认定,此次美国发起 301 调查并采取相关行动的这一行为是违反了 DS152 裁决,是违反 WTO 的行为。

而也有一部分同学认为本次 301 调查和确认不违反 WTO 规则。

陈华屹同学认为:DSU23 条所禁止的,仅是国家单方面确认他国违反 WTO 的义务,而这正是 301(a)所规定的内容。因此,在 DS152 中,专家组才要求美国作出不违反 WTO 的承诺。然而,301(b)则更接近国内法,不涉及 WTO 的相关内容,因此也不违反 DSU23 条。因此,SAA 不应当适用于 301(b)。美国根据 301(b)所展开的调查,在采取措施以前都不构成对 DSU23 条的违反。美国并没有确认中国违反 WTO 上的义务,而是确认其"给美国商业造成了负担或限制"。廖林风同学同样认为此次调查的法律依据是 301(b),那么便不涉及 WTO 义务,也并非"确认"中国违反 WTO 的义务。

对于美国进一步采取的单边措施,同学们基本都认为违反了 WTO 项下最惠国待遇、关税减让等义务。对此,美国在 WT/DS543/2 文件中认为措施尚未实施,只是"proposed measure",不属于 WTO 受案范围,在短暂的讨论中有同学认为美国的抗辩是存疑的,不见得需要等到措施真正实施而只要具有紧迫性和实施的大概率性即可。

三、中国反制措施的合法性

(一)中国是否有单方面确认美国违反了 WTO 项下义务?

陈华屹同学通过梳理官中国外交部、商务部方层面对对美国 301 调查作出的回应,的的确确有指责过美方违反 WTO 的规则,但并未具体声明违法哪一条,仅仅为原则性的声明。中国在官方发言认为美国违反 WTO 规则,同时在 WTO 进行磋商请求,意在加强多边体制而不是削弱它,并且也未单方面采取任何的措施。从立法目的来看,也应当认为中国未违反 WTO。

姜文朵同学指出，虽然中方不乏“美国抛弃了世贸组织”“美国违反 WTO 体制义务”等强烈政治回应的用语，但提到美国行为与 WTO 具体条文不一致时，是在中国通过 WTO 发出的 DS543 磋商请求中。当双方争议进入争端解决程序，当事国一方必然提出对方行为与 WTO 规范不一致的诉请，这里涉及到的对违反义务的判断在诉讼层面是合理的和争端解决所必须的。姜林沣同学同样认为：在 DSU 第 23 条的法律文本来看，其所要求的是在作出判断也即“determination”时应当是遵循 DSU 中规定的相应程序和规则的，而中国所指的“美国违反 DSU 第 23 条”并非是一种“make a determination”，更类似于一种“控诉”的行为。

(二)中国 500 亿反制清单的合法性

杨国华老师在课堂上分享了自己的所见所想：中国诸多的国际法学者在得知中国面对美国的贸易攻势毅然决然选择拿出了一份 500 亿的清单后都感到灰心丧气，认为国际法的秩序已经荡然无存。老师自己也提出了正当防卫说、条约暂停实行说和义务豁免说为中国的反制措施进行辩护。

潘隽吉学长就正当防卫说和条约暂停实行说进行了反驳。就条约暂停实行说而言：由于美国不是《维也纳条约法公约》的缔约国，因此对于中美两国，《公约》只是以国际习惯法的形式存在。因为 DSU 中已经详细规定了成员国之间纠纷的争端解决机制，并且明确禁止任何单方面行为，依据“特别法优于一般法”的原则，条约的规定优于习惯法而优先适用。并且由于《公约》第 60 条第 4 款规定：在上各项不妨碍条约内适用于违约情事之任何规定，即使依照第 60 条，在其他条约已经存在争端解决规定的情况下，《公约》第 60 条至少不得减损条约争端解决程序下存在的义务。由于 DSU 已经禁止单方面行为，《公约》第 60 条不能适用。就正当防卫说而言，潘隽吉学长并未完全反对，认为值得讨论，尤其是是否适用于经贸摩擦的场合。而陈华屹、赵文轩、孙艺芸、陈家棋等同学都指出：正当防卫说难以被接受：经贸摩擦的危害程度远没有到危及国家主权、领土安全的程度，如果承认经贸摩擦下的国家正当防卫权，是对于国家权利的过于宽泛的解释，进一步会导致 WTO 规则被架空，国际经济秩序的混乱。正如杨老师也指出，分析一个案件时，不能只考虑提出的抗辩理由“能不能赢下案件”，更要考虑这种理由和解释一旦被承认，会对整个体制造成何种影响。如果中美的正当范围给被承认，那么国家之间的秩序将不复存在，各国皆可滥用正当范围原则进行攻击，这对整个国际法的打击将是致命性的。

基于美国的措施属于保障措施的前提，林子郁同学认为：中国的贸易反制措施应当属于“中止减让”。林子郁同学指出大家在讨论时没有注意区分“保障措施”和“中止减让”：保障措施具有主动性，国家认为进口数量绝对增长、严重损害国内产业时，可采取保障措施；中止减让具有被动性、防卫性，受保障措施影响的出口国有权中止实施减让义务。从《保障措施协议》可以看出，中止减让的实施是具有严格的程序性、实体性条件的。仅仅从程序上看，中国 500 亿的清单就不符合中止减让的程序规定。

中美经贸摩擦中涉及到了诸多的法律问题，囿于篇幅的限制，并没有能在本文中完全呈现。同时，虽然一个专题结束，但是中美之间的“战争”并未结束，其中诸多问题还有待大家进一步探索和思考。

课程感悟

一、游走于法条与现实，见证历史

在回想第一周，老师让我们讨论是否需要修改课程大纲，当时我们都一头雾水，或许会觉得讨论这些问题对学习 WTO 课程没有意义。中美经贸摩擦中的国际法问题本不在课程大纲之内，我想现在没有人会觉得对这一问题的讨论是没有意义的。紧跟时事的发展，我们每个人似乎都成为了历史的见证者。在讨论中，大家一边寻找并解释相关的法条；一边对照不断发生的事实，游走于法条与事实之间，所有人对于 WTO 的制度、对于国际经济秩序的理解有上升了一个台阶。大家不再是从单纯的事实层面看待问题，更看重其中的法律问题，大家不断地提出问题，又抽丝剥茧般地去厘清各个法律问题。同学们也有着更广阔和超前的思路，正如在第一次课大家就提出了 GATT 第 21 条的安全例外，果不其然最后美国的确以之为抗辩。林子郁同学提出的“以法律思维化解贸易难题，以理性思考抵御民粹主义浪潮，是法律人的担当”或许是对这个专题的讨论的最佳诠释。

二、以规则文本为重，以官方文件为要

在讨论中，杨老师不断提醒大家不要依据某个教授的采访或文章作为自己讨论的依据，二同学们也逐渐适应了自己主动去寻找第一手的资料：不论是 301、232 条款，还是美国的商务部报告。从第一手资料出发，大家讨论的质量得到了极大提高：以规则文本本身、官方文件为基础，提出自己的思考与见解，再结合他人的观点提出批判性的意见或补充自己的意见，从而获得更有价值的结论。

综述汇编

 曹文潇

(第一次综述)

一、"中美经贸摩擦"案情背景

1. 301 案始末

3 月 22 日,美国发布了 301 调查的报告,认为中国政府对有关技术转让、知识产权及创新的政策措施对美国商业经营造成了不合理或者歧视性的限制。美国的有关专家认为,中国的这些政策措施给美国每年至少造成 500 亿美元损失。美国总统指示有关部门对中国获取美国技术的违规政策措施采取一系列反制:向 WTO 提起诉讼,对中国产品加征关税,对中国通过投资获得技术的行为进行限制。

2. 301 调查

美国按照其在 1974 年制定的《1974 年贸易法》第 301 条规定的条件对其他国家发起贸易调查。本次调查是美国在 2017 年 8 月 18 日发起的,对中国技术转让、知识产权及创新政策措施的调查,以确定是否对美国的商业经营造成了不合理、不公平和歧视性的限制。

而在此次调查之前,美国已经对中国发起了六次调查。

二、课堂讨论

这堂课从一个现实问题展开,美国为什么再一次发起 301 调查,知识产权对美国来说又意味着什么?

我们看前六次的 301 调查。

1. 1991 年 4 月:针对中国知识产权领域。

2. 1990 年,美国将中国升级为"重点观察国家"。1991 年 4 月,美国对中国首次发起"301 调查"。经过六个月的调查,美国贸易代表的调查结论为"中国的知识产权执法行为不合理,为美国商业带来负担和限制",并公布了价值 28 亿美元的预备性报复清单,拟针对中国出口到美国的成衣、运动鞋、玩具和电子产品等,征收高达 100%的惩罚性关税。

3. 1992 年 1 月,中美签订知识产权保护协议,中国对改进知识产权法律作出承诺。

4. 1991 年 10 月:针对中国市场准入问题。

美国在 1991 年 10 月对中国发起了市场准入的"一般 301 调查",为期 12 个月,主要针对中国对美国商品进入中国市场设置不公平壁垒问题,在 1992 年谈判达成协议。

据悉,该次调查针对美国商品进入中国市场遇到的不公平壁垒问题展开了为期一年的调整。在 1992 年 8 月美国贸易办公室公布了总价值 39 亿美元的报复清单,并称在 10 月 10

日前不达成协议将征收惩罚性关税。而在 10 月 6 日到 10 日最后一轮谈判中，中美达成协议，中国承诺未来 5 年时间里对许多美国商品取消进口壁垒，美国最终没有发起贸易报复。

5. 1994 年 6 月：针对中国知识产权领域。

美国将重点转移到中国知识产权法律的实施上。还要求中国对其知识产权产品开放。在 1995 年 2 月达成第二个知识产权协议，美国要求在协议中落实。

1996 年 4 月：针对中国知识产权领域

中国再次被美国确定为重点国家，直接启动了制裁程序，因此中美展开第三次知识产权谈判，在 1996 年 6 月达成第三个知识产权协议。

大白新闻经查了解到，在美国对中国知识产权实施一系列“301 调查”后，最终以签订中美市场准入或知识产权备忘录和协议告终。中美双方在 1992 年、1995 年、1996 年签订知识产权方面的谅解备忘录，中国承诺加强知识产权保护，并先后修订了《专利法》、《商标法》，颁布《反不正当竞争法》等。

6. 2010 年 9 月：针对中国清洁能源补贴问题。

2010 年 10 月，奥巴马政府宣布接受美国钢铁工人联合会的请求，对华清洁能源有关政策和措施启动“301 调查”，并决定在不超过 90 天内向中国提出磋商要求。奥巴马对华的“301 调查”涵盖了中国风能、太阳能、高效电池和新能源汽车行业的 154 家企业，以查明美国相关企业的利益是否受到了损害。

当时作为负责中国事务的美国副助理贸易代表阿尔特巴赫说，那次“301 调查”结束后，美国贸易代表向奥巴马总统提出的政策建议是，中国的风能补贴计划违反了世贸规则。12 月，美国宣布调查最终决定并提起在世贸组织争端解决机制下磋商请求。最终中国同意修改政策中涉嫌禁止性补贴的内容。

由于我国的综合国力不及美国，前几次的调查均以中国作出妥协告终。美国对知识产权的保护最终是为了扭转中美贸易逆差，维护本国的利益。

301 调查是美国绕过 WTO 的单方行为，但是美国在进行 301 调查的时候还会利用 WTO，比如向 WTO 提起诉讼等。这就产生了一个矛盾，美国既在脱离 WTO 又依靠 WTO。

美国脱离 WTO?

如果美国退出 WTO，美国可选择以单边提高关税和使用反倾销税方式来保护美国制造业，但总体而言，美国最有竞争力的企业将深受丧失最惠国关税之害，这意味着美国产品在进入外国市场时将面对更高关税，而由于美国退出 WTO，美国制造商在获得海外制造的零部件时也要承受更高价格，最终推高美国产品价格，并造成销售额下降以及裁员的困境。

焦点问题：

(一)301 条款究竟是什么?

301 条款是美国《1974 年贸易法》第 301 条的俗称，有广义和狭义之分。

狭义的 301 仅仅是下图所指的一般 301，而广义则还包括超级 301(关于贸易自由化)和特殊 301(关于知识产权)

一般 301 条款规定的是当有任何利害关系人申诉外国的做法损害了美国在贸易协定下

的利益或其他不公正、不合理或歧视性行为给美国商业造成负担或障碍时，美国贸易代表办公室（USTR）可进行调查，决定采取撤消贸易减让或优惠条件等制裁措施。美国贸易代表办公室（USTR）也可根据上述情况决定是否自行启动调查。该条款授予美国总统对外国影响美国商业的“不合理”和“不公平”的进口加以限制和采用广泛报复措施的权力。所谓“不公平”指不符合国际法或与贸易协定规定的义务不一致；“不合理”则指定，凡严重损害美国商业利益即为“不合理”。

特殊 301 是将确定未提供充分的有效的知识产权保护的国家或者拒绝给重视知识产权保护的美国人市场准入的国家列入“重点国家名单”。

超级 301 的适用范围更广泛，更具有浓厚的政治色彩。将原先的贸易报复权，由总统转到贸易代表署，从而使贸易的谈判者与报复的执法者合二为一；一方面增加了对贸易谈判对手的压力，另一方面减少了政府其他部门对贸易代表署采取报复措施的干扰。其次，“超级 301 条款”强行规定，贸易代表署于每年 3 月 31 日至 9 月 30 日提出美国认为“市场最封闭”“最不公平”的贸易伙伴和贸易领域。在接下来的 18 个月时间内，美国政府将同这些贸易对手进行谈判，如果贸易纠纷仍无法解决，美国就可以对这些贸易对手实施单方面贸易制裁，主要是对其进口的某些产品实行高关税，关税最高达 100%。

(二)301 条款又是否违反 WTO 规则?

在我们课堂的讨论中也参照了 DS152 对于 301 条款是否违法的讨论。

301 条款分为 a 和 b 两项，徐朝雨和张维迎两个学姐为我们讲解了她们认为的 301 条款的违法情况。在 DS152 案中，专家组强调，所有这些结论都是全部或部分建立在美国承诺基础上的，包括美国在实施乌拉圭回合协定时国会所批准的行政行动声明中的承诺以及美国在本案中向专家组的承诺。前者内容包括在使用 301 条款时要援引 DSU 争端解决程序，关于美国在有关贸易协定中的权利被违反或受到否定的任何 301 条款的决定都应依据 DSB 所通过的专家组或上诉机构报告作出；在专家组或上诉机构通过有利的报告后应允许被诉方有合理的时间实施报告所提出的建议；在该时间内问题无法解决时，报复应寻求 DSB 授权。而如果这些承诺被美国行政部门或政府的其他部门摒弃，则专家组结论中的裁决就不能得到保证。我们在上一节课也讨论过专家组报告的效力，在事实上，它有对于后面裁决的约束力。但是在 D152 中，仅仅是涉及的关于 301a 条款，而本次调查，美国主要根据的是 301b 条款。学姐也指出，仔细分析这次 301 调查，也会得到该也涉及到了 301a 条款的内容，因为我们可以认为美国对于中国的 301 调查违反 WTO 的规定的。

(三)232 条款是什么?

(Trade Expansion Act of 1962)第 232 节(19U.S.C 1862)，具体规定编纂在《美国法典》标题 19(关税)第 1862 节(国家安全保障)项下。美国 232 调查可因利害相关方提出申请或联邦政府部门或机构负责人提出请求而发起，也可由美国商务部长自主发起。232 调查成功发起之后，将由商务部工业与安全局(Bureau of Industry and Security，BIS)具体实施调查，其实施调查所依据的条例(Regulation)为商务部发布的《进口产品对国家安全的影响》(Effect of Imported Articles on the National Security)，编纂在《美国联邦法规》标题 15(商

业和贸易)项下第 705 节(15CFR 705)。在调查正式发起后的 270 天内,BIS 应向美国总统提交 232 调查报告,针对相关进口产品是否对国家安全构成威胁问题作出结论,并就应对措施提出建议。据此,美国总统可自主决定是否支持商务部的意见,并最终决定是否对相关进口产品及其相关产品采取贸易措施或其他必要的非贸易措施。

(四)232 条款是否违反了 WTO?

GATT 第 21 条给予各主权国家排他性自决权,授权其基于根本安全利益的考量采取"法外行动"。但是这一条款却并不是没有限制。GATT 第 21 条有着很宽泛的 it considers necessary,很容易被滥用,在这种情况下就更应该受到 WTO 的监管。

而我国已于近日向 WTO 起诉美国的 232 条款。我国商务部条约法律司负责人就此发表谈话指出,美国 232 措施名为维护"国家安全",实为实施贸易保护主义。美方一方面选择性地排除部分国家和地区,另一方面对包括中国在内的部分世贸成员实施了征税措施。美方的这种做法严重违反多边贸易体制的非歧视原则,严重违反其在世贸组织项下的关税减让承诺和有关保障措施的规则和纪律,损害了中国作为世贸组织成员的正当权益。

对比可见,232 与 301 条款的主要区别在于:(1)关注的主要领域不同,232 条款关注进口对美国国家安全的影响,301 条款则关注贸易歧视、贸易自由化,以及知识产权保护。(2)实施调查的主体不同,232 调查由商务部主导,301 调查则由贸易代表负责,且后者拥有较大的自由裁量权。(3)后续措施及影响不同,实践中,232 调查最后大多通过提升关税或其他非贸易措施限制进口,301 调查的后续配套措施更多,影响更加广泛。(4)从趋势看,301 条款是美国实施单边贸易措施的最主要的工具。

三、课程感想

两周以来的"中美经贸摩擦"在中国引起了极大的震动,因为与课程内容的息息相关,我们特地在插入了这一节课来讨论。感觉在朋友圈中大家轰轰烈烈讨论的东西拿到课堂上讨论有一种别样的感觉,我们在课堂上将这个事件从朋友圈中讨论的一个浅显的表面的层次上升到了法律的深层次的高度。

我们会讨论一些大方向的问题,比如说美国到底为什么要发起这个经贸摩擦。这种讨论就能够很大的激发我们关注时事的热情。WTO 在近些年来面临着诸多挑战,美国的态度也很难以捉摸,而这次中美的经贸摩擦也可能对世界局势产生一定的影响,这些问题都很有趣。

我们会站在中国这一方来审视这个案子,也会站在美国这方。我们会去讨论,中国会拿出怎样的论点论据,美国会拿出怎样的观点,也想要预测专家组会怎样去作出裁判。当然我们也很好奇到底是谁能够获得最后的胜利。

特朗普上台后的美国政策真的是很难让人看懂,可能特朗普本人就是个很神奇的总统吧!中美经贸摩擦正在进行,我们的课程也逐渐深入。非常期待明天的讨论!

（第二次综述）

一、课程概述

在这一周，我们主要讨论了中国在 WTO 提起的 DS543 和 DS544 两个案子。有中国对美国提出的诉讼，也有美国的回应。主要涉及以下内容。

（一）DS543 案

DSU543 主要针对美国对中国发起的 301 调查。

涉及到了以下文件：

1. Section 301—310 of the Trade Act of 1974, as amended (19 U.S.C., paragraphs 2411—2420);

2. Findings of the investigation into China's acts, policies and practices related to technology

transfer, intellectual property and innovation under Section 301 of the Trade Act of 1974,

dated 22 March 2018;

3. Actions by the United States Related to the Section 301 Investigation of China's Laws,

Policies, Practices, or Actions Related to Technology Transfer, Intellectual Property, and

Innovation, dated 22 March 2018;

4. Notice of Determination and Request for Public Comment Concerning Proposed

Determination of Action Pursuant to Section 301: China's Acts, Policies, and Practices

Related to Technology Transfer, Intellectual Property, and Innovation, dated 3 April 2018.

而中国认为美国违反了以下条款及原则。

1. Article I.1 of the GATT 1994, because the measures at issue fail to extend immediately and unconditionally to China an "advantage, favour, privilege or immunity" granted by WT/DS543/1 • G/L/1219 the United States "[w]ith respect to customs duties and charges of any kind imposed on or in connection with" the importation of products originating in the territory of other members.

（GATT 1994 1.1 最惠国待遇原则）

2. Article II.1(a) and (b) of the GATT 1994, because the measures at issue fail to accord to the products originating in China identified in the above mentioned documents the treatment no less favourable than that provided for in the United States's Schedule of Concessions and Commitments annexed to the GATT 1994.

（非歧视待遇原则 2.1 a b）

3. Article 23 of the DSU, because the measures at issue fail to recourse to, and abide

by, the rules and procedures of the DSU, when the United States seek the redress of a violation of obligation or other nullification or impairment of benefits under the covered agreements or an impediment to the attainment of any objective of the covered agreements.

(23 维护多边贸易体制)

美国的回应：

首先，美方代表提出是中国的做法而不是美方 301 调查本身，对国际贸易体系构成威胁。美国也敦促所有 WTO 成员都去阅读目前发布在 USTR 网站上、总长度在 200 多页左右的“301 调查”报告，这其中有中国在技术转让做法方面的具体做法，可以概括为以下四种：

1. 中国利用对国外所有权的限制（如中外合资要求和外资持股限制）以及各种行政审查和许可程序迫使美国企业进行技术转让。

2. 中国的技术法规体制迫使美国公司在非市场条件的基础上，进行有利于中国公民的技术许可。

3. 中国指导并不公平地促进中国公司系统性投资、收购美国公司和资产，以获取尖端技术和知识产权，并向中国公司进行技术转让。

4. 中国进行并支持对美国公司的计算机网络未经授权的入侵和窃取，以获取其敏感的商业信息和商业秘密。

其次，美国否认中方对其“单边主义”的指控，认为其 301 调查并不存在对 WTO 义务的违反。相反，美国指出由于中国采取的某些技术许可措施可能会剥夺外国知识产权权利人的权利并构成歧视，因此，中国的措施与在《与贸易有关的知识产权协议》（以下简称 TRIPS 协定）下的义务不一致。就此，美国已于 2018 年 3 月 23 日针对中国的知识产权保护措施提起了 WTO 纠纷解决程序，磋商请求已经发布，有关 TRIPs 的问题各成员可以查阅具体请求。

第三，美国主张其在 301 调查中并没有就中国专利许可措施是否违反 TRIPS 协定下的义务作出判断，这将由当事方协商解决或由 WTO 争端解决程序进行调查。美方认为其调查措施并没有明确指向任何 WTO 相关义务，如果中方希望向争端解决机构主张 301 调查违反了 WTO 项下义务，悉听尊便。但是，中国提出美国不符合 DSU 第 23 条的主张毫无根据，事实上，通过断言美国违反了 DSU，中国本身的做法与 DSU 第 23 条不一致。

（二）DSU544

DSU544 针对美国对中国的钢铁、铝增加关税。主要针对的是 232 调查。

在这一案子中，中国将美国的加征关税措施视为保障措施，提起了磋商。而美国则辩称 232 调查并不是一种保障措施。

二、焦点讨论

在 DSU544 中，中国认为美国的行为构成了对国家安全例外条款的滥用，实质上构成保障措施，而美国则抗辩称自己采取的不是保障措施。

Q1 那么，中国为什么要用保障措施来提起诉讼呢？

首先，区分保障措施和安全例外的含义：

保障措施：保障措施是指成员在进口激增并对其国内产业造成严重损害或严重损害威胁时，依据《1994 年 GATT》所采取的进口限制措施。该措施是成员政府在正常贸易条件下维护本国国内产业利益的一种重要手段，它与针对不公平贸易的措施不同。设置该措施的目的在于：使成员所承担的国际义务具有一定灵活性，以便其在特殊情况出现时免除其在有关 WTO 协定中应当承担的义务，从而对已造成的**严重损害进行补救或避免严重损害之威胁可能产生的后果。**

《1994 年 GATT》第 19 条第 2 款规定，实施保障措施的成员应"尽可能提前以书面形式通知成员全体，以便成员全体及与该项产品的出口由重大利害关系的成员，有机会与其就拟采取的行动进行协商"。协议第 12 条作出了详细、系统的规定，这些规定体现了 WTO 的透明度原则。

第一，通知。实施保障措施成员应将有关严重损害或严重损害威胁的调查过程、调查结论和实施或延长实施保障措施决定立即通知保障措施委员会(Committee on Safeguard)。通知的内容应尽可能详细和具体，包括：相关证据，涉及的产品，拟采取措施及其时间和逐步放宽表等。并且，货物贸易理事会或保障措施委员会在必要时可以请求实施保障措施的成员提供补充材料。

第二，磋商。有关成员应将保障措施内容与方法或临时保障措施进行磋商，交换意见，并达成谅解。磋商结果应及时经保障措施委员会通知货物贸易理事会。

此外，协议要求，成员应将涉及保障措施的法律、规章和行政程序及时通知保障措施委员会。而且，任何成员若认为某一成员未如此作为，可将有关情况通知该委员会。当然，协议也同时要求，关于该通知的规定，并非要求任何成员公开有损其法律实施或违背其公共利益或危害其特定企业合法商业利益的秘密资料。

本着国家安全优先准则，世界贸易组织在世界贸易协定中设有"**安全例外条款**"，即 WTO 各成员为维护国家安全，在某些情况下可以采取必要行动，对其他相关成员不履行 WTO 所规定的义务。安全例外条款是 WTO 各成员利益调和的产物，他对 WTO 有着重要的意义。安全例外条款允许 WTO 成员可以在特定情形下，为维护本国的重大安全利益而背离其义务或损害其他成员的利益，使成员在追求基本的国家安全利益的情况下使用经济手段来达到政治目的。从而为 WTO 成员提供了可以违背 WTO 基本原则而采取行动的机制。

为了防止安全例外被滥用，WTO 必须首先定义国家安全的内容，使其规范化、法律化。其中，对安全例外条款第 2 款(jii)的"战时或国际关系中的其他紧急情况"的定义尤为关键，至今所有援引安全例外的成员都是钻了其界定不明的空子。

在完善安全例外时，要从国家安全内容的最初定义着手。"战时或国际关系中的其他紧急情况"，其一般含义应是指国家间极为剧烈及现存的冲突和"清楚且现存的威胁"，是一种**非常恶劣的敌对关系**，虽然没有达到诉诸武力的程度，但已严重威胁到国家安全，致使成员可以援引安全例外条款不履行 WTO 所规定的义务。如果这种援引是因为另一成员违背国际法而作出的，则这种援引和不履行 WTO 义务才是合理的。

其次，在完善安全例外时，还需制定有关的补偿、通知和批准规则，便于专家小组及上诉

机构在解决争端时作出适当的裁定。

第三,安全例外条款要对援引条件进行澄清,不允许因政治体制不同而作出的援引行为。1996 年美国国会通过了赫尔姆斯一伯顿法案制裁古巴,制裁就属于政治体制的不同而作出的行动。第四,在安全例外条款的适用与解释中,WTO 争端解决机制应发挥核心作用。WTO 实践表明,争端解决机制有能力防止安全例外的泛滥。虽然 WTO 争端解决机制本身存在一些缺点,但 WTO 仍将主要运用争端解决机制来对安全例外进行控制。

雨晴认为 201 是国内工业产业安全,232 是国家基本利益安全,瑞典鞋案把 201 和 232 放在一起对比适用,得出了保障措施和安全例外的实质形式区别,中国打"201"旨在援引先例控诉美国的滥用。美国称自己是 232 而不是 201 的原因:安全例外条款没有非歧视原则的限制,即美国可以豁免他国而打击孤立中国。201 有具体详细的救济措施、严格的 WTO 框架下的程序规定,而 232 因涉及国家主权,被视为"君子协定",没有成文的适用限制。

那么我们又该怎样将美国对钢铁和铝的征税定义为维护国家安全呢?

袁丁同学认为,每一个行业都与国家安全息息相关。但也有些同学认为钢铁和铝对于军事工业上有一定影响,但是中国出口到美国的钢铁制品肯定构不成对美国国家安全的威胁,对于美国来说,其要承担更大的举证责任。

比较分析保障措施和安全例外条款,我们可以发现,GATT 对于运用保障措施规定了较为详尽的程序要求,而安全例外条款却仍然存在着很大的漏洞。也就是说,如果美国的 232 调查根据的是保障措施,美国没有尽到他的通知义务,会处于不利的地位。

Q2 中国宣布对美国采取 500 亿的反制裁是否合法

杨国华老师认为,WTO 存在着缺陷,它没有规定一个国家悍然采取违反 WTO 规则的行动,受到影响的成员该怎么办。因而国家可以有条件进行一定限度的防卫(这种限度是不是说,不能够超过一方对另一方采取的制裁?)。美国对中国采取了 500 亿的制裁,中国不能够眼睁睁的通过提起诉讼,等待判决坐以待毙。

根据《维也纳条约法公约》第 60 条,当出现重大违约时,中国有权对美国暂停实施该条约。虽然美国不是该公约的缔约国,但不影响其作为习惯国际法或者一般国际法的原则的效力。条约必须遵守,是国际法的一项基本原则,但是在例外情况下,国家可以不遵守条约。这是国家的固有权利,应该得到国际法确认。

《建立世界贸易组织协定》第九条第三款规定,在例外情况下,部长级会议可以决定豁免本协定或任何多边贸易协定要求成员承担的义务。在法律上,这属于例外条款,即规定在特殊情况下可以不履行法定义务。在美国悍然违反最惠国待遇原则和约束关税的时候,中国有理由认为中美贸易中出现了特殊情况,因而有权要求 WTO 豁免,即中国可以限制美国产品进口,而不涉及不符合 WTO 规则。当然,中国应该向 WTO 说明以上理由。还需要等待约 270 日。

有位同学反对了杨老师的观点,首先,中国不能够援引《公约》来作为中国反制裁措施的法律依据。因为 DSU 是特别法,特别法应该优于一般法,因而应该适用 DSU 中相关规定。

关于正当防卫,该同学认为应该适用的是衡平法,DSU 的规定确有不合理之处,会造成不公正的结果。且自卫是否适用经贸摩擦还是个未知数。

三、课程感想

在上个月听到美国拟对中国发起 500 亿的制裁,以及中国对美国拟发起反制裁的时候,

凭借朴素的法感情，觉得中国做的非常对。

但是经过了上个周的讨论，虽然找到了许多美国违反 WTO 原则的论据，虽然杨国华老师竭尽全力的为中国辩护，但我还是对中国的做法产生了一些疑问。

上国际法学的时候，老师曾经非常遗憾的表示中国对于国际法和国际条约的效力了解的太少，遵守的太少。当大国都没有尽到自己在国际上应尽的义务的时候，又怎么能够要求其他国家照常遵守呢。

虽然 DSU 的规则确实是有很多漏洞，虽然安全条例确实是会给国家安全带来一定的问题，但我还是认为，中国应该尽到通知、磋商等义务，在 WTO 调解机制下解决争端，而不是像美国一样绕过 WTO 直接制裁。

未来的世界是多元的，开放的，因而我们更应该尽自己的努力促进国际法、国际条约的履行，促进 DSU 规则的完善，期待明天的讨论。

（第一次综述）

一、课程内容

本周的课程主要围绕美国向中国加收关税一事而展开，从 232 和 301 条款出发，主要探讨了以下几个问题：1. 美国的 301 条款和相应措施分别是什么？2. 301 与 232 是否违反了 WTO 规则？3. 中国的立法是否确实违反了 WTO 规则？

（一）关于美国 301 调查

1. 301 的条款是什么？措施是什么？

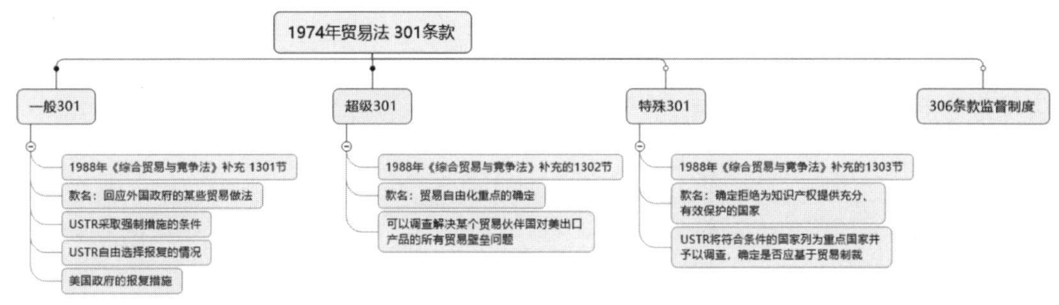

图 1

依据 301 条款，整理了以下 301 条款之关系。

同时，301 调查的一般程序如图 2 所示。

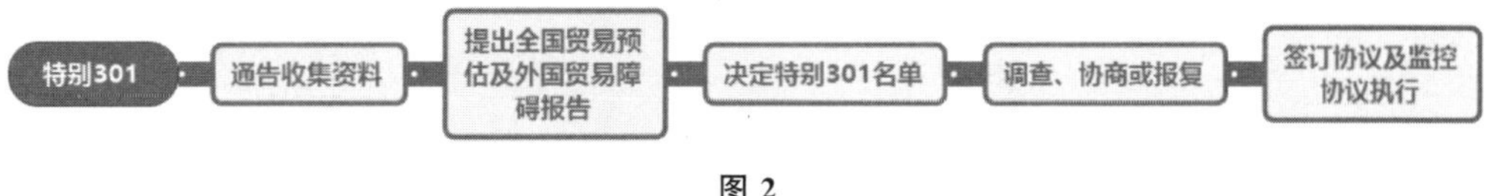

图 2

可以看出，美国的 301 调查中，美国贸易代表办公室（USTR）具有较大的自由裁量权，且这一调查是美国的单方行为，不仅不属于 WTO 的争端解决程序，更是可能绕过 WTO 的调查行为。因此，欧盟曾在 2001 年指控美国的 301 条款违反 DSU 的有关条款，也即 DS152 案。而在该案件的专家组报告中，专家小组最后的结论为第 304 节并非与美国在 DSU 第 23 条第 2 款（a）中的义务不一致。同时，值得注意的是，与此相关的美国行政行动声明也即 SAA 中，美国曾承诺对 USTR 的权力进行限制，即 USTR 应按照现行法律的规定，援引 DSU 争端解决程序；关于美国在有关贸易协定中的权利被违反或受到否定的任何“301 条款”的决定都应依据 DSB 所通过的专家组或上诉机构报告作出；在专家组或上诉机构通过有利的报告后，应允许被诉方有合理的时间实施报告所提出的建议；在该时间内问题无法解决时，报复应寻求 DSB 授权。

因此，对于301条款在过去的DS152案中被判定为不违反WTO规则的专家组结论，必须也要注意到这一判断作出的背后是考虑到了美国在SAA中所作出的承诺，因此，在这次的事件中，我们讨论美国发起的301调查是否违反了WTO规则时，也应考虑到美国此前的承诺，而不应单纯地以DS152案中排除了其违法性而认为本次事件中美国发起301调查等行为也是合法的。

同时，正如徐朝雨同学和张维营同学所提到的，对于DS152案中所排除违法性的是301(a)还是整个301条款也应有所考虑。如果将DS152案中的违法性排除扩张至整个301条款，则此次基于301(b)开展的调查即可能不违反WTO规则；而如果将DS152案中做限缩解释，则只是排除了(a)的违规性，并不当然地将本次301调查也认为是合规的。

2. 301条款的法律和措施可能违反了哪一WTO规则？

Article 23

Strengthening of the Multilateral System

1. When Members seek the redress of a violation of obligations or other nullification or impairment of benefits under the covered agreements or an impediment to the attainment of any objective of the covered agreements, they shall have recourse to, and abide by, the rules and procedures of this Understanding.

301条款的违规性之有无所比对的首先应是DSU的第23条。

依据DSU第23条，成员国在考虑他国有无违反相关协议中的义务时，应当通过DSU进行，同时，在与DS152相关的SAA中，美国也承诺会遵循相应的规则。如果从301条款并结合美国的承诺来看，其立法上并未违反相应的WTO规则。同时，正如袁崇霖同学所说，301条款是美国的国内法，DSU难以否认其国内法的效力。因而，正如DS152中专家组报告所做的判断，如果美国在坚持遵守DSU的前提下保留301条款，其在法律上即没有违反WTO规则。

但301调查不同于301条款，其是301条款这一法律在现实中的实践措施，301条款立法上未违反WTO规则并不等价于其301调查一定不违反WTO规则。

从301的措施中来看，正如本次事件中美国的做法，USTR在提交DSU程序之前，就通过301调查报告作出中国有关立法违反WTO规则的结论，也即美国绕过了DSU而单方作出中国违反WTO的判断。这一点，在实践角度上看，其是违反了DSU第23条中的规定的。

301条款的违法性之有无其次则可以考虑是否满足GATT第21条所规定的“国家安全例外条款”。

(二)关于美国的232条款

1. 232条款的法律和措施分别是什么？

美国的232条款，指的是1962年《贸易扩展法》第232条款，名为维护国家安全，美国政府可以就进口产品对美国国家安全的影响进行调查。具体来说，美国232调查即依据规定授权美国商务部对特定产品进口对美国国家安全是否有影响立案调查，在立案后270天内向总统报告，而美国总统在90天内作出是否采取一定措施的决定。

2. 232 条款和法律分别可能违反了 WTO 的哪一规则?

针对 232 条款的违规性之有无,可以参考中国在 WTO 争端解决机构对 232 措施的起诉。232 条款作为美国所说的国家安全条款,关注进口对美国国家安全的影响。从其立法本身来看,由于 232 条款是美国国内法,WTO 争端解决机构是难以对其有效性等作出判断的。而根据 GATT 第 23 条有 DSU 第 23 条,都要求缔约成员采取的措施应当在援用和遵守相关 WTO 规则的前提下进行,而美国 232 条款所规定的直接授权商务部开展调查并向总统报告,最终总统作出决定的条款则直接绕过了 WTO 争端解决程序,与 DSU 和 GATT 的相关规定相违背。

而从 232 措施来看,其违法性之有无应关注于其与 GATT 第 21 条所规定的国家安全例外条款的要件是否相适应。具体来说,美国采取 232 措施时,是否存在 GATT 第 21 条所提到的:(a)款的信息披露;(b)款的(i)指向核材料,(ii)与武器、弹药和作战物资的贸易有关的行动,及与在直接或间接供军事机构用的其他货物或材料中所进行的此类贸易有关的行动,(iii)战时或国际关系中其他紧急情况;(c)款《联合国宪章》下的义务等情形?从当前来看,美国采取 232 措施时并不满足 21 条中的 a 款和 c 款之情形,而对于 b 款则需要考虑其条文中"it"的解释问题。这个"it"指的是谁在法律解释上会影响对这一条文之解读。如果以前后文来看,其可能指向的是缔约方,也即是国家如果认为是必需措施就可以自行决定是否采取。那么以国家安全为由而自由采取一定的措施是否就成为 WTO 所不能限制的呢?

"it"的解释尚存在不确定性,但从当前现实来看,美国所采取的 232 措施并不符合 GATT 第 21 条所说的安全例外之情形,而更接近于在采取单边贸易行动。此外,对于 232 措施的反击还可以从 GATT 第 19 条以及《保障措施协定》中相关的规定进行回击。

保障措施规定在 GATT 第 19 条中,其所规定的几个情形包括:出现未预料的发展,因缔约方(进口国)履行义务之结果使进口产品数量剧增,从而导致本国的相应产业受到威胁。同时,《保障措施协定》(Agreements on Safeguards)中则进一步补充到:该进口国有义务在非该产品的关税或进口方面采取大体相当的补偿措施,否则,受影响的出口国可采取大体上对等的报复(停止关税减让或履行其他义务)。

从美国采取的措施来看,其加征关税的举措是对我国利益的严重损害。相比较于美国对其他国家的豁免,美国对中国实施的征税措施实际上可能构成了对中国的其实,也就违反了多边贸易体制下的非歧视原则。在这种情形下,中国是否能采取相应的反制措施值得考虑。

(三)我国的立法是否确实如美国 301 调查所说是不公平的?

根据美国的 301 调查报告,其中提到的涉及违反 TRIPS 协议的法律包括《中华人民共和国对外贸易法》《中华人民共和国技术进出口管理条例》《中外合资企业管理实施法》《中外合资企业管理实施条例》《中华人民共和国合同法》等。而这些立法是否确实违反了 TRIPS 值得考虑。(见表 1)

表 1

中国的立法	相关条款	被指控违反的规则
《中华人民共和国技术进出口管理条例》	**第二十四条** 技术进口合同的受让人按照合同约定使用让与人提供的技术，侵害他人合法权益的，**由让与人承担责任。**	**TRIPS Article 3** (National Treatment) 国民待遇原则
	第二十七条 在技术进口合同**有效期内，改进技术的成果属于改进方。**	
	第二十九条 技术进口合同中，**不得含有**下列限制性条款： (三)**限制受让人改进**让与人提供的技术或者**限制受让人使用**所改进的技术；	**TRIPS Article 28. 2** Patent owners shall also have the right to assign, or transfer by succession, the patent directly by that progress.
《中外合资企业管理实施条例》	**第四十三条** 合营企业订立的技术转让协议，应当报审批机构批准。 技术转让协议必须符合下列规定： (一)技术使用费应当公平合理； (二)除双方另有协议外，技术输出方不得限制技术输入方出口其产品的地区、数量和价格； (三)技术转让协议的期限一般不超过10年； (四)技术转让协议期满后，**技术输入方有权继续使用该项技术；** (五)订立技术转让协议双方，相互交换改进技术的条件应当对等； (六)技术输入方有权按自己认为合适的来源购买需要的机器设备、零部件和原材料； (七)不得含有为中国的法律、法规所禁止的不合理的限制性条款。	**TRIPS Article 3** (National Treatment) 国民待遇原则
		TRIPS Article 28. 1 A patent shall confer on its owner the following exclusive rights: (a) where the subject matter of a patent is a product, to prevent third parties not having the owner ' s consent from the acts of: making, using, offering for sale, selling, or importing for these purposes that product; (b) where the subject matter of a patent is a process, to prevent third parties not having the owner's consent from the act of using the process, and from the acts of: using, offering for sale, selling, or importing for these purposes at least the product obtained directly by that process.
		TRIPS Article 28. 2 Patent owners shall also have the right to assign, or transfer by succession, the patent and to conclude licensing contracts.
《中华人民共和国合同法》 《中华人民共和国对外贸易法》 《中外合资经营企业法》		

考虑中国立法上的问题首先可以考虑美国发起指控的原因。正如袁丁同学所说，美国指控中国立法违反 TRIPS 协议的背后动机，首先不能忘记特朗普的商人本性，而此次 301 调查不同于前五次的，中国国力的崛起可能是刺激美国的原因之一，从而使得这一次美国采取了一定措施。这些是这一次事件中的政治因素，必然对此事有所影响，但暂不于此进行讨论。

另一方面，在之前的中国知识产权案中，美国已指控过中国立法上的门槛问题。在这一次的指控中，以《技术进出口管理条例》的第 24 条为例，我国立法中规定的是"技术进口合同的受让人按照合同约定使用让与人提供的技术，侵害他人合法权益的，由让与人承担责任。"，而美国所指控违反的 TRIPS 规定是第四十五条有关赔偿的条款。从我国的立法上看，在使用转让技术造成对他人的权利侵害时，让与人都必须承担责任，而不能采用合同排除该例外。而从 TRIPS 协议的规定来看，则是以"过错责任"为主，即受让人作为侵权人时也需要车鞥单侵权责任。这一点上，我国的立法并未违反 WTO 之规则，因为我国《合同法》第三百五十三条规定"受让人按照约定实施专利、使用技术秘密侵害他人合法权益的，由让与人承担责任，但当事人另有约定的除外。"也即是说，我国立法上不仅对于进口技术中的侵权责任的承担，还是本国技术转让合同中的侵权责任的承担，均实行的同样程度的规定。

二、课程感想

这次的课程讨论主题与时事热点相对应，也正如第一节课所说的课程并不一定完全按照课程大纲来进行，也有可能与当下热点相对应而进行讨论。

在写这一篇课程综述的过程中，可以明显的发现随着这个事件的不断发展，我们也需要实时跟进、不断阅读新的信息。但同时，如何在阅读不同资料和信息的过程中，筛选出有效信息，并力求找到原始资料和文本，同时逐渐明确和生成自己的观点，则是这一次讨论中一个不小的挑战。

同时，在课上的讨论中，可以发现这一主题下的讨论不再单纯地局限于 WTO 的相关规定和协议，我们还需要纳入对政治，对经济等因素的考虑。特朗普为什么要这么做？这么做又意味着什么？中美经贸摩擦对经济又产生了什么影响等等，这些问题虽然未必都能在课上有所讨论，但若是要对这一事件有所深入的探讨则避不开对这些问题的追问。

此外，在这几节课上，杨老师也更多地主导了我们讨论的方向，在一阶段的讨论结束后，会总结性又富有启发性的提出几个问题，引导我们讨论的进行。同时，由于这一次的讨论主题在不断更新着进展，微信群中也不断涌现出相应的新闻和评论等，使得我们在没有上课的情况下也能跟进事态进展并有所思考。

期待在下一次的课上，我们可以对这一事件有更深入地讨论和思考。

（第二次综述）

一、课程内容

在上一次的课程中，我们讨论了 301 调查和 232 调查的 WTO 合规性，本周的课程则延

续了上一次的讨论,纳入这两周间发生的事件,具体针对美国的回应,以及 DS543 和 DS544 展开讨论。

课上的讨论首先围绕美国的回应展开,美国称其并未违反 DSU 第 23 条,而中国指控其违反的行为是违反了 DSU 第 23 条的。同时,中国所认为的美国实质上构成了保障措施并不成立,美国并未采取保障措施。同时,美国在 DSB 会议上的发言内容中,可以看到美国提出中国涉及违反了 4 个方面的规则,而其中只有一个是应在 WTO 框架下解决的,其余三个并不属于 WTO 的规则范围,因而美国采取的调查并出台相应的报告是不违反 WTO 规则的。

在 DS544 中,中国的一个诉请是指控美国的 232 调查构成了保障措施,是与 GATT 第 19 条的保证措施条款不一致的行为。同时,中国商务部新闻发言人指出,美国的 232 措施是滥用安全例外条款,实质上构成了保障措施,且其措施针对少数国家,严重违反了非歧视原则。以下将对美国行为与 GATT 第 21 条安全例外条款和第 19 条保障措施间关系等进行讨论。

(一)关于 GATT 第 19 条保障措施条款

在美国的主张中,其提出 232 措施并不同于其 1974 年《贸易法》中的 201 天的保障措施,232 措施并不是保障措施,201 才是美国法上关于保障措施的相关规定,而既然美国没有援用 201 条款,则自然也不构成保障措施,因此中国依据《保障措施协定》来中止关税减让是不合理的。

对此,正如姜林沣同学所说的,应当区分形式和实质,虽然形式上美国并未适用其国内法的 201 条款,并非运用了国内法上规定的保障措施,但实质上是否构成了 GATT 第 19 条的保障措施则是要从行为实质上进行考虑的。

而对于保障措施条款,我们需要关注问题之一是中国主张美国的 232 措施实质上构成保障措施,且该行为的针对性严重违反了非歧视原则,而中国为什么要这么主张呢?我赞同刘雨晴同学所说的,主张美国运用了保障措施,是为了使中国的反击正当化。根据 GATT 第 19 条中的保障措施条款,以及《保障措施协定》中的相关规定,如果进口方主张保障措施并采取了一定的行为,其需要对受到影响的出口方进行一定的补偿,而如果未加补偿,且协商不成的话,受影响的出口方也可以采取一定措施补偿自身损失。

因此,中国主张美国的行为实质上是构成了保障措施的原因之一,即是为中国采取的反征关税措施予以正当性。

当然,另一方面,我们则要考虑中国是否可以主张美国实质上采取了保障措施?根据《保障措施协定》第二条的规定,主管当局需要采取调查并公开后,才能采取保障措施。其中的"主管当局"无疑应指向美国的相关政府部门,而在美国未对其是否采取了保障措施进行声明的情况下,中国主动指出美国的行为实质上构成了保障措施,这一点上中国是否也是走的太急了呢?我认为,中国主动指出美国实质构成保障措施可以是对中国反击措施正当化的主张。也即是说,中国采取反击措施,对美国同样加征关税后,如果美国指出中国的行为是对 WTO 规则的违反,则中国可以通过美国实质上构成保障措施为理由进行抗辩。

同时,在中国的回应中提到美国的行为与安全例外条款之间的关系,同样也是在美国主

动提出之前的主张,应如何理解值得考虑。

(二)关于 GATT 第 21 条的安全例外条款

首先,在中美双方各自的主张中,我们可以关注双方主张—抗辩—再抗辩的过程,具体而言,美国提出其 301 调查是依据国内法展开的,中国继而抗辩其 301 调查是滥用安全例外条款,实质构成保障措施的行为,而接下来美国的再抗辩则指出其并没有援引 GATT 第 19 条的保障措施条款。从这一过程来看,中国在所提出的声明以及相关的上诉报告中,主张了美国的 301 调查与安全例外条款之间的关系。由此产生的两个问题是:中国能否在美国之前主张其 301 调查是在国家安全例外条款的框架之下所进行?以及,中国为什么要主动将美国的行为联系到 GATT 第 21 条即国家安全例外条款?

从国家安全例外条款来看,法律条文中有"it considers"一词,即采取相应措施的前提之一可以是"it"所认为对国家安全有影响的,而"it"所指向的对象在文本中并不明确。如果将"it"解释为援用方,则第 21 条的国家安全例外条款就更多地带有援用方主观判断色彩,是否援用则更多地取决于其主观判断,从而使得 WTO 争端解决机制对该援用行为难以进行审查。在本案中,如果将"it"指向美国,则美国 301 调查是否援用了该安全例外条款应由美国进行说明,也即应在美国主张其依据了该国家安全例外条款后,中国才能对此予以反击和抗辩。而如今中国在美国未声明之前就主张了美国滥用国家安全例外条款,从"谁主张谁举证"的原则来看,中国则负有相应的举证责任,而同时,对于"it"之主体指向美国的前提下,中国要证明美国出于其主观判断选择援用该条款进行 301 调查,同时要证明其援用是滥用该条款的,则对于中国来说,这一证明相对困难,且也难以借助 WTO 争端解决机制对此的审查作出相应的结论。

而为什么中国要主张美国是依据了该国家安全例外条款且是滥用了该条款呢?对这一问题的回答,首先需要注意到该条款是在 WTO 框架下所存在的,参考"美国对尼加拉瓜进口禁止案",专家组报告中提到,安全例外条款被排除在专家组的职权范围之外,具体来说,由于 WTO 规则中未授权专家组审查美国援用 GATT 下的相关例外措施的正当性,所以专家组既不能确认美国遵守了其 GATT 下的义务,也不能确认美国没有履行其 GATT 下的义务。但同时,参考 DSU 中的相关规定和原则,如果争端各方在争端解决程序中援用了第 21 条,则 WTO 专家组应有权对其进行审查,也由此可以将问题放入 WTO 的框架下去解决,这可能是中国主张美国援用了第 21 条的原因。

(三)关于中美双方的 WTO 违规性

依据 DS543,可以看到中国主张美国的行为违反了 GATT 第 1 条、第 2 条,并在实质上违反了 DSU 第 23 条,而美国在 WTO 例会上作出的回应是,301 调查并不违反 DSU23 条,对此又应如何理解呢?

GATT 第 1 条以及第 2 条 a 款和 b 款所规定的是最惠国待遇条款,而美国在 301 调查和 232 措施之后,对中国采取的加征关税的措施,相比于对其他国家的关税减让和豁免等,实质上即是对即构成了对中国的不平等待遇。在对中国加征关税后,中国所享有的待遇即不同于其他国家,由此美国的行为可能构成了对 GATT 第 1 条和第 2 条的违反。

同时，正如上次课程所讨论到的一点，美国发动 301 调查的对象并不仅仅只有中国，但正如其对美洲国家的豁免，如果未来美国对除中国的国家都予以了豁免，则此时其对中国关税征收的措施即可能构成对中国的歧视。

而对于 DSU 第 23 条，其规定的主要一点即是争端的解决应遵循 DSU 中相应的规则和程序。美国主张其行为不违反 DSU 的第 23 条，对此的分析，我们可以从 in substance 上加以考虑。301 条款本身的违规性在上一次课程以及上一次的课程综述中都进行了讨论，在此不再多加叙述，但大体而言，我认为 301 调查所依据的是国内法，其合规性难以由 WTO 判断，但其 301 调查的措施合规性则值得考虑，而从 301 调查绕过了 WTO 争端解决程序来看，其是违反了 DSU 第 23 条的。

而中国的回应又是否如美国所说违反了 DSU 第 23 条呢？我认为，中国并没有违反。在 DSU 第 23 条的法律文本来看，其所要求的是在作出判断也即“determination”时应当是遵循 DSU 中规定的相应程序和规则的，而中国所指的“美国违反 DSU 第 23 条”并非是一种“make a determination”，我认为其正如课上讨论同学所说的，更类似于国内法上对一方行为的控诉。因此，并不会构成所谓对 DSU 第 23 条的违反。

二、课程感想

本周的课程是承接上次课程中对 301 调查和 232 措施的讨论，同时纳入这两周时间内所新发生的事件进展而展开，讨论的一大特点即是新闻在讨论内容中占据了一定的地位，许多信息可以从新闻中窥见一二，但也正因大量新闻的存在，且由于新闻的内容是事件的第二手信息，不同于官方文件中信息的完整，并可能带有一定的感情色彩，故新闻并不能成为我们直接讨论的依据。因此，在课上的讨论中，可以发现，虽然新闻的内容无疑给我们带来了一定的信息启发，但当要落实到具体讨论中时，杨老师会提示我们，要回溯到第一手信息中，根据官方文件、官方声明等去进行思考和讨论。

同时，由于中美经贸摩擦是不断更新着进展的事件，不同于此前讨论过的中国知识产权案，新进展的出现使得我们在对事件进行讨论时，需要格外的注意每一事件进展发生的具体时间点，正如对中美双方主张—抗辩—再抗辩……的过程进行分析的时候，一个明确的时间线的把握格外重要。

本次课上令人印象深刻的一点则是杨老师与潘隽吉学长之间关于“条约暂停施行”、“正当防卫”以及“义务豁免”三点的讨论。杨老师所指出的三种思路是否会动摇 WTO 的体系，以及中美经贸摩擦的解决是否应力求在 WTO 框架下去解决，保护 WTO 的体系，这些都是值得思考问题，而随着课程的学习，希望会对这些问题有进一步的思考和感悟。

期待下一次课上的讨论主题的讨论。

撰稿人 高　珂

（第一次综述）

一、课程内容

(一)提出问题

1. 美国为何起诉中国:美国究竟是为了对抗中国还是重点保护知识产权？知识产权在美国的经济体系中占据什么地位？

2. 中国关于知识产权的立法是否公平？

3. 232 条款和相应措施是否违反 WTO 规则？

4. 301 条款和相应措施是否违反 WTO 规则？

5. 如何理解美国一方面试图启动 301 条款下的私力救济,另一方面诉诸 WTO 寻求争端解决？DS542 案是美国违反 WTO 规则的证据还是未违反 WTO 规则的证据？

6. 如何理解 DS152 判决对 301 条款之合法性的阐述？

(二)相关规定

Article 232 of Safeguarding national security Statutes

Article 301 of Trade Act of 1974

Articles 1 and 4 of DSU

Article 3,28 and 64 of TRIPS

Article XXI of Security Exceptions of GATT 1947

Article 2 of Conditions of Agreement on safeguards

(三)思考

1. 232 条款及其适用是否违反 WTO 规定？

根据 232 条款,美国有权对特定产品进口是否威胁美国国家安全进行调查、裁定和采取措施。232 条款主要规定了以下内容:商务部有权发起对进口产品是否威胁国家安全的调查,总统有权对调查报告进行审查并决定采取措施的方式和期限,国会有权审查和否决总统的调整措施及商务部调查、总统决定、国会批准三个步骤中应遵守的程序。依我个人之见,232 条文本身并未违法。首先,依据 GATT 1947 第 21 条“安全例外”规定,基于国家基本安全利益不能公布的资料和保护国家基本安全利益必须采取的行动被排除在该协定之外。美国在商品进口领域就国家安全利益展开调查和采取行动,符合安全例外的相关规定,因此应被排除在 GATT 1947 其他条文的适用之外。其次,232 条款符合《保障措施协议》。根据《保障措施协议》,在某项产品进口激增以致损害国内产业等条件下,各成员国有权进行调查并采用保障措施。在相关程序上,《保障措施协议》规定了该成员国的主管当局必须即时公

布事实和分析的相关说明、各种情形下适用保障措施的期限以及成员国接受保障委员会的监督。即时公布这一点在232条款中体现为调查和决定的所有理由均应在联邦记事上进行公告。适用保障措施的期限和接受保障委员会的监督并未在232条文中予以规定,但我认为232条款并未因此而违法。《保障措施协议》从多边协议的角度规定了对特定产品进口的紧急措施的相关条件、程序等,是对紧急措施的全面、宏观的规定;而232条款是从国内法的角度规定了美国主管当局应如何采取该紧急措施,即对该协议第三条的细化。因此232条款未规定适用保障措施的期限和接受保障委员会的监督是合理的,并不代表其违反了该协议的相关规定,也不代表美国能够排除相关规定的适用。

232条款文本的合法性并不代表美国对其适用也合乎法律。依上所述,232条款中的各项规定不违反《保障措施协议》中的相关规定,但是232条款仅规定了美国商务部、总统和国会发调查、采取措施的程序,仍有较大的未被232条款规定而在《保障措施协议》中已有规定的空间。此次美国发起对中国钢铁和铝业的232调查,正是在这一空间中违反了《保障措施协议》的规定。该协议第二条第二款规定,"实施保障措施须针对某一进口产品而不管其来源。"钢铁和铝制品是工业、军事等领域的重要物资,其之于国家安全和贸易的重要性不言而喻。因此美国就钢铁和铝产品进口发起调查并寻求紧急措施是合理的。但是美国总统在宣布对钢铝加征进口关税后陆续"赦免"了韩国、加拿大、墨西哥、阿根廷、澳大利亚、巴西、欧盟等国家和国际组织,足以证明美国所谓紧急措施针对的不是"进口产品"而是"来源"。更何况,根据中国商务部的报告,中国对美国出口的钢材占美国整体进口的比例很小,且过去十年的出口量呈逐年下降趋势。因此,美国依据232条款实施的加征关税措施违反了《保障措施协议》关于实施条件的规定。

2. 301条款及其适用是否违反WTO规则?

我认为301条款及其适用均违反了WTO规则。一方面,301条款文本赋予USTR中止减让、采取关税或其他进口限制等权力,与DSU关于加强多边体制的规定不符。DSU第23条规定,对协定相对方违反义务等阻碍协定目标实现的行为,必须依照DSU的规则和程序援用争端解决。据此,USTR有权对可能损害美国利益的违反协议等行为进行调查,但其确认违反和采取反制措施的行为必须依据DSU规则,即通过磋商、裁决、上诉等争端解决机制解决,不能直接由USTR确认和反制。但是在DS152中,专家组依据美国1994年作出的《行政行动声明》裁决301条款不违反WTO规则。因为该声明限制了USTR的权力,规定其应在WTO争端解决机制内寻求救济,且美国在回答专家组的问题时明确、正式、反复并无条件地确认了声明中的承诺。因此,301条款文本的违法性得以消融,经《行政行动声明》限制的301条款不违反WTO规则。

另一方面,301条款的适用违反了WTO规则。本次美国针对中国知识产权保护的301调查虽已经起诉至WTO,但在起诉前美方已经确认中国违反TRIPS并采取了限制措施,毫无疑问已经违反其在《行政行动声明》中对遵循WTO争端解决机制的承诺。略过争端解决机制而直接寻求私力救济,已经构成对DSU第23条的违反。

二、课程感想

本次课关于美国 232、301 条款的讨论原本不在课程大纲之内。恰逢美国 3 月 8 日宣布基于 232 条款对进口钢铁和铝产品加征关税，3 月 22 日宣布基于 301 条款对 600 亿元中国出口商品加征关税并于 3 月 26 日向 WTO 起诉中国，虽然尚不知历史的走向如何，但这些事件于我们这些初次接触 WTO 规则的学生而言实为珍贵。由于我们面对的是全新的案件和瞬息万变的国际局势，我们能够以尚且浅薄的思考大胆推测和论证未来，这种“会怎样”的问题也许比“为什么”的问题更具吸引力和挑战性。

此外我也越来越体会到第一手资料的重要性。课程讨论中，同学们频频提及 232 条款和 301 条款等相关规定的原文，杨老师总是追问他们：你从哪里看到这句话/这一条文的？这时我才意识到，我们经常把注意力集中在第二手资料上，过于依赖他人整理出来的材料，但是这些材料的真实性很可能是存疑的，那么我们的结论自然也无法立足。不管是做何种形式的研究，我们还是应当尽可能回归原文，就以 WTO 规则为例，法律和案例远比研究文献重要，英文版本远比中文版本可靠。

此次大纲之外的课程也让我发现了自身的一些不足。当大家同时面对一个全新的、极富争议的事件时，我发现自己搜集整合资料的能力尚有欠缺，没能搜集到很多很有价值的信息，这一点不足需要在以后的学习过程中慢慢弥补。

（第二次综述）

一、课程内容

（一）保障措施与国家安全例外

课上讨论的第一个主题是保障措施与安全例外，涉及的 WTO 规则是根据 GATT 1994 第 19 条规定的保障措施协议和 GATT 1947 第 21 条安全例外。首先，姜林沣同学指出，中方在 DS544 中提出的第一个诉点为 232 措施违反保障措施协议，但是美方认为 232 是国家安全例外而非保障措施，因此不接受中方的磋商请求。对于保障措施和安全例外的区别，他认为在本案中钢铁铝属于工业范畴，也可以进一步确认为国家安全必需品，即钢铁铝产品属于保障措施和安全例外的交叉地带。而美国选择“安全例外”途径是为了规避 WTO 管辖。随后有同学提出，232 措施的主要内容是国家安全利益，不需经理事会同意即可实施，但被美方认为是保障措施的 201 条款对采取措施做了比较严格的限制，因此美方采取 232 措施对中国采取行动。由于中国在 DS544 中提出 232 违反保障措施协议，因此 232 条款究竟是保障措施还是安全例外就成为了关键性问题。

依我不成熟的见解，我认为 232 条款同时存在适用保障措施和安全例外的两种可能。首先，保障措施协议是 GATT 1947 第 19 条的细化，其针对的是某一进口产品大量涌入对该缔约方的国内生产造成严重损害或威胁的情况，简单来说就是保护工业；而 GATT 第 21 条明确指出其保护的对象是国家基本安全利益，通过第 21 条(b)款下的三项规定和(c)款可

以推知，本条款针对的是与国防、军事密切相关的国家安全。根据232条款(d)节，"商务部部长和总统应按照国家安全需要考虑如下因素，且不能忽略其他相关因素……商务部长和总统在作出国内经济的此等削弱是否可能损害国家安全时，应深刻认识到国家经济福利与国家安全的紧密联系，并考虑国外竞争对单个国内产业的影响，过度进口对国内产品替代所导致任何实质性失业、政府收入减少、投资和技术丧失以及其他严重影响，同时不能忽略其他任何影响因素。"根据这一表述，232条款的"国家安全"是一个比较宽泛的概念，除去一般意义上的国防安全项目等安全利益之外，还包括了国内经济、工业稳定等其他福利。此外，232条款中的"国家安全"并未以"essential"等强调范围的词为修饰，这也可以作为这一观点的辅证。由此观之，以GATT第21条的"essential national security"来囊括232条款的宽泛意义上的"national security"并不合适，GATT赋予各缔约方的在面临国防威胁时自主采取的紧急措施并不完全适用于232条款这一保护美国国防、经济、工业生产等诸多方面的措施。美方如果想要适用安全例外条款，必须证明钢铁铝产品的涌入确实给其基本安全利益(essential national security)造成了实在的威胁或危险。下图为我理解的保障措施协议、安全例外条款与232条款三者之间的关系：

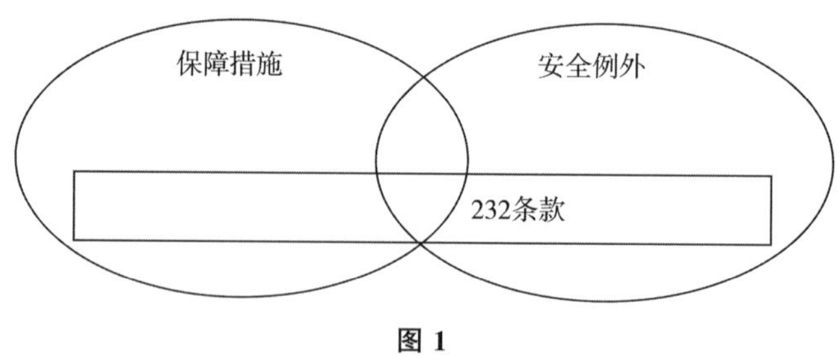

图1

此外，关于部分同学提出的中国应不应该在DS544中指明232措施是保障措施并违反了保障措施协议的问题，我认为中国这样做是可以的。首先，中国对这一诉讼请求进行了论证，随后美国对这一请求进行了反驳，采取的是"232条款不是保障措施而是安全例外"的方式，因此美国必须证明232条款确实是安全例外条款而非保障措施。如果美国不能证明，则中国的诉请成立；如果美国达到了证明要求，由于第二项诉讼请求(违反United States' Schedule of Concessions and Commitments规定的义务)的存在，美国也必须证明232条款符合安全例外的规定，否则中国的诉讼请求成立。总之，我认为中国的第一项诉讼请求不会将己方置于不利地位。

(二)中国反制行动的正当性?

本次课程的第二个讨论主题是中国500亿美元的反制行动是否符合WTO规则。有同学指出，中国援引国内的对外贸易法采取反制措施与美国援引232条款采取限制措施的行为没有本质区别，都是一种单边主义和回避WTO规则的表现。针对500亿美元的正当性问题，杨老师在文章中从条约暂停施行、正当防卫与义务豁免三个角度进行分析，潘隽吉学长则针对前二者进行了回应，论证比较充分。针对这一问题，我没有进行充分的思考，但是WTO规则在这一方面存在重大缺陷这一点毋庸置疑。在一缔约方率先以合法或非法的理由采取措施的情况下，另一缔约方——尤其是彼此政治经济实力较为相近的缔约方——必

然希望尽快“得到一个说法”。此时如果根据 DSU 规定的程序一步步寻求救济，会对被采取措施一方造成严重损害，这是其不能容忍的。但是如果该方在得到 DSU 允许之前径自采取反制措施，无疑会动摇 WTO 的多边贸易体制。一项好的立法不应该让受约束者在违法和受损害的两难境地中做选择。正如课上所讨论的，我支持在 DSU 第 23 条中加入“在特殊情况下侵犯权利不承担责任”的相应条款，类比刑法的排除危害性事由以否定特殊场合下的反制措施的违法性。

二、课程感想

经过三节课的讨论，我们对中美之间关于 232 措施和 301 调查的纠纷有了比较完整的认识。这一讨论过程的珍贵之处在于，因为每天都可能产生新进展，我们可以大胆地推测双方的行动和动机；也因为案件尚未尘埃落定，我们无法在网络上找到大量的学者意见，零星表达的学者意见也尚未形成统一的倾向，这就留给我们广阔的思考空间。这一不受拘束的讨论过程也让我意识到，同学们提出的每一个观点都是充分思考和推理的产物，而更为可贵的是在课堂的有限时间内针对某一观点提出理性的反驳，这需要充分的课前准备、课上认真聆听和积极思考。正如我某一次下课后对同学说的，有理有据地驳倒对方是一件多么痛快的事情啊！

 高云曼

(第一次综述)

1. 课程感悟

与 301 调查、232 措施初相见时,我属实一头雾水、一无所知,摸不着头脑。后来,在不断的课前检索和文献综述中,我终于达到了一知半解的"高度",可无奈我脑海中所有的信息数据还是杂乱无章的,像一团浆糊。课堂上头脑风暴式的讨论不出所料又是一番尖峰对决,尽管过程曲折,但真理总算是越辩越明。尤其是二位学姐前辈的总结发言,终于让我在下课前一秒从梦中惊醒,豁然开朗。

WTO 课堂上,杨国华老师总在重复这几个问题:"原文在哪?出处为何?根据是什么?"没错,一切棘手的问题,无论它有多么紧迫,都必定要回到最初的本原,问问它是什么,为什么,惟其如此,才能正确认识问题、解决问题,知道下一步该怎么办。那么,本次课程综述也还是沿用我一贯的作风,从最基础的概念开始,顺藤摸瓜,拓展延伸。

怕什么真理无穷,进一寸有一寸的欢喜!

2. 课前疑问

1)232 条款是否无敌?适用"安全例外"条款的限制?

2)当处于"紧急状态"下的成员国行使"民族自决权",实施单边贸易行为时,DSB 有无法律解释和司法管辖权?在本案中能否创设一个新的机制,使所有具有相关利益的成员国参与共同谈判或共同诉讼?

3)美国国内立法应否赋予总统如此强大的行政权(单方面调整关税)?232 条款的存在是否违背美国的承诺(行政权——多边贸易体制的潜在威胁?)

4)232 和 301 的区别,以及二者与其他贸易措施如"双反调查"的区别?

5)DSB 裁决周期长,且美国不断阻挠上诉机构法官的任免,中国有无其他应对措施(是否符合保障措施下进行反制的要件)?有无可能申请"行为保全"?

6)美国是否会以退出 WTO 为威胁(TPP)?世贸组织是不是对付美国关税的现有的最后手段?成员国退出世贸组织的法律程序?

3. 什么是 232

1)232 条款

Trade Expansion Act of 1962《1962 年贸易扩展法》第 232 节(19U.S.C 1862),具体规定编纂在《美国法典》标题 19(关税)第 1862 节(国家安全保障)项下。

19 *U.S.C.A.* § 1862

§ 1862. *Safeguarding national security*

(a) *Prohibition on decrease or elimination of duties or other import restrictions if such reduction or elimination would threaten to impair national security*

(b) *Investigations by Secretary of Commerce to determine effects on national security of imports of articles; consultation with Secretary of Defense and other officials;*

hearings; assessment of defense requirements; report to President; publication in Federal Register; promulgation of regulations

(c) *Adjustment of imports; determination by President; report to Congress; additional actions; publication in Federal Register*

(d) *Domestic production for national defense; impact of foreign competition on economic welfare of domestic industries*

2)232 调查

美国 232 调查，是指美国商务部根据 1962 年《贸易扩展法》第 232 条款，对特定产品进口是否威胁美国国家安全进行的立案调查。

【发起调查】可因利害相关方提出申请或联邦政府部门或机构负责人提出请求而发起，也可由美国商务部长自主发起。2017 年 4 月 20 日，应美国总统要求，美国商务部对进口钢铁产品启动 232 调查；2017 年 4 月 27 日，应美国总统要求，美国商务部对进口铝产品启动 232 调查。

【实施调查】商务部工业与安全局(Bureau of Industry and Security，BIS)具体实施调查，其实施调查所依据的条例(Regulation)为商务部发布的《进口产品对国家安全的影响》(Effect of Imported Articles on the National Security)，编纂在《美国联邦法规》标题 15(商业和贸易)项下第 705.4 节(15CFR 705.4)。首先，在决定调查产品对国家安全影响时，商务部应考虑受调查产品之进口数量或其他相关调查产品之进口情形。针对国家安全，商务部需要考虑以下因素(1)出于国家安全要求的国内产品的产量；(2)为达国家安全标准所需之国内产量与产能；(3)为生产受调查产品所需的既有与预期人力资源、产品、原料及其他资源，以及其他针对国家安全的必要供给和服务；(4)受调查产品、产业为符合国家安全标准所需的成长条件，以及确保上述增长的必要供给和服务，包括(产业)投资、开发和发展等；(5)任何其他相关因素。其次，商务部基于进口产品的数量、效用、特征和用途在进行调查时，需要考虑(1)外国竞争产品对任何国内涉及国家安全的产业造成的经济福利影响；(2)任何国内产品的被取代导致的大量失业、政府收入的减少、特殊技能或投资流失或其他严重后果；(3)任何其他导致或将要导致弱化美国经济的相关因素。

可见，“任何其他相关因素”“任何其他导致或将要导致弱化美国经济之相关因素”等兜底条款为国家安全受损评估提供了很大的灵活性。美国商务部在调查报告中指出“美国钢铁产能自 2001 年以来一直保持平稳，而其他钢铁生产国的产能总体增加，可以预见全球钢铁产能尤其是中国钢铁产能的过剩，将导致美国的国内钢铁产业份额加剧下滑、工厂关闭以及工人失业等，这将对美国国家安全造成损害”，这说明特朗普政府已把国家经济安全、产业安全、就业安全都上升到了国家安全的高度。

【调查报告】在调查正式发起后的 270 天内，BIS 向美国总统提交 232 调查报告，针对相关进口产品是否对国家安全构成威胁问题作出结论，并就应对措施提出建议。2018 年 2 月 16 日，美国商务部公布了对美国进口钢铁和铝产品的国家安全调查报告，认为进口钢铁和铝产品严重损害了美国内产业，威胁到美国家安全。美国商务部建议：对进口钢铁和铝产品实施关税、配额等进口限制措施。

【总统决定】美国总统可自主决定是否支持商务部的意见，并最终决定是否对相关进口

产品及其相关产品采取贸易措施或其他必要的非贸易措施。2018 年 3 月 8 日，特朗普签署公告，认定进口钢铁和铝产品威胁美国国家安全，决定于对进口钢铁和铝产品分别加征 25%和 10%的关税，232 关税措施 15 天后(3 月 23 日)正式生效。2018 年 3 月 22 日，特朗普签署命令，在 5 月 1 日之前将欧盟、阿根廷、澳大利亚、巴西、加拿大、墨西哥和韩国排除在加征关税对象之外。

【实施措施】如果总统决定采取措施，那么该措施应当于总统作出决定后十五天内实施。在作出决定后的三十天内，总统应该向国会提交关于其决定采取措施或拒绝采取措施的书面陈述。

4. 232 措施是否违反了 WTO 规则，违反的是何规则

(1)贸易保护主义 trade protectionism

贸易保护主义是指在对外贸易中实行限制进口以保护本国商品在国内市场免受外国商品竞争，并向本国商品提供各种优惠以增强其国际竞争力的主张和政策。贸易保护主义在限制进口方面，主要是采取关税壁垒和非关税壁垒两种措施。前者主要是通过征收高额进口关税阻止外国商品的大量进口；后者则包括采取进口许可证制、进口配额制等一系列非关税措施来限制外国商品自由进口。

(2)单边主义行径被《争端解决谅解》所禁止

不妨以中国的回应为范式，区别“单边”和“多边”。2018 年 3 月 26 日，中国根据《保障措施协定》向美方提出贸易补偿磋商请求，无果。3 月 29 日，中国向 WTO 通报了终止减让清单。2081 年 4 月 2 日，国务院关税司正式对原产于美国的 7 类 128 项进口产品加征关税(15%～25%)。2018 年 4 月 5 日，中国就美国进口钢铁和铝产品 232 措施，在世贸组织争端解决机制项下向美方提出磋商请求，正式启动争端解决程序。

(3)非歧视原则?

一方面选择性地排除部分国家和地区，另一方面对包括中国在内的部分世贸成员实施了征税措施——美方的这种做法严重违反了多边贸易体制下的“非歧视原则”，损害了中国作为世贸组织成员的正当权益。美国是世界最大的钢铁进口国，而中国是最大的钢铁出口国和钢铁生产国。但以全球钢铁产能过剩作为借口对中国挑起贸易摩擦，实际上只是掩人耳目。不只是中国，其他如日本、印度等国家都存在着钢铁产能过剩的问题，而且世界钢铁协会也表示，钢铁产能过剩需要全球共同面对。在 3 月 23 日起实施的 232 措施中，欧盟、阿根廷、澳大利亚、巴西、加拿大、墨西哥、韩国等经济体的钢铝关税得到了暂时豁免，显然，这是美国妄图孤立中国的一种外交手段。

商务部研究院国际市场研究所副所长白明亦认为，这些经济体获得豁免的重要条件，就是跟随美国加入制裁中国钢铝的阵营。“它们为保住自己在美国的利益，不得不屈从于特朗普。如此发展下去就不仅仅是两国的贸易摩擦了。”

但是，GATT 第 21 条的“安全例外”区别于第 20 条(一般例外)，没有前提性条件的限制——要求成员的措施不能在情形相同的国家之间构成任意或不合理的歧视。因此 GATT 第 21 条安全例外适用的空间将更加灵活。故我认为，本案的关键并非 232 措施是否违反非歧视性原则，而在于 232 措施是否能适用安全例外条款。

(4)GATT 第 21 条安全例外

GATT 第 21 条“本协定的任何规定不得解释为：(a)要求任何缔约方提供其认为如披露则会违背其基本安全利益的任何信息；或(b)阻止任何缔约方采取其认为对保护其基本国家安全利益所必需的任何行动：(i)……；(ii)与武器、弹药和作战物资的贸易有关的行动，及与此类贸易所运输的直接或间接供应军事机关的其他货物或物资有关的行动……”

GATT 第 21 条安全例外条款被视为 WTO“君子协定”，其含义模糊且涉及政治因素，极易被某些国家用做阻碍贸易自由化的工具。如今在区域贸易协定中(如：跨太平洋伙伴关系协定 TPP)亦有关于“安全例外”的规定，但对此作了严格的限制。在考查美国 232 是否符合 GATT 第 21 条的安全例外时，首先要对安全例外条款作恰当的解释和限制：

①文义解释

A.其认为 it considers：一方面主权国家拥有一定的自由度 latitude，同时，“安全利益”不能过于宽泛，否则将以此为借口而实施旨在达成商业目的的措施。

B.基本安全利益 essential security interests：绝对不可缺少的或必需的，不能扩大其外延至政治安全、文化安全等。

C.所必需 necessary：DSB 上诉机构认为进行措施评估时至少有三个因素需要考虑，①涉案措施对实现目标的贡献度；②所追求目标的重要性；③涉案措施对国际贸易的限制性影响，也就是“权衡和平衡(weighing and balancing)”的评估方法。也就是说，判断 232 单边行为是否属于安全例外、是否违反 WTO 规则，应当综合评估美国的征税措施对美国所主张的保障“国家安全”的贡献度和重要性，有无替代措施以及对国际贸易的影响等。

②体系解释

VCLT.31 规定了条约解释的一般原则：条约应依其用语按其上下文并参照条约之目的及宗旨所具有之通常意义，善意解释之。虽然，安全例外条款赋予了主权国家在采取措施时很强的主观性，体现出谈判者对主权国家的充分尊重。但这种主观的“其认为”并非是没有限制的。

A.GATT 第 21 条的谈判背景是二战结束不久，从其上下文的表述看，其主要目的是战争防御或应对国际关系中的紧急情况，而本案对钢铁和铝的征税很难说是与此相关。

B.条款中的“所必需”也应是一层限制，成员绝不是享有无拘无束 unfettered 的决定权，专家组有权对措施的必要性进行审查。

C.安全例外的适用必须基于诚实信用原则，不能被滥用。

D.援引该条款的成员负有举证责任，承担举证不能的法律后果。

5. 什么是 301

(1)背景及作用

301 条款是美国通过《1962 年贸易扩展法》、《1974 年贸易改革法》、《1979 年贸易协定法》、《1984 年贸易与关税法》、《1988 年综合贸易与竞争法》等一系列立法逐步完善确立的关于维护美国自由贸易的法律规定。该法案是诞生于上世纪冷战时期的单边主义法律工具，在 1995 年 WTO 成立后几乎销声匿迹。美国上一次大规模使用 301 调查还是在 20 世纪 80 年代美日贸易纠纷期间。

301 条款赋予了美国总统及政府部门对外国立法或行政上违反协定、损害美国利益的行为采取单边行动的立法授权，无须国会批准。《1988 年综合贸易与竞争法》更是将授权由

总统转移至美国贸易代表，旨在提高美国贸易代表的重要性和权力，从而减少外国从非贸易行为中获取贸易利益的可能性。

(2)框架及文本

301 条款分为一般 301、超级 301、特别 301 条款。一般 301 条款是美国《1974 年贸易法》第 301 条规定的俗称，规定当有任何利害关系人申诉某一外国的做法损害了美国在贸易协定下的利益或其他不公正、不合理或歧视性行为给美国商业造成负担或障碍时，美国贸易代表办公室(USTR)可进行调查，决定采取撤消贸易减让或优惠条件等制裁措施。

超级 301 条款是《1988 年综合贸易与竞争法》中新加入的条款(第 1302 节)，关注贸易自由化，主要针对当美国的出口商品和服务贸易在国外受到了外国政策、法律或其他人为因素的阻碍而不能得到"公平待遇"的情况。

特别 301 条款也是《1988 年综合贸易与竞争法》的新增条款(1303 节)，关注知识产权保护，认定不提供适当而有效的知识产权保护的国家，同时对依赖知识产权保护的美国人获得公正合理的市场准入也给予保护。

§ 2411. Actions by United States Trade Representative

(a) Mandatory action

If the United States Trade Representative determines that—

(A)*the rights of the United States under any trade agreement are being denied;*

(B)*or an act, policy, or practice of a foreign country—*

(i)*violates, or is inconsistent with, the provisions of, or otherwise denies benefits to the United States under, any trade agreement, or*

(ii)*is unjustifiable and burdens or restricts United States commerce;*

(a)如果美国贸易代表确信，外国的某项立法、政策或做法违反了贸易协定，与贸易协定不一致，或者是不公正的从而给美国商业造成了负担或限制，那么美国贸易代表就应当采取行动，以实现美国依贸易协定所享有的权利，或者达到消除这一立法、政策或者做法的目的。但发生以下情况时，美国贸易代表可以不采取行动：(1)关贸总协定缔约方全体已经确定，关贸总协定专家组已经提出报告，或者贸易协定中的争端解决程序已经查明，美国依贸易协定所享有的权利没有被否定或者侵犯；(2)美国贸易代表查明，该外国正在采取令人满意的措施以实现美国在贸易协定中的权利，该外国已经同意取消或逐步取消这一做法，同意解决美国商业负担或限制的紧急办法，或者同意对美国贸易利益作出令人满意的赔偿；(3)美国发现，在特殊的情况下，采取行动给美国经济带来的负面影响，将远远大于其所带来的利益，或者行动将给美国的国家安全造成严重损害。所采取的任何行动，都会影响该外国的商品或服务。从量上来看，影响的程度应该等于该国对美国商业所施加的负担或限制。

(*b*)*Discretionary action* 自由裁量

If the Trade Representative determines that—

(1)*an act, policy, or practice of a foreign country is unreasonable or discriminatory and burdens or restricts United States commerce, and*

(2)*action by the United States is appropriate, the Trade Representative shall take all appropriate and feasible action authorized under subsection (c) of this section, subject to*

the specific direction, if any, of the President regarding any such action, and all other appropriate and feasible action within the power of the president that the president may direct the Trade Representative to take under this subsection, to obtain the elimination of that act, policy, or practice. Actions may be taken that are within the power of the President with respect to trade in any goods or services, or with respect to any other area of pertinent relations with the foreign country.

(b)如果美国贸易代表确信该立法、政策或做法是"不合理的 unreasonable"或"歧视性的 discriminatory",给美国商业造成了负担或限制,并且美国采取行动是适当的,那么美国贸易代表就有权采取所有适当、可行的行动,以消除该立法、政策或做法。如果总统有特别的命令,贸易代表应该遵守。

(c)Scope of authority

(c)美国贸易代表针对 a、b 两节的调查结果可以采取的措施:(1)中止、撤回或阻止贸易协定的适用以及该贸易协定可能给有关国家带来的利益;(2)在美国贸易代表认为适当的时间内,对该国的商品施加关税或其他进口限制,对该国的服务增收费用或限制(而不管其他法律如何规定);(3)订立有约束力的条约,迫使该外国 A:取消或逐步取消这一立法、政策或做法,B:取消由于该立法、政策或做法而给美国商业造成的负担或限制;C:对美国作出令美国贸易代表满意的贸易利益补偿。美国贸易代表还应当在总统的权利范围内,采取总统可能要求美国贸易代表采取的、所有其他适当、可行的行动。

(d)Definitions and special rules

(3)301 条款的启动

【发起调查】三种方式:①有利害关系人申请,USTR 自收到申请 45 天内决定是否发起调查;②USTR 自行决定发起申请,在联邦公告中表示即可;③如果被《特别 301 报告》确定成为重点国,则 USTR 应在 30 天内发起调查。

【磋商】发起调查后,USTR 应该与对应国家进行磋商,如果在规定时间内未达成合适的贸易协定,则直接导致贸易代表启动采取措施的决定流程。而 USTR 最多只可以在发起调查后拖延 90 天,便开始磋商流程。

【贸易代表作出决定和实施措施】贸易代表根据前期调查和磋商结果,对他国行为是否构成侵犯美国享有的权利作出评价,并在一定时间内(具体情况不同,有 150 天、6 个月、12 个月等)明确是否要实施措施。而 USTR 一旦作出了采取措施的决定,应在 30 天内付诸实施,而只有在符合特定条件的情况下(比如有利害关系人申请、USTR 认为延迟有必要等),才可以延长 90 天或 180 天。

【监督收尾】USTR 对每项措施的实施进展进行监督。

在实施措施过程中,如果关键条件发生改变,USTR 有权变更或解除行动,可能出现四种结果:中途变更或解除、再磋商、到期终止、期满复申请。

其一,中途变更(单向,降低实施力度)或解除行动。在强制性标准下,可解除的情形有:①关贸总协定确认在贸易协定下美国权利未被剥夺或他国法案、政策、惯例没有与美国利益不符;②USTR 发现以下情形也会适时调整:A.他国正根据贸易协定授予美国的权利,采取了令人满意的措施,比如他国同意取消或逐步取消相应的法案、政策、惯例,或他国同意立即

解决对美国商贸产生的限制或负担问题。B.他国确实无法实现 a 中条款，但愿意补偿；C.当采取行动可能对美国经济带来的不利影响大于益处（需考虑不采取行动后对信用度的冲击）；D.采取行动会导致美国国家安全受到严重伤害。若自由裁量认为条件不再满足时，也应变更或解除行动。

其二，再磋商（单向，不满意外国执行力度，通过磋商进一步加强实施力度）。其三，4 年到期终止。最后一种情形，即 4 年期到期前 60 天内，相关人员继续申请采取 301 条款，贸易代表将对其进行审查再决定。

6. 本次“301 调查”来龙去脉

（1）2017 年 8 月 14 日，总统给贸易代表签署了备忘录 82 FR 39007：中国关于知识产权、创新和技术的法律、政策和实践和已经采取的行动，可能鼓励或要求美国技术和知识产权向中国境内企业的转让，或者可能对美国经济利益产生负面影响。这些法律、政策、实践和行动可能抑制美国出口，使美国公民丧失对其创新的公平补偿，使美国工作机会转向中国，导致与中国的贸易逆差，损害美国的制造业、服务业和创新。

（2）2017 年 8 月 18 日，美国贸易代表依据修正过的《1974 年贸易法》第 301（b）（1）（A）节正式发起调查，旨在判断中国有关技术转让、知识产权和创新的法律或政策是否对美国企业造成歧视。

（3）4 月 3 日，美国贸易代表办公室（USTR）针对产自中国的 500 亿美元商品加征 25%的关税，商品清单主要涉及信息和通信技术、航天航空、机器人、医药、机械等 1300 项产品。它们不仅打击中国对美出口的大头——机电产品，还直接针对“中国制造 2025”蓝图的重点发展领域。中国也在第一时间还击，选择对原产于美国的大豆等农产品、汽车、化工品、飞机等进口品加征 25%关税，涉及金额也是 500 亿美元。

（4）4 月 4 日，国务院关税税则委员会决定对原产于美国的大豆、汽车、化工品等 14 类 106 项商品加征 25%的关税，涉及 2017 年中国自美国进口金额约 500 亿美元。

（5）当地 4 月 5 日，美国总统特朗普要求美国贸易代表办公室依据“301 调查”，额外对 1000 亿美元中国进口商品加征关税。

7. 232 和 301 的区别

关注的主要领域不同，232 条款关注进口对美国国家安全的影响，301 条款则关注贸易歧视、贸易自由化，以及知识产权保护。实施调查的主体不同，232 调查由商务部主导，301 调查则由贸易代表负责，且后者拥有较大的自由裁量权。后续措施及影响不同，实践中，232 调查最后大多通过提升关税或其他非贸易措施限制进口，301 调查的后续配套措施更多，影响更加广泛。301 条款是美国实施单边贸易措施的最主要的工具。

8. 301 条款调查是否违反了 WTO 规则，违反了什么规则

（1）威胁多边贸易体制？

在 3 月 27 日的 WTO 争端解决机构（DSB）会议上，美方代表提出是中国的做法本身而不是美方的 301 调查对国际贸易体系构成了威胁。

①中国利用对国外所有权的限制（如中外合资要求和外资持股限制）以及各种行政审查和许可程序迫使美国企业进行技术转让。

②中国的技术法规体制迫使美国公司在非市场条件的基础上，进行有利于中国公民的

技术许可。

③中国指导并不公平地促进中国公司系统性投资、收购美国公司和资产，以获取尖端技术和知识产权，并向中国公司进行技术转让。

④中国进行并支持对美国公司的计算机网络未经授权的入侵和窃取，以获取其敏感的商业信息和商业秘密。

(2)单边主义和贸易保护主义行径?

美国否认“单边主义”的指控，认为 301 调查并不存在对 WTO 义务的违反。相反，美国指出由于中国采取的某些技术许可措施可能会剥夺外国知识产权权利人的权利并构成歧视，因此，中国的措施与在《与贸易有关的知识产权协议》(以下简称 TRIPs 协定)下的义务不一致。就此，美国已于 2018 年 3 月 23 日针对中国的知识产权保护措施提起了 WTO 纠纷解决程序，磋商请求已经发布。

(3)SAA 承诺?

张向晨(中国常驻世贸组织代表团大使)：美国此次依据其国内法单方发起 301 条款调查，并根据其单方认定结果威胁对华采取单边惩罚性关税措施，是对世贸规则和美国政府所负有的国际国内义务的公然违反。

1994 年，美国在批准 WTO 协定时，美总统在向国会提交的《行政行动声明》(Statement of Administrative Action)中承诺，美贸易代表如作出美国在世贸规则项下权利受损的决定，必须基于世贸组织争端解决机制所作出的裁决。

1998 年的 DS152 案中，欧盟指控美国的 301 制度违反 TRIPS 第 4、15、21、41、42、62 条，但却并未得到专家组的支持。理由正是美国的“SAA”声明——美国承诺在发起 301 调查后不会直接采取措施，而是诉诸 WTO 的争端解决措施，如果没有世贸组织的授权，美国政府无权终止其在世贸组织项下的义务，也不能进行交叉报复。

此后，DS152 被赋予了类似“先例”的拘束效力，专家组的裁决、SAA 和美国在本案中作出的承诺构成了 301 调查合法性的“caveat”限制条件：Significantly, all these conclusions are based in full or in part on the US Administration sunder takings mentioned above. It thus follows that should they be repudiated or in any other way removed by the US Administration or another branch of the US Government, the findings of conformity contained in these conclusions would no longer be warranted.

2018 年 3 月 27 日的 DSB 会议上，美国主张其在 301 调查中并没有就中国专利许可措施是否违反 TRIPS 协定下的义务作出判断，这将由当事方协商解决或由 WTO 争端解决程序进行调查。美方认为其调查措施并没有明确指向任何 WTO 相关义务。中国提出美国不符合 DSU 第 23 条的主张毫无根据，事实上，通过断言美国违反了 DSU，中国本身的做法与 DSU 第 23 条不一致。

9. 案例总结

中美贸易冲突短期内是贸易逆差问题，长期则是高科技产业竞争问题。前者旨在兑现特朗普政府的竞选口号、为今年中期选举服务；后者旨在应对“中国制造 2025”的后发优势，以巩固美国在全球科技和创新的领军者地位。

随着中国战略新兴产业不断发展，中国制造 2025 战略的逐渐落地，中国的产业从原来

的重化工业进入到具有更高价值、更高科技含量的技术密集型的产业，国际市场上中国专利申请的数量增长速度也明显高于美国。这让世界唯一超级大国有了危机感，美国希望通过像 301 调查这种非常规的手段，以及反倾销、反补贴的行为来挑起更多的贸易摩擦，使中国的贸易条件变差，从而遏制中国的发展速度。

然而，中国是一个幅员辽阔的大国，不只是经济体量大，而且经济梯度发展的空间比较大，因此中国可以在应对贸易摩擦和贸易争端的时候，更多的利用国内市场去消化外来的压力。更何况，中国不论在经济上还是外交上均不依附美国，完全能够独立自主作出决策。更重要的是，近些年里中国积极参与全球治理，为世界各国提供更多的公共产品，凭借一带一路、金砖国家等多双边机制，帮助更多国家和地区搭上了中国发展的快车，享受到中国发展的成果。中国的发展是和平崛起，本着共商共建共享的方式来参与全球治理，和美国唯我独尊的单边主义、称霸全球的治理理念大相径庭。

（第二次综述）

1. DS 542

美 301 调查报告：①强制技术转让（涉及 WTO 和 TRIPS）

②歧视性执照限制

③外商投资

④“剽窃”美国技术

美方磋商请求：中国强制美国公司进行技术转让违反 TRIPS

2. DS 543（针对 301）

美 DSB 例会：①中国在技术转让方面违反 TRIPS

②301 调查本身不违反 WTO 义务，不是单边主义。DS152 案中美国所作的 SAA 承诺仅限于 301 条款 a 节，对 b 节不具有约束力

③301 调查报告并未就中国是否违反 WTO 作出判断，故美国并不违反 DSU 23（除“技术转让”涉及 WTO 和 TRIPS 条约外，301 报告中提到的其余三项都不涉及 WTO 中的 covered agreement，不适用 DSU）

④反倒是中国“断言美国违反 WTO”的做法违反了 DSU.23（301 报告的表述十分谨慎克制：中国不合理不公平 unreasonable 的规定限制了美国公司保护其合法权益，给美国经济造成 burden of restrict 限制和负担。报告其实未曾断定中国是否违反了 WTO 义务或者 TRIPS 条款从而巧妙地回避了 DSU.23 的追责）

中方磋商请求：①建议征税措施违反 GATT.1.1 最惠国待遇

②GATT.2 关税减让义务

③DSU.23 救济途径

3. DS 544（针对 232）

美 232 措施：据 232 调查对中国钢、铝产品加征关税，但同时豁免他国

中起诉：①不符合 GATT.19 保障措施要件（滥用 GATT.21 安全例外条款）

②GATT.2 违反关税减让义务

③GATT.1.1 一般最惠国待遇

④GATT.10 以统一、公正和合理的方式实施贸易条例

美抗辩:①并非 201 条款,更非 GATT.19 保障措施,而是 SG.232

②中国确信"美国违反 WTO 条约"才是真正违反了 DSU.23

中反驳:232 措施(in substance)实质上就是保障措施

4. 中方回应的法律依据

(1)保障措施是什么

是指成员在进口激增并对其国内产业造成严重损害或严重损害威胁时,依据 GATT 1994 Art.19 所采取的进口限制措施。该措施是成员政府在正常贸易条件下维护本国国内产业利益的一种重要手段,是国际法上的情势变更原则(principle of change of circumstances)

(2)中方将 232 措施视为 GATT.19 保障措施的原因

首先,美国此举实际上并不符合 GATT.21 安全例外,但中方欲要证明这一点并非易事,所以中方在诉讼中应尽量避免主动援引第 21 条的安全例外条款。这部分已在课程综述-3 中涉及到,此处不再赘述。

其次,美国此次针对钢铁和铝产品加收关税实质上就是在通过保障措施限制进口、弥补中美贸易逆差。201 条款针对的是美国国内工业产业安全,232 则旨在捍卫国家基本利益安全,"瑞典鞋案"中,专家组通过对 201 和 232 条款的对比适用,得出了保障措施和安全例外的实质形式区别。中方此次诉讼将 201 和 232"混淆一谈"亦旨在"求同辨异",对比得出结论。

最后,从形式角度而言,安全例外条款没有非歧视原则的限制,即美国可以豁免他国而打击孤立中国,但若适用保障措施条款,中方仍可以将 GATT.1.1 的最惠国待遇原则作为一项主要、基础的诉请。同时,因 GATT 第 19 条规定有针对保障措施的具体救济程序(WTO 框架下的严格的中止减让程序规定),较 GATT 第 21 条这类设计国家政治主权的"君子协定"而言,可谓是更加透明、"有法可依"。

(3)中方为何又进而指控美方行为不符合保障措施要件

既然中国将钢、铝关税措施视为保障措施,又为何指出美国的行动不符合保障措施下规定的事实和程序要件呢?个人认为关键因素在于举证责任的分配。中国主张不符合 GATT 1994 XIX:①AXIX:②及 Safeguards:A2.1,A2.2,A4.1,A4.2,A5.1,A7,A11.1(a),A12.1,A12.2,A12.3,然后再由美方进行抗辩,显然中方所承担的相应的举证责任较轻,更有胜算。

5. 中国反制措施的合法性

(1)WTO 条约法

中止减让

中止减让是指受保障措施影响的出口国有权中止实施减让义务。保障措施第 8 条规定了:实施保障措施的国家与受影响经磋商未达成补偿协议时,受影响成员自货物贸易理事会收到中止减让的书面通知之日起 30 天期满后即可开始行使中止减让权。

中方的确向美提出了磋商请求(3 月 26 日),因中美两国"没有达成一致的可能",中方随即向 WTO 提交了"关税减让清单"。然而值得注意的是,这份清单从提交到生效的时间

远远达不到 30 天之久,而且货物贸易理事会对中止减让权的行使未必就不持异议,综上,中方的中止减让措施很有可能是有违 WTO 规定的。

(2)习惯国际法

①正当防卫

《联合国宪章》规定以和平方法解决国际争端,不得使用武力,但是国家有权自卫。虽然自然法理念可以不依托成文法而存在于 WTO,但在国际“经贸摩擦”而非“武力战”中打出正当防卫 inherent right 的旗号,会不会给人以“杀鸡焉用宰牛刀”的感觉,个人认为“正当防卫说”是欠妥当且危险的。

②条约暂停实施

《维也纳条约法》第 60 条“条约当事国之一有重大违约情事时,特别受违约影响之当事国有权援引违约为理由在其本国与违约国之关系上将条约全部或局部暂停施行”。显然,此处的“重大违约事由”有待更严格的限制和解释。

③义务豁免

例外情况下 in exceptional circumstances,部长级会议可以豁免本协定或任何多边贸易协定成员承担的义务。杨国华老师认为:中方可向 WTO 说明理由,按照有关程序在 90 日内向部长级会议及总理事会提交报告。

④条约情势变更

当情势变更导致条约履行不能,且变更的情势为缔约基础时,当事国可要求终止、暂停实施或修改条约。

6. 课程感悟

中美经贸摩擦旷日已久,终于就在最近几天,曾经喧嚣聒噪的网络媒体总算不再歇斯底里地爱国了。度其原因,大概是公众百姓参与感的逐渐灭失吧——当人们发现仅凭热情已无法认清一事物的本质、仅凭借追随官媒并不能左右时局时,喊口号、看热闹的风波也就将悄然散去了。

喧闹之后,尘归尘,土归土,国家的动作将更为冷静、理性。但这绝不能抹杀人皆参政、人人议政的裨益。但我想强调的,不是这一群人的狂欢,而是法律人的孤单,是那些从始至终都保持清醒头脑、一以贯之地理性思考的人。他们才是和平年代里的中流砥柱,他们在构建制度,同时也在解构制度,他们在暗中博弈,有时也赢得光鲜亮丽,他们是激荡风云里的可靠依赖,用逻辑智慧编织一国明天的运势,用卷帙浩繁的法律知识,成就我们的岿然强势。

未经省察的人生不值得过,我所看见的未必就是真相。

真相是什么? 这似乎并不重要。

撰稿人 金文璇

（第一次综述）

本次课堂讨论的主题为“美国经贸摩擦与 WTO 规则”，内容具体涉及 301 条款、调查，232 条款、调查以及美国向 WTO 起诉中国，主张中国关于技术进出口转让的相关法律违反 TRIPS 规定的 DS542 案。

一、课堂内容综述

讨论过程中，大家首先通过微信群中的资料共享，明确 232 条款、调查，301 条款、调查的具体内容以及 DS542 中美方的具体主张，结合中国相关国内法（如《技术进出口管理条例》《中外合资经营法》等）加以判断；然后分析美国发起经贸摩擦的深层次原因，是为扭转贸易逆差，还是为制裁中国，维护其国际领导地位；最后讨论焦点集中于规范层面，即 WTO 中相关规则的适用，包括美方同时发起单边调查和向 WTO 起诉的行为是否存在内在矛盾，中方反对美国 232 条款及 301 调查所依据的 WTO 规则，以及如果中国就 232 条款、301 调查起诉美国，美国可能的抗辩理由（GATT 第 21 条“安全例外”条款）是否成立等。目前来看，中美贸易摩擦呈现出剑拔弩张的趋势，双方政府间的政策博弈尚在持续阶段，对贸易纠纷问题暂且无法下绝对定论，因此在本次综述中我仅就讨论中的几个焦点问题加以回应，虽然无法涵盖全部争点，但因问题之间存在着内在联系，因此也可为相关问题的分析提供参考。

（一）GATT“安全例外”条款的解释及适用

GATT 第 21 条（“安全例外”）条款的具体表述如下：*Nothing in this Agreement shall be construed (a) to require any contracting party to furnish any information the disclosure of which it considers contrary to its essential security interests, or (b) to prevent any contracting party from taking any action which it considers necessary for the protection of its essential security interests... (ii) relating to the traffic in arms, ammunition and implements of war and to such traffic in other goods and materials as is carried on directly or indirectly for the purpose of supplying a military establishment*…虽然目前美方尚未利用“安全例外”条款进行抗辩，但此条款在国内已引起关注，关于此条款的讨论也从侧面反映出条款本身的解释空间。如果日后发生同类案件，某国主张“安全例外”条款对其他国家进行单方面的贸易限制，同样会引发争议。因此，我认为需要对本条款的内涵加以解释。

首先，不应简单将“it considers”等同于国家自决权。从文义解释的角度看，在美国经贸摩擦这一具体语境中，“it”指美国，但此种对于国家安全的判断不是绝对主观化的，后文的“essential security interests”和“necessary”即对此种判断标准加以限制，如果美方利用本款主张由于世界钢铁产量过剩，美国国内钢铁产品丧失价格优势，导致国内钢铁产业停滞，进而威胁到美国国家安全，美方应负举证责任，证明其中的因果关系以及实质性关联。

其次，通过目的解释，对于“essential security interests”的认定应作限缩。“安全例外”条款最早诞生于《国际贸易组织宪章草案》，是在美国的倡导下设立的。其间美国谈判代表对基本国家安全利益进行说明，指出应对该语词进行限制，以防各国在“安全”的伪装下实现商业目的。其中最重要的限制因素是时间因素——in time of war，即战时①。依照目的解释，“安全例外”条款在设立之初即存在着内涵上的限制。

最后，关于“necessary”的解释问题。对“必要性”的判断应遵循一定的客观标准，即最小限度原则。如果存在其他替代性措施，可以在对国际贸易造成的损失最小的情况下实现国家安全的有效保障，那目前采取的措施就不符合“必要性”的要求。

综上，“安全例外”条款虽然存在着极大的解释空间，有被一国滥用之嫌，但依据维也纳公约第 31 条所明之解释原则，“安全例外”条款本身的适用也存在着诸多例外，并非依一国的主张而使其绝对化。在本次 232 条款适用的具体情形中，美国尚未在加征关税等贸易壁垒的设置与维护“国家安全”之间建立合理联系（无论是以直接形式，还是以间接形式），从这一角度看，美方若无法回应“安全例外”条款适用的合理性这一问题，其依据本国 232 条款开展的一系列有违 WTO 贸易规则的行为也很难在正当性层面得以自洽。

（二）知识产权保护相关争议

3 月 23 日，美国在 WTO 争端解决机制项下向中方提出磋商请求，指称中国政府有关技术许可条件的措施不符合 TRIPS 的相关规定。美方的具体主张为：“中国剥夺了外国知识产权所有人对其知识产权在技术转让合同届满后对抗中国合资者以行使知识产权的权利；中国也附加了强制性的合同条款，构成对外国进口技术的歧视与非国民待遇。”该争议涉及的法律法规包括《对外贸易法》、《技术进出口管理条例》、《中外合资经营法》、《中外合资经营企业法实施条例》、《合同法》等，美方在官方文件中特别指出《技术进出口管理条例》第 24 条、第 27 条第 29 条以及《中外合资经营企业法实施条例》第 43 条对 TRIPS 相关条款的违反。

首先，美方需要证明其所主张的知识产权利益在 TRIPS 协议保护的范围之内诚然，从《技术进出口管理条例》相关法律规定的实际效果来看，有关侵权责任②、技术改进所有权③、合同到期后的技术使用的规定④以及不得有技术改进限制的强制性规定⑤，确实使作为技术让与人的美方丧失了一定的经济利益。但是事实层面经济利益的丧失并不等于美方所主张的任何利益都在 TRIPS 保护范围之内。贸易过程中双方利益的平衡状态始终是一

---

① Therefore we thought it well to draft provisions which would take care of really essential security interest, at the same time, so far as we could, to limit the exceptions and to adopt that protection for maintaining industries under every conceivable circumstance. With regard to sub-paragraph, the limitation, I think, is primarily in the time : first, “in time of war.”

② 《技术进出口管理条例》第 24 条：技术进口合同的受让人按照合同约定使用让与人提供的技术，侵害他人合法权益的，由让与人承担责任。

③ 《技术进出口管理条例》第 27 条：在技术进口合同有效期内，改进技术的成果属于改进方。

④ 《中外合资经营企业法实施条例》第 43 条：技术转让协议期满后，技术输入方有权继续使用该项技术。

⑤ 《技术进出口管理条例》第 29 条：技术进口合同中，不得含有下列限制性条款：（三）限制受让人改进让与人提供的技术或者限制受让人使用所改进的技术。

个变量，对专利权人利益的绝对保护也会不合理地限制技术在全球范围内的自由流动。换言之，美方所要维护的利益即使确实存在，也须证明此种利益可从 TRIP 条款中得以解释，否则无法约束中国国内法律规范。因此，美方的主张究竟能否成立，关键在于其所指称的中国相关法律法规在是否违反 TRIPS 的规定，以此判断中国是否履行 TRIPS 项下的义务。而结合上次知识产权案的分析，美方能否履行举证责任，证明在中国相关法律的框架下，中国市场中确实存在对技术让与人不合理限制的现象，也是一个值得关注的话题。

其次，TRIPS 中也存在着支持中方立场的条款。例如，协定第 7 条规定，"知识产权的保护和实施应有助于促进技术革新及技术转让和传播，有助于技术知识的创造者和使用者的相互利益，并有助于社会和经济福利及权利与义务的平衡。"协定第 8 节规定"Control of Anti-competitive Practice In Contractual Licenses"，体现着限制专利权滥用的精神，其中第 40 条第 2 款指出，"本协定的任何规定均不得阻止各成员在其立法中明确规定在特定情况下可构成对知识产权的滥用并对相关市场中的竞争产生不利影响的许可活动或条件。"由此可见，专利权的行使的范围也有一定限制，如果允许通过合同约定限制技术改进，将削弱受让人对于技术创新的积极性，不利于技术的革新与再创造。

以合同到期后的技术使用这一争议为例，《中外合资经营企业法实施条例》第 43 条规定，技术转让协议期满后，技术输入方有权继续使用该项技术。对此美方认为，该条款违反了 TRIPS 第 28 条所规定的专利所有人享有的专有权。但是，协定第 30 条规定了"授予权利的例外"，允许成员国在不无理损害专利利用或专利所有人合法权益，并考虑第三人权益的情况下设立有限的例外。因此，美方的主张在多大程度上能够成立最终依赖于对 TRIPS 相关条款的解释，以及在此基础上美方对违法程度的证明。

鉴于目前磋商程序尚处于起步阶段，中国关于美国提起的此项争端将如何回应，仍需进一步关注。我认为中国若要证明国内法规未违反 TRIPS 规定，可从三方面入手：第一，《技术进出口管理条例》中对技术让与人的规定与《合同法》第 345 条的适用具有一致性，不违反国民待遇原则；第二，澄清 TRIPS 的目标，通过对第 40 条等条款的引证，指出通过相关国内法规制约对技术创新的不合理限制，符合 TRIPS 的规范内涵；第三，就美方举证责任的履行提出质疑，强调证据与诉求之间的相关性。

(三)经贸摩擦多项措施之间的矛盾性

美国一方面依据国内法开展单方面的调查，并在此基础上开出加征关税商品清单，以此种手段达到制裁目的；另一方面，又就知识产权保护问题启动 WTO 争端解决程序。多种路径的选择是否存在矛盾性，也成为大家讨论中的焦点问题。我认为在这一系列选择的背后，体现着国家利益的导向。《华尔街日报》中指出，WTO 争端解决机制无法解决现实性的问题，具体原因包括：中国法律文件不透明；受害公司囿于变相报复，难以提供有效证据；中央政府撤销某项歧视性政策后，这些措施又会在省级和地方上重新出现等。这一评论文章具有极强的主观色彩，单纯站在维护美国利益的立场上，未考虑争端解决程序的规范性，且有偷换概念之嫌，以贸易问题中的复杂因素为由弱化 WTO 在争端解决中发挥的积极意义，片面放大其局限性。

WTO 争端解决机制存在的意义在于，在有序解决争端的基础上促进国际贸易规则的

统一规范化适用。成员通过承诺加入 WTO,基于实现共赢的价值取向,履行条约项下的义务,这恰恰是一国独立意志的体现。国际社会类似于不完全意义上的社会契约,虽然在横向结构中没有权力的让渡(欧盟作为个例,存在着 transfer of power),但各国基于共同的立场,为实现和平、合作等共同目标,以条约或习惯法的形式将某种共同理念固定化,以防国际社会重新回到混乱的自然状态。而美国此次发起的经贸摩擦也从另一侧面反应出 WTO 规则体系还存在着很大的完善空间,还需对国家单方面行为的可行性问题进行明确,对其启动的条件加以严格限制,对突破这一限制的行为加以制裁。通过成文的形式,对一国采取单边行动突破 WTO 争端解决机制这一现实性问题加以规制,通过 WTO 规则体系的自我完善弥补争端解决效率低这一局限性,是规范此类"经贸摩擦"的最终途径。

二、课堂感想

中美之间的贸易争端像是一场棋局,在双方相互博弈的过程中,棋局不断被推进。目前来看,双方的交锋才刚刚开始。在终局落幕之前,任何讨论都需要在现状分析的基础上,不断地展望未来,预测当前棋局的形势与外来可能产生的反转。从这一角度来看,本周的课程又打破了我对法学的固有认识。以往我认为法律的特点更偏向于滞后性,而非前瞻性,在问题刚刚产生时,人民往往将视角集中于政治、经济、社会等领域,只有少数人将目光集中于法律的调整这一角度。待问题逐渐集中之时,人们方意识到规则体系的发展空间,而后加以补救,以此预防日后可能产生的同质化问题。而在本次讨论中,在国际贸易背景下,法律更多地表现为前瞻性。因为国际社会的格局相当复杂,往往牵一发而动全身,离不开对宏观背景的审视,以本次讨论主题为例,美国发起的经贸摩擦不仅涉及争端解决的问题,还体现着国际局势的变动与国家立场的考量,当然更为重要的是对 WTO 规则体系的再认识。美国的一系列行动是否会构成对 WTO 规则体系的冲击,还有赖于对 WTO 争端解决机制权威性的检验以及规则体系自身的不断完善。本次对弈的结局如何,仍值得我们耐心等待,并继续关注。

(第二次综述)

本周课程继续上节课关于中美贸易摩擦的讨论,并将视角集中于 DSU543 和 DSU544,沿着上节课的思路,大家继续就中美双方回应的合法性加以探讨和评论。

一、课程讨论内容

(一)232 调查的定性:保障措施还是国家安全?

中方依据《保障措施协定》第 12 条第 3 款就美国 232 措施提出磋商请求。在 ds544 这一磋商请求中,认为美方征税行为构成实质意义上的保障措施,美方行为不符合"unforeseen development", imports "in such increased quantities" and "under such conditions"以及"cause or threaten to cause serious injury to domestic producers"等《保障措施协定》中规定的启动要件。

针对中方的这一点主张,美国表示,该关税政策并非保障措施,而是针对损害美国国家

安全的钢铝进口产品所采取的措施。而 WTO 不能解决涉及“国家安全”的关税问题。事实上,美国是在对 232 条款与 201 条款加以区分,主张 232 措施不属于保障措施,因此《保障措施协定》Art 8.2(中止减让条款)不能成为中国主张的依据。

而美国关于 232 措施不属于保障措施的这一抗辩能否成立,成为了大家关注的焦点。首先,刘雨晴同学将保障措施和安全例外做一对比:与保障措施相比,一国若援用 GATT 第 21 条(“安全例外”条款),在国家自由裁量层面将获得更大的空间,具体表现在:第一,安全例外条款没有非歧视原则的限制,美国可以豁免他国而打击中国;第二,201 有具体的救济措施、严格的 WTO 框架下的程序规定,而 232 因涉及国家主权,被视为“君子协定”,没有成文的适用限制。但问题在于,美方并没有主张 GATT 第 21 条(“安全例外”条款)进行抗辩,有关“安全例外”条款的引证仅见于中国商务部的发言中;此外,美方所主张的“国家安全”与 GATT“安全例外”也有所不同,应分别判断。

其次,中方在 ds544 的磋商请求中特别指出,美方行为构成实质意义上的保障措施(safeguard measures in substantive),其中 in substantive 一词不应被忽视。关于 232 措施是否构成中方所主张的保障措施,应由专家组进行实质判断,而美国对其主张也应履行相应的举证责任。

(二)国际法层面中国反击的合法性

课前杨老师曾在“国际法促进中心”等公众号上推送相关评论,从国际条约乃至自然法思想中寻求中国反击的合法依据,这也启发我们在讨论国际贸易争端问题时不应只局限于 WTO 所构建的现有制度框架之中,而应基于宏观视角,将思考视角置于整个国际法体系之中,寻找关于中美贸易摩擦问题的多样化论证路径。

1. 正当防卫

国际法的产生与发展与自然法哲学紧密关联。按照康德《永久和平论》中的观点,国际社会应建立在各国一致同意的基础之上,是高度理性化的产物,体现着契约平等精神。杨老师在文章中提出国际贸易领域的“正当防卫”思想:借鉴自然法哲学观,将国家的自卫视为其在国际社会中享有的自然权利,当出现某种紧急情况时,若诉诸 WTO 难以实现争端的高效解决和国家合法利益的有效维护,一国有权自卫。从国际法体系建构的历史来看,自然法思想在国际法规范的制定过程中发挥了不可忽视的导向作用,“正当防卫”这一制度设想存在一定的法理基础。

但此种自然权利在实践中存有较大的局限性。正如边沁所言,“自然法学的标准总是逃避诉诸任何外在的客观标准,它们常常将作者的情感与观点自身当作理由,不加论证地要求读者接受他们”。从防卫权这一概念本身出发,何时防卫、怎样防卫、对不当防卫应设定何种规制,都是规范设计中必须考虑的因素。因此,在借鉴自然法思想时,为避免从主观立场出发对权利加以滥用,为实现理性化的制度设计,需要对自然权利行使的条件进行严格限定。以国际公法领域的“自卫权”为例,《联合国宪章》第 51 条规定国家行使“自卫权”的五个限度,即“armed attack;ongoing;immediate use of force to counter the attack;duty to report to the Security Council;measures to be taken by Security Council”.从中可见,自卫权的行使只是联合国维护国际和平这一职能的补充,作为单边行动,一国行使自卫权必须遵守一定

的前提条件，并受到必要的程序规制，不可突破联合国的制度框架。

而在国际贸易领域，我认为贸易争端的复杂程度更甚于公法范畴，因为与公法上的“武装攻击”相比，对“一国经济利益是否受到不正当地侵犯”这一点的判断具有更强的技术性。因此，若要将“正当防卫”这一原则引入国际贸易领域，在设计防卫限度时应尤其慎重，例如，增加相应的前置启动程序及事中、事后报告制度。自卫权行使的外延不可过度扩张，否则，正当防卫的片面扩大化将导致一国以所谓的自然权利为由威胁 WTO 规则体系所建立起的国际贸易秩序。

2. “条约暂停施行”

《维也纳条约法公约》第 60 条规定，“条约当事国之一有重大违约情事时：……特别受违约影响之当事国有权援引违约为理由在其本国与违约国之关系上将条约全部或局部暂停施行”。其中，“重大违约”指“违反条约规定，而此项规定为达成条约目的或总之所必要者”。潘隽吉学长对该条款的适用问题提出全面的见解，具体涉及以下几个层面：

第一，“条约暂停施行”的适用对象是否包括美国。美国并非《维也纳条约法公约》的缔约国，但“条约暂停施行”可作为一项国际习惯法原则适用。

第二，“条约暂停施行”与 DSU 第 23 条的适用发生冲突时，哪一条款应被优先适用。对此潘隽吉学长谈到“特别法优先于一般法”这一法律适用原则，认为 DSU 作为条约这一特别法，在适用中应优先于作为一般法的习惯法。与国内法规则体系相比，国际法规范稍显零散，在体系性上还存有很大的发展空间，因此在判断“一般法”与“特别法”的关系时需要结合现实情况进行更为复杂的考量，例如，在二者是否规范“同一事项”的问题上，还存有讨论空间。关于“一般法”与“特别法”的讨论，也从侧面体现出国际法在体系性建构层面的必要性。

第三，《维也纳公约》第 60 条第 4 款规定，以上各项不得妨碍条约内对违约规定的适用。这一条款类似于“冲突条款”，表明“条约暂停施行”的启动不可阻却已有条约的明确规定，即 DSU 第 23 条对于单边制裁行为的抵制。依据此种体系化的解释方法，关于“条约暂停施行”这一原则适用条件的解释也得以明确，即《维也纳公约》中对“条约暂停施行”附加了必要的限定条件，在此前提下 DSU 第 23 条所规定之争端解决的基本程序仍应为争端当事国遵守。

（三）国际法中的利益冲突与价值导向

中美贸易摩擦既是对 WTO 规则体系的冲击，又是促进 WTO 争端解决机制不断完善的一支催化剂。在讨论过程中，大家关注的焦点虽侧重于探究中美双方博弈的合法依据，但在这一过程中存在一个难以回避的问题：在 WTO 争端解决机制存在局限性的情况下，应如何看待国家利益与 WTO 规则之间存在的冲突？

不得不承认，在相互依存和治理多元的国际社会中，从过去一手承担以国家的事情为中心的单边主义时代，到参与策划复数行为主体的多中心的、超越国境的治理全球课题的时代，对国家主权与国家利益的判断也由绝对化转为相对化倾向，各国以遵守国际法规范为前提，以此在建构国际规则体系的基础上，通过国际法规范的统一适用维护各国的国家利益。从这一角度看，国际社会虽为横向结构，但也存在着契约精神；康德所设想的“永久和平”思想在目前看来虽过于理想化，但未背离国际法的发展方向与各国的现实需要。

在国际贸易领域中，WTO 的建立也正反映出国家利益诉求与国际法规范的价值同构。在贸易自由化这一原则的公共性逐渐被各国认可的当今时代，一国对国家利益的自我主张往往基于各自的立场，其中的博弈与妥协极易呈现出无秩序的趋势，此种无秩序将导致国际社会重新回到敌对的自然状态。因此，WTO 现有的规则体系仍应作为各国解决贸易争端应遵守的基本准则，在现有制度框架内探讨妥善的解决机制，以此维护国际贸易秩序的规范化，促进国际贸易规则体系的有序运行。

二、课程感想

本周的课堂讨论再次为我提供了思考路径层面的启发。与国内法规则体系相比，国际法的规则更为零散，在体系性上有所欠缺，因此在分析中美贸易争端时不应局限于 WTO 规则体系本身，还需要立足于更为宏观的分析视角，从其他条约或公法领域的原则入手，尝试对中美双方的主张作出合法性解读。在思考解决路径及论证正当性时，先从 WTO 已有规则出发，当规则的适用存在局限性，难以涵盖例外情形时，还可借鉴国际法层面的其他规范，通过不同规范之间的类比及取舍，对 WTO 规则体系本身加以完善，而不是一味地另起炉灶，站在各自立场上过度追求相对化的国家利益。

历时近一月的中美贸易摩擦在对 WTO 规则体系提出挑战的同时，也将成为促进 WTO 争端解决机制自我改良、自我完善的一剂强心针。例外条款的设置、速裁理念的实践，都为 WTO 争端解决机制的未来提出了可供借鉴的指引。国际社会类似于不完全意义上的社会契约，虽然在横向结构中没有权力的让渡（欧盟作为个例，存在着 transfer of power），但各国基于共同的立场，为实现和平、合作等共同目标，以条约或习惯法的形式将某种共同理念固定化，以防国际社会重新回到混乱的自然状态。通过成文的形式，对一国采取单边行动突破 WTO 争端解决机制这一现实性问题加以规制，通过 WTO 规则体系的自我完善弥补争端解决效率低下这一局限性，进一步提高 WTO 作为争端解决途径的可操作性，才是规范此类“经贸摩擦”的最终途径。

林子郁

（第一次综述）

一、课程内容

第五周课程真可谓“与时代同行”。中美经贸摩擦正处剑拔弩张之势，这也为世界贸易组织法创造了崭新的课题。美国发起的“301 调查”“232 调查”“201 调查”均为本课探讨的重点。因为讨论内容十分丰富，且“301 调查”是下次课讨论的重点。因此我将聚焦于“232 调查”，并阐发一些自己的观点。

美国去年对进口钢铁和铝产品发起“232 调查”，今年三月，美国正式对进口钢铁、铝材分别征收高达 25%与 10%的惩罚性关税。为增强理解，我较为完整地梳理了“232 调查”的时间线（见表 1）。

表 1　美国“232 调查”时间线梳理

美国对进口钢铁和铝产品的国家安全调查（“232 调查”）	
1962.10.1	美国颁布《贸易扩张法》，其中第 232 条授权商务部对进口产品危害美国安全的情况进行立案调查。
2017.4.20	美国总统特朗普签署备忘录，要求美国商务部启动“232 调查”，核实进口钢材是否损害美国国家安全。
2017.4.27	美国商务部对进口铝产品启动“232 调查”。
2018.2.16	美国商务部公布了对美国进口钢铁和铝产品的国家安全调查报告，认为进口钢铁和铝产品严重损害了美国内产业，威胁到美国家安全。美国商务部据此向特朗普总统提出建议，对进口钢铁和铝产品实施关税、配额等进口限制措施。
2018.3.9	特朗普正式签署公告，美国将对进口钢铁征收 25%的关税，对进口铝产品征收 10%的关税。关税措施在 15 天后正式生效。
2018.3.22	特朗普签署命令，在 5 月 1 日之前将欧盟、阿根廷、澳大利亚、巴西、加拿大、墨西哥和韩国排除在征收钢铝进口关税的对象之外。
2018.3.26	中国根据《保障措施协定》在世贸组织向美方提出贸易补偿磋商请求，但美方拒绝答复，鉴于双方“没有达成一致的可能”。
2018.3.29	中国向世贸组织通报了中止减让清单。
2018.4.2	中国国务院关税税则委员会正式对原产于美国的 7 类 128 项进口产品加征关税，对水果及制品等 120 项进行商品加征 15%的关税，对猪肉及制品等 8 项进口商品加征 25%的关税。

“232 调查”使中美两国“摩拳擦掌”，WTO 诉讼一触即发。因此我们在微沙龙中畅想：一旦中国将美国的“232 调查”起诉至 WTO，美国可能援引哪些法律条款进行辩护。我们认为：GATT 1994 第 21 条所规定的安全例外条款“脱颖而出”，也许会成为美国免责的“挡箭

牌”。我们在讨论中深入地探究了美国本次“232 调查”是否符合 GATT 关于安全例外条款的规定，并运用《维也纳条约法》第 31、32 条，对安全例外条款进行法律解释。我感到整个交流探讨仿佛一场世界贸易组织法的模拟法庭，我们尽可能深入地挖掘了中美双方的论点与支撑论据，这不禁使我们对真实世界中 WTO 的裁决充满了期待。

我认为“安全例外条款”恰似一把达摩克利斯之剑。一旦安全例外条款被滥用，世贸组织所倡导的多边、自由贸易体制将遭受重创。各国可能以“国家安全”之名，行贸易保护主义之实。安全例外条款浓厚的主观性色彩威胁着 WTO 争端解决机构的强制管辖权，因此须通过法律解释，对其主观性色彩加以限定。下面我将对微沙龙的讨论成果进行归纳，并提出一些自己的观点。

GATT 1994 第 21 条“安全例外”分为 a，b，c 三种情形。① a 主要涉及信息披露，c 关注《联合国宪章》中维护国际和平与安全的义务，因此 a，c 均与美国“232 调查”无关联性，美国亦不可能援引其为抗辩理由。下文将聚焦于 b 项所规定的“为保障根本国家利益所采取的必要行为”。

(一)专家组是否有权裁决安全例外纠纷？

有成员国认为：成员国享有排他性自决权，“每个国家必须是关于其安全问题的最后决定者”。但也有国家对安全例外条款遭到滥用的可能性表示担忧。为探讨这一争点，我们可以先从文义解释入手。

1. 文义解释

我设想 GATT 第 21 条 b 款可拆解为主观要件与客观要件(如图 1)。如学者所言：“it considers necessary”具有浓厚的主观判断色彩，因此可被归为主观要件。但是安全例外条款并非单纯的主观判断，“it considers necessary”涵盖了三个子条款，这些条款均可依据客观事实加以判断，因此我将其归纳为客观要件。对于单纯的主观要件，WTO 确实缺乏司法审查的正当性依据。但客观要件的存在使司法审查成为安全例外条款最重要的制约力量。因此我认为从文义解释来看，WTO 具有对安全例外条款的管辖权。

安全例外条款的主观要件和客观要件

---

① GATT 1994，Article XXI：Security Exceptions

Nothing in this Agreement shall be construed

(a) to require any contracting party to furnish any information the disclosure of which it considers contrary to its essential security interests；or

(b) to prevent any contracting party from taking any action which it considers necessary for the protection of its essential security interests

(i) relating to fissionable materials or the materials from which they are derived；

(ii) relating to the traffic in arms，ammunition and implements of war and to such traffic in other goods and materials as is carried on directly or indirectly for the purpose of supplying a military establishment；

(iii) taken in time of war or other emergency in international relations；or (c) to prevent any contracting party from taking any action in pursuance of its obligations under the United Nations Charter for the maintenance of international peace and security.

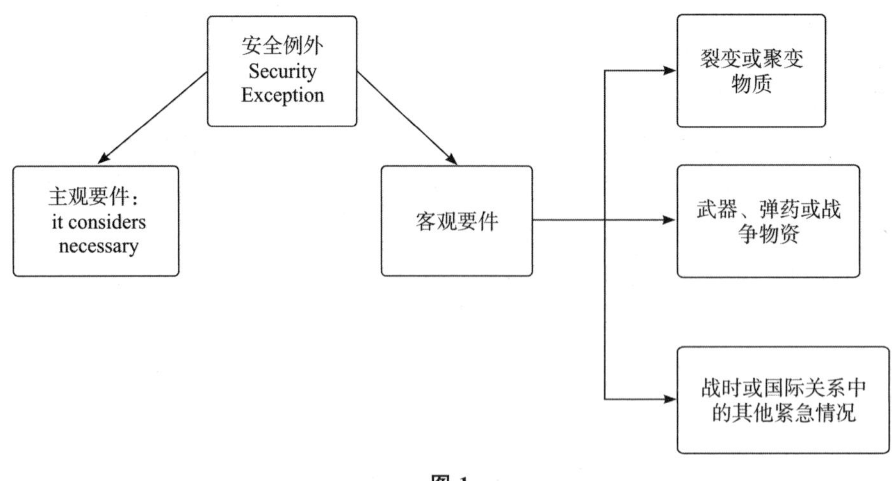

图 1

2. 体系解释

许多国家通过对 GATT 第 20 条与第 21 条的对比分析,得出"国家在安全例外问题上享有排他性自决权"的结论。GATT 第 20 条创设了 WTO 法律制度的"一般例外",其用语与第 21 条存在较大差异。① 第 20 条仅规定有"necessary",留有客观审查之空间,而第 21 条增添为"it considers necessary",具有更强的主观色彩。有学者认为:第 20 条所规定的"一般例外"行为应经客观的、第三方裁决机构(如 WTO 专家组)检验。但第 21 条给予各主权国家排他性自决权,授权其基于根本安全利益的考量采取"法外行动"。

若我们体系解释的材料局限于 GATT,确实会得出"第 21 条赋予国家排他性自决权"的结论。但我认为体系解释的范围应当更为宽广,应包涵《维也纳条约法》公约等国际习惯法。《维也纳条约法公约》第 26 条规定了善意履行的要求。"凡有效之条约对其各当事国有拘束力,必须由各该国善意履行。"这意味着:各国在履行安全例外条款时应当受制于善意履行的要求。如果一国不恰当地滥用安全例外条款保护自身经济利益,则应受制于裁判机构关于善意履行的审查。因此我认为:基于《维也纳条约法公约》进行体系解释,WTO 应当对安全例外行为具有管辖权。

3. 目的解释

安全例外条款最早出现于国际贸易组织 ITO 宪章中。宪章草案起草人谈到:"我们对国家安全例外进行了大量思考。我们不得不有些例外,因为我们不能禁止纯粹出于安全理由所采取的措施。另一方面我们又不能过于宽松,以致一些国家在安全的掩护下采取真正具有商业目的的措施。"这意味着:宪章起草人并不认同安全例外条款赋予成员国完全的自

① GATT 1994, Article XX: General Exceptions Subject to the requirement that such measures are not applied in a manner which would constitute a means of arbitrary or unjustifiable discrimination between countries where the same conditions prevail, or a disguised restriction on international trade, nothing in this Agreement shall be construed to prevent the adoption or enforcement by any contracting party of measures:

(a) necessary to protect public morals;

(b) necessary to protect human, animal or plant life or health; ….

决权。相反,成员国在援引安全例外条款时必须受到一定限制,而 WTO 专家组可借助司法审查的方式对其加以限制。

4. 历史解释

支持排他性自决权的国家可能会引用 1985 年"尼加拉瓜诉美国案"对其观点加以佐证。在该案件中,GATT 理事会最终认定其对安全例外条款不享有管辖权。但在讨论中也有同学指出:WTO 具有强制性的争端解决机制已替代 GATT 松弛的争端解决机制。GATT 采取"协商一致原则",其审查范围受成员意旨的限制。但 WTO 采取"反向协商一致原则",可依 WTO Agreement 作出裁决,这是 GATT 所缺乏的。因此我认为,GATT 时期的案例不可直接适用于 WTO。我们不能以援引尼加拉瓜案的方式排除 WTO 专家组对安全例外条款的管辖权。

(二)美国"232 调查"是否符合安全例外条款的主观要件与客观要件?

1. 主观要件

上文已谈及:主观要件"it considers necessary"赋予国家以高度的自决性(self-determination),其授权国家给予根本安全利益的考量采取 WTO 法外的行动。美国在"232 调查"已明确声明其目的:"Each of these remedies is intended to increase domestic steel production from its present 73% of capacity to approximately an 80% operating rate,the minimum rate needed for the long term viability of the industry"。因此,我们能够肯认美国的"232 调查"符合主观要件。

2. 客观要件

GATT 第 21 条 b 款共有三个子项目,其穷举了符合"国家根本安全利益"的情形,提供了较为客观具体的判断标准。接下来,我们应判断美国的"232 调查"是否能够落入这三个子项目之中。我认为(i)所规定的核裂变、核聚变,(ii)所规定的武器、弹药、战争物资,明显均不是"232 调查"的对象。唯一有可能成为美国抗辩依据的,是(iii)战时或其他国际关系中的紧急情况。在诉讼中,美国或许会声称其本国钢铁、铝材产能不断衰弱,在战时难以承担国防重任,构成了"国际关系中的紧急情况"。但我认为,美国钢铁、铝材产业的现状并不符合安全例外条款中的"emergency in international relations",下面将用一些数据对此进行论证。

首先值得注意的是:美国钢铁、铝材的现有产能足以支持其战争需要。数据表明:国防开销仅占美国钢铁产能的 3%,高纯度铝材产能的 20%。而现在美国钢铁、铝材行业分别达到其产能的 72%与 39%,足以满足国防需要。① 所以美国以国防需要、军事安全为名援引安全例外条款,是无理无据的。

其次,美国钢铁、铝材的主要进口国多为其盟友。美国最大的钢铁进口国包含加拿大、巴西、韩国、墨西哥、土耳其、日本,中国在其钢铁进口榜单中仅列第 11 位,仅占其钢铁进口额度的 3%。另外,美国与其盟友签订有多份"互惠国防采购协议"。这意味着:即便真正开

---

① Robert Williams: The Commerce Department's Self-Defeating Conception of National Security. https://www.lawfareblog.com/topic/trade-and-security

战，美国盟友也将根据“国防采购协议”的约定，向其提供足够的钢铁与铝材，保障其国防工业的运转。

最后，美国最初公布的贸易制裁方案是普世的、无差别对待的。但经过谈判与磋商，特朗普最终将欧盟、阿根廷、澳大利亚、巴西、加拿大、墨西哥和韩国排除在征收钢铝进口关税的对象之外，而这些国家是美国最主要的钢铝进口国。因此，“232 调查”能否实质上达成“限制外国进口、鼓励国内钢铁产业发展”的目的，不无疑问。

综上所述，数据表明美国的钢铁产能足以支撑美国战时的国防工业。并且美国的钢铝主要进口国多与其签订“互惠国防采购协议”，战时将履行协议义务，向其提供钢铁、铝材。最后，从美国对欧盟、加拿大等主要钢铁进口国的“赦免”来看，美国实质上并无“限制进口、鼓励国内钢铝产业”之意。我认为，美国钢铁、铝材产业的现状并不符合安全例外条款所规定的“国际关系中的紧急情况”。因此，我认为美国本次“232 调查”并未满足安全例外条款中的客观要件。美国不能援引“安全例外条款”为其贸易保护主义的行为进行辩护。

二、课程心得

“232 调查”、“301 调查”及中美双方的强势回应，构成了世界贸易组织法上的一次“大地震”。撰写这篇课程综述的过程中，有个问题一直在脑海中萦绕：身处“国际贸易大变局”中，我们应如何对这样的重大历史性时刻作出回应？我想：以法律思维化解贸易难题，以理性思考抵御汹涌的民粹主义浪潮，应是法律人的担当与责任。

因此，以撰写课程综述、分析法律规范的形式参与到中美经贸摩擦中，是富有意义的。我在课程综述中探讨了美国“232 调查”与“安全例外条款”之间的关系，而这极可能是中美“对簿公堂”时的争议焦点。如果中美钢铝贸易争端最终诉诸 WTO，我十分期待阅读双方的意见书、专家组的裁判书，寻找其中与我的观点相矛盾或重合之处。

借此，我们不仅是历史消极的观察者、见证者，更是积极的参与者、创造者。我想，这正是在中美经贸摩擦爆发之年参加“世界贸易组织法”课程的重大意义。

（第二次综述）

一、课程内容

上周课程中，我们主要围绕两个主题展开了讨论。

(1)美国发起“232 调查”，进口钢材、铝材征收惩罚性关税的行为究竟属于保障措施，抑或安全例外？中美双方各持何种观点？从举证责任的角度来看，中方在 DS544 中提出的诉讼请求是否适当？

(2)中国贸易反制措施是否具有国际法上的正当性？中国是否以反击单边主义、保护主义为名，行单边主义、保护主义之实？

因为我上周的课程综述较多地涵盖了“232 调查”与安全例外条款，所以本周将尝试分析中方贸易反制措施及其合规性。

新华社发文称：“入世 17 年，中国遵守入世承诺，谨守 WTO 准则，积极维护并参与构建公平公正的国际贸易秩序。”但是中国公布 500 亿征税清单后，外媒的批评声音同样不绝于

耳。例如加拿大的《环球邮报》就以“WTO rules are the first casualty in the China-US. Shoving match”为题，撰文批判中国的单边主义行为。政治角力与博弈是经贸摩擦中不可忽视的因素，但本文想回归法律规范分析视角，从国际法规范角度探讨中国反制措施的合理性。

(一)《保障措施协议》能否成为中国反制措施的正当性基础?

尽管美国并未主张“232 调查”属于保障措施，但中国主动出击，诉称“232 调查实质上构成保障措施”。因此，我仔细阅读了《保障措施协议》，希望能够从中寻找到中国贸易反制措施的法理依据。

首先值得注意的是：“保障措施”与“中止减让”不应被混淆。我查阅法条后发现，“保障措施”与“中止减让”是两个分立的概念，但我们在课堂中却常常将其混为一谈。保障措施具有主动性，国家认为进口数量绝对增长、严重损害国内产业时，可采取保障措施。中止减让具有被动性、防卫性。受保障措施影响的出口国有权中止实施减让义务。

由此可见，中国的贸易反制措施应当属于“中止减让”。从《保障措施协议》可以看出，中止减让的实施是具有严格的程序性、实体性条件的。(见图 1)

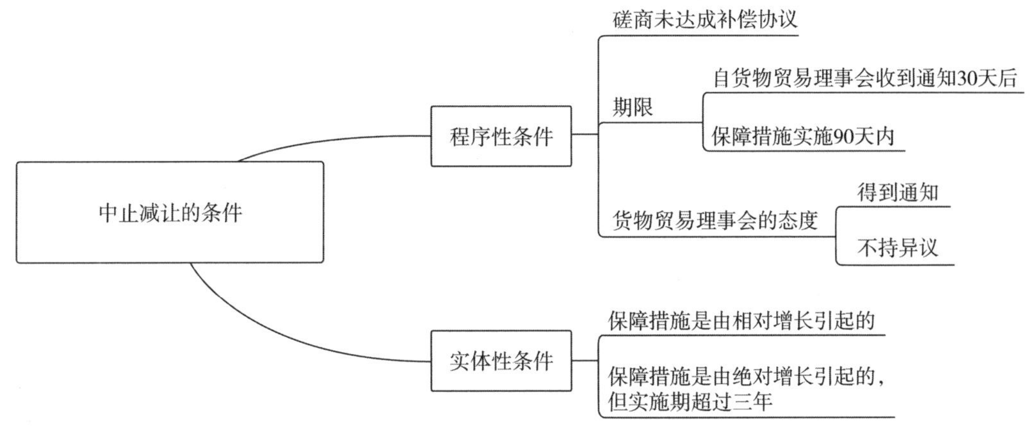

图 1　中止减让的程序性条件与实体性条件

1. 程序性条件

首先，实施保障措施的国家与受影响经磋商未达成补偿协议(《保障措施协议》第 8.1 条)。其次，中止减让须符合期限要求。受影响成员自货物贸易理事会收到中止减让的书面通知之日起 30 天期满后即可开始行使中止减让权，如果在该保障措施实施后 90 天内都未能行使中止减让权，原则上不能再行使该权利(《保障措施协议》第 8.2 条)。最后，货物贸易理事会的态度也是重要因素。根据《保障措施协议》第 8.2 条，货物贸易理事会对中止减让权的行使须知晓，且不反对中止减让权的行使(不持异议)。

3 月 26 日，中国根据《保障措施协定》在世贸组织向美方提出贸易补偿磋商请求，但美方拒绝答复，鉴于双方“没有达成一致的可能”。籍此，中国应当是满足第一项程序性规定的。但是中国可能违反了第二、三项程序性规则。第二项要求受影响成员在书面通知货物贸易理事会 30 日后行使中止减让权。但中国于 3 月 29 日向世贸组织通报了中止减让清

单,4 月 2 日进口关税即正式生效。仅间隔 3 天,并不符合《保障措施协定》的规定。我查找了 WTO 官网,但并没有找到货物贸易理事会的回应。因此,中国是否符合第三项要求,也是存疑的。从程序上看,中国并不满足《保障措施协定》的要求。

2. 实体性条件

实体性条件其实是对实施保障措施方的限制。如果保障措施不适格,受保障措施影响的国家就有正当权利采取中止减让措施。

《保障措施》第 8.3 条区别规定了进口品数量的相对增长与绝对增长。如果保障措施是由相对增长引起的,受影响国自然可以采取中止减让措施。相对增长意味着:进口数量的绝对值没有发生变化,但国内生产者市场占有率下降,使进口数量所占国内市场份额上升。受影响国的经济利益遭到减损,因此有权采取中止减让措施。在保障措施是由绝对增长引起的情形下,只要保障措施实施期超过三年,受影响国也可以主张中止减让。

美国在"232 调查报告"中主张:过度进口使其国内钢铁产业遭到替代。其他国家在失去中国市场后(中国国内钢铁产能不断增加),向美国出口更多钢铁,加剧了美国国内钢铁行业份额的下滑。也就是说,美国认为钢铁进口数量的绝对增长是其保障措施的正当性根据。虽然美国的主张并不具有最终拘束力,最终结果须由 DSB 裁定。一旦数据显示美国的钢铁进口数量确有绝对增长,那么中国的中止减让措施就有不法性之虞。

(二)其他国际法能否成为中国贸易反制措施的正当性基础?

WTO《保障措施协议》对中止减让的实施要求较为严格。如果严格遵守《保障措施协议》中的流程,中方将遭受重大的利益损失。因此,学者们纷纷在一般国际法领域为中方贸易反制行为寻求正当性基础。胡建国老师在《近期三起中美经贸纠纷的 WTO 法律分析》一文中归纳了学者们的不同学说,但并未进行具体论述。我查阅了相关国际法资料,制成表 1①:

表 1 中国贸易反制行为的其他国际法基础

自然权利+正当防卫说	杨国华教授	正当防卫是国家的自然权利,尽管 DSU 第 23 条没有例外规定,紧急情况下国家应享有正当防卫的权利。
暂停条约施行说	杨国华教授	根据《维也纳条约法公约》第 60 条:条约当事国有重大违约情事时,特别受违约影响的当事国有权暂停施行条约。
寻求 WTO 豁免说	杨国华教授	《建立世界贸易组织协定》第 9 条第 3 款:部长级会议可决定豁免成员方承担的义务。
条约情势变更说	廖诗评教授	《维也纳条约法公约》:情势变更原则 当情势变更导致条约履行不能,且变更的情势为缔约基础时,当事国可要求终止、暂停实施或修改条约。
避免损失扩大说	刘敬东教授	合同法的减损规则:当事国一方因另一方违反合同受到损失的,应当及时采取措施防止损失的扩大。

① 因为暂时搜索不到后三个学说暂时检索不到教授的具体文章,所以是根据我查阅到的资料进行编写的,可能与教授本意有出入,还请谅解。

续表

收支平衡限制说	高树超教授	GATT 1994 第 18 条：发展中国家收支平衡例外条款。发展中国家在其快速发展的过程中，常会经历国际收支困难。为保障其对外财政地位及外币储备水平，发展中国家可采用进口数量限制措施来限制进口。

观察上述学说，我认为有两点问题是需要注意的。

(一)应当在 WTO 框架之内解决争端

我们应当尽量援引 WTO 法作为贸易反制行为的法理依据。正当防卫、情势变更、避免损失扩大均属于国际习惯法。虽然这些国际习惯法为反击提供了正当性依据，但《关于争端解决规则与程序的谅解》第 23 条是明确禁止单方行为的，因此不免有国际习惯法与条约法相冲突的问题。如潘隽吉学长所言："依据特别法优于一般法的原则，条约的规定优于习惯法而优先适用"。所以正当防卫、情势变更、避免损失扩大难免有违反条约法之虞。相较之下，"寻求 WTO 豁免说""收支平衡限制说"是在 WTO 既有框架之下解决问题，或许较为可取。

(二)应当限缩国家自决权，将判断权交予客观、中立的第三方机构。

例如，我感觉"正当防卫说"很可能导致国家主权的愈发膨胀。如果我们将正当防卫视作自然法所赋予的权利，美国是否也可援引"正当防卫"作为其"232 调查"的正当性基础？如果将正当防卫成立与否的判断权交予国家自身，是否会再次出现以邻为壑、丛林法则式的国际秩序？所以我认为"寻求 WTO 豁免说"中，将判断权交给部长级会议，较为可取。既能以第三方权威机构的中立性保障裁判结果公正性，又能提高争端解决效率，是比较好的做法。

二、课程心得

在我撰写这篇课程综述时，中美贸易再燃战火。4 月 16 日，美国商务部发布通告，因违反美国政府制裁禁令向伊朗等国出口，中兴通讯被禁止从美国市场上购买零部件产品，期限为 7 年。4 月 17 日，中国商务部发布公告，初步认定原产于美国的进口高粱存在倾销行为，决定自 4 月 18 日起，对原产于美国的进口高粱采取临时反倾销措施。4 月 18 日，美国商务部宣布已展开新的调查，以确定从中国进口的部分钢轮产品是否在美国倾销与中国生产商是否接受不公平补贴问题。

看到这几则新闻时，我的心情是很沉重的。在我看来，中美之间充满火药味的"你来我往"，更像是"以牙还牙、以眼还眼"报应正义观的体现。中美两国正陷入一场两败俱伤的囚徒困境之中。两个负责任的、尊重国际法秩序的大国，绝不应故意绕开 WTO，以单边主义的方式解决贸易纠纷。在面临经贸摩擦的冲击时，政府决策者的心中有一份价值清单。毫无疑问，经济利益、国家安全在这场经贸摩擦的价值清单中名列榜首。但相应牺牲的，却是对国际法秩序的尊重。

当然，WTO 争端解决机制效率低下、耗时漫长的弊病不容忽视。有同学认为应当建立 WTO 的速裁机制，加快争端解决速度，挽救摇摇欲坠的国际法秩序。我认为这项建议有待商榷。参考国内诉讼法，速裁程序通常适用于简易案件，而中美贸易争端意义重大、影响深远，以速裁程序草草结案似乎并不合理。片面追求速度也许会使法律说理的质量大打折扣，WTO 权威性亦因此受损，有时，或许“正义”不得不迟到？中美贸易之战，揭示出 WTO 争端解决机制不少固有弊病。这样的沉重一击，或许能够给予 WTO 最大的改革动力。如何构建更完善的 WTO 争端解决机制？希望在后续课程中，听到同学们更多精彩观点的分享。

 袁崇霖

（第一次综述）

本周，我们就美国近日公布的 232 调查、301 调查报告以及其在 WTO 提出的磋商请求（DS542）进行了讨论。在杨老师的指引下，大家主要围绕 232 调查、301 调查的相关背景与其合法性，与 DS542 请求的合理性进行了分析。在课程结尾，老师和两位研究生学姐还做了非常精辟扼要的总结，厘清了分析 301 调查合法性的核心线索和路径，为大家指点了迷津。

一、课程内容

（一）232 调查

1. 232 调查概述

所谓 232 调查，是指美国依据其 1962 年的《贸易扩展法（The Trade Expansion Act of 1962）》Section 232（19 U.S.C.A. § 1862），以国家安全为由，对钢铁产品和铝产品进口状况发起的贸易调查。基于此调查，特朗普总统决定对进口钢铁和铝产品分别全面加征 25%和 10%的关税①②。然而，于 3 月 22 日，美国对阿根廷、澳大利亚、巴西、加拿大、墨西哥、欧盟、韩国等国家和组织的进口产品的加征关税予以了中止③。因此，根据实际进口量，中国成为本次贸易调查的最大受害国。

2. 232 调查的合法性

针对这一调查的合法性，同学们的意见存在一些分歧。姜林沣等同学认为，尽管 232 调查属于 DSU 第 23 条禁止的单边行动，但其符合 GATT 1994 第 21 条的安全例外规则，属于 Article XXI (b) ii 中"relating to the traffic in arms, ammunition and implements of war and to such traffic in other goods and materials as is carried on directly or indirectly for the purpose of supplying a military establishment"的情形，从而得以豁免。具体而言，美国在 232 报告中也表示，大量进口的钢铁和铝产品导致国内钢铁和铝产品产能下降，威胁了其在紧急状况下进行生产并供应战时需要的能力。尽管该调查是单边的，但 GATT 第 21 条(b)

---

① DONALD J. TRUMP. Presidential Proclamation on Adjusting Imports of Steel into the United States [EB/OL].（2018-03-08）[2018-11-20]. https://www.whitehouse.gov/presidential-actions/presidential-proclamation-adjusting-imports-steel-united-states/.

② DONALD J. TRUMP. Presidential Proclamation Adjusting Imports of Aluminum into the United States[EB/OL].(2018-03-22)[2018-11-20].https://www.whitehouse.gov/presidential-actions/presidential-proclamation-adjusting-imports-aluminum-united-states-2/.

③ The White House. President Trump Approves Section 232 Tariff Modifications[EB/OL].(2018-03-22)[2018-11-20]. https://www.whitehouse.gov/briefings-statements/president-trump-approves-section-232-tariff-modifications/.

款的用语是“to prevent any contracting party from taking any action which it considers necessary for the protection of its essential security interests”，其中的“it considers”似乎把这一标准设定为了主观标准，故美国可以因为其单边调查认定其国家安全受到了威胁，符合该例外。不过，经老师补充，可以发现，如果美国要援用国家安全例外进行抗辩，其证明标准还是比较高的，需论证“直接或间接供应军事机关”、“基本国家安全利益”两个要件的符合性。另外，我认为从体系解释的角度出发，“it considers”并不能被解释为在判断是否威胁国家安全的问题上采取了主观标准，否则将使WTO关于贸易保护主义和单点主义的禁止性规定悉数沦为具文。在解释时也应参考《维也纳条约法公约((Vienna Convention on the Law of Treaty)》中第26条第2款，“凡有效之条约对其各当事国有拘束力，必须由各该国善意履行”，其后半段所规定的“善意履行”应当认为排除了各方恣意行使主观判断权利的解释路径。因此，再结合其文义和立法目的，应当认为，“it considers”仅限定了主张和适用该例外的主体范围，而非意在强调主观判断标准。

除上述分析外，认为232调查不合法的同学还结合杨老师之前的采访发言指出，中国可以基于《保障措施协定(Agreement on Safeguards)》作出正当的反制措施。

(二)301调查

1. 301调查概述

所谓301调查，是指美国依据《1974年贸易法(Trade Act of 1974)》Section 301～310(19 USCA § 2411～19 USCA § 2420)，由美国贸易代表(United States Trade Representative)就美国在对外贸易中遭受的不公正待遇发起的调查。本次301调查，是美国贸易代表于2017年8月18日发起的，以认定中国在技术转让、知识产权保护方面的法律、政策和行为是否损害或违背美国利益，或不合理地给美国商业造成负担或限制。该301调查报告于3月22日发布，并在4月5日由贸易代表公布了针对中国逾500亿美元的商品加征25%关税的清单①。

相比232调查，301调查的发动主体有所不同，前者则是由商务部主导的，后者的发动者为美国的贸易代表，并且其掌握着较多的自由裁量权。此外，301调查的后续措施在关税增加之外，还包括诸多后续配套措施。同时，301调查也是美国最常使用的单边贸易制裁措施，232调查的使用则相对没有如此频繁。

2. 301调查的历史与目的

大家对于301调查的讨论还涉及了其历史、目的两个方面。

根据刘书杭同学提供的信息，可以知道，美国自WTO成立至今，曾对包括加拿大、中国、乌克兰、澳大利亚、欧盟、韩国、日本等国家和组织展开过29次301调查，其中约有三分之一案例与本次针对中国的调查相似，是以知识产权保护为由发动的。其中，争议进入WTO争端解决机制的调查有17起，但其中已完结的案例中，仅有日本提起的DS44一案，

---

① Office of the USTR. Under Section 301 Action, USTR Releases Proposed Tariff List on Chinese Products [EB/OL]. [2018-11-20]. https://ustr.gov/about-us/policy-offices/press-office/press-releases/2018/april/under-section-301-action-ustr.

DSB 没有支持美国，其余约有一半支持了美国的立场，另一半则由双方通过案外的谈判等机制予以解决。WTO 成立后，美国曾对中国发起了 5 次 301 调查，但最终均通过谈判机制解决了争议。

对于 301 调查的目的，大多数同学对其"知识产权保护"的名义表示了质疑，大家普遍认为，美国的目的在于制衡中国的发展，具体而言，即通过发起本次 301 调查，威胁中国进入相关的贸易谈判，从而在谈判中谋取本国利益，牵制中国的高技术产业发展。

3. 301 调查的合法性

就 301 调查的合法性，同学们也各有看法，结合大家的观点，可以将相应的立场和理由分为两个部分，即认定其违反 WTO 规则的与认定其具有一定的抗辩事由的。

对大多数人的观点、理由、推理进行综述，可归纳如下：

①本次美国声称其是依据《1974 年贸易法》第 302(b)(1)(A)发起的 301 调查，其发起条件是中国对美贸易政策是不合理、歧视性的，并对美国贸易造成了负担和限制(unreasonable or discriminatory and burdens or restricts United States commerce)。倘若如此，本次调查便没有落入 DSU23.2(a)关于针对 WTO 项下义务履行情况的单边行动的禁止的范围，因此使得调查及其措施并不违反 DSU 之规定。

②由于美国已经在调查的同时向中国提出了磋商请求，并且在 WTO 提起了启动争端解决机制的请求(DS542)，也很难认为美国的行为违反了 DSU。

③考虑到 DSB 在争端解决上存在事实上的遵循先例原则，故判断词调查的合法性，无法回避对"欧盟诉美国 301 调查"(DS152)一案的考察。DS152 一案中，专家组认为 Section 304、Section 306、Section 306(b)的文义(the statutory language)均具有强烈的单边色彩，但是因为美国承诺其不会绕过 DSB 依据上述条款发动单边行动①，才没有使得这些条款被专家组认定为违反 DSU。在此基础上，考虑到 Section 304、Section 306、Section 306(b)均系 301(a)条款的程序性措施，DS152 一案的实际意义即否认了美国在通过 DSB 正式争端解决机制之外依据 301(a)发动单边行动的合法性。然而，本案中，美国所声称的调查，却是依据 301(b)条款发动的，便不能简单适用 DS152 对其进行否认。如此一来，结合上述结论，部分同学得出观点，认为本次的 301 调查并未违反 DSU 之规定。

④对于上述推理，杨老师提出了两个新的思维进路，质疑了本次 301 调查的合法性。其一，尽管美国声称本次调查是依据 301(b)发动的，但其事实上的法律依据却是 301(a)。在本次调查中，美国主要指责中国存在强制技术转让、削弱美国知识产权谈判能力、政府主导并购以及黑客窃取商业秘密和知识产权等问题，其实质正是因美国认为中国违反了 TRIPS 公约项下义务。进而可知，因义务违反发起的调查，正是 301(a)的构成要件，而非 301(b)，所以也正好落在 DSU23.2(a)规制的范围之内。其二，尽管调查本身不违反 DSU，但美国单方面确认中国所谓"违反义务"的行动，却违反了 DSU23.2(a)。

---

① 该条款为：(i) lawfully removed this threat by the "aggregate effect of the Statement of Administrative Action ('SAA')" and (ii) made a statement before the Panel that it would render determinations under Section 304 in conformity with its WTO obligations.

(三)DS542

美国于3月23日向DSB就中国保护知识产权的某些措施申请与中国进行磋商((CHINA - CERTAIN MEASURES ONCERNING THE PROTECTION OF INTELLECTUAL PROPERTY RIGHTS,DS542)。

在申请中,美国主要就中国在TRIPS协定项下义务的履行情况提出了异议,主要请求及其依据为:

(1)《中华人民共和国技术进出口管理条例》单独或与其他法律文件共同作用,单独或同时违反了TRIPS协定第3条及TRIPS协定第28.2条;

(2)《中华人民共和国中外合资经营企业法实施条例》单独或与其他法律文件一起,单独或同时违反了TRIPS协议第3条,及TRIPS协定第28.1(a)、(b)或第28.2条的规定;

(3)《中华人民共和国中外合资经营企业法实施条例》单独或与其他法律文件一起,违反了TRIPS协定第28.1(a)、(b)条。

其中TRIPS第3条规定了国民待遇原则,第28条则主要规定了专利人的专有权利和转让等转移专利的权利。

由于时间有限,大家对于DS542的讨论并未十分详细地展开,注意力也主要集中在美国的申请理由能否成立,以及DS542是否阻却301调查的违法性上。

我的个人观点是,单独从美国所列举的条文上,不能简单认定中国违反了TRIPS公约项下义务,美国不能仅藉此完成其举证责任,建立prima facie case。以美国列举的《中华人民共和国技术进出口管理条例》第24条为例,美国指责该条第三款要求进口技术合同出让人就被转让技术使用所引起的所有侵权责任向受让人赔偿,是违反上述TRIPS公约义务的。然而,出让人承担责任有两个要件,其一是受让人按照约定使用技术,其二是侵害他人合法权益,美国在解释法律时仅注意到了第二个要件,而忽略了“按照合同约定使用让与人提供的技术”这一部分。本条的立法目的显然是防止因出让人过失或故意,其专利存在瑕疵,导致受让人和被侵权人陷于不利地位而设置的,在法理上并无问题,也没有侵犯专利人的专有权利,在国内法上也同样有着类似规则,故美国所提出之理由不能成立。再如,美国认为第27条规定,在技术进口合同有效期内,改进技术的成果属于改进方,亦侵害了技术出口者的权利。但实际上,改进技术的不仅可能是作为进口方的中方,也可能是作为出口方的外方,因此,这一规定不仅没有损害专利人的权利,而且也是十分公平公正的。

二、课后感想

所谓“学以致用”,正是我在这周课程上的最大感触。尽管才有半只脚踏在世贸组织法的门框上,但我仍然对能够参与到眼下正在发生的“经贸摩擦”讨论感到非常兴奋。

原来的我,只能在这些问题上做一个旁观者,从新闻、公众号文章、知乎上拾人牙慧,但是在这周的课程准备期间和讨论之中,我却真正地参与到了探究事实、解释法律、形成观点的过程中。虽然浩如烟海的材料令我感觉到十分迷茫,但课上大家提供的思路、老师给予的指引、研究生学姐总结的路径都让我在迷雾中一点点探索着新的方向,也能够在网络上多如牛毛、水平参差不一的评论中逐渐看出些许端倪、发现一些灼见,这让我很有成就感,也越发

喜爱 WTO 法的学习。

此外，这周老师多次强调信息“来源”的问题——不能简单依据新闻、评论文章等二手文献草率地作出判断，这的确警醒了我。在之前的检索中，我习惯性地相信一些所谓的“权威”新闻，对真正的信息源不加考察，就采纳了别人的观点，甚至把它们作为基础事实加以确定，结果这周课上听到老师的追问就变得十分茫然。因此，在这次综述里，我力求直接获取第一手资料，对大多数信息都在 WTO、USTR、美国商务部、白宫等的官方网站上做了核实，对于各种文献中常常出现的“1974 年贸易法”“1962 年贸易扩展法”等法律文本，也直接在 Westlaw 上阅读了原文。经过这些检索和阅读，我感到原本的诸多迷惑都无形中得到了解答，也让我进一步学习了一些实用的检索方法，也算获得了一点额外收获。

（第二次综述）

一、课程内容

本周课程中，我们就中国在 WTO 提出的两个磋商请求——DS543 和 DS544 展开了讨论。在讨论中，大家的话题逐渐集中在了两个问题上，其一是美国 232 调查的性质及中国的诉讼请求合理性的问题，其二是中国 500 亿美元反制措施①的合法性问题。

（一）232 调查的性质及中国的磋商请求

在美国本次公布的 232 调查报告中，使用了“国家安全”这一理由，但是并没有直接援用 GATT 第 21 条规定的“安全例外”条款为其合法性进行辩护。因此，其性质问题仍有较大的讨论空间。实际上，该调查的性质也决定了中国在 WTO 框架内的应对策略问题。

1. 安全例外说

认同美国本次调查基于或者实际上是基于安全例外而发起的同学认为，美国国内法中将与保障措施有关的贸易措施规则规定在了 201 条款中，本次发起的调查并未以此为依据，所以自然不存在“保障措施”一说。相较而言，也只有通过援用“安全例外”，才能使得美国豁免墨西哥、加拿大、韩国等国而仅对中国发起加征关税措施的行为得以正当化。否则，若援用“保障措施”，则需受到非歧视原则的限制。此外，无论是从美国国内法的角度，还是 WTO 规则的角度（《保障措施协定》和 GATT 1994），“安全例外”都较“保障措施”赋予了当事国更大的自由裁量空间，其要件也相对模糊，检验构成要件的符合性，232 调查很难与保障措施“(sudden/sharp/significant) increase”、“threaten serious injury to domestic producers in that territory”以及因果关系要件“in such conditions”相合致。

2. 保障措施说

本次中国在 DSU 提起的磋商请求 DS544 中，将美国的 232 调查及其措施认定为了 GATT 1994 第 19 条规定的“保障措施”，并援用了《保障措施协定》攻击了美国 232 调查的

---

① 中华人民共和国商务部.关于对原产于美国的部分进口商品加征关税的公告[EB/OL].(2018-04-04)[2018-11-20].http://www.mofcom.gov.cn/article/b/c/201804/20180402728516.shtml.

合法性。许多同学也就此支持将本次调查认定为“保障措施”，其主要理由是：①“安全例外”是在冷战背景下产生的，结合其文义也不难发现，其所涉及的“essential security interests”只能是战时国防、军事上的国家利益，本次 232 调查很难落入这一范畴；②从实质上，美国本次 232 调查的目的也昭然若揭，即保护本国产业，扭转贸易逆差——姑且不论滥用问题，但这正符合“保障措施”就产业进行保护性救济的实质。③至于非歧视性原则，本次 232 报告发布之时，正是针对 13 个国家均形成了加征关税的政策，只是其后予以了中止，这说明美国意在使本次调查尽量落在符合非歧视性原则的范畴内。

3. 诉讼程序说

尽管上述两种观点各有依据，也都力求把握 232 调查的本质，甚至中国已经主动出击运用了与保障措施有关的条款发起了责难，但这些可能都为时过早，远不如通过起诉美国违反 WTO 一般性规则而由美国被动提出抗辩，再针对抗辩进行回击更加有力。这便是依据诉讼程序提出相应观点的同学所持的态度。我也赞同这一看法。

从诉讼程序的法理上，被告作出了违反法律规范的侵权行为，原告据此向司法机关寻求救济之时，只需指出其违法性，并能以证据证明即可。至于提出何种抗辩，应当属于被告的诉讼义务，而不应由原告主张。在本案中，美国首先违反了其关税减让表和“非歧视性原则”，中国仅需据此向 DSU 提出磋商请求即可，大可不必提前判断美国的行为实质上属于何种例外，再对这样的抗辩加以攻击。虽然这样的主动出击可能有利于提高诉讼效率，显示主张的充分、全面性，但是也增加了陷入被动的可能。

事实上，美国对 DS544 的回应恰恰证明了这一点。美方认为，本次调查并非依据《1974 年贸易法》有关保障措施的第 201 节提起的，不属于保障措施，因此中国根据《保障措施协定》第 12 条提出的磋商请求并没有依据，因此中方也没有理由作出中止减让措施。如此一来，中国便因为“主动出击”反而陷入了不利的被动境地。

当然，不能否认的是，美国所采取的措施其性质究竟如何，应依据其实质符合何种构成要件而判断，而非建立在美国单方面提出的主张之上。然而，尽管如此，我认为在程序上建立更多优势，对于扩大中方在争端解决中的胜算还是非常必要的。

(二)中国对美 301 调查反制措施的合法性

4 月 12 日，中国商务部发布了 2018 年第 34 号商务部公告，宣布“中国政府依据《中华人民共和国对外贸易法》等法律法规和国际法基本原则，将对原产于美国的大豆等农产品、汽车、化工品、飞机等进口商品对等采取加征关税措施，税率为 25%，涉及 2017 年中国自美国进口金额约 500 亿美元”。报复措施一出，各种评论的声音此起彼伏，拊掌称快者众，亦有批评之声亦不绝于耳。前者往往从国家力量角度出发，而后者则忧心于 WTO 的规则秩序，其中批评者甚至认为，中美双方这种悍然违反 WTO 规则的行为，进一步冲击着岌岌可危的 WTO 秩序。

不过，单纯提出观点，意义是微渺的，更重要的显然是为观点在 WTO 或者国际法框架下寻找相应的法理依据。其中，包括杨老师在内的诸多学者，都积极地为中国报复措施的合法性寻找着依据，这些观点，成为了这节课后半部分讨论的焦点，可以就此归纳如下：

1. 条约暂停施行说

根据《维也纳条约法公约(下称"公约")》第 60 条，在条约当事国受另一国的重大违约之特别影响时，可以基于此主张在与该国的国际关系中暂停实施全部或部分条约。美国贸然对中国加征关税的行为，显然构成了重大违约，中国可以因此对美国主张 WTO 规则暂停施行，从而不必考虑报复手段的合法性。

当然，对于这一观点，不赞同的声音指出，美国并非《公约》的缔约国，其"暂停施行"规则仅能作为国际习惯法规范适用于中美两国之间。然而，一方面 DSU 第 23 条作为成文法明确禁止了单边行动，在与习惯法竞合之时，应当适用成文法；另一方面，《公约》第 60 条第 4 款也规定，"在上各项不妨碍条约内适用于违约情事之任何规定"，类似于民法中"合同无效不影响争议解决条款效力"，因而不能因此排除 DSU 对于单边行动的禁止。

对于上述反对观点中引用 DSU 关于禁止单边行动的看法，我持保留意见。

《公约》第 60 条之规定，是内生于国际法秩序的根基中的，其意在为因重大违约而已经或即将受到严重损害的国际法主体提供兜底性的救济措施。如果仅凭 WTO 中的争端解决规则的排除，就简单否定其效力，无异于使兜底性保障措施沦为具文。对此，如果跨越法律学科的障碍，可以参考崔建远老师在解释"委托合同任意解除权"时的看法，即任意解除权与个人的自由等内在权利息息相关，为了避免严重侵害这些基本权利，应当认为，任意接触权条款在与合同的特别约定竞合时，构成对特别约定的补充——除非特别约定完全囊括了任意解除权的情形，否则任意解除权可在对合同未约定的解除情形起到补充的作用，从而合理地将这项基本权利顺畅地与当事人的意思自治接轨。此处之情形下也应当认为，条约暂停施行不影响 DSU 所约定的一般情形下对单边行动的禁止，但是在"重大违约""特别影响"之时，还应适用"条约暂停施行"。

2. 正当防卫说

这种观点意在援引自然权利进行辩护，认为在美国严重违约而侵害中国的国家利益之时，中国可以采取必要的正当防卫措施，从而在国际法框架内保护国家利益。虽然这一理论一般应用于国家的军事活动中，但依照"举重以明轻"的规则，适用在经济领域，也并非不可。

虽然我对国际法中的正当防卫并没有充分的了解，但是参考刑法中对于正当防卫的普遍规定，一般将正当防卫列为违法阻却事由或者责任阻却事由，实际上是承认了其法益侵害性但形成了有效抗辩的情形。因此，尽管正当防卫说有其意义，也不宜过早地作为中国行动的法理依据而提出，还是应当作为最后的抗辩比较有价值。此外，杨老师也就此作出了补充，即援引正当防卫说可能正中美国下怀，给予了美国的 301 措施以借口，这一点也是非常重要的，因此更应当谨慎对待这种观点。

3. 义务豁免说

这种观点参考了 GATT 1994 第 9 条第 3 款的规定，即例外情况下，部长级会议可以决定豁免成员基于多边贸易协定的义务。中国可在此项下向 WTO 申请，中美贸易出现了特殊情况，而请求豁免关于 WTO 单边行动等规则的限制。然而，这种豁免有着严格的时间和程序规定，还需全体一致或四分之三多数表决方可。对此，我认为，虽然这一方案是一个可以参考的策略，但是其可行性存在疑问，其解决还需诉诸其他国家的肯定，对于中美博弈可

能并不会产生有利于中方的结果。

二、课程感想

这周的课程上，大家的讨论都是十分务实的。在鲜活的案例面前，法律的解释显得更加有血有肉，尤其是后半段关于中国反制措施的合法性讨论让我感想颇多。

一方面，越来越多诉诸 non-WTO law 的抗辩路径着实让我对 WTO 秩序的牢固性产生了担忧，也令我感到非常矛盾。如果违反 WTO 规则的当事国皆主张向国际法的一般规则逃逸，那么无疑会使得 WTO 规则遭到架空；可是，一些情形下，囿于 WTO 规则又会造成不公平的局面，那么这种法律解释、适用的限度在哪里呢？这些问题又是否会是 WTO 规则的漏洞造成的呢？比如很多同学都提出了增加速裁程序、为 DSU 第 23 条增加紧急情况的例外等建议——或许法律的完善能够为建立更加牢固的 WTO 秩序提供契机。

另一方面，近两周来，针对“经贸摩擦”的讨论越来越多，不理智的声音也越来越多。事实上，如果没有接触具体的 WTO 规则，而仅仅从朴素的法感情出发，我决不会质疑中国的 500 亿美元报复措施的合法性。但是“法律便是法律”，违反法律以图一时之快而带来的代价是沉重的，在国内法中如是，国际法似乎亦无不同。这周中兴受罚的事件更让我看到了违法而授人以柄的巨大成本。因此，任何时候保持理智，保持对于规则的敬畏，都是十分必要的。希望在中美经贸摩擦中，中方也始终站在这样的立场上，更漂亮地捍卫自己的权利，而法律人也更需为此而努力。

撰稿人 翟宇凡

（第一次综述）

一、课堂内容

围绕 232 及 301 调查，同学们各寻角度发表观点，一堂课结束，犹有意犹未尽之感。

下面是我总结的主要问题：

如何理解一方面提出通过 WTO 磋商、解决争端，另一方面又试图启动 301 项下的自力救济？

232 是否违反 WTO 规则？是否属于保障安全措施？是否违反最惠国待遇原则？

232 与 301 条款的主要区别？

301 的哪一环节违反了 WTO 规则？

美国发起 301 调查的目的是什么？

上述问题，有的达成共识，有的大家莫衷一是。我认为最迫切需要解决的问题是 232 与 301 是否违反 WTO 规则的问题，这也是杨国华老师让我们在本次课程综述中重点讨论的问题。

关于这个问题，我参考了很多资料，包括大家的课堂微信发言记录、公众号“Wells”中美经贸透视系列 005—009、管健律师中美经贸关系法律问题研讨会 PPT（出自公众号“国际贸易法评论”）、国新办中美贸易有关情况吹风会、杨国华老师的访谈等。也许得出的结论是粗浅甚至是错误的，但仍然非常享受这个主动收集信息并分析的过程。

二、232 调查

（一）232 条款与调查的内容

收录在美国《1962 年贸易扩展法》（Trade Expansion Act）中的 232 条，规定授权美国商务部对特定产品进口是否威胁美国国家安全进行立案调查，在立案之后 270 天内向总统提交报告，美国总统在 90 天内作出是否对相关产品进口采取最终措施的决定。依据 232 条作出的调查，称为“232 调查”。

3 月 8 日，特朗普宣布，依据所谓的“232 调查”，将以“国家安全”为由对进口钢铁产品征收 25％关税，对进口铝产品征收 10％关税。

回顾“232 调查”的历史，我发现其适用情形并不多。上一次美国启用“232 调查”还是在 1982 年，当时美国就借口国家安全受威胁，对利比亚石油实施进口限制。1988 年对滚动轴承的“232 调查”最终以采取“限制特定轴承商品采购”的直接限制进口措施告终。1995 年 WTO 成立后，美国政府仅在 1999 年与 2001 年启动过两次“232 调查”，均没有采取任何措施。

(二)是否违反了WTO规则

DSU第23条规定,“当成员寻求纠正违反义务情形或寻求就这个其他造成适用协定项下利益丧失或减损的情形,或寻求纠正妨碍适用协定任何目标的实现的情形时,它们应援用并遵守本谅解的规则和程序。”

GATT 1994第23条规定,“如一缔约方认为,由于下列原因,它在本协定项下直接或间接获得的利益正在丧失或减损,或本协定任何目标的实现正在受到阻碍,(a)另一缔约方未能履行其他在本协定项下的义务,或(b)另一缔约方实施任何措施,无论该措施是否与本协定的规定产生抵触,或(c)存在任何其他情况,则…”

由此而言,232条款越过了WTO争端解决程序,径直授权美国商务部发起调查、向总统报告,总统最终采取措施,违反了DSU与GATT第23条。

232调查采取的提高关税措施是否是一种保障措施呢?我并不认同。

保障措施的法律标准和规定,相对于反倾销、反补贴调查,要严格得多,发起调查的国家必须证明进口的涉案产品构成了“sharp increase”,“sudden increase”和“significant increase”;损害认定的标准必须是严重损害(全面受损 an overall impairment),而并非如反倾销、反补贴规定的实质性损害;同时,必须符合满足GATT第XIX条的法律标准、条件和规定(如,不可预见的发展)。再之,保障措施调查并非针对的是“非公平”贸易行为。然而,232条款的出发点是进口产品给美国构成了“国家安全威胁”,究竟能否达到保障措施的认定标准,存在疑问。因此我认为,232调查并非严格意义上的保障措施。

综上所述,我认为232条款以及据此发起的调查和采取的措施,都是违反WTO协定的。

三、301条款及措施的适法性

(一)301条款与措施的内容

2018年3月22日,美国贸易代表办公室公布了对华技术转让、知识产权及创新政策措施301调查的调查报告,随后特朗普发布总统备忘录,确认中国政府在以下四个方面的有关技术转让、知识产权及创新的政策措施对美国商业经营造成了不合理或者歧视性的限制:(1)中国政府通过合资企业要求、外国投资限制和行政审查、许可等方式强制美国企业实施技术转让;(2)中国在美国企业向中国企业转让技术过程中采取歧视性许可程序;(3)中国利用投资兼并方式迫使大规模技术转让;(4)中国政府支持通过网络入侵方式盗取美国商业信息。美国已经向WTO提起磋商请求,认为中国的如下法律在技术转让合同终止后未对外方权利予以保护,并且对外方施行歧视:

1.《技术进出口管理条例》24条、27条、29条(第二十四条第二款、第三款:技术进口合同的受让人按照合同约定使用让与人提供的技术,被第三方指控侵权的,受让人应当立即通知让与人;让与人接到通知后,应当协助受让人排除妨碍。技术进口合同的受让人按照合同约定使用让与人提供的技术,侵害他人合法权益的,由让与人承担责任。第二十七条:在技术进口合同有效期内,改进技术的成果属于改进方。第二十九条:技术进口合同中,不得含

有下列限制性条款:(三)限制受让人改进让与人提供的技术或者限制受让人使用所改进的技术。)2.《中外合资经营企业法实施条例》43 条(参考:第四十三条:合营企业订立的技术转让协议,应当报审批机构批准。(四)技术转让协议期满后,技术输入方有权继续使用该项技术)3. 其他法律如:《对外贸易法》《中外合资经营企业法》《合同法》。

美国将采取的措施有(1)WTO 诉讼:针对中国的歧视性技术许可政策提起 WTO 诉讼;(2)加征 25%关税:对中国的航空航天、信息通信技术和机械类产品加征与美国每年因中国不公平政策措施所遭受损失相当的关税;(3)投资限制:针对中方通过投资获取美国管件技术的行为,美国财政部将会同有关部门采取相应措施。

"301 条款",是美国《1974 年贸易法》第 301 条的俗称。(汇编为 19 U.S.C.2411—2420) 301(a)节的内容是,如果美国贸易代表确信,美国在任何贸易协定中利益受到损害,或者一国的立法、政策或做法违背了美国签订的条约中的条款,与美国的利益不一致,或者是不公正的(unjustifiable)、给予美国商业负担或者限制商业发展,则可以在(c)节的范围内,向总统报告,征得允许后采取适当灵活的措施。301(b)节的内容主要是:如果美国贸易代表确信,该立法、政策或做法是"不合理的"(unreasonable)或"歧视性的"(discriminatory),(注:但并不一定违反国际法和条约),给美国商业造成了负担或限制,并且美国采取行动是适当的,那么美国贸易代表(United States Trade Reprehensive,USTR)有权采取所有适当、可行的行动,以消除该立法、政策或做法。如果总统有特别的命令,贸易代表应当遵守。301(c)节规定了 USTR 可以采取的制裁措施:(1)中止、撤回或不适用与有关国家订立的贸易协定;(2)对来自有关国家的进口货物提高关税或采取其他进口限制,或对有关国家的服务征税或进行限制;(3)如果有关他国的法律、政策和做法不符合某些法定的免税待遇,撤回、限制或中止这类待遇。(4)美国贸易代表有权与有关国家达成具有约束力的协定,让他国政府承诺取消有关的法律、政策和做法,取消这类法律、政策或做法对美国商业造成的负担与限制,或对美国的贸易利益提供满意的补偿。(5)限制或拒绝给予"服务市场准入授权"。此外,贸易代表在实施限制他国商品输入美国的制裁措施时,相较于其他进口限制措施,美国贸易代表应优先考虑征收关税。301(d)节是针对前述条款的解释。

值得注意的是,美国此次 301 调查的直接依据并非 301 条款的全部,而是(b)节。美国贸易代表根据 301(b)节发起调查,需要满足以下三个条件:(1)他国的法律、政策或做法是"不合理的"或"歧视性的";(2)他国的法律、政策或做法对美国的商业造成了负担或限制;(3)美国的措施必须是适当的,合情合理的。根据 301(d)节的解释,"不合理的"是指他国的法律、政策或做法不一定违背或背离美国的国际法律权利,但它们是不公平、不平等的。不合理的措施包括(但不限于)以下一些立法、政策和做法:(1)否定了公平、平等的(a)成立企业的机会,(b)适当、有效的知识产权保护的规定,(c)市场机会,包括外国政府容忍私人公司或私人公司间进行有组织的反竞争活动,以致背离商业方面的考虑,限制了这些公司购买美国商品的机会;(2)构成了出口鼓励;(3)构成了对国际公认的劳工权利的否定。

(二)是否违反 WTO 协定

301 条款的合法性并非第一次受到质疑。在 DS152 中,欧盟认为美国贸易法中的

301—310 条不符合 DSU 和 GATT 的相关协定。[①] 而专家组认为 304(a)(2)(A),305(a)和 306(b)并未违 DSU 与 GATT。[②] 但这一裁定是在 SAA 的前提下作出的。

在长达 300 多页专家组的咨询意见中,专家组初裁认为美国《1974 年贸易法》第 301 条原则上违反了 DSU 第 23 条的规定。不过,因为美国政府所作出的《政府行政申明》(Statement of Administrative Action),在此份行政声明中,美国政府针对 DSU 所规定的义务作出了会在获得了 DSB 授权同意后,使用"301 条款"规定的贸易报复措施的承诺和保证。最终专家组裁决其与 DSU 项下所规定的义务并非不一致。

那么,是不是说即使 301 条款是违反 WTO 协定的,由于美国作出了 SAA,使 301 与 WTO 协定相一致?

我们需要了解 SAA 的内容。美国曾经在 1994 年加入 WTO 时作出一项行政行动声明(SAA),其中提及,虽说 DSU 将增强 301 条款的效力,但 DSU 并不要求针对(1)有关违反乌拉圭回合协定指控的或(2)在这一协定下美国利益受损的调查,对 301 调查进行任何重大修改。在这种情况下,贸易代表将:

如当前法律要求,援引 DSU 争端解决程序;

立足于争端解决机构通过的专家组或上诉机构报告,作出美国相关协定下权利遭受违反和否定的 301 调查裁定;

在采纳一个有利的专家组或上诉机构报告后,允许辩护方有一段合理的时间来执行报告的建议。且如果在从合理期间内问题不能得以解决,寻求争端解决机构授权以进行报复。

在确定 SAA 是否适用于本案之前,我们还需明确美国最近的声明当中透露了哪些信息。本次 301 调查的法律依据是第 301(b)节,即他国的法律、政策或做法是"不合理的"或"歧视性"的,并对美国的商业造成负担或限制。不合理是并不必然违反或与美国的国际法权利不一致。对美国的商业造成负担或限制,似乎并不必然以减损美国在 WTO 协定下的利益为前提,而且本次 301 调查的报告中似乎也没有对此进行充分论证。值得一提的是,美国并不认为其他三项措施违反了中国在 WTO 协定下的义务,即使调查的内容似乎与 TRIPS 部分内容有关,但是美国没有裁定中国违反了乌拉圭回合协定。美国没有说明但是似乎美国也并不认为被调查的其他三项措施减损了美国在 WTO 协定下的利益。

既然如此,上述美国在 SAA 中承诺的两种情形,在本次 301 调查中,可能都不满足(a)有关违反乌拉圭回合协定指控的,或(b)在这一协定下美国利益受损的调查,因此该承诺可能并不适用于本案。另外,美国可能会主张,DSU23 条也不适用于本次 301 调查,因为该调查既不涉及 WTO 协定,也不涉及是否减损了其在 WTO 协定下的利益。

既然 SAA 不能适用于本案,那么 301 条款在本案中,就有了违反 WTO 协定的可能。

---

① Title III,chapter 1(sections 301—310) of the Trade Act,as amended,and in particular sections 306 and 305 of the Act,are inconsistent with Articles 3,21,22 and 23 of the DSU;Article XVI:4 of the WTO Agreement;and Articles I,II,III,VIII and XI of GATT 1994.

② The Panel found that Sections 304(a)(2)(A),305(a) and 306(b) of the US Trade Act of 1974 were not inconsistent with Article 23.2(a) or (c) of the DSU or with any of the GATT 1994 provisions cited.

美国仍然想要越过 WTO 争端解决程序，行使单边主义措施。

在 WTO 协定中，存在可以采取单边措施的例外。例如反倾销措施、反补贴措施、保障措施、一般例外、安全例外、条约暂停实施等。

我们再来讨论例外条款与保障措施。WTO 为成员方的国家安全提供了两方面的保护：例外条款与保障措施。世界贸易组织的有关条款规定，在某些特殊情况下成员方可以对 WTO 基本原则进行例外处理，被称为例外条款。即主要是指《关贸总协定》第 20 条和《服务贸易总协定》第 14 条的一般例外和《关贸总协定》第 21 条和《服务贸易总协定》的第 14 条之二“安全例外”，以及知识产权保护的例外。

其中，《关贸总协定》第 21 条规定：

(1)为了保护国家基本安全利益不能公布的信息；

(2)为保护国家安全利益采取必要的行动：以裂变材料或提炼裂变材料的原料，与武器、弹药和作战物资的贸易有关的行动，在战时或国际关系的其他紧急情况下采取的行动；

(3)维护国际和平与安全的义务而采取的行动。即在上述情况下，可以采取贸易限制措施，如限制对特定成员的进出口产品、贸易禁运、限制其他成员的进出口，以及解除与其他成员的权利和义务关系。

保障条款是指《关贸总协定》第 19 条和《保障措施协议》的保障措施条款(即一般保障条款)，以及一些特殊的保障条款，如《关贸总协定》第 12 条与 18 条的有关“为保障国际收支而实施的限制”的保障措施条款、《农业协议》的特殊保障措施、《纺织品与服装协议》的过渡性保障措施，适用于个别成员的选择性保障措施条款。

保障措施全称应为免受进口损害的保障措施，它是指进口产品数量增加，并对生产同类产品或者直接竞争产品的国内产业造成严重损害或者严重损害威胁，进口成员可以在适当的时间和程度内对此产品全部或部分地暂停实施其所承担的义务，或者撤销或修改减让，以消除或者减轻这种损害或者损害的威胁。

例外条款和保障措施存在很多区别(见表 1)：

表 1　例外条款和保障措施

	例外条款	保障措施条款
保护对象	境内人类、动植物的健康与安全、公共道德与社会秩序，国家的安全与和平	国内某一产业的安全
实施程序	按照 WTO 的规则立法，公布后即可实施	严重损害、国内产业申请、主管部门认定，进行立案，并通过主管部门调查、通知保障措施委员会、与利益关系方磋商等一系列的程序，得出肯定结论才能实施
采取措施	禁止和限制	提高关税、数量限制
反措施	磋商、诉诸 DSB，如裁定援引例外条款的成员国措施符合 WTO 规定，则利益相关方不得采取反措施	可以磋商要求补偿，不成则诉诸 DSB，经授权后可采取中止实施实质相等的减让或其他义务的反措施

续表

	例外条款	保障措施条款
使用期限	长期性	只有在进口激增并对国内相关产业造成严重损害或严重威胁时才可使用，一般为 4 年，最长不得超过 8 年（发展中国家成员为 10 年）

显而易见，301 调查不属于对例外条款的运用。但其是否满足保障措施的构成要件，不无疑问。美国没有呈现有说服力的证据证明，中国关于知识产权的措施给美国的商业经营造成了严重损害。因此我认为 301 调查不属于保障措施。

至于《维也纳条约法公约》第 60 条的规定："……条约当事国之一有重大违约情事时：……特别受违约影响之当事国有权援引违约为理由在其本国与违约国之关系上将条约全部或局部暂停施行；……"".…..重大违约系指：……违反条约规定，而此项规定为达成条约目的或宗旨所必要者。"美国承认中国并未违反 WTO 义务，故此条不能为美国据 301 调查提高关税提供合法性依据。

综上所述，无论是 DSU、GATT 1994，还是美国的 SSA，抑或保证措施、例外条款、VCLT，都未能提供 301 的合法依据，美国的 301 条款及据此发起的调查、采取的措施，都违反了 WTO 规则。

三、课程感想

第五周的课非常特殊，虽然没有厚厚的专家组报告作为阅读任务，但跟进中美贸易动态，从众多的新闻报道、二手资料、一手资料中攫取信息，力争还原最准确的意思，并发现问题、进行梳理，也同样是不小的难题。我从大家不同角度的问题中，收获更多的是思维方式的启发。我也认识到，尽管问题多多，还是要寻找最核心的问题，核心问题解决了，才能顺藤摸瓜地解决其他问题。比如 232 和 301，首先就要明白它们的文本含义和构成要件，这样才可能得心应手。

（第二次综述）

第七周，大家围绕 DSU543 和 DSU544 展开讨论，以法律思维分析中美双方你来我往的激烈交锋，是一次前所未有的探索和尝试。

一、课程内容

（一）中美双方关于 232 与 301 调查的交锋

1. 232 钢（25%）铝（10%）关税措施

美方：国家安全理由。但豁免加拿大、墨西哥、阿根廷、巴西、欧盟、澳大利亚、韩国。

中方：美方滥用国家"安全例外"条款，实为保障措施。根据《保障措施协定》寻求补偿谈判直至公布和采取报复措施。已经提起两项 WTO 诉讼。

2. 第 301 节单边 500 亿美元关税制裁

美方：涉嫌违反 WTO 规则的第二个问题，已经提起 WTO 诉讼；其他三个问题，公布了

500 亿美元的拟报复产品清单。

中方：已经提起 WTO 诉讼；公布了 500 亿美元的拟报复产品清单。

(二)美国为何援用“国家安全”而非保障措施为 232 提供依据？

美国声称，1974 年“贸易法”第 201 条为美国实施保障措施的法律，而 232 条款与 201 条款不同，232 措施并非保障措施，因此美国认为中国不能依据《保障措施协定》第 8.2 条中止减让，中国的措施没有任何 WTO 规则下的依据。美国如此抗辩，其中缘由可能如下：

1. 实际上，非歧视原则并不适用于安全例外条款，美国可以利用这一点给予他国豁免并打击中国。这里要感谢刘雨晴同学的提示，给了我很大启发。

2. 一国实施保障措施，需要满足“sharp increase”，“sudden increase”，“significant increase”，“threaten serious injury to domestic producers in that territory”，“in such conditions”等构成要件，而安全例外条款相对模糊，这可能为美国提供了更大的自由裁量权空间。

(三)安全例外与保障措施的区别

GATT.21 的安全例外，主要适用于战争防御或应对国际关系中的紧急情况，而 232 对钢铁和铝的征税措施却很难构成对等的紧急情况。而保障措施保护的是一国的产业。

(四)美方声称非违反 DSU23 条的说法是否成立？

感谢杨国华教授和胡建国教授的观点，我获益匪浅。

自我宣称不涉及 WTO 具体权利义务并不排除 DSU 第 23 条的适用。WTO 多边规则体系不允许以违反 WTO 规则的方式采取单边措施试图解决其他国家存在的所谓 WTO 管辖范围之外的贸易问题。

某个事项是否属于 WTO 管辖范围，不应由一国自我宣称而决定，否则 WTO 规则就可以轻易规避了。中国有权主张，301 调查事项涉及 WTO 管辖范围，例如 WTO 就有专门的知识产权内容，并且中国加入 WTO 的时候也涉及技术转让等问题，最后由 WTO 争端解决专家组和上诉机构判定。

(五)中美双方是否绕开了 WTO 规则？

我基本认同南开大学法学院胡建国教授对于这一问题的解答。

形式上看，中美表面没有违反 WTO 规则。

第一，不论法律理由是否站得住脚，中美双方均声称具有法律理由。

如前述，美国以国家安全理由为 232 钢铝关税措施辩护。中方基于保障措施协定项下的权利采取报复措施

美方声称 301 关税措施不涉及 WTO 权利义务，不会违反 DSU 第 23 条。中方似可基于 GATT 1994 第 21 条国家安全理由采取报复措施。

第二，从法律程序角度看，非经 WTO/DSB 裁判，不得认定中美的法律理由站不住脚。

然而，中美实质上可能违反 WTO 规则。

232关税涉嫌违反最惠国待遇义务(第1条)和关税减让义务(第2条)。美方提出的国家安全理由过于牵强,美国目前没有提出具体的安全例外条款,亦为尽到举证责任。中国将232措施认定为保障措施,似有牵强。中国在程序上似乎没有严格遵照保障措施协定(通报WTO后30天实施报复)。

美方500亿美元关税措施一旦实施,将直接违反最惠国待遇义务(GATT第1条)和关税减让义务(GATT第2条)。美方认定其他三个问题与WTO无关,很难站得住脚,美国实质上涉嫌违反DSU第23条。美方援引第20条(a)项公共道德例外(譬如针对中国政府所谓的窃取商业秘密)或者第20条(d)项确保遵守法律或规则例外(执行美国《1974年贸易法》第301(b)节之规定)存在困难。

中国500亿美元关税措施一旦实施,将直接违反最惠国待遇义务(第1条)和关税减让义务(第2条)。中国基于第21条国家安全例外(国际关系的其他紧急情况)有些牵强。推而论之,WTO成员可以主张,一旦其他成员对自己采取涉嫌违反WTO义务的行为,就出现了国际关系的其他紧急情况,那么基本就失去了标准,实质上废除了DSU禁止单边主义的相关规定。但可以主张,美国对华500亿美元产品加征关税,规模较大,足以导致中美关系出现紧急情况。

另外,林子郁同学提出,我国《对外贸易法》第七条"任何国家或者地区在贸易方面对中华人民共和国采取歧视性的禁止、限制或者其他类似措施的,中华人民共和国可以根据实际情况对该国家或者该地区采取相应的措施",涉嫌违反DSU。

(六)中国报复可能的合法性依据有哪些?存在怎样的缺陷?

1. GATT第21条

中国必须证明国家安全受到威胁,且采取例外措施是"必需"的。而专家组的审查能否认同中方的反击是"必需"的,我认为存在一定难度。

2. 自然权利+正当防卫说(杨国华教授)

从自然法的角度寻求依据,不失为明智之举。但也存在法理并不存在强约束力的缺陷,而且美国也可能援用正当防卫理论。

3. 暂停条约实施说(杨国华教授)

"条约暂停施行"说认为,美国加征关税的行为构成重大违约,中国作为"特别受违约影响之当事国",可以依照《维也纳条约法公约》第60条对美国暂停实施条约义务。

潘隽吉同学则认为中国不能援引其作为中国反制措施的法律依据。

首先,《公约》第60条是以"国际习惯法"的国际法渊源的形式存在于中美两国之间的。美国不是《公约》的缔约国。《公约》第60条的国际习惯法地位在国际法院审理的"加布奇科沃-那吉马洛斯项目"一案中得到了承认。

其次,《关于争端解决规则与程序的谅解》(下称DSU)中已经详细规定了成员国之间纠纷的争端解决机制,并且明确禁止任何单方面行为。这些规定与作为国际习惯法的《公约》第60条相冲突。此时依据"特别法优于一般法"的原则,条约的规定优于习惯法而优先适用。因此应适用DSU中相关规定。

最后,《公约》第60条第4款规定:在上各项不妨碍条约内适用于违约情事之任何规定。

(The foregoing paragraphs are without prejudice to any provision in the treaty applicable in the event of a breach)。据此,即使依照《公约》第 60 条,在其他条约已经存在争端解决规定的情况下,《公约》第 60 条至少不得减损条约争端解决程序下存在的义务。由于 DSU 已经禁止单方面行为,《公约》第 60 条不能适用。

我叹服于杨国华教授思考问题的广度,也为潘隽吉同学有理有据的回应而惊叹。也许此说还有进一步讨论的空间。

4. Non-WTO Law

根据潘隽吉同学的指引,我找到了 Joost Pauwelyn 的《How to win a WTO dispute based on Non-WTO law?》一文。虽然没有通读全文,但我发现了文中一个值得借鉴之处。DSU7.2 原文为"Panels shall address the relevant provisions in any covered agreement or agreements cited by the parties to the dispute",Joost Pauwelyn 认为此条提供了一种可能,"WTO rules does not preclude that WTO Panels may apply also other,non WTO rules in particular circumstances",即 WTO 专家组运用非 WTO 规则解决 WTO 争端的可能。我认为这是一个巧妙的解释,而且专家组事实上已经在一些案件中运用了这一方法。

但是,我认为采用 Non-WTO Law 解决中美双方贸易摩擦的问题是,究竟哪些 WTO 外的规则能够有资格成为裁判依据,最终还得由专家组和上诉机构裁定。

(七)对 WTO 规则的反思

1. GATT 第 21 条为安全例外条款,却并未涉及"一国以国家安全名义加征关税时,他国可否采取反制措施"。

2.《保障措施协定》8.2 条规定出口国一方可在通报 WTO30 天后采取反制措施,但这一时限可能过于漫长,30 天足以使进口国实施所谓的保障措施而出口国造成重大损害,出口国在该协定下却不具备快速采取反制措施的合法依据。

二、课程感想

正如杨国华教授在课堂一开始所言,解读特朗普的关税措施,从他本人的立场出发,而不是一个大学生的角度,可能会得出不同且较为合理的结论。

思考的方式、思考的立场不同,得出的结论也不同。尤其是 WTO 法这样由浩瀚法律组成的体系,更应当在一种思维方式行不通时,灵活地换角度思考。

此外,我从潘隽吉学长对杨国华教授"条约暂停实施说"的回应中领悟到了辩证思考的重要性。有时候,从反面思考,更有利于加深对原观点的理解,也许会得到原观点更有说服力的结论,也许会发现原观点的缺陷,也许二者兼而有之。无论如何,辩证思考是一个立论、反驳、再立论、再反驳的奇妙过程。

 赵文轩

（第一次综述）

一、课程内容

3月22日，美国宣布根据301调查结果，计划对高达600亿美元的中国商品征收关税；3月23日，基于上述调查，美国就中国知识产权问题向WTO提起诉讼（案号：DS542）。美国为什么要这么做？其基础和目的分别是什么？课上，讨论的焦点在美国的232条款、301条款上。

（一）232条款

1962年《贸易拓展法》第232节：美国政府就特定进口产品对美国国家安全的影响可以进行调查。该调查可以基于利害关系方、政府或机构负责人提出的申请，或基于由商务部长的发起，并在立案之后270天内向总统提交报告，美国总统在90天内作出是否对相关产品进口采取最终措施的决定。该最终措施包含但不限于：调整对相关产品的进口、调整对该产品衍生物的进口、征收更高额度的关税等等。

应美国总统要求，2017年4月20日，美国商务部对进口钢铁产品启动232调查，2017年4月27日，美国商务部对进口铝产品启动232调查。2018年2月16日，美国商务部公布了对美国进口钢铁和铝产品的国家安全调查报告，认为进口产品损害了国内产业，威胁到国家安全。3月8日，美国总统特朗普签署公告，对进口钢铁产品征收25%的关税，对进口铝产品征收10%的关税，豁免欧盟、阿根廷、澳大利亚、巴西、加拿大、墨西哥和韩国，3月23日正式生效。

该调查虽然不直接单独针对中国，但直接影响中国，在此情况下，中国快速提出了反制措施：3月23日一天内，中国商务部先是在当日发布了反制清单的征求意见稿，国务院关税税则委员会决定自2018年4月2日起，对原产于美国的7类128项进口商品中止关税减让义务，在现行适用关税税率基础上加征关税。

4月9日，中国在WTO向美国提出了磋商请求（案号：DS544）。

由于美国将232条款视为国家安全条款，因此对美国此举的合法性认定主要围绕GATT 1994的第21条以及《保障措施协议》展开。第21条规定：

Security Exceptions：Nothing in this Agreement shall be construed

(a) to require any contracting party to furnish any information the disclosure of which it considers contrary to its essential security interests; or

(b) to prevent any contracting party from taking any action which it considers necessary for the protection of its essential security interests

(i) relating to fissionable materials or the materials from which they are derived;

(ii) relating to the traffic in arms, ammunition and implements of war and to such

traffic in other goods and materials as is carried on directly or indirectly for the purpose of supplying a military establishment;

(iii) taken in time of war or other emergency in international relations; or

(c) to prevent any contracting party from taking any action in pursuance of its obligations under the United Nations Charter for the maintenance of international peace and security.

很明显，全世界的钢铁和铝进口到美国是不会引发战争的，也不会破坏联合国宪章里所强调的国际和平与安全。那么显然，这一条的审核是就(a)项展开的。这里，比较关键的问题即是这种安全问题应如何解释。由于一个国家的安全是多角度的，那么这里的安全是否应当涵盖其所有能够考虑到的安全问题？

答案显然是否定的。由于该条款规定的属于一种例外情形，那么为了确保整个条约的稳定性，这种例外就应当被限缩得尽可能窄。即，当一个国家的存续因为某种贸易行为受到了严重影响的时候，其才可成为一种可以理解的安全问题。

另一方面，从解释的方法论上讲，结合上下文来分析某一项条款的文义在解释中也是必要的。在第 21 条中，(b)项和(c)项显然针对的都是与战争直接相关的带有武器冲突意味的活动，如果从广义角度解释(a)项显然并不能够与其他两项保持一致，无论如何也不应从该项中解释出除了对国家的生死存亡至关重要的内容以外的意思。因此，美国认为钢铁和铝的进口能达到如此标准，说服力大概会大打折扣。

《保障措施协议》，即 Agreement on safeguards，同样可以考虑作为美国的辩护理由。其中第三条详细地规定了调查的相关要求，即，在国内产业已经严重受损等情况下，可以展开调查，同时尽到告知、听证等义务。在这一年中，根据相关报道，我国的相关产业也在配合这项调查。

不过即使美国尽到了相关义务，仍有一项条款是美国没有满足的。该协议的第二条第二项：Safeguard measures shall be applied to a product being imported irrespective of its source.美国对若干个来源的钢铁和铝进行豁免，违反了该条的规定，而且实际上违反了作为 WTO 几大原则的非歧视原则。

(二)301 条款

美国《1974 年贸易法》第 301 条的规定：当有任何利害关系人申诉外国的做法损害了美国在贸易协定下的利益或其他不公正(unjustifiable)、不合理(unreasonable)或歧视性行为(discriminatory)给美国商业造成负担或障碍时，美国贸易代表办公室可进行调查，决定采取撤消贸易减让或优惠条件等制裁措施。“不公平”指不符合国际法或与贸易协定规定的义务不一致(a 项)；“不合理”则指严重损害美国商业利益(b 项)。

按照课上的讨论和两位学姐的介绍，这次美国的审查条款主要从 b 项展开，用以规避专家组对于 a 项并不符合 WTO 规定的裁决。但是 b 项的使用并不当然导致整个 301 调查以及接下来的制裁措施是合法的。征收超过 25%的关税(涉及大致 500 亿美元)，在 WTO 提起诉讼以及严格对华投资审查，这种擅自采取贸易保护措施的行为本身就是具有违法性的。

二、个人感受

在接触关于美国的案件中，尤其是涉及这两项调查的时候，我会认为，用一个更宽的视角探寻更大范围的问题或许是一个更好的研究方法。美国之所以这么做，一定是基于自己的国家利益，那么在这种情况下，作为这个课堂的参与者，受到法学研究范围的限制，或许我们只能了解到美国这么做是否合法，以及中国有什么合法手段来维护自己的利益——这固然没错。但是，在我看来，在这两次调查的种种行为中，法律只是一个工具性的存在，而背后的国家利益才是更为实质的应当探寻的问题。美国这么做的原因是什么？且不提 301 调查对中国的制裁(就当它是两个国家不断交锋过程中的一个片段)，为什么美国要通过 232 调查向全世界发出一个“封闭自己、拉拢盟友、就算侵害了一大批国家的利益也要这么做”的信号？它背后的利益和考量究竟是什么？我认为，只有把这个问题研究清楚，冲突才有可能实现缓和，国家之间才有可能实现共赢。

每一个国家，尤其是美国和中国这样的大国，制定政策的时候都应当是理性的——不管特朗普通过什么方式上台，能成为这个世界上最有权势的人，他总会有很多深谋远虑和过人之处。特朗普同时作为一个非常成功的商人，上台伊始就对贸易问题如此重视并且提出了如此多项方案，我并不相信这样做没有理由，更不相信就算是美国败诉了，美国的损失会大于其获得的利益。

所以最后引申出一个更大的问题——在美国发动的经贸摩擦争里，结果会是怎样？美国是一个有着非常悠久的政治传统和非常成熟的政治制度的国家，就算特朗普真的很傻，这个制度会有充足的保障来确保至少美国不会走上歪的道路。的确，我们国家气势很足，讲出“我们不想打经贸摩擦但是我们也不怕打经贸摩擦”的令人振奋的话语，而且一天之内能够列出几乎同等的制裁方案，也说明我们国家早有准备，政治不断走向成熟。在这种情况下，如何去确保国家的损失可以降到最低，如何真正维护国家的切身利益，又如何从法律的角度让我们国家在向来并不成熟的国际法方面走得越来越稳健，并且国际上取得更大的话语权？这些问题，都值得我们去思考。

的确，上边的论述和法学的关系可以说是越来越远，或许在法学研究的过程中，也未必会将上述内容作为考量。但是这些问题是我们在思考的过程中绝对不可忽视的问题，也正是放开思路后所能想到的这些问题，可能会更有助于整个争端的解决。

(第二次综述)

一、课程内容

上一周的主要讨论内容是美国向 WTO 提起的关于中国的诉讼，而这周恰好相反——讨论内容是中国在 WTO 向美国提起的磋商请求：DS543 和 DS544。大家的讨论主要集中在两个问题上，一是 544 的第一个诉请即美国的 232 措施违反保障措施协定是否合理，二是中国对美国加征 500 亿关税的反击措施是否合法。

(一)DS544 的第一个诉请是否合理?

这个问题涉及的是“安全例外”和“保障措施”的问题——在上一篇课程综述里有所提及,这里不再重复叙述 rule 的内容。

中国在起诉的第一个诉请中认为,美国的行为构成保障措施,原文为

“The measures at issue, operating separately or together, appear to be inconsistent with the United States' obligations under: Articles [...] of the Agreement on Safeguards, because with regard to the measures at issue which constitute safeguard measures in substance, the United States has failed to [...]”

在本项诉请之前,中国列举了多个美国在 232 法条下展开的措施,但是最后使用的是“保障措施”的相关条款来进行诉讼,美国对此表示“没有根据”。

中国应当相当清楚美国的相应政策所对应的条款就是安全例外条款,但是还是要用保障措施条款来进行诉讼,其原因值得分析。

1. 实体问题

实际上,美国所采取的措施本质上就是保障措施。根据 GATT 第 21 条,安全例外是国家基本利益受到威胁时的一种自卫措施,而根据《保障措施协定》,保障措施是国家为保护国内产业而在特殊情况下采取的一种补救措施。本案中,美国的做法本质上就是为了弥补贸易逆差,从而保护国内产业。在此情况下本质上其行为是保障措施行为,那么就应当按照保障措施适用。

另一方面,美国的做法并不属于安全例外根据此前的分析(在上一篇中有提及),美国应当承担对于“紧迫的安全问题”的证明责任,否则安全例外就不应当适用。美国虽然声称钢铁和铝产业直接关系到其国防安全,但是其措施和紧迫的国防安全问题关系不大,在课上,“瑞典鞋案”被提及,这个案件中最后 DSB 没有适用安全例外条款的原因即在于,就算是处于鞋作为一种战时的一种必需物资,也不可以在没有证据证明有国际不法行为的紧迫的现实的威胁的情况下适用安全例外条款。本案中,相比鞋,虽然钢铁和铝或许和“国际不法行为”的制裁看起来结合得更紧密一些,但是同样美国同样在事实上没有面临什么国际不法行为,适用安全例外条款事实不充分。

2. 诉讼原理及策略

个人觉得,中国可以不主动提出对于其是否适用保障措施条款的判断,但是如果中国如此提出,实际上也没有任何问题。

(1)从诉讼原理的角度来讲,一方当事人向法庭起诉的时候,应当既可以说自己从事实上受到了侵犯,也可以直接说对方当事人违反了何种法律从而应当受到制裁。而实际上从上述实体问题上也基本可以论证美国的做法更符合保障措施条款规定的内容而非安全例外条款规定的内容,中国自然可以通过保障措施条款来对美国提出起诉。

(2)从诉讼策略的角度来讲,中国依据保障措施条款来提出起诉,虽然承担了相比之下比较重的举证责任,但它更会成为对 Panel 的指引——即,让法官对“接下来向何处去”有更明显、明确的方向感。只要中国完成了相应的举证的话,很有可能法官就会按照这样的方向进行判决,而这样判决对中国会是有利的。

个人判断而言,无论是从一个国家的法律制度还是从世界体系的制度而言,只要存在一

个共同接受的法律框架，所有的问题就需要由框架内的司法者来判断。的确，美国强调了232这项法律和WTO的保障措施条款并不存在直接紧密的关系，而符合安全例外条款的构成，但是这种说法无非也是作为一家之言的判断。232条款里没有提到保障措施也并不构成中国在起诉时不可以援引保障措施条款的理由——毕竟国家的行为在国内法上如何定位并不影响国际上对于问题性质的认定。

综上所述，对232条款是否和保障措施条款建立联系的判断不完全基于232条款本身的内容(作为国内法条款，其内容只是应当考量到的最基本的文义解释)，更在于适用其的目的、手段、方法和结果，只有综合考量才可以作出合理的认定。这样的认定，实际上仍然需要Panel的判断，更需要两方的举证。因此并不可以只因为我国提出了"保障措施条款"的适用就认为其诉讼策略是不合理的，也不可以因为美国提出"文义解释无法涵盖"则排除保障措施条款的适用。

(二)中国的500亿美元反制措施是否合法?

个人会觉得，我们一定会处于这种两种情况的纠结中——即，我们很清楚按照WTO的规定，这种反制措施是具有瑕疵的，但是另一方面，如果不这么做的话我国利益又会受到现实上的损害。

课上，老师简单阐述了一些可能会有一定效果的解释方案，用来为我国的做法寻求一些合法性，其中包括条约暂停施行、正当防卫和义务豁免。对我来说，自然法这样的理论会非常难以站得住脚，主要原因在法理很难被纳入实定法之中，《国际法院规约》第38条中也并没有事实上对法理作出规定——法理和法律原则仍然是相去甚远的。

对于其他两个抗辩事由，可以作出更进一步的分析。

条约暂停施行是规定在《维也纳条约法公约》第60条中的内容，其主要含义为，条约当事国之一有重大违约情事时，特别受违约影响之当事国有权援引违约为理由在其本国与违约国之关系上将条约全部或局部暂停施行。然而，美国并非《维也纳条约法公约》的缔约国，虽然其对美国可以作为习惯法而存在，但是条约必须优先于其适用。在此情况下，由于DSU23已经对此进行了限定，那么实际上美国则不必适用习惯法规则。

另一个角度则是正当防卫角度。即使不从自然法理论出发而仅参照实定法规则，正当防卫作为免责性条款，根据《联合国宪章》和安理会的相关决议，国家的正当防卫应当极其严格地限缩解释，即只可以在真正受到现实的涉及国家安全的权利侵犯的时候才可以适用正当防卫条款。这样考虑主要是因为，正当防卫条款有非常严重的后果，即，每适用一次正当防卫条款，国际秩序都要被严重得侵犯一次。这种情况下，对正当防卫的适用应当慎之又慎。

第三个角度为义务豁免。根据《建立世界贸易组织协定》第9条第三款，即使有义务豁免，但是我国仍然需要提前申请该项豁免，否则该项行为的合法性仍然遭到质疑。

因此，上述几项事由如果扩大解释，一定程度上可以适用于目前发生的情况，但是实际上作为理由都不够充分。

二、个人感受

中国作为一个世界影响力越来越大、越来越希望更多地介入国际事务的国家，应当结合

自身的实力和能力对做法有更为清醒的认知和深刻的思考。的确，可能 500 亿美元的反制对国家战略是有利的，至少说是无害的，但是这样的行为对国际秩序的破坏可以说是非常明显。除了本案中涉及的情况之外，美国对许多对其加以义务的条约条款都声明了保留，特朗普上台之后先后退出 TPP、巴黎协定和联合国教科文组织；中国同样也是如此，南海仲裁案中明明可以通过法律途径解决问题但却不给自己留任何余地，此前可以积极介入讨论的案例却完全不参与其中。世界上两个最大的国家——中国和美国在国际法中起到的作用，虽然不能说是公然破坏，但是绝对没有起到很大的促进作用，这无论如何也不会让人感受到两个国家的负责。

正是在这样的情况下，才出现了我在课上提出的问题——我们国家是否可以直接承认这样的行为是有问题的，并且继续走正规的程序将问题一步步解决？这样的考虑即是基于法律的安定性和长远秩序的维护。国际法整个的基础都是国家对已经承诺的内容的坚持和忠实履行，亦即"约定必须遵守"。只有国家承诺遵守秩序的情况下，秩序才能够得到维护，否则其瞬间崩塌也就是一瞬间的事情。虽然中美经贸摩擦并不是真正的战争，但是一旦开打，最大的受害者或许又将是国际法本身。

这种承认并不是基于对于现行法制度的完全认可的。实际上通过这次的问题可以看出，在国家面临"损失 500 亿甚至 1000 亿"这样的问题时，从正规的法律渠道似乎的确缺失一种紧急而有效的救济途径。在此情况下，是否可以建立一种新的制度，在国家遭受一定侵害的时候，针对标的要求对方国家停止涉及相关标的的行为并且立即转入司法程序？减轻遭受侵害的国家在要求停止行为时的举证责任，但是同时强调其在诉讼程序中的举证责任，从而达到一种平衡。司法程序虽然需要慢下来，但是在国家的权利正在遭受现实侵犯的时候，需要有一种方式来停止这种侵害，对国家实现一种有效、可靠的救济。

以上则是在近期观察中美关系时的一些简单思考。

潘隽吉

自足的制度和反求诸一般国际法的原理
——中国对美贸易反措施的法律依据

1. 引言

《关于争端解决规则与程序的谅解》(下文称 DSU)第 23 条是一把双刃剑,它既能置美国的单边措施于违法之地,也让中国的反制措施无所适从。DSU 第 23 条的意思是,WTO 成员之间的纠纷应该依照 DSU 的规则和程序交由 WTO 裁决,而不能擅自采取单方面措施。所以,即使一个 WTO 成员认为另一个成员违反了 WTO 规则,即使这一违反十分明显、几乎毫无争议,它也不能自力救济,而应向 WTO 起诉。这一条款乍看起来没有问题,而且将争端交由第三方按照法律进行裁决,既和平又公平。但是,就是太慢了。由于诉到 WTO 的案子都是大而复杂,处理起来不免耗时耗力。而且在专家组裁决之后还有上诉程序,如此一来,一个案子没个两三年的光景是落下不下锤的。为什么 WTO 法律体系会包括这样一个条款?如果情况紧急,他方的违法行为可能会造成不可弥补的损失时,受到影响的成员方是否能够采取自我保护的措施?如果可以,法律依据是什么?这是中国对美贸易反措施所面临的问题。解决这些问题,要从 WTO 法律体系的性质说起。

WTO 是一个自足的制度(Self-contained Regimes)。自足的制度是一系列特殊法的集合,①是由一套针对特定领域的行为规则、程序规则和地位条款所建立的一个法律闭环。②依据"特别法优于一般法"的原则,如果有两套规则调整同一事项,那么规定更明确、更具体的规则优先适用。自足的制度自然也对其所调整的事项优先于一般国际法而适用。但这只是一般情况。事实上,自足的制度并非完全的自足,法律闭环也并非绝对的闭环。正如 Koskenniemi 所言,"没有条约能在一个规则的真空中运行,无论是其所涉事项多么特殊,或其成员多么有限,条约的生效、解释和适用还是要诉诸大量的、一般的、经常是不成文的国际习惯法原则。"③ WTO 的上诉机构也强调,WTO 协议并非超然独立于国际公法的体系。④所以在一定条件下,对于自足的制度所调整的事项,可以反求诸一般国际法。那么,问题来

① Bruno Simma and Dirk Pulkowski,"Of Planets and the Universe: Self-contained Regimes in International Law",EJIL Vol.17 no.3,2006,at 490.

② Year Book of the International Law Commission,1982,Vol.I,1731st meeting,para.16.

③ M.Koskenniemi,'Study on the Function and Scope of the lex specialis Rule and the Question of "Self-Contained Regimes"', Preliminary Report by the Chairman of the Study Group submitted for consideration during the 2004 session of the International Law Commission,Doc.ILC(LVI)SG/FIL/CRD.1 and Add.1. at 7.

④ US - Standards for Reformulated and Conventional Gasoline,Report of the Appellate Body,29 Apr. 1996,WT/DS2/AB/R at 17; cf. also: US - Import Prohibition of Certain Shrimp and Shrimp Products, Report of the Appellate Body,6 Nov.1998,WT/DS58/AB/R,at 154-157.

了:可以反求诸哪些一般国际法?在什么情况下可以反求诸一般国际法?

2. 可以反求诸哪些一般国际法?

反求诸的一般国际法,就是自足的制度意在排除的一般国际法。若未被排除,可直接适用,谈不上“反求诸”。

在“美国驻德黑兰外交和领事人员案”中,国际法院认为,《维也纳外交关系公约》关于法律后果的规定相对于一般国际法中的国家责任条款是自足的。因为“国内法提供了防卫或制裁外交或领事使团成员的违法行为的必要的方法”①且“这些方法完全有效”②,所以当条约被违反时,没有必要诉诸一般国际法中的救济。Simma Bruno 据此认为自足的制度是指那些包含了一套次级规则的子系统。自足的制度意在完全排除国际不法行为法律后果的一般规定的适用,特别是反措施的适用。③对于那些未在条约中建立特别的救济机制,以至于在条约被违反时需要援引其他条约或国际习惯法中的救济的子系统,则不能称为是自足的制度。④ 可以说,在“美国驻德黑兰外交和领事人员案”之后,对自足的制度的讨论便主要集中次级规则上。⑤

所以,国际不法行为的法律后果,便是自足的制度所调整的事项,也即是可以反求诸的一般国际法。这些规则主要体现在 2001 年 8 月国际法委员会向联大呈交的关于国家责任的条款草案中。国家责任条款草案也采纳了“特别法优于一般法”的原则,⑥这里的特别法自然也包括自足的制度。

有学者认为,在例外情况下可以援引维也纳条约法公约(以下简称“公约”)第 60 条“条约因违约而终止或停止施行”的规定作为中国对美征税的一般国际法依据。这种观点是否可行呢?

国家责任中关于反措施的规定与条约因违约而终止或停止施行确实十分相似。二者有什么区别?第一,显而易见的区别是条约因违约而终止或停止施行属于条约法,反措施属于国家责任的规定。第二,二者的目的不同,维也纳条约法公约第 60 条源于“对于不履行者不必履行”(*inadimplenti non estadimplendum*)的一般法律原则。其目的是在受害国和违约国之间达成权利义务的新的平衡。⑦ 而反措施的目的在于督促违约一方履行自身义务,从而回复到最初的状态,所以他有一种压迫的特征。第三,二者的规则的性质不同,条约法是

---

① United States Diplomatic and Consular Staff in Tehran, ICJ Reports(1980), at 38.

② Ibid. At 40.

③ Simma Bruno, Self-contained regimes, Netherlands Yearbook of International Law, 1985, Vol.16, 117.

④ Ibid., Vol.16, 117-118.

⑤ Bruno Simma and Dirk Pulkowski, “Of Planets and the Universe: Self-contained Regimes in International Law”, EJIL Vol.17 no.3, 2006, at 492.

⑥ Article 55 (lex specialis): These articles do not apply where and to the extent that the conditions for the existence of an internationally wrongful act or the content or implementation of the international responsibility of a state are governed by special rules of international law. Articles on Responsibility of States for Internationally Wrongful Acts, UNGA Res 56/83, 12 December 2001, Annex, UN Doc A/RES/56/83.

⑦ Sicilianos L-A (1993) The Relationship Between Reprisals and Denunciation or Suspension of aTreaty. EJIL, 345.

初级规则,而国家责任条款是次级规则。① 第四,维也纳条约法公约第 60 条相对于反措施来说是特别法。② 首先公约的第 60 条仅针对由违反条约而产生的国家责任,对于违反国际习惯法或其他法律渊源而产生的国家责任,则只能由反措施调整;其次,公约第 60 条仅针对重大违约而言。也就意味着,对于一般的违约,受害国是不能终止或停止施行条约,但可以采取反措施,因为任何国际不法行为,不论轻重,都会引起该国的国际责任。当然反措施要符合比例原则。第五,就法律效果而言,公约第 60 条和反措施仅在因重大违约而暂停执行条约下重合。在反措施持续期间,采取措施的国家可以暂不执行其所承担的国际义务,但当导致反措施的情形消失,则该国仍需履行被暂停的国际义务。③ 而且在实施反措施期间,该国应尽力为恢复履行自身国际义务创造条件。④条约的暂停执行也是一样。但条约的终止却是既成事实,并不会仅因为违约国恢复履行其义务而发生改变。

理论上的区分虽然清楚,但也是机械的,实践中两者往往很难区分。仅就行为的表象来说,因为公约第 60 条是特别法,符合公约第 60 条的行为也必然属于反措施。反措施包括了公约第 60 条,公约第 60 条本身便是两者重合的范围。如果受害国采取的措施落入该范围,那么受害国的措施究竟属于何者似乎全凭该措施的目的或该国自己的主张。但实际上,受害国的措施往往既是为了达到权利义务的平衡,也是为了督促违约国履行义务。

如上节所述,WTO 作为自足的制度意在排除一般国际法中国家责任规则的适用,这实际上也同时排除了公约第 60 条的适用。但毕竟公约第 60 条与国家责任规则的性质不同、目的不同,且国家责任中反措施的规则可以囊括公约第 60 条的规定,所以对于中国对美贸易反措施的法律依据宜直接援引国家责任规则。

3. 在什么情况下可以反求诸一般国际法?

(1)制度失效说

有观点认为,当自足的制度失效时,受损害的一方可以反求诸一般国际法。⑤ 制度的失效,即制度完全不能达到其所追求的目的。⑥ 允许在制度失效时反求诸一般国际法是自足的制度得以存在的必然逻辑后果。自足的制度之所以能够存续就是因为它作为特别法比一般法更能行之有效地保护成员方的利益。当特别法(制度)失效时,回归一般法是无可厚非的。如制度下的争端解决机制运行极其缓慢或没效率,以至于损害持续产生,而公正的裁决却遥遥无期,这时反求诸一般国际法则是明智之举。⑦这一点似乎特别契合中美贸易摩擦的现状。

---

① ICJ Gabčíkovo-Nagymaros [1997] ICJ Rep 7,para 47.

② Oliver Dörr and Kirsten Schmalenbach edited, Vienna convention on the law of treaties : a commentary,2018,1119.

③ Article 49 para 3,Articles on Responsibility of States for Internationally Wrongful Acts,UNGA Res 56/83,12 December 2001,Annex,UN Doc A/RES/56/83.

④ Article 53,Articles on Responsibility of States for Internationally Wrongful Acts,UNGA Res 56/83,12 December 2001,Annex,UN Doc A/RES/56/83.

⑤ Yearbook of the International Law Commission,2006,vol.II,Part Two,180,para.16.

⑥ Fragmentation of International Law: difficulties arising from the diversification and expansion of international law,Report of the Study Group of the International Law Commission,A/CN.4/L.682,98,para.188.

⑦ Ibid.,97-98,para.187.

(2)比例原则的方法

在国际法委员会关于国家责任议题的另一位特别报告员 Gaetano Arangio-Ruiz 认为,“当国家采纳特殊的规则来规制违反的后果,它们的目的不是排除国家责任的一般规则的适用,而是通过建立制度,或退而求其次通过更精确的约定,加强普通的、无秩序的、有时不够用的一般法下的承诺,使其更可靠,更有效。”[①]因为加入制度的国家已经对所涉及的权利和义务做通盘的考虑,并把自足的制度作为“良法”(*bien juridique*)看待;所以只有在非常极端的例子才能诉诸制度外的单边措施,即只有当不法行为极其严重以至于危及到“良法”的时候,才能采取反措施,[②]因为在这时,制度内的措施对于不法行为是不合比例的。

如何理解呢?正如国家责任条款草案中所规定的比例原则:反措施必须与所受损害相当,要考虑到国际不法行为的严重程度和相关权利。[③]一般来说,作为“良法”的制度对于一般的不法行为是合比例的,也就是能够制约不法行为。但是,对于极其严重的,以致危及良法自身的不法行为,自足的制度是不合比例的,即制度内的规则不能够制约不法行为。而这时,由于一般国际法中的反措施并没有程度的限制,使国家可以采取与不法行为相当的,即合比例的,措施予以制约。[④]质言之,这里是以一种特别的方式适用比例原则,[⑤]当制度内的措施因其本身受到制度的限制,而无力制约不法行为时,可以诉诸一般国际法下的反措施。

4. 结论

本文首先肯定了自足的制度存在的意义。自足的制度作为一系列特别法的集合,对于国际不法行为的法律后果,优先于一般国际法而适用。但自足的制度并非绝对的法律闭环,其允许在一定条件下反求诸一般国际法。反求诸的一般国际法与自足的制度意图排除适用的一般国际法应该是同一的。在一般情况下,自足的制度里面的规则优先适用;在一定条件下,作为例外,可以反求诸自足的制度意图排除适用的一般规则。

自足的制度主要是指次级规则,其意在完全排除国际不法行为法律后果的一般规定的适用,特别是反措施的适用。这些一般国际法主要体现在国际法委员会编纂的国家责任条款草案中。维也纳条约法公约第 60 条“条约因违约而终止或停止施行”的规定虽与国家责任规则中的反措施有重合之处,但因其目的不同、性质不同,不宜作为中国对美征税措施的一般国际法下的依据。

反求诸一般国际法的方法主要有制度失效说和比例原则的方法。前者主张在自足的制度失效时,可以反求诸一般国际法。这是自足的制度本身的逻辑要求。比例原则的方法认为自足的制度中的措施在面对极其严重的、危及制度本身的不法行为时,是不合比例的,可以反求诸一般国际法中的反措施以维系制度的存续。

---

① G.Arangio-Ruiz, Fourth Report on State Responsibility, in ILC Yearbook (1992), Vol.II Part One, 42, para.124.

② Ibid., 41, para.116.

③ Article 51, Articles on Responsibility of States for Internationally Wrongful Acts, UNGA Res 56/83, 12 December 2001, Annex, UN Doc A/RES/56/83.

④ G.Arangio-Ruiz, Fourth Report on State Responsibility, in ILC Yearbook (1992), Vol.II Part One, 42, para.125.

⑤ Ibid., 41, para.116.

陈华屹

(第一次综述)

本次课我们围绕美国"232调查"和"301调查"的合法性集中展开了讨论，并分析了美国作出这些举动的背后原因以及中国可能的对策。以下分别就232调查和301调查进行课程综述：

一、232调查

1. 什么是232条款

本次美国对华展开的232调查，其法律根据是232条款。要明确232调查的定位，首先要对232条款有所了解。

美国232条款指的是1962年《贸易扩展法》第232条。这一条授权商务部发起对特定产品进口是否威胁美国国家安全的调查，需要考虑国内产品的国家防御以及外国竞争对国内产业经济福利的影响等，并在立案后270天内向总统提交报告及建议措施；美国总统在受到报告之日起90天内作出是否对相关产品进口采取最终措施的决定。值得注意的是，国会可以否决否决总统对石油及石化产品进口的调整措施。

2. 美国本次针对中国的232调查时间线

2017年4月20日，应美国总统要求，美国商务部对进口钢铁产品启动232调查。2017年4月27日，应美国总统要求，美国商务部对进口铝产品启动232调查。2018年2月16日，美国商务部公布了对美国进口钢铁和铝产品的国家安全调查报告，认为进口钢铁和铝产品严重损害了美国内产业，威胁到美国家安全。美国商务部据此向特朗普总统提出建议，对进口钢铁和铝产品实施关税、配额等进口限制措施。3月9日特朗普签署公告，对进口钢铁产品征收25%的关税，对进口铝产品征收10%的关税，于3月23日正式生效。同时，特朗普对欧盟、阿根廷、澳大利亚、巴西、加拿大、墨西哥和韩国进行了豁免。

中国方面则迅速反击：3月23日，中国商务部先是在当日发布了反制清单的征求意见稿，紧接着，经国务院批准，国务院关税税则委员会决定自2018年4月2日起，对原产于美国的7类128项进口商品中止关税减让义务，在现行适用关税税率基础上加征关税。

接着，于4月9日中国在WTO向美国提出了磋商请求(DS544)，请求权基础是GATT的第19条和保障措施协议、第1条即最惠国待遇、第2条即关税减让、第10条。

3. 232措施的合法性分析

就一般情况而言，美国对钢铁、铝产品加征关税的行为，显然违反了GATT 1994的第2条即关税减让的规定。该条规定，每个缔约国都应当对其他缔约国提供不低于附件中的减让和承诺时间表中的待遇。美国提高钢铁、铝的关税，与GATT 1994所附的美国的减让和承诺时间表相违背。

同时，美国向欧盟等七国家/地区进行豁免的行为，也显然违反了GATT第1条即最惠国待遇。

有同学提到 GATT 第 21 条的安全例外，是否会给美国提供免责事由？我认为，尽管 21 条中存在 it considers necessary 这样的极为自由裁量的语句，但仍然不能成为美国的抗辩理由。因为，GATT 第 21 条规定了三个客观的事由：与裂变和聚变物质或衍生这些物质的物质有关的行动；与武器、弹药和作战物资的贸易有关的行动以及与此类贸易所运输的直接或间接供应军事机构的其他货物或物资有关的行动；战时或国际关系中的其他紧急情况下采取的行动。显然，核聚变、裂变和武器弹药都不可能符合本案的情况。有同学认为“其他紧急情况”可能成为免责事由，但我认为这种解释是错误的。既然“其他紧急情况”和其他两种情况并列，那么就不应当对其进行过于宽泛的定义。维也纳条约法公约第 30 条规定，“条约应依其用语按其上下文……解释”。因此，“其他紧急情况”也应当与其他几种情况程度相当。其他的情况分别是“核聚变裂变、武器弹药、战争紧急情况”，都是对国家安全存在极其紧迫的危险的情况，且与战争直接相关。由此分析，“其他紧急情况”也应当是对国家安全有着比较紧迫的危险的情况。而进口钢铁、铝的活动，无论如何也不可能判断为上述情况。即使其对国内产业经济福利存在影响，也达不到其他几种情况对国家安全的影响的程度。因此，应当排除 GATT 第 21 条的适用。

然而，GATT 第 19 条的存在，却可能给美国提供“免责事由”，即保障措施协议。事实上，中国对美国进行的反制，也正是基于保障措施协议。以下分析保障措施协议是否适用。

a. 保障措施协议

《保障措施协议》是世界贸易组织管辖的一项多边贸易协议，是 GATT 第 19 条及第 12 条的具体化。协议规定成员实施保障措施必须满足四个条件：

(1)某项产品的进口激增(包括绝对增长和相对增长)；

(2)进口激增是由于不可预见的情况和进口成员履行关贸总协定义务的结果；

(3)进口激增对国内生产同类产品或直接竞争产品的产业造成了严重损害或严重损害威胁；

(4)进口大量增加与国内产业损害有着因果关系。

同时，实施保障措施必须是非歧视性的，是对造成国内同行业损害的所有进口产品而实施的，而不是针对特定的出口成员实施的。保障措施的实施须经必要的程序，并有产品范围、实施时间和实施程序的限制。

b. 合法性分析

美国如果根据此条对钢铁、铝进行增税，首先就要对其行为满足上述四个条件尽到举证责任。同时，根据第 12 条的规定，美国还附有在调查、采取措施时对保障委员会尽快通知的义务。即使这两个要求美国都做到了，更为重要的是保障措施协议的“非歧视性”要求。美国对欧盟等七地区采取豁免的措施，于《保障措施协议》上是没有根据的，应当认为其违反了非歧视性的要求，针对特定的出口成员实施了限制。

4. 中国的反制的合法性

中国自 4 月 2 日起，对原产于美国的 7 类 128 项进口商品中止关税减让义务，在现行适用关税税率基础上加征关税的行为，是否于法有据？

保障措施协议第 8 条第 2 款规定，如果根据第 12 条第 3 款所进行的磋商在 30 天内未达成协议，则受影响的各出口成员可在该保障措施实施后的 90 天内，和货物贸易理事会收

到中止的书面通知之日起 30 天期满时，对实施保障措施成员的贸易中止实施，货物贸易理事会不反对的、1994 年关贸总协定项下实质相等的减让和其他义务。

中国的行动在时间上是否符合规定？我注意到，3 月 26 日中国根据《保障措施协定》在世贸组织向美方提出贸易补偿磋商请求，但美方拒绝答复，认为双方“没有达成一致的可能”。我认为，第 8 条第二款的“30 天”的要求，仅在谈判开始进行的情况下才能适用。而美国拒绝磋商请求的做法，已经违反了第 12 条第 3 款即应当提供协商的适当机会，因此中国没有必要等待 30 天再采取反制措施。因此，中国的反制在时间上应当是符合规定的。

二、301 调查

1. 什么是 301 条款

301 条款规定于《1974 年贸易法》，一般而言，“301 条款”是美国贸易法中有关对外国立法或行政上违反协定、损害美国利益的行为采取单边行动的立法授权条款。

它有(a)、(b)两节，a 节规定：如果美国贸易代表确信，外国的某项立法、政策或做法**违反了贸易协定，与贸易协定不一致，或者是不公正的从而给美国商业造成了负担或限制**，那么美国贸易代表就应当采取行动，以实现美国依贸易协定所享有的权利，或者达到消除这一立法、政策或者做法的目的。而 b 节规定：如果美国贸易代表确信，该立法、政策或做法是“不合理的(unreasonable)”或“歧视性的(discriminatory)”，给美国商业造成了负担或限制，并且美国采取行动是适当的，那么美国贸易代表就有权采取所有适当、可行的行动，以消除该立法、政策或做法。

由图 1 可看出，301(a)所展开的调查，主要是针对他国是否违反协议的；而 301(b)则更加宽泛，是针对是否对美国不合理或歧视性的。

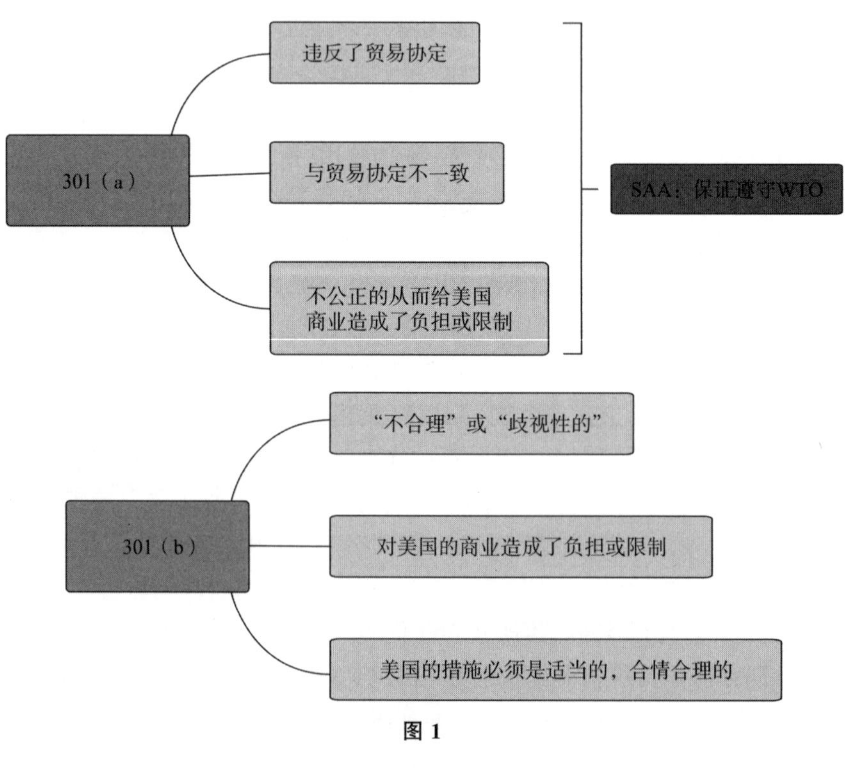

图 1

2. 美国此次 301 调查时间线

2017 年 8 月 18 日，美国对中国发起 301 调查。2018 年 3 月 22 日，美国公布了对华技术转让、知识产权及创新政策措施 301 调查报告，随后特朗普发布总统备忘录，确认中国在四个方面对美国商业经营造成了不合理或者歧视性的限制。美国将采取的措施包括在 WTO 进行诉讼、加征 25%、共涉及 500 亿美元的关税和对中国的投资限制。

同日美国在 WTO 向中国提出磋商请求（DS542），控告中国国内法《进出口管理条例》《中外合资经营企业法》《中外合资经营企业法实施条例》等相关条文违背了 TRIPS 相关规定。

中国也展开还击，4 月 3 日中国依据《中华人民共和国对外贸易法》等法律法规和国际法基本原则，将对原产于美国的大豆等农产品、汽车、化工品、飞机等进口商品对等采取加征关税措施，税率为 25%，涉及 2017 年中国自美国进口金额约 500 亿美元。4 月 5 日，中国在 WTO 向美国提起磋商请求（DS543），认为美方的措施违背了 GATT1.1（最惠国待遇）、GATT2.1(a)(b)（减让承诺）和 DSU23 条。

3. 美国 301 调查及措施的合法性分析

301 调查的具体流程包括调查、确认、实施。我个人认为，在调查、确认阶段，本次 301 调查均没有违反 WTO 的相关规定，但实施阶段显然违反。

a）DS152 的运用

在 DS152 中，欧共体主张美国的 301 调查违反了 DSU23 条，即“不对违反义务已发生、利益已丧失或减损或适用协定任何目标的实现已受到妨碍作出确定，除非通过依照本谅解的规则和程序援用争端解决，且应使任何此种确定与 DSB 通过的专家组或上诉机构报告所包含的调查结果或根据本谅解作出的仲裁裁决相一致”。专家组初裁认为美国《1974 年贸易法》第 301 条原则上违反了 DSU 第 23 条的规定。不过，因为美国政府所作出的《政府行政申明》(Statement of Administrative Action)，在此份行政声明中，美国政府针对 DSU 所规定的义务作出了会在获得了 DSB 授权同意后，使用“301 条款”规定的贸易报复措施的承诺和保证。最终专家组裁决其与 DSU 项下所规定的义务并非不一致。

然而，本案所针对的 301 条款是指 301(a)，也就是和违反协议有关的条款。但是此次美国对华 301 调查依据的却是 301(b)，即认为中国的行为是不合理或歧视性的，对美国造成了威胁。那么，美国上述 SAA 是否也适用于 301(b)呢？

我认为，这要结合 DSU23 条的文本进行分析。DSU23 条所禁止的，仅是国家单方面确认他国违反 WTO 的义务，而这正是 301(a)所规定的内容。因此，在 DS152 中，专家组才要求美国作出不违反 WTO 的承诺。然而，301(b)则更接近国内法，不涉及 WTO 的相关内容，因此也不违反 DSU23 条。因此，SAA 不应当适用于 301(b)。所以在我看来，美国根据 301(b)所展开的调查，在采取措施以前都不构成对 DSU23 条的违反。美国并没有确认中国违反 WTO 上的义务，而是确认其“给美国商业造成了负担或限制”。

b）美国采取措施的违法性

显然，美国采取的“加征 25%、共涉及 500 亿美元的关税和对中国的投资限制”违反了 GATT 第 1 条，即最惠国待遇。美国仅对中国加征关税，是对中国的歧视性待遇。同时也违反了 GATT 第 2 条即 1 条关于关税减让的承诺。

也就是说,美国在国内发起调查并不违反 WTO 的协定,但其增收关税的行为已经违反,中国可以在 WTO 进行起诉。

三、课程感想

这一次课给我的最大感受就是"紧跟时代的步伐"。起初学习 WTO 课程,我还没有想到它会与我们的现实生活产生多大的交织。然而,仅仅在第五次课上,我们就不得不为了现实中的紧迫情况而修改了上课的内容。通过这次课,我对目前的中美经贸摩擦情势有了一定的了解;通过这次课,我们成为了历史的见证人。

还有一个不太成熟的想法:WTO 死了吗? 这是特朗普上任以后一直存在的声音。这次美国的 232、301 措施悍然违反 WTO 的规定,尽管之后在 WTO 上诉,却有着"先上车后补票"的嫌疑。WTO 的作用将在接下来的三场诉讼中被挑战。本就在多哈回合陷入困境的 WTO,如今又在争议解决上遭遇窘境,未来的 WTO 将往何处去? 我想,现在尚不能下定论。

（第二次综述）

前一次课上,我们讨论了美国 232 调查和 301 调查的合法性的问题。两周之内,风云变幻:中国先是于 4 月 4 日经国务院批准,国务院关税税则委员会决定,对原产于美国的大豆、汽车、飞机等 14 类 106 项商品加征 25%的关税,涉及中国自美约 500 亿美元的进口额;接着又于 4 月 5 日正式在 WTO 起诉美国的 301 调查,请求权基础为 GATT 的第 1 条(最惠国待遇)、GATT 第 2 条(关税减让)以及 DSU 的第 23 条。

对此,美国在 WTO 的例外上回应:美国并未违反 DSU23 条,反倒是中国指责美国违反 DSU 的行为本身违反了 DSU23 条。接着,美国对中国将 232 调查视为"实质上的"保障措施而起诉也提出了意见,认为 232 调查并非 GATT 第 19 条规定的保障措施,但并没有明确说明它属于 GATT 的哪一条例外。

本周的课程,大家先是对上述美国的回应进行了讨论,接着又讨论了中国 500 亿征税清单的合法性。这一次的讨论话题,比上周更为深入,我们也更加走近了历史发生的第一现场。

一、中、美是否违反 DSU23 条?

1. 美国 301 调查违反 DSU23 条吗?

美国在 WTO 例会上作出表示:301 调查并不违反 DSU23 条。其给出的理由是:第一,301 调查的一个方面,即技术执照的方面,中国"看起来似乎"违反了 TRIPS 的规定下中国的义务,美国将通过 WTO 的争端解决程序来处理;第二,301 调查的其他的三个方面,均不涉及具体的 WTO 条款,因此也没有确认中国违反了相应的义务,自然不违反 DSU23 条。

DSU23 条第 1 款规定:当成员寻求纠正违反义务情形或寻求纠正其他造成适用协定项下利益丧失或减损的情形,或寻求纠正妨碍适用协定任何目标的实现的情形时,它们应援用并遵守本谅解的规则和程序。第 23 条第 2 款(a)项规定:不对违反义务已发生、利益已丧失或减损或适用协定任何目标的实现已受到妨碍作出确定(make a determination),除非通过依照本谅解的规则和程序援用争端解决,且应使任何此种确定与 DSB 通过的专家组或上诉机构报告所包含的调查结果或根据本谅解作出的仲裁裁决相一致。

首先应当明确的是，DSU23 条只针对违反 WTO 的行为，即禁止在争端解决程序之外确定某国违反了 WTO 下的义务或其他协定项下利益减损。换言之，WTO 管辖范围之外的义务违反或者侵权，不在 DSU23 条所规定的范围之内。这从文意解释和法理解释可以看出。文义上，第一款应当是统领整个 23 条的规定，而第一款开宗明义："violation or nullification …under the covered agreements".所谓的"covered agreements"规定在附录一（见图 1）：

Appendix 1: Agreements Covered by the Understanding

(A) Agreement Establishing the World Trade Organization

(B) Multilateral Trade Agreements

Annex 1A: Multilateral Agreements on Trade in Goods
Annex 1B: General Agreement on Trade in Services
Annex 1C: Agreement on Trade-Related Aspects of Intellectual Property Rights

Annex 2: Understanding on Rules and Procedures Governing the Settlement of Disputes

(C) Plurilateral Trade Agreements

图 1

可以看出，covered agreements 即为 WTO 的伞状法律文件，包括了 GATT、GATS、TRIPS.因此，DSU23 条只管辖违反 WTO 义务的行为。

从法理上，DSU 作为 WTO 的争端解决机制，而 WTO 可以看作国际法的一个部门法，自然就不能跨部门去管辖其他国际法义务。综上，DSU23 条只涉及对违反 WTO 义务的确定。

其次，美国是否违反 DSU23 条？也即，美国在 301 调查中是否确认了中国违反 WTO 义务？这可以从法律依据和调查结论两个方面来讨论。

法律依据层面，我已经于上周的综述中有所讨论。301 条款分为 a、b 两节，301(a)所展开的调查，主要是针对他国是否违反协议的；而 301(b)则更加宽泛，是针对是否对美国不合理或歧视性的。此次美国对华 301 调查依据的却是 301(b)，即认为中国的行为是不合理或歧视性的，对美国造成了威胁。应当认为，美国在 DS152 中作出的承诺 SAA 是针对 301a 的，因为它没有必要承诺要在 WTO 体制内调查 WTO 不管辖的内容。因此，从法律依据上来看，301a 的调查的确不违反。

然而，这只是从发起调查的依据来看的，是形式上的不违法。调查结论层面，上，美国会否假借 301b 之名，行 301a 之实，认定中国违反 WTO 义务呢？

我检索了美国发布的 301 调查报告全文，其调查分为六个部分，第一部分是 overview，介绍了 301 条款和调查的背景。第二部分是中国的不公正的技术移转规定；第三部分是中国的歧视性执照限制政策；第四部分是中国的国外投资；第五部分是中国对美国信息技术的"剽窃"；第六部分是中国的一些其他的政策以及实践。

仔细审视美国在每一个部分所作出的结论，会发现，"unreasonable"和"burden or restrict U.S commerce"是常出现的高频词。以第二部分"China's Unfair Technology Transfer Regime for U.S.Companies in China"为例，在该部分，经过一系列论证，报告先是

指出中国的规定不合理、不公平,限制了美国公司保护自己合法权益的自由;接着进一步判定,中国的举动、政策、实践给美国的经济造成了负担和限制。这一系列的结论,不论其论证有无说服力,都没有提及中国的WTO义务。其他几个部分同样如此。

不仅如此,对整个报告进行检索,可以发现提及WTO和TRIPS的次数非常少,并且都没有给出明确的确认。更多时候,美国小心谨慎地采用了appears to be等不确定的词语,似乎有意识避免DSU23条的归责。

美国在WTO例会上的声明同样强调这一点。美国认为,它已经就它认为可能违反WTO的问题(技术执照)在WTO上发出磋商请求。而其他的部分,美国均未确认中国违反WTO,只是确认中国"不合理侵犯美国利益"。

这样看来,美国301调查本身似乎确实并不违反DSU23条。当然,其根据301调查采取的措施显然违反GATT第1条、第2条,应另当别论。

2. 中国违反DSU23条吗?

目前为止,中国官方在国际层面对美国的301调查作出过哪些回应?笔者尝试做一个整理。(见表1)

表1　中国对301调查的回应

时间	回应主体	主要内容
1.11	商务部	对现有国际贸易体系的破坏;单边的、保护主义的做法,损害中方的利益;将采取措施
4.3	外交部(例行记者会)	双方的对话协商应该遵循国际法和国际贸易规则,而不是美国国内法
4.4	商务部	美方做法严重违反了世贸组织的基本原则和精神,中方拟立即将美方有关做法诉诸世贸组织争端解决机制。同时,我们将根据《中华人民共和国对外贸易法》相关规定,准备对美产品采取同等力度、同等规模的对等措施。
4.4	外交部	严重违反了世贸组织的基本原则和精神…(同上)
4.6	商务部	美方一手挑起,本质上是美单边主义对全球多边主义的挑衅
4.9	外交部(例行记者会)	这次中美经贸冲突是由美方一手挑起的,责任完全在美方。美方一边挥舞贸易制裁的大棒,一边口口声声说愿意谈判,我不知道美方这出戏演给谁看。
4.10	商务部	美通过301调查对华采取关税措施违反世贸规则和美政府承诺。美国单边认定其他成员的有关措施违反世贸规则。
4.12	商务部新闻发布会	世贸组织并没有关税对等的原则,世贸组织鼓励通过互惠互利的谈判逐步降低关税,促进自由贸易。但是,以所谓"对等"对某一成员单方面提高关税,是严重违反世贸组织规则的行为,严重破坏了多边贸易秩序,

可以看出,中国外交部、商务部对美国301调查的一系列回应,的的确确有指责过美方违反WTO的规则,但并未具体声明违法哪一条,仅仅为原则性的声明。这样的声明是否违反DSU23条?这还涉及到对该条款的解释。

DSU23条使用的单词为"make a determination",从字面上来看,determination似乎不应当是一个宽泛的、原则性的声明,而是经过考量之后作出的决定。从立法目的并结合上下

文来看，第 23 条的题目为“多边体制的加强”，目的在于加强多边体制，要求各国不单方面确认其他缔约国违反 WTO，其目的在于要求各国通过 WTO 的争端解决机制来解决问题。而中国在官方发言认为美国违反 WTO 规则，同时在 WTO 进行磋商请求，意在加强多边体制而不是削弱它，并且也未单方面采取任何的措施。从立法目的来看，也应当认为中国未违反 WTO。

在 DS152 中，专家组对 DSU23 条作出了这样的解释：23 条禁止具体纠纷中的行动，也给 WTO 成员方在解决纠纷时的行为提供了纪律。违反 23 条的行为有两种：1)纠纷中的具体的行动；2)一个具有普遍适用性的方法，如立法或行政法规，规定了不在 WTO 争端解决机制内解决纠纷。

从 DS152 的专家组的解释来看，所谓的“determination”也具有一定的严肃性，要达到立法或规章的程度。中国的发言仅仅为在国际层面表达立场，既没有上升到如 301a 的立法层面，也没有具体指明违反哪一约定。由此看来，中国的行为应当不违反 DSU23 条。

然而同时，我在 google 上以“violate WTO rules”为关键词进行检索，结果几乎都是“中国指责美国违反 WTO”、“中国指责欧盟违反 WTO”等新闻。而主体为美国的新闻只找到一条：特朗普认为中国的“网络防火墙”政策“may violate WTO rules”.使用了 may 这样的并不绝对的判断词。由此可见，西方各国似乎对这样的发言比较谨慎。我认为，中国如果不想被卷入无意义的指责和控诉，还应当于官方场合谨慎措辞，固然要体现中国强硬的一面，但也要避免违反 DSU23 条的规定。

二、中国的 500 亿回击清单合法吗？

4 月 4 日中国宣布对美国提高关税，总共涉及 500 亿美元的进口额。此一举动既出，国际法学界哀鸣一片：中国的反击，似乎在国际法上，也是缺少合法性的行为。这样的举动，尽管体现了中国的强硬和不怕打经贸摩擦的立场，但容易被美国和其他国家抓住“中国不守 WTO 法”的话柄。

如果要从国际法的层面为中国的该清单找到合法性，应当如何入手呢？老师提供了三个视角：

1. 国际贸易中的正当防卫

《联合国宪章》规定以和平方法解决国际争端，不得使用武力，但是国家有权自卫。老师认为，这是自然法下的一个一般法律原则，在面临不法侵害的时候，一国有权自我防卫。尽管 WTO 中没有这样的规定，但自然法是不依托于成文法的，因此中国可以根据正当防卫的原则进行防卫。

2. “条约暂停施行”

根据《维也纳条约法》60 条，条约当事国之一有重大违约情事时，特别受违约影响之当事国有权援引违约为理由在其本国与违约国之关系上将条约全部或局部暂停施行。老师据此认为。在这种情况下，中国作为“特别受违约影响之当事国”，当然有权针对美国全部或局部暂停实施 WTO 义务。

3. 义务豁免

《建立世界贸易组织协定》第 9 条第 3 款规定：“在例外情况下（in exceptional

circumstances)，部长级会议可决定豁免(waive)本协定或任何多边贸易协定要求成员承担的义务。老师认为，在这种情况下，中国有理由认为，中美贸易中出现了特殊情况，因而有权要求 WTO 豁免，即中国可以限制美国产品进口而不涉及不符合 WTO 规则。

以下试对这三种观点作国际法上的评价。

a)“正当防卫”权。

从国际法上，所谓的“正当防卫”的使用是极为受限制的。目前可见的最普遍接受的是《联合国宪章》第 51 条：宪章的任何规定均不妨碍会员国在遭到武力攻击时，在安理会维持国际和平与安全在采取必要的措施之前行使单独或集体自卫的固有权利。可以看出，联合国宪章所规定的成员国的自卫权，仅限于遭到武力攻击时方能实施。并且，联合国宪章对自卫权的行使程序也有严格的限制：国家行使自卫权的时间局限于安理会“采取必要办法以维持国际和与安全之前；国家对于行使自卫权时采取的措施负有向安理会报告的义务。

在法理上，自卫权的确是国家基本权利。英国学者奥本海认为，根据国际习惯法，任何国家都没有义务在另一个国家采取有损于它的受法律保护的利益时，保持消极；如果一个国家受到武力攻击，它就有权在必要的情况下使用武力以防卫自己不受攻击，击退进攻者并将进攻者赶出国境。因此，《联合国宪章》的规定使用了“inherient right”这个词，也代表即使宪章不规定，国家也应当拥有这个权利。

那么，在 WTO 中能否类推适用，认为 WTO 中国家也享有“自我防卫”的权利呢？我认为，这涉及到对固有权利(inherient right)的理解。

固有权利，是国家依据基本法理，在国际社会中所天然享有的、不能克减的权利。该种权利不因国家参与缔结的契约所产生，同时也不因国家缔结的契约而受限制。因此，它也被称为绝对权利。由于其权利的绝对性，必须对该权利范围进行限制性的解释，而不能无限制地扩张。只有在保护非常重要的法益时，才承认国家天然具有绝对的权利。应当认为，作为国家基本权利的自保权，其保护的法益应当限于保卫自己的生存和独立不受侵犯的权利。因此，作为绝对权的自保权，其范围也应当限于在国家领土安全和独立自主的权利受到侵害时，方能够行使。

美国对中国增税，名为“经贸摩擦”，但显而易见，其危害程度远不及真刀真枪的战争。尽管其正当性尚不能够确认，但其行为仅仅是危害到了国家的经济，并未危及国家的主权、领土完整和独立自主。若在这种情况下，也承认国家有所谓的“自主防卫权”，则难免对绝对权利的解释失之过宽。何况，经济、贸易层面的所谓“侵害”，和武力的侵害也大相径庭：武力的侵害，违反的不仅是联合国宪章的约定，更是“和平共处”的国际法基本原则，属于违反自然法，当然可以用自然法中的正当防卫来反击；而经济层面的增税行为，违反的仅仅是 WTO 的约定，就应当在 WTO 的体系下来还击。如果放任这种情况的自卫，就会导致 WTO 体系的架空，国际经济秩序的失控和混乱。

综上所述，我认为所谓“自然法下的正当防卫论”难以接受。

b)“条约暂停施行”论。

关于《维也纳条约法公约》第 60 条所规定的条约暂停施行，粗看上去适用起来比较顺畅，然而却存在一个问题：美国并非维亚纳条约法公约的缔约国，那么在中美的争端下，是否能够适用“条约暂停施行”？

首先,《维也纳条约法公约》的缔约国一方不能单方援引该条款来对抗另一未参与缔约的国家。上述条款规定:“……条约当事国之一有重大违约情事时”。而根据公约第二条,“‘条约’者,谓国家间所缔结而以国际法为准之国际书面协定。”因此,美国的确是 GATT 的当事国之一,表面上符合 60 条的对象。然而,条约暂停施行的效力来源是《维也纳条约法公约》,而非 GATT,而美国未参与缔结条约法公约,因此不在公约的效力范围以内,不承认公约第 60 条的管辖。尽管中国是公约的缔约国,也是美国对 GATT 违约的受害国,但中国不能用他国未承认的约定来对抗他国,否则就违反了意思自治的原则。

其次,DSU23 条作为成文法,应当优先于《维也纳条约法公约》得到适用。尽管 WTO 争端解决机制中,《维也纳条约法公约》能够以“国际习惯法”的形式,成为 WTO 的法源,但在有明确的成文法做相反规定时,习惯法应当让位于成文法。更何况,《维也纳条约法公约》第五条也规定:“本公约适用于为一国际组织组织约章之任何条约及在一国际组织内议定之任何条约,但对该组织任何有关规则并无妨碍。”因此,在公约与国际组织的条约冲突时,应当解释为公约的规定不妨碍特别条约的规定。

根据这个解释原则,DSU23 条“多边体制的加强”规定,任何国家不得单方面确认其他国家违反了 WTO 的义务。这一条没有规定例外,因此应当视为不承认暂停施行的情况。因此,《维也纳条约法公约》第 60 条的规定,不应当在此得到适用。

c)义务豁免。

从理论上看,《建立世界贸易组织协定》第 9 条第 3 款可以得到适用,作为中国反击的正当权源。然而可惜的是,中国的 500 亿清单明显不符合豁免义务的程序规定,而目前清单已经开始执行,即使“先上车后补票”,其正当性也要大打折扣,容易被他国抓住话柄。

程序上,豁免请求根据申请豁免义务的不同应分别提交部长级会议、货物贸易理事会、服务贸易理事会或 TRIPS 理事会,有权机构应在不超过 90 天的期限内对豁免申请进行审议。各理事会对自己职权范围内的豁免申请初步审查之后,应将豁免申请以及审查报告提交部长级会议审议。部长级会议是否批准豁免申请具有最终决定权。同时,除有关《WTO 协定》的豁免请求根据协商一致作出决定外,豁免决定应由成员四分之三多数通过。显然,中国的反击既没有提请审议,也没有得到四分之三成员通过。

综上,我认为中国的 500 亿清单还击,尽管合情合理,但在国际法上,同样也是不合法的。

三、课程感受

在讨论中国 500 亿清单的合法性时,我再一次感受到了 WTO 的无力。尽管美国的行为显然严重违法,但中国除了“老老实实”通过磋商解决程序解决以外,没有太多更合法的方法。最终,中国选择了比较有争议的“自力救济”的方式,而同一时期遭到武力打击的叙利亚则没有这么好的运气:所谓弱国无外交,叙利亚在联合国的负隅顽抗被忽视,自身也不具备自力救济的能力。试想,如果中国的国力是二十年前的水平,当然不敢硬碰硬地还击,而一旦中国选择妥协谈判或者走 WTO 程序,特朗普政府就会得偿所愿。

这再一次引发了我的一个思考:WTO 也好,联合国也好,如何才能做到让国际秩序避免走入“自力救济”的窠臼?老师认为应当在 DSU23 条中添加一条例外规则,以允许当事国

还击。我认为这仍然是 WTO 对国家主权的妥协，最终仍会走到“有力量还击的才能还击，没力量回击的被迫挨打”的局面。

我设想，能否仿照国内的诉讼法，在 DSU 中设置类似“诉前行为保全”、“诉中行为保全”的规则？即，一旦关于某争议条款展开或即将展开诉讼，并且受害国能证明争议条款对自己有急迫的侵害，就在诉讼中临时使该争议条款无效，直到专家组对其效力作出最终的判定。如果被告方拒绝停止施行该争议条款，就使其负损害赔偿责任。这是一个不成熟的思路，尚待完善。

4. 第八至九周

中国出版物和音像制品案

引言

在结束对中美经贸摩擦的分析后，我们在第八周回归到了课程大纲的内容——中国出版物和音像制品案，这或许就是既着眼当下又不忘以史为鉴吧，我们在两次课程中对出版物案进行了分析和讨论。出版物案指的是 2007 年美国就中国出版物和音像娱乐产品的贸易权和分销服务措施向 WTO 提起诉讼。涉案措施包括三大类：一、中国将贸易权限于中国国有企业，从而不公正地限制了在华企业以及外国企业和个人向中国进口出版物和音像娱乐产品的权利的措施。二、读物分销、家庭视听娱乐产品分销服务和录音制品分销服务。三、对进口读物、用于电子分销的音像制品和供影院放映的电影，没有提供国民待遇。总之，美国认为，这些措施违反了中国加入 WTO 时贸易权和服务贸易方面的承诺，而且不符合国民待遇的要求。①

在两周的课程中我们主要涉及的内容的是第一类措施——中国限制贸易权，不公正地限制了在华企业、外资企业和个人对出版物和音像娱乐产品的贸易权。美国认为中国违法了《中国入世议定书》第 5.1 条中有关开放贸易权的承诺。中国欲援引 GATT 第 20 条(a)进行抗辩，由此引发了本案的 complex legal issue——中国是否可以直接援用 GATT 第 20 条，以作为其背离加入 WTO 议定书项下的贸易权承诺之抗辩。专家组和上诉机构对此结论相反，同学们就此 issue 从专家组和上诉机构两个方面的论述进行了讨论：

1. 评价专家组报告的思路以及对 Assumption arguendo 原则的运用

(1)本案中专家组如何运用 Assumption arguendo 原则以及上诉机构对此的态度

(2)如何理解 Assumption arguendo 原则

(3)评价 Assumption arguendo 原则

2. 评价上诉机构报告

(1)WTO Agreement 是否包括附件？

(2)如何理解 230 段的逻辑？

(3)上诉机构在此问题上是否越权？

本次课程整理由蒋佳佳同学完成。

---

① 杨国华：《探路——出版物案专家组裁决的思路》，2011 年，http://www.110.com/ziliao/ article-230936.html，2018 年 5 月 6 日。

课程内容

一、评价专家组报告的思路以及对 Assumption arguendo 原则的运用

(一)本案中专家组如何运用 Assumption arguendo 原则以及上诉机构对此的态度

专家组在论证“中国能否援引 GATT 第 20 条作为抗辩”时,正常的推理过程应当是先判断 GATT.20 是否能够作为对《入世议定书》第 5.1 条的抗辩,但是专家组认为这个问题过于复杂,于是专家组采取了“回避”策略,采用 Assumption arguendo 原则,不直接判断中国是否可以直接援引 GATT 第 20 条来进行抗辩,而是先假定中国可以援引其进行抗辩,接着直接审查中国的措施是否满足 GATT 第 20 条(a)项的要件。如果发现本案没有满足 GATT 第 20 条的要件,则可不再考察“能否适用”的问题。专家组沿此思路发现中国的措施没有满足 GATT 第 20 条的“必要性”要件,于是得出结论:中国不能原因 GATT 第 20 条进行抗辩。

不过上诉机构对专家组的做法持批判态度,虽然 Assumption arguendo 会使判决更简洁、高效,但其未必能提供坚实基础,反而可能导致法律的不确定性以及实施上的困难。裁判者未必要优先使用有利于效率的方法,而应当使用一种适宜解决问题的方法来作出客观评价。上诉机构认为“能否援引”的分析依赖于“能否适用”的成立,回避这一问题,一旦中国对法规进行修改,符合了 GATT 第 20 条的“必要性”要件,则会导致另一种结果,这会对裁决的实施产生一定的阻碍,总之,“能否适用”这个关键问题不应回避。

(二)如何理解 Assumption arguendo 原则

同学们从本案专家组的运用和上诉机构的评价中初识了 Assumption arguendo 原则,同时同学们也对 Assumption arguendo 做了更为详细的调查研究。

袁崇霖同学提出,Assumption Arguendo 原则应用的前提是,待推导的结论唯有在多个有依存关系的条件均满足时方能成立,而为了辩论或推理的方便,可以先假定一个处于前提地位的条件成立,再在此基础上对其他条件进行判断,如果其他条件全部或部分不成立,则该结论显然无法成立,则不再需要对被假设的条件进行分析。而且 Assumption Arguendo 这个概念和先前我们在“中国知识产权案”(DS362)中学习的司法经济(Judicial Economy)有相似之处。林子郁同学还对 Assumption Arguendo 和 Judicial Economy 两个概念进行了辨析,Assumption Arguendo 的前提是在有多个必要条件的情况下“一伪则伪”,Judicial Economy 的前提是在有多个充分条件的情况下“一立则立”。袁崇霖同学还非常形象地将两者类比为电路的关系,即 Assumption Arguendo 是串联电路,只有有一处电路断连,便可不顾其余部分而径行得出该电路没有电流通过的结论;Judicial Economy 为并联电路,只要

有一个支路连通，则可认为该电路有电流通过，而不需要检验其他支路来支持这一结论。

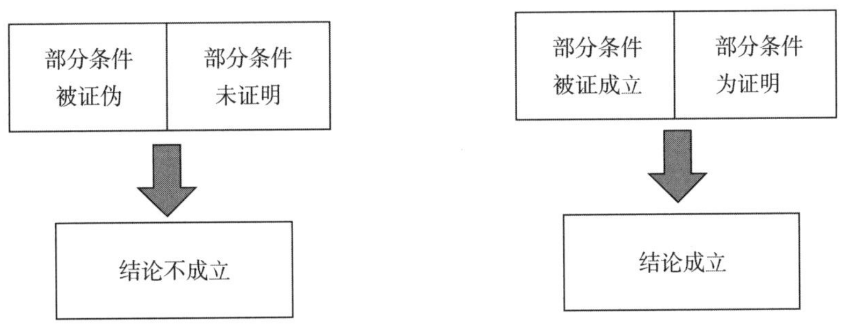

刘雨晴同学则是通过比较不同判例中对 Assumption Arguendo 运用，发现裁判者在运用该原则时的不同目的，这也为我们提供了一个新的思考角度。在 US-Custom Bond Directive 一案中运用这一原则的目的是"in order to enhance simplicity and efficiency in decision-making"是从效率和简便方面考虑，而在原材料案中则是"in order not to undermine the parties' right to prompt settlement of the dispute"，为了维护双方迅速解决争端的权利，虽然也提到"迅速"，但是是由于该案中一方在 argument 中提到了这个争点，专家组觉得需要阐明和解决，所以才会在已经论证过该争点前提不存在的情况下运用假设前提成立的方法分析该争点。本案中专家组和上诉机构的态度不同，或许是因为专家组是处于提高争议解决效率的考虑，而且 US-Custom Bond Directive 作为之前的判例，对于专家组还是有相当的说服力和吸引力，而上诉机构或许是考虑要为后面的类似案件作出先例参考。

(三)评价 Assumption arguendo 原则

1. 批判说

虽然笔者在一开始看到专家组运用该原则时，觉得这个方法非常灵活，甚至充满了智慧，可是后来发现它只是能够一时迅速解决问题，但是从长久来看，它是不稳定的，许多同学也对它抱着批判的态度。

孙艺芸同学提出，Assumption arguendo 只是作为一种辅助方式存在的，其适用是为了更好的证明，类似于"退一步讲"的逻辑，但在本案中，专家组完全将自己的论证建立在这个的基础上，显然并不合理。徐朝雨学姐更是从专家组的作用和责任的角度来反对专家组对 Assumption arguendo 的运用，她提出专家组的作用不仅是裁判案件，也包括适用法律，这就要求专家组对法律进行逐层剖析，详细解释，不能存在逻辑上的断层或者缺环。本案中，专家组绕过中国采取违反入世议定书承诺的行为能否通过 GATT 第 20 条来正当化这一较难问题，直接适用 GATT 第 20 条(a)款进行判断，不仅没有履行其"适用法律"的职责，还造成了逻辑链条的断层。刘书杭同学则梳理了许多跟 Assumption arguendo 相关的案例，总结出 WTO 争端解决机构尤其是上诉机构对于 Assumption arguendo 能否适用的态度经历了一定的变化，从总体上逐渐收紧了 Assumption arguendo 在争端解决中的可适用性，因为尽管 Assumption arguendo 的适用是为了提高决策的效率，但在最终意义上可能导致无效

率的结果,上诉机构无权对专家组回避的问题作出认定,成员国的诉请可能无法回应,争端解决的目的就无法达到,从而有可能进一步损害成员国的权利。

2. 折衷说

但是也有同学看到了适用 Assumption arguendo 原则的合理性,并且也尝试总结出运用该原则的条件,陈华屹同学认为,Assumption arguendo 这种技术并非不能用,但考虑到中国音像制品案的先例以及 WTO 争端解决的任务,使用这种技术要满足一定的说理条件。且在英美法系国家,这一技术得到了较多的使用,因此这一技术本身并不肯定是错误的,不过本案上诉机构指出的这些问题却也是存在的。所以应当进行个案裁量,在个案中应该要看使用这一技术是否会带来“法律基础不牢靠”和“对当事国时候执行判决不确定”的问题,如果有则不能使用,如果没有,则可以考虑适用。另外,决定适用时还要考虑前一个问题有多复杂,如果前问题过于复杂而后一问题又过于简单,则适用 assumption arguendo 的正当性增加,反之则减少。这样通过个案裁决,并附以充足的说理,仍然存在假定成立原则适用的空间。

二、评价上诉机构报告

(一)WTO Agreement 是否包括 GATT?

《中国入世议定书》第 5.1 条规定:“Without prejudice to China's right to regulate trade in a manner consistent with the WTO Agreement,China shall progressively liberalize the availability and scope of the right to trade……”其中同学们争论的一个焦点就是第 5.1 条中的 WTO Agreement 是否包括 GATT 条款,如果 WTO Agreement 包括 GATT 条款,那么第 5.1 条中的 a manner consistent with the WTO Agreement 就也可以解释为 a manner consistent with GATT。而且上诉机构也默认了 WTO Agreement 包含附件所以也包含 GATT。

对于这两个条款之间的关系,首先袁崇霖同学认为各国的入世议定书正是 WTO 多边贸易体制的基础,所以入世议定书当然归属于 WTO 协定。而且从法律依据上看,WTO Agreement 的 2.2 条规定:The agreements and associated legal instruments included in Annexes 1,2 and 3 (hereinafter referred to as “Multilateral Trade Agreements”) are integral parts of this Agreement,binding on all Members。可见 WTO Agreement 包括附件及相关法律文件。刘雨晴同学则在 WTO 官方网站上找到了 WTO Agreements 的 Analytical index,其中就包括 GATT。

因此通过讨论,同学们基本上达成一致,《中国入世议定书》第 5.1 条中的 WTO Agreement 包括 GATT 条款。

(二)如何理解 230 段的逻辑?

杨老师让我们重点分析的上诉机构报告第 230 段,主要是在论述 GATT 第 20 条和《中国入世议定书》第 5.1 条的关系,以此证明本案中 GATT 第 20 条可以适用与对《中国入世议定书》第 5.1 条的抗辩。

笔者认为 230 段的逻辑比较清晰，分析也很新颖合理。首先，上诉机构从整体上对第 5.1 条进行解释，当中国管理贸易的措施符合 WTO 协定则可以受到第 5 条第 1 款的保护，而 WTO 协定包括 GATT 条款。然后分析本案中中国限制贸易权的措施是否跟管理涉案货物有明显的客观的联系，对于 discernable、objective，上诉机构认为要从措施的目的、性质、设计、结构、功能并结合商品监管的环境来认定。最后上诉机构得出结论，中国限制贸易权的措施与货物管理有明晰的、客观的联系，从而确定了《入世议定书》与 GATT 之间的联系，认为中国可以援引 GATT 第 20 条进行抗辩。

不过也有同学对上诉机构报告 230 段提出了质疑和意见。陈华屹同学认为上诉机构将 traders 和 goods 人为地分开，显得有些形式化。在解释第 5.1 的介绍段落时，根据维也纳条约法公约第 31 条，首先要做的是文意解释，而无论如何解释 trade，都不可能只将其与 goods 联系在一起而与 traders 区分开来，因此没有必要讨论 trade 是否包括 trader。其次尽管 GATT 是针对 goods 的规定，但 GATT 中也有大量针对 traders 的规定，比如第 17 条就是针对国有企业的规定，总之无须在司法上建立货物与贸易商之间的关联。刘书杭同学回应了陈华屹同学的质疑，他认为，GATT 在 WTO Agreement 位于 Annex 1A，这一部分的题目为 Multilateral Agreements on Trade in Goods，因此可以对 GATT 适用范围作出限定于货物贸易的理解，而且由于美国提出了 goods 与 traders 相区别的观点，所以上诉机构基于这一观点作出反驳也是可以理解的，并非冗杂。而林子郁同学则从另一个新角度来论述第 230 段存在的问题，认为 230 段确立了个案判断的标准，容易造成 case-by-case，本案中上诉机构创设了一项新的裁判标准，即若对贸易商的管理措施能够与对货物贸易的管理建立起客观联系，就可以援引 GATT 第 20 条，客观联系的存在与否的判断依据则是贸易措施的性质、结构、目的等。

(三)上诉机构是否存在越权行为?

1. 越权的含义

陈华屹同学首先从国内法对"越权"的定义来解释本案中"越权"的含义，在国内法中所谓"越权审判"，就应当是指审判机构超越受案范围，审理了没有管辖权的案件，因此讨论上诉机构是否越权，应当是讨论上诉机构对本案有无管辖权。而同学们也提出了本案中的"越权"是指 DSU3.2 中的"增加或者减损权利或义务"。笔者认为 DUS 第 17 条第 6 款"上诉应限于专家组报告涉及的法律问题和专家组所作的法律解释"明确规定了上诉机构的审理范围，因此是否越权应该看上诉机构审理的内容是否是专家组报告涉及的法律问题和法律解释，于是这又引发了一个争论，上诉机构对于中国能否援引 GATT 第 20 条进行抗辩的认定是属于法律问题还是事实问题，这个争论点对于判断上诉机构是否越权意义是非常重大的。

2. 法律问题和事实问题

张铜戈同学从概念上为我们区分了事实问题和法律问题。事实问题即 whether or not a certain event did occur in time and space，法律问题即 the consistency or inconsistency of the facts with the requirements。而最棘手的部分就在于模糊的地带，即 clarify the existing provisions。对于这片模糊的地带，判例给出的裁决结果也是不统一的。比如在 US-stainless steel 案中，上诉机构既认为专家组超出了法律问题的范围，又强调，the

clarification is not limited to the application of a particular provision in a specific case。本案中正是 clarify the existing provisions 的模糊情况。

笔者认为，首先上诉机构是针对专家组的解释方法和 issue——“是否能援引 GATT 第 20 条第(a)项”进行讨论而能否援引，这是一种法律适用问题；其次，上诉机构在司法上论证 trade 和 traders 两个概念的关系，属于法律解释的问题，因此法律适用和法律解释的问题当然属于法律问题。另外，上诉机构提出的只是一种方法，而不是直接针对本案件的案情来讨论，所以上诉机构的论述仅限于法律问题，符合 DSU 第 17.6 条。

3. 上诉机构的行为是否越权

对于这个问题，同学们的意见也都是认为上诉机构没有越权，陈华屹同学从课堂上同学们热议的 DSU3.2 条款入手，反对把违反 DSU3.2 作为越权，他认为 DSU3.2 只是一个原则性的规定，不涉及裁判者的权力范围，其次，退一步说，即使按照 DSU3.2，中国可以援引 GATT 第 20 条作为抗辩的依据的判决也并没有增加或减少中美双方中任一方的权利义务，因此无论如何上诉机构都没有越权。徐朝雨同学则从 DSU 第 17.6 条入手，认为首先根据 DSU 第 17 条，上诉机构的审理范围是专家组审理中涉及的法律问题，本案中专家组的审理涉及了中国采取违反入世议定书承诺的行为能否通过 GATT 第 20 条来抗辩这一问题，上诉机构不同意专家组解释法律的办法，就需要对该问题对出解释，在解释过程中必定会涉及对“GATT”与“WTO Agreement”关系的说明，而且鉴于 WTO 仅存在二审程序，上诉机构的审查是对专家组报告中不合理内容的唯一纠正机会，对上诉机构职权概念的解释，不能过分死板，只要上诉机构是对专家组解释的方法，内容，涉及的法律相关的问题，都可以进行审查纠正。

课程感悟

一、在辩论中让思维飞扬

在出版物案的课堂上，让笔者印象深刻的是常常会形成辩论的场面，一个同学赞成，另一个同学不赞成，然而知识就是在多次的辩论中越辩越明，也让我们更好地全面看问题。对于课上讨论的问题，同学们给出了不同的回答，这些回答是一个人无论如何也想不全的。讨论的意义便在于此。每个人都是特殊的，也受到各种的局限。讨论，一方面可以知道不知道的，另一方面，也会被不曾想到过的想法而惊奇。而 WTO 课程的魅力就在于此，一位同学贡献出自己的思想，剩下的几十个同学就一同拥有了这个思想，再与自己的思想结合，就又碰撞出新的更加闪耀的思想。这样的讨论也给同学们注入了活力，同学们获得的新知以及对新知的记忆深刻程度都超过了那些"满堂灌"式的课程，原本在旧轨迹中循规蹈矩的思维都变得活泛起来。不过孙艺芸同学也发出了一个提醒，笔者觉得也非常值得思考，辩论的技巧并不是都可以用在法律实务之中。辩论，追求的是一时的逻辑性胜利，但是法学实务，却要谨慎地考虑每一个决定对以后的长远影响。就像在本案中，Assumption arguendo 的原则也许在辩论场上很好用，但终究不是法学实务中解决问题的最佳方式。所以也有同学提出，课堂上关于案件的激烈讨论，其目的并不是得出唯一的结论，而是在通过纯粹的逻辑演绎难以得出确定结论之时，基于大家的讨论，让我们认识到法律本身规定的模糊性、解释的多种可能性及同类案件的多样化解决方案，由此深化对争端解决机制自身定位及法律适用的认识。

二、不迷信权威，用批判的眼光看问题

一开始看专家组的报告，感觉逻辑上都是没有什么大问题的，应该是完美的，毕竟是 WTO 的专家组，但是在看到上诉机构的报告后，发现专家组报告的有些地方确实值得质疑，那么上诉机构的报告是否也无懈可击了呢，从课堂上同学们的反映来看，非也，同学们不仅提出了自己的质疑，甚至还有同学为上诉机构重写了一段论述，这种敢于质疑、不迷信权威的精神非常值得保持下去，毕竟不仅是案例分析，在法学中其他很多事情都需要带着批判的眼光全面地看问题。

三、提前确定讨论任务使讨论更加集中高效

第九周的课杨老师提前为我们留下了讨论主题，即围绕 230 段讨论逻辑和越权问题，这堂课下来，同学们都认为大家的思路更为清晰，逻辑更为严密，大家在提出自己的观点时也更为深刻，有理有据，或是选用 WTO 网站上的权威解读，或是联系学习的其他部门法中的知识。

综述汇编

陈嘉琳

一、课程内容

在这两周的课程中，就中美贸易摩擦的问题，课堂进行了简单的分享，并主要讨论了中美出版物案。

(一)中美贸易问题

中国的经济和科技水平在持续快速的提升，在中国制造 2025 计划提出之后，美国认为中国在很大程度上可能挑战其保持良久的世界领先地位。而中美之间的经贸摩擦是一个世界格局重新洗牌的一个信号——旧的 WTO 秩序已经不再那么有效了，新的时代即将到来。WTO 产生和有效的前提，是基于过去的世界利益格局，但是在如今世界格局出现变化的时候，新的秩序也就可能相应产生。在美国提交给 WTO 的文件中也可看出，这是一个立场性的文件，说明了美国的理论逻辑和对中国的观点反驳。事实上，在中美贸易问题上，双方还是倾向于磋商解决的。只是作为没有国家机器作为终极手段的国际法，不同于国内法会更加脆弱，也会在之后依然受到各方的挑战。

(二)中美出版物案

1. 关于中国对于 GATT 第 20 条的援引问题

对于中国是否可以引用 GATT 第 20 条于入世议定书的问题，专家组对于这个问题的解释具有一定的"回避性"。在专家组报告中，专家组认为就是中国否能够使用 GATT 第 20 条到入世议定书中，首先要判断中国的情况是否符合 GATT 第 20 条(a)向所针对的状况，也即"假设中国有权引用该条款"，在判断中国符合了条款的要求再回过头来继续判断是否可以适用。

但是事实上，我认为正确的逻辑应该是先判断入世议定书是否包括在 GATT 第 20 条所指的"本协定"之中，如果属于在根据条件判断中国的状况是否满足条款中的规定来决定能否适用。在专家组的报告中，之所以要"迂回"说理，我认为是在很大程度上为了避免面对难题而采取的"逃避"措施。但这个逻辑本身是有一定不合理之处的。

专家组这种迂回的思路也同样没有得到上诉机构的认可，上诉机构也表示这种判断方式并不利于争议解决。上诉机构首先详细解读了《入世议定书》第 5 条第 1 款，并认为中国政府监管国际货物贸易、制定相关措施必须遵守 GATT 1994 的规定。中国援引 GATT 第 20 条(a)款作为抗辩不能仅仅因为依据《入世协定书》而非 GATT 本身就认定无权援引。在最后，上诉机构推翻了专家组的意见，认为中国有权援引该条款作为抗辩理由。

2. 关于上诉机构的法条解释问题

上诉机构对于 trade 一词的解释，在课堂上也进行了相对深入的讨论。上诉机构为了将 trade 和 trader 联系起来，增加了一个“link”的判断。可能因为 GATT 本身主要是针对 goods 的规定，所以为了联系到 trader 需要进行一定的延伸。但是考虑到 GATT 本身也有很多关于 trader 的规定，这个说法我认为值得斟酌。

事实上，在法条解释中，VCLT 的引入应该是一个较为权威科学的手段，因为 VCLT 本身就是一个权威的代名词，无论在实际上的帮助有多少，在技巧上至少能够免去不少争议。用 link 的方式进行解释，可能是为了现有结论后有解释的“case by case”的判断。

3. 关于上诉机构是否越权问题

就上诉机构是否越权的问题，主要有两个讨论焦点。一个是基于事实问题和法律问题的讨论，一个是关于立法和释法的讨论。

首先是事实和法律问题层面。DSU17.6 规定了上诉机构的审查范围问题：上诉应限于专家组报告设计的法律问题和专家组所做的法律解释。也就是说，上诉机构对于法律问题和法律解释有审查权，对于事实问题没有审查权，且可以审查的是法律问题和解释是专家组报告中所涉及的。就 230 段来说，如果可以认为他所纠结的是事实问题，那么根据 17.6 而言，就可以认定是越权的行为，否则，则应该认为解释合理。

就立法和释法问题层面，根据 DSU3.2，上诉机构可以进行“clarify”但是不能够“add to or diminish”，即不能增加或减损适用协定所规定的权利和义务。解释法律是在任何的司法体系中都被赋予争端解决者的一项基本的权利也是一个基本的工作，通过解释法条来说明裁判逻辑也是每一个判决书所要体现的部分。但是在国际法层面，法官的权利相较于一些国内法体系而言是有一定限制的，因为他们只能解释法律而不能“新建”法律，也就是不能“自动立法”。因此，在这个意义上说，判断上诉机构是否越权是要判断上诉机构在说理的时候是进行法律解释还是立法。

事实上，就我个人而言，我认为上诉机构此举并不构成越权。首先，《入世协定书》是否是 GATT 体系中的一部分，可以是一个法律定性的问题，且这个问题是在专家组报告中所提及但未深究的内容；其次，在解释的过程中我认为上诉机构的说理仍然偏重于解释而非“立法”。并不能认为法律解释只能限制于已有的或者明确表明的内容，我认为这样的解释并不能起到法律发展的作用，而事实上，法律解释的一大任务也就是推动法律的发展，让其适应新的问题的解决。那么我认为，上诉机构的这个解释应当被定性为是一个解释。而且，上诉机构明确了专家组所回避的问题，也是一个利于争端解决的处理。

二、课程感悟

在课堂讨论中，有的时候总会发现不同的同学们关注的问题各有不同，有很多是我自己读案例所不会深入思考的问题。与大家的交流是一个不断学习不断挖掘的过程。而在讨论中，也越发觉得同学们敢于并乐于挑战权威的态度从始至终未曾消减。

就本案而言，中美出版物案又是一个有关知识产权、文化产业的话题。面对经济全球化所带来的巨大文化冲击，一国固然可以采取一定的措施来维护本国文化，但正如不加限制的自由贸易不能真正体现社会的整体价值一样，一味的贸易保护也不能长久有利于一国的文化发展。防止文化产业受到冲击，文化软实力仍然是在国际环境下各国需要努力提升的方面。

程雁遥

一、课程内容

本次我们就中国音像制品案展开的讨论。美国在07年就中国对贸易商的规定“只有符合条件的国有企业才拥有贸易权，而外资企业及个人无权从事进出口业务”提出诉讼，认为违反了签订的有关开放贸易权的约定。中国以GATT第20条反驳，自身辩护。从而展开接下来的讨论。

两周下来的几个关键问题就是：1. assumption arguendo 是否适用，2. 上诉机构是否越权，3. 230段的逻辑是否清晰合理。

1. assumption arguendo 是否适用的问题，在本案的运用就是由于问题的复杂性，是否可以先假设中国援引GATT第20条合理，判断中国的规定是否符合GATT第20条，专家组认定不符合为非必要，即可不用去推断中国援引GATT第20条是否合理这个较复杂的前提。这种思路绕开的复杂的推断，但被上诉机构批判，认为此举会影响法律基础的不牢固，带来不确定性因素。课上同学们的讨论以及其他案例中对于 assumption arguendo 的使用，我认为这种技术是一个可以当案子遇到瓶颈时使用的技巧，就实体的说理逻辑来讲是没有问题的，上诉机构所担心的法律层面上的饿宏观问题也的确存在，assumption arguendo 的适用条件需要限制。

2. 上诉机构是否越权，这个问题在第一节的讨论时未提出，或是说在第一节的讨论时未发觉。我认为意指上诉机构是否超出其管辖权的范围。根据DSU17.6的规定来讲，上诉机构只审查法律的适用是否有误，不能审查事实问题。在讨论中，DSU3.2“专家组和上诉机构的裁决不得增加或减损任一方的利益”被提出，认为违反此规定即为越权，而此规定并不是对于上诉机构权力的规定的，未涉及对于上诉机构权力的边界划分，不能称为越权。

二、课程感想

相对于前几次的讨论，本次的讨论更为集中，第二次课的讨论都跟随的第一次所拓展出的脉络留下的疑问走，更有针对性的讨论就进行的更为深刻，又启发了很多新视角取看待本案件。

在 assumption arguendo 是否适用的问题是，想到这种技巧在生活中的运用好似都没有什么问题，而将它放入法律中，从一个宏观的角度去看，整个法律的发展进步就是一个个放大的我们的课堂，就一件有争议的点去相互争论探寻方向，这种方法就绕开了法律去直面可以进步还需改进和诠释的部分，是需要抑制的。我们就像是面对一团结，要耐心的解开，也许会解的更乱，变成死结然后跳过，但总是要一个一个的解开的。

撰稿人 姜林沣

一、课程感想

老实说,自己是越来越喜欢 WTO 案例研讨这门课程了。这样的动力来自于自己、老师与同学。从个人而言,自己投入了更多的精力在课前内容的阅读和搜集上。大家都想在问题讨论的过程中,论证自己观点的正当性、合理性来说服对方,必不可少的就是充分的准备。就老师而言,觉得杨老师的引导作用是很重要很关键的。比如杨老师的惯用"技巧":1."某某同学可不可以请你澄清一下",就是在引导发言同学更加深入的探索自己提出的问题的观点,同时也让其他同学能够明白你发言的中心在哪里,以提高发言的质量。2."我们是不是可以先讨论下这个问题。"此技巧常常出现在某个问题陷入僵局,或者同学们反复陈述相似观点的时候。颇有一番老江湖的味道。印象最深刻的就是小伙伴们的渐入佳境,大家能够活学活用,在论证时采用不同的手段与方法、素材,相较于前面几周单薄的"我认为"显得更加成熟。批判性能力的提升更体现于讨论中对重要问题的来回多轮的辩驳,比如在 230 段的评价上,说的人不亦乐乎,看的人也津津有味。总之,老师、同学们的认真也推动着我的不断进步,在发现自己缺点的同时,也看到了自己的进步。

二、课程综述

我们在两周的讨论中主要就三个问题予以了重点讨论:(1)上诉机构 230 段的总结性论述是否恰当;(2)"假设成立"原则的可用性;(3)上诉机构对于 trader 与 good 之间关系的认定是否越权。

(一)上诉机构 230 段的评价——观点的来回碰撞

因为在反复阅读材料的时候觉得上诉机构逻辑有些不清晰或者是书面文字让人有些费解,于是自己重新整理了上诉机构的论证思路。

按照 5.1 条的规定,中国应该允许所有的企业在所有货物领域进行进出口贸易。例外为列举在附件中的种类物是例外。当然,中国作出义务承诺的前提,可视为一般例外是"中国有权采用符合 WTO 协议规定的方式对贸易进行管理。"在专家组和上诉机构都认定 5.1 条中的"WTO 协议"包括了 GATT,那么前述例外可理解为"中国有权采用符合 GATT 协议规定的方式对贸易进行管理。"

中国对音像产业贸易的管理方式是限制企业资格,排斥外国企业和私营企业进入贸易市场,那么这样的"measure",即中国在音像产业上限制了企业资格是否符合 GATT 协议的规定?因此需要问题在我看来可以简化为"限制企业资格"与"GATT"之间的关系。

上诉机构观点主要为 GATT 是有关货物贸易的规定,因此如果仅仅限制音像制品,那么是可以适用 GATT 的。(然后再看是否具体满足例外的要求)限制企业资格与限制货物有密切的关系,因此在一定情况下,限制企业资格,也是可以适用 GATT 的。(接下来便在

限制企业资格和限制货物之间建立联系）

艺芸同学和我最开始在思考专家组论证方式的时候存在同样的疑问。到底是否有必要讨论 trader 与 goods 之间的关系。5.1 条中国有权对贸易进行管理“regulate trade”，根据 VCLT 的解释方法来看，trade 的范围显然不应该仅局限于“goods”，限制贸易资格也应该在 regulate trade 里面，因此不必在 trader 和 good 之间建立联系，以论证限制 trader 的合法性。这个看法可能存在的问题是，我们并不否认 trade 内涵的周延性，但是中国现在在用 GATT 第 20 条来作抗辩，而 GATT 主要是规范货物贸易的协定（这一点在裁判中专家组也有提到），因此如若认定 GATT 管辖范围的局限性，那么建立 trader 与 goods 之间关系的环节还是必不可少的。问题就在于“GATT 管辖范围的局限性”这个认定是否成立。这是紧接着抛出的问题。

书杭认为应当认定 GATT 管辖范围的局限性，因为 GATT 作为附件的标题即为“Annex 1A　Multilateral Agreements on Trade in Goods”。华屹质疑了书杭的看法，认为以标题作为判断标准过于形式化，检索 GATT 文本里面也存在多处 trader。同学继续澄清观点认为限制 trader 和 protect moral value 之间需要有 goods 作为连接，因为对 moral value 造成实质影响的应该是产品而不是经营者。

廖林风同学认为 230 段不够清晰的原因在于，本案涉及的是入世协定书第 5 条和 GATT 第 20 条，但本质上是中国入世协定书和 GATT 之间的关系。第五条中的“WTO agreement”建立了两个协议间的联系，但 GATT 的“in this agreement”似乎阻却了这种联系，上诉机构没有明确这种文字上的区别是可以用实质联系（link）来弥补的。

（二）“假设成立”原则适用的可能性

专家组在报告中提到了美国援引 *US - Customs Bond Directive*，请求专家组采用“假设成立”的 technique，直接跳过 GATT 第 20 条是否能适用于违反入世承诺的例外，而直接审查实体上 measure 是否 necessary。专家组认定了美方的请求，但上诉机构否定了这样的论证方式，认为在解决适用性问题的同时会对实体问题的解决产生影响，另外适用性问题不解决的话，不利于规范之后的实践，在成员国之间产生疑惑。在之后的中美原材料案中，再次涉及了“假设成立”原则，在分析三个案件对于该原则的适用后，我改变了第一周讨论的看法，认为 WTO 上诉机构应该是否定“假设成立”的论证思路的。

> 310.　India's appeal raises systemic issues about the availability of a defence under Article XX(d) to justify a measure found to constitute "specific action against dumping" under Article 18.1 of the *Anti-Dumping Agreement*, and not to be in accordance with the *Ad* Note to Article VI:2 and 3 of the GATT 1994, as well as Article 18.1 of the *Anti-Dumping Agreement*. Assuming, *arguendo*, that such a defence is available to the United States, we proceed to consider the United States' appeal of the Panel's finding that the EBR, as applied to subject shrimp, is "necessary" to secure compliance with certain United States laws and regulations within the meaning of Article XX(d). We examine the Panel's finding on this issue of "necessity" before we return to the question of availability of a defence under Article XX(d).

上图是上诉机构在 *US - Customs Bond Directive* 中的论证，和专家组一样直接采用了“假设成立”的论证思路。

The Panel found that Paragraph 11. 3 of China's Accession Protocol does not contain any language or reference that would allow recourse to Article XX of the GATT 1994 for justifying China's export duties found to be inconsistent with Paragraph 11. 3. [Panel Reports, section VII.B.5.] Even assuming, arguendo, that the exceptions under Article XX (b) and (g) were available to China under Paragraph 11. 3 of its Accession Protocol, the Panel found that China had failed to satisfy the requirements of those provisions for the raw materials at issue.[Panel Reports, sections VII.D.2-VII.D.4.

上段是专家组在中美原材料中论证 GATT 第 20 条能否成为中方违反入世协定义务的例外救济。虽然提到了“arguendo”，但是其是在充分分析不存在 application 之后，为了进一步解决问题，而让步性的认为，即使我们采用“arguendo”的论证思路，即承认可适用性，中方也没能达到 GATT 第 20 条规定的例外的实质要求。

林盟同学提出了应用 arguendo 的案件，杨老师提示文件属于 Analytical Index，也是我们学习的重要资源。有同学认为，上诉机构并没有否认 arguendo 的适用空间，只是限定了其范围。我继续阅读了音像制品后的案件 *US - Large Civil Aircraft*，专家组的论证时采用了 arguendo 的方式，并认为符合了上诉机构在音像制品案中对适用 arguendo 原则的指导：(1)对成员国产生执行上的困难；(2)对实体问题产生重要影响的而管辖权在专家组手中的问题未得到解决。上诉机构否定了专家组的认定。首先，上诉机构认为，“As we have explained, the assessment of specificity under Article 2. 1 depends on how the subsidy was defined under Article 1. 1”，即上诉机构问题前后两个问题还是有牵连性的；另外，如果上诉机构不同意专家组的在实质问题上的判断，会出现没有适用问题结论的结果，专家组需要重新对整个问题作出判断。可能会出现一个非公平正义的局面，即成员国的诉请没有办法得到回应，因为上诉机构可能会无权对专家组适用 arguendo 回避的问题作出解释。这样看来，arguendo 原则适用的难度再次加大，首先需要证明前后两个问题没有牵连，其次需要证明上诉机关对前后问题都有管辖权，以免损害成员国的权利。这样的高标准和论证难度在一定程度上已经抵消掉了采用 arguendo 回避掉适用问题的效率，因此，仍旧推断 WTO 对 arguendo 的适用持反对态度。

(三)上诉机构作出该 link 论证是否构成超越职权？

【Article 17 Appellate Review】

An appeal shall be limited to issues of law covered in the panel report and legal interpretations developed by the panel.

【Article3. 2 General Provisions】

Recommendations and rulings of the DSB cannot add to or diminish the rights and obligations provided in the covered agreements.

以上两个条文规定了上诉机关的权利范围：法律审查；不能增加或减损成员国在协议中的权利与义务。

认为没有越权的同学认为，上诉机构没有增加中方的权利，只是把本案中争议条款解释进了现有的权利中。崇霖学长认为，在解释的意义上看是否越权，关键在于看解释出来的结果是否超出了应有的范围，而判断此范围的标准需要参考条约解释的习惯法、《维也纳条约法》公约，我支持这个观点。具体而言，上诉机构得出结论：如果在 trader 和 goods 之间存在实质客观联系，即可证明 GATT 第 20 条可适用于中方违反入世协议的救济。但是，我认为，这部分的论证似乎只能够回应 3.2 的要求，即不能增加或减损成员国的权利、义务。在下一步继续证明 link 实际存在的时候，就可能触犯了 17 条规定的"法律审"的范围。这个问题在我阅读 *US - Large Civil Aircraft* 相关段落时更加明显。如上文所述，在该案中上诉机构拒绝采用 arguendo 的原因是第一个问题，即"whether or not the allocation of patent rights under those contracts and agreements constitutes a subsidy"。是专家组的管辖范围内，若得不到解决，上诉机构无法回应，成员国的 claim 就无法得到解决。这个问题和音像制品案中判断 link 的存在很类似，需要审查中国的审查制度、现有的进出口贸易制度等等，具有事实审查的嫌疑。因此，我认为上诉机构采取建立 link 的方法值得推敲，确有越权的嫌疑。

撰稿人 姜文朵

两次课关于出版物与音像制品案的讨论主要集中在 assumption arguendo 的理解、上诉机构是否越权、230 段如何理解上，重点比较明确，同学们的观点碰撞也非常精彩。我想再主要讨论一下 assumption arguendo 和 230 段论证上诉机构的论证思路。

一、课程内容

(一)assumption arguendo 的使用

本案中，中国认为根据 CAP 第 5 条的规定，中国开放贸易权要在“在不损害中国以与符合‘WTO 协定’的方式管理贸易的权利的情况下”的前提下，而中国有关措施规定选择一部分企业从事出版物(文化产品)的进口，就是基于这一点考量，这也是 GATT 第 20 条所允许的。

专家组对中国具有“Right to regulate trade”(入世协定书 AP5.1)这一点没有异议，问题在于中国能否援引 GATT 第 20 条的一般例外条款。按照一般的思路，专家组需要先解决中国能否引用 GATT 第 20 条的问题，在来具体判断案情是否符合 GATT 第 20 条中的实体条件，但专家组认为前一步的判断是一个非常困难的问题。为了解决这个困境，专家组转向了“假定成立”(assumption arguendo)的方法，即假定 GATT 第 20 条是能够适用的，先对 GATT 第 20 条的实体条件作出判断，如果实体条件不符合，那么也无须再回头考虑能否适用的问题。

对于 arguendo 的方法有几点疑问，首先是其与 judicial economy 的关系问题。Judicial economy 主要是指在争端解决过程中，只就必须裁决的事项作出裁决，一项成立，则其他事项也无审理之必要，当然，在加拿大诉澳大利亚影响鲑鱼进口措施(DS18)案中，上诉机构也作出了限定，即如果涉案某些条款要求必须对问题予以全面解决时，不能利用 judicial economy 规避对必要争点的讨论。我认为，AA 与 judicial economy 主要有如下几点不同。首先，二者的使用阶段不同。Judicial economy 要解决的主要是更广泛的审理程序问题，即争端解决机构可以依照这一原则，确定需要审理的争点。而 AA 的使用已经深入到了需要解决的争点内部，是审理过程中搭建内部具体逻辑结构的方法。其次，二者的地位不同。AA 不是一种不可替代的原则，其地位仅仅是一种辅助论证技巧，在适用时还需要考虑是否使论证达到最佳的效果，争端解决机构可能还需要做一些决定和取舍。

另一点关于 AA 的讨论是，本案专家组在使用 AA 时出现了什么问题，上诉机构是如何否定专家组的论证方法的。上诉机构提到，“The purpose of WTO dispute settlement is to resolve disputes in a manner that preserves the rights and obligations of WTO Members and clarifies existing provisions of the covered agreements in accordance with the customary rules of interpretation of public international law.”虽然 AA 可以“enhance simplicity and efficiency”，但基于 WTO 争端解决的目的，专家组和上诉机构不必拘泥于最

快捷效率的方式，而应选择适当的方法，客观的解决问题。在具体说明专家组采用AA产生的问题时，上诉机构主要提到这种方法给专家组接下来的论证和中国的义务执行造成了"uncertain foundation"。首先，专家组在对涉案措施的限制性，需要建立在能否原因GATT第20条的分析上，其次，中国对措施的实施也会因此而不确定。

上诉机构的上述理由可以在一定程度上帮助我们理解AA的适用场合，而之后的案件也有遵循此例的倾向。在US-Large Civil Aircraft(2nd complaint)中，上诉机构再次否定了专家组使用AA。Aircrafts案中，专家组试图先论证SCM第二条的符合性，而先跳过对第一条能否适用的分析。上诉机构则指出，第二条的适用以第一条为前提，重申了"基础"的问题。如下所示：

> specificity. The Panel thought that its adoption of an *arguendo* approach was consistent with the Appellate Body's guidance in *China – Publications and Audiovisual Products*. However, in that case, the Appellate Body identified precisely the same problem tha arises here when it said that recourse to an *arguendo* approach 'may also be problematic for certain types of legal issues, for example, issues that go to the jurisdiction of a panel or preliminary questions on which the substance of a subsequent analysis depends.' As we have explained, the assessment of specificity

由此，我认为assumption arguendo的方法固有其优势，并非完全不可采用，但是应谨慎注意适用条件。逻辑需自洽自不待言，裁判者若要采用AA，则应当明确论证中未出现以假定为前提的推论。另如中国在音像制品案中出现的执行基础问题，争端解决机构在适用时，可能还要考虑个案嗣后发生的效果。所以使用与否，应秉承审慎态度，综合考察。

(二)上诉机构是否越权

关于上诉机构是否越权，主要的理解围绕着下面两个条文：

Article3.2：recommendations and rulings of the DSB cannot add to or diminish the rights and obligations provided in the covered agreements.

Article17：an appeal shall be limited to issue of law covered in the panel report and legal interpretations developed by the panel.

有不少同学的观点认为，越权指的是上诉机构的裁决是否超过其管辖权(article17)，而不是指具体的对成员国权利的增加减损，我也同意这样的理解。我认为，权利损益更多还是属于上诉机构裁决是否得当的问题，而管辖权的概念应当是更宽于权利损益的。而且，如果把上诉机构的权限限缩过紧，使只要发生权利损益之情形便说上诉机构"越权"，这也可能会导致裁决难以作出。

澄清这一争论，那么下一个问题就是上诉机构的裁决是否如第17条所限，落在"issue of law covered in the panel report and legal interpretations developed by the panel"中呢？

根据DSU 3.2规定"… clarify the existing provisions of those agreements in accordance with customary rules of interpretation of public international law."DSU可以遵

循一般国际法解释规则对协定条文进行解释和澄清。解释的一极是协定现存的条文,一极是争议案件事实,在将事实对应到条文用语的过程中本身便存在着不明确性。是否上诉机构在 ABR 中在此提到了事实或对专家组使用事实的路径进行重新安排就超过了权限呢,我认为也不能做十分严苛的评判,因为解释难以脱离事实为基础。但如果上诉机构存在明显的对事实发生存续与否的认定,显然超出 panel report 的范围,不符合"完成分析"的适用条件,则可以说上诉机构存在越权,但我认为在本案中不存在上诉机构的越权。

补充:上诉机构"完成分析"的先决条件

欧共体一石棉案对上诉机构完成分析的前提条件进行了明确的归纳。根据该案归纳,两个条件决定着上诉机构是否能采取完成分析的技巧:(1)必须已有足够的事实基础;(2)必须存在专家组对相关法律问题的分析,即上诉机构完成分析的法律问题和专家组已分析的问题存在相关性。这两个条件的根据实际上就是 DSU 规定的上诉机构的职权。另外,一个已经形成共识的条件是:(3)专家组未能对该问题进行分析是行使了司法节制造成的。这三个条件主要是针对"解决专家组未曾分析的问题"的情形;"对相关事实适用不同的法律解释"这一情形只需具备第 12 点即可。

二、课程感想

这两节课,可以明显感觉到同学们不仅关注案件的一些本就影响广泛的讨论点,也逐渐开始自行发现疑问,辟出新的路径,且思维更加清晰严密,也能够搜寻各种官方文本、案例资料佐证自己的观点,使课堂的容量和质量又有很大的提升。而且两节课之间有延续性,使得关于某一问题的讨论能够更久深入,同学们的很多观点也对我很有启发。

具体到课程的内容,越权问题,体现出 DSB 在争端解决裁决的审慎,而接着讨论到的 assumption arguendo,一个小小的辅助技巧使用不仅需要考虑分析整体的逻辑自洽,还要考量成员国的执行依据会不会因此受影响,其后公平、效率间的平衡,足以体现 WTO 争端解决背后价值衡量的重量。

 蒋　昕

本次课程对之前数周就当下中美经贸摩擦的讨论进行了收尾，并围绕着音像制品案讨论了多个问题，我对其中的对 230 段的理解和 assumption arguendo 方法的运用两个问题比较感兴趣，记录如下：

一、对中美经贸摩擦系列问题的回顾

首先是两位参加了研讨会的同学交流了心得体会，向我们讲解了其他老师的看法，比如鲁楠老师从历史的宏大视角指出世界秩序方面的问题，认为旧秩序已经不再适用于当前世界。而中国需要在这样的秩序中寻找自己的位置。当前，中国的劳动力优势正在被东南亚和南亚国家取代，但位于更高端的产业还没有完全建立，需要在新的秩序里寻找自己的位置。我想，这个视角是有意义的。我们的经济正在迎来刘易斯拐点，但是随着人口红利的消失，我们真的足够富有了吗？我们又要依靠什么实现经济稳健的发展？诚然，廉价劳动力堆砌出来属于较为低端的产能，但更高的产能还需要深入的供给侧改革。这种时候美国忽然挑起经贸摩擦颇有给我们添乱的意味。净出口是中国 GDP 的重要组成部分，在经济下行压力较大的背景下，妥善的处理中美贸易问题具有重要意义。

另外，根据新闻，美国终于明说自己要使用安全例外条款抗辩。对此，一方面，我们仍然认为 232 和保障措施存在交集。中国需要在 in substance 的方面进一步证明，比如可以考虑产业影响等方面的问题；另一方面，美国还需要证明自己的国家安全受到威胁。总之，我们的思路应该不仅仅针对如何回应美方的抗辩，可以更宽阔些，关于这一问题可以深入挖掘的点还有很多。

二、对 230 段的理解和对 trade 与 good 的讨论

第 230 段重新阐述了 5.1. 首先中国 regulate trade 的权利需要与 WTO agreement 一致、satisfy prescribed disciplines 并且 meet specified conditions 才能被保护。从更广大的视角来看，a measure regulating those who may engage in the import and export of goods 能够运用于 the regulation of trade in the goods，需要有一个 objective link。而对进出口的贸易者的规定和对贸易商品的这两类规定通常是相关的。

对此的理解，有的同学认为，需要有 objective link，使得 GATT 中规范货物贸易的规范同时能规制管理者；有的同学使用《维也纳条约法公约》来进行解释。中国的贸易政策不但要满足 WTO-consistent 的条件，还需要是对 trade 的管理，才能得到 WTO agreement 认可。

三、“假设成立”思路的讨论

专家组使用了 assumption arguendo 的思路推理中国能否援引 GATT 第 20 条为自己的贸易措施抗辩。GATT 第 20 条(a)项规定：“在遵守关于此类措施的实施，不在情形相同的国家之间构成任意或不合理歧视的手段或构成对国际贸易的变相限制的要求前提下，本

协定的任何规定不得解释为阻止任何缔约方采取或实施以下措施:(a)为保护公共道德所必需的措施;……”。而能否援引这一条款是一个复杂的法律问题。专家组的思考是,先假定第 20 条可以援引,然后直接审查(a)项的要求是否得到了满足;如果没有满足就可以避开这个复杂的法律问题也能得出结论。而重点在被诉规范是否在保护公共道德方面有必要性(necessity)。专家组的思路是,首先看,被诉规范是否是必需,然后看是否可替代。结论是,有的措施是必需的,但也有不是必需的措施。但是这些措施是可以被替代的。因此,这并不属于“为保护公共道德所必需的措施”。

上诉机构予以否定,在 215 段中指出,这种方法不利于 promoting security and predictability,不能 assist in the resolution of this dispute,可能导致 uncertainty with respect to China's implementation obligations。除此之外还有思路上的问题。比如专家组审查被诉措施对国际商业的限制性影响时,是在假定第 20 条可以直接援引的前提下进行的。

这里但从逻辑学的角度上讨论此处 assumption arguendo 的运用是否合适。根据普通逻辑的基本知识,假言推理是根据假言判断进行的。此处的假言判断是:如果中国可以援引 GATT 第 20 条,那么中国的措施是为保护公共道德所必需的。“如果”之后的部分是“前件”(记为 P),“那么”后的部分是“后件”(记为 Q),P 是 Q 的充分条件。本处使用的假言推理类型是否定后件式,即:如果 P,则 Q,非 Q,所以,非 P。

即否定了必需性 necessity(Q),就否定了中国对 GATT 第 20 条的适用。由此看来,专家组的思路大体上是没有问题的。但是上诉机构指出了对“非 Q”部分讨论的问题,即没有独立出 Q,而是在 P 的前提下讨论,可能出现逻辑上的小问题。但我仍然认为这种思路对个案解决有提高效率的作用,虽然存在没有澄清的问题有些许遗憾。事实上,充分条件的否定式的假言推理在刑事案件的侦破上已经得到较多的运用。

四、课程感悟

我对专家组报告和上诉机构报告的认识加深了。以前光认为是语言上的弯弯绕,现在看来还有逻辑上的弯弯绕,这种思考的强度与国内的判决书完全不是一个量级。适应 WTO 的游戏规则还有一定的道路要走。

廖林风

课前，杨老师提到前一天在法学院举办的关于中美贸易与国际关系的研讨会，邀请参加研讨会的赵文轩和潘隽吉同学对研讨内容发表自己的见解。两位同学说到，鲁楠老师认为中美经贸摩擦昭示着旧秩序已经不再适用现在的世界。中国面临着双方面的挑战：一方面，廉价劳动力优势不复存在，劳动密集型产业已经有相当一部分被替东南亚国家替代，另一方面，高精尖的工业还没有发展起来，难以和发达国家的科技水平相抗衡。所以，中国在世界秩序中寻找自己的定位将面临很大的挑战。

诚如杨老师所说，WTO 是国际法的典型。经济争端也许是世界各国力量角逐的最好体现。尽管大众的关注点逐渐从国际法偏移到了国家力量和国际政治，但诚如潘隽吉学长所说，相信国际法，在信仰下学习，是法律必须坚持的信念。

下面是近两次的课堂记录，其中包含我对 Arguendo 适用的一点想法。

一、讨论美国的第二次回应

近日，美国对中国在 WTO 提起的磋商进行了第二次回应，回应内容基本在我们上次的课堂讨论范畴内。对于 543(针对 311)，美国辩解称，制裁措施还未生效，不存在违反 WTO 义务的情况。因此，DSU 第 4 条是不能适用的。二有同学发现，在 DS244 案中，专家组认为措施即使未生效也是可诉的。

那么，美国的此次抗辩并不具有说服力，也没有正面回应 DSU 第 4 条不允许“确认成员方违反 WTO 义务”的规定。

对于 544(针对 232)，美国回应 232 措施并不是保障措施(safeguard measure)，而是 GATT 第 21 条国家安全的例外。据此，可以说美国正式澄清了 232 措施的“正当性依据”，在争端解决中，美国也负有证明此次 232 符合 21 条国家安全例外的举证责任。但是，由于国家安全例外赋予国家相当大的自由裁量权，且不允许相对国进行报复，所以中方仍需努力证明 232 实质上是保障措施，更利于证明美国的制裁措施违规。

二、出版物案

此次阅读的案例是 2009 年的 *China — Publications and Audiovisual Products*，DS 363 案，是美国提起的就中国进口出版物和音像制品的审查制度的挑战。而其中涉及一个复杂法律问题，即中国是否能够援引 GATT 20 条作为其入世协定书所承诺的开放贸易权的例外。出于简便的考虑，专家适用 assumption arguendo 回避了这一问题，有趣的是，上诉机构却批评了这种做法，认为这样会带来不确定性。在课堂上，大家主要讨论了 AA 的性质、AA 的适用条件、上诉机构论证的合理性(230 段)和上诉机构是否越权。

(一)AA 的性质

有同学提出，专家组为了裁判方便而跳过 GATT 20 的适用问题，直接审查中国的立法

是否符合 20 条(a)项的标准,是否也是 Judicial economy 的一种呢? 经过讨论,大家基本都持否定意见。学长学姐的综述也提到,judicial economy 是一立则立,而 AA 是一破则破;judicial economy 是多个充分,AA 是多个必要。

(二)AA 的适用条件

本案上诉机构批评了专家组的回避做法,认为这不利于对 WTO 法律作出清晰的解释,并可能给实施造成困难。将此技巧用于某些法律问题,例如专家组法律分析的实质所依赖的管辖权或初步裁决事项,还可能产生问题。徐朝雨学姐也认为,专家组的思路的逻辑是错误的,因为能否适用的问题是逻辑的起点,是绕不开的。

值得注意的是,AA 的使用是美国首先提出的,笔者揣测,美国可能是出于两点原因。一方名,GATT 20 条的规定比较严格,很少能够达到标准。另一方面,美国自己就曾经在输过此类案件。在 DS345 中,上诉机构认可了用 AA 作出的裁决:

310. India's appeal raises systemic issues about the availability of a defence under Article XX(d) to justify a measure found to constitute "specific action against dumping" under Article 18.1 of the Anti-Dumping Agreement, and not to be in accordance with the Ad Note to Article VI:2 and 3 of the GATT 1994, as well as Article 18.1 of the Anti-Dumping Agreement. Assuming, *arguendo*, that such a defence is available to the United States, we proceed to consider the United States' appeal of the Panel's finding that the EBR, as applied to subject shrimp, is "necessary" to secure compliance with certain United States laws and regulations within the meaning of Article XX(d). We examine the Panel's finding on this issue of "necessity" before we return to the question of availability of a defence under Article XX(d).

那么为何本案中上诉机构采取了截然相反的态度呢? 上诉机构是否违反自己的先例?

首先,笔者认为 WTO 本身就不存在先例制度。这个问题在之前的课堂中也有过讨论。普通法中 Case law 的前提是分清 ratio decidendi 和 obiter dicta,即只有 holding 会对后续的案例产生拘束力,而不是法官意见书中的每一句话都必须遵守。当然,过去的案例会对后续的争端解决产生指导性影响,WTO 官方也发布了案例集,为的是给成员国提供法律指导。其次,即使是在先例制度下,法官也可以用充足的理由推翻或者不适用先例。那么 WTO 专家组在不同的争端解决中,当然也可以选择用或者不用某一种司法技巧。

姜林沣同学提出,在本案之后,AA 似乎在 WTO 争端解决中销声匿迹了。而林盟同学发现,后面还有一个案例引用了此案的上诉报告,专家组试图使用 AA,但是被上诉机构驳回。这样看来,假定成立的方法基本被摒弃了。

笔者认为,假定成立(AA)的方式的确不适合大多数 WTO 的争端解决,原因在于 WTO 争端解决的特殊性。若论逻辑,当一个措施需要符合两个条件时,只要任一条件不满足,该措施即违法,这样的推论是不存在问题的。但是,WTO 争端解决有其特殊性。通常,争端解决的"诉讼标的"是成员国的某条立法或某一措施,裁决的目的是促使成员方修正其行为以符合 WTO 的规定。最终的结果不是单纯判断谁胜谁负,而是要规范不正当的贸易行为。于是,行为的标准就变得尤其重要。若可适用的法律不明确,则行为标准不明确,"败

诉国”也会无所适从。所以，除了单纯的判断性裁决之外，WTO 争端解决应尽量避免使用 assumption arguendo。

另外，笔者发现本案中美国起诉的中国立法条数很多，从最终的裁决结果来看，上诉机构认为其中有一部分不符合 WTO 规定，而另一部分是美国没有达到举证责任。这样涉及多个措施的争端也不方便使用 AA，因为在 AA 的假设下，被判决合法的那部分也难逃质疑。

(三)230 段论述

对于上诉机构报告论证中国可以援引 GATT 第 20 条的论证，不少同学认为其思路还可以更清晰、更有说服力。王宥人学长发现，上诉机构从 218 段开始进行法律解释，背后的逻辑是维也纳条约法律解释的层次，但上诉机构未将其明朗化。VCLT 中有相当体系化的法律解释方法，即文义解释、体系解释、目的解释，至于上诉机构为何没有采用，不得而知。

上诉机构的论证思路主要是 5.1 条中的“WTO Agreement”包括 GATT 和 trader、good 之间的 objective link 两部分。笔者认为后者论证得稍显牵强。陈华屹同学发现，GATT 本身就不只是关于 good，其中还有很多是规制 enterprise，即 trader 的规则。笔者则认为还可以将 5.1 的“right to regulate trade”直接解释为包括“trader”和“goods”来增加说服力。5.1 条中关于贸易权的表述有这样一条：all enterprises in China shall have the right to trade in all goods throughout the customs territory of China，其中提到 enterprise、good、territory，足以说明 5.1 条与 GATT 的关系。

(四)上诉机构是否越权

笔者认为，在没有先例制度的争端解决机制中，专家组和上诉机构应该没有“越权”的危险。DSU 3.2 中的确有规定是不能 add to or diminish，但没有给出明确的判断标准。且笔者倾向于认为 3.2 是一个给争端解决机构的提示，要谨慎裁判(针对裁判结果)，而并非限制其职权。况且本案完全限制为个案裁判，没有越权。笔者设想的一种越权的方式是直接定义入世协定书和 WTO Agreement 的关系，因为有权对相关文本进行解释的是部长级会议及总理事会。而争端解决机构是没有这样的权力的，如同我们曾经讨论过的“commercial scale”的解释，也仅仅只是在当前案件中适用。

还有同学提出上诉机构是否审查了事实问题，但笔者认为不审事实指的是 facts not in dispute 且不再提交新的证据，而非不能进行“将法律适用于事实”或“根据本案事实解释法律”。

综上，笔者认为本案的上诉机构没有越权。

课堂上，还有同学提出另外的问题，例如林子郁同学提到 GATT 与中国入世协定书的区别，还悉心做了表格展示缔约主体、内容、标准(入世协定书标准较高)等多方面。这个问题想必在原材料案与稀土案的讨论中会更加明朗。在此就不展开。

三、个人感想

这个专题带给我最大的感受是法律的精细和法律思维的重要性。

对 assumption arguendo 性质的讨论是我没有意料到的，但最终发现细微的差别会使司法技巧在适用上大相径庭。另外，在思考 AA 的适用条件时，我也发现了逻辑推论和法律思维的不同之处，一个在逻辑可以成立的链条，却不一定适合裁决。甚至，国际法争端解决和国内司法裁判在技巧适用上也会有区别。

希望接下来的专题能带我探索更多的不同！

一、课堂综述

这两次课，我们主要讨论了中国出版物和音像制品案，其中也部分穿插了对于美国在WTO对中国近期两个起诉的回应的讨论。我将这两堂课的内容概括为4个方面。

(一)230段的逻辑与内容

对230段的讨论，最先是由姜林沣同学提出的，他发现230段的逻辑似乎并不是很清晰。这成为了第一堂课的一个遗留问题，在第二堂课上，几位同学纷纷就这一问题发表了观点。

林盟等几位同学都认为230段的逻辑没有问题，并通过思维导图的方式解释了230段的逻辑。林盟同学的思维导图如图1：

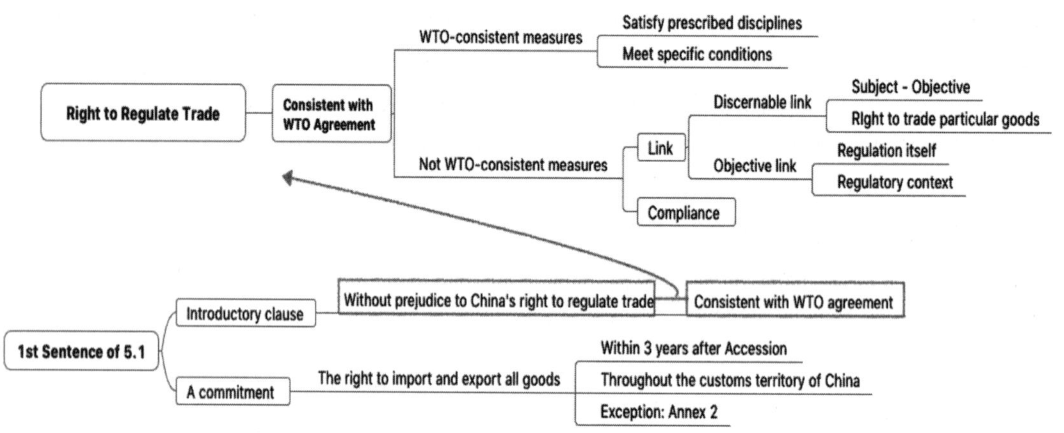

图1　林盟的思维导图

我认为这个导图比较细致，其他几位同学的导图也起到了厘清思路的作用。但是，我并不认为230段的论述足够充分，其中一个重要原因是上诉机构本来可以用VCLT的31条进行传统解释，却使用了link这样一个模糊而不确定的概念。因此，我假定自己是上诉机构成员，运用传统的VCLT方式重写了这一段。

From the above, we, according to our duties and responsibilities, deem that the introductory clause of paragraph 5.1 should be interpreted in the following way. Of course, it should be firstly acknowledged that paragraph 5.1 requires all measures to comply with WTO Agreement. Thus, the real controversy in this dispute is what is the object of this kind of "right", and if it is more specific, that is, whether the word "trade" can include those who may engage in trade.

According to the Article 31.1 of VCLT, we should first explore the ordinary meaning

of the word "trade". We consult the Oxford English Dictionary and find that the word "trade" means the buying and selling of goods and commodities, especially that conducted between nations on a large scale; commerce, traffic, business, originally carried out by means of travel or passage between trading parties. From this expression, we can easily find out that both "conducted" and "trading parties" are indicating that the ordinary meaning of "trade" can not only simply refer to "goods" but also refer to "trader".

Meanwhile, when we put this word in the context of the whole protocol, it is more obvious that the word "trade" does not only contain the meaning of "goods". In Article 2.2 of China Accession Protocol, the expression "pertaining to or affecting trade in goods" itself distinguishes between trade and goods. This sentence can be understood as the trades involving goods, and of course this process should include traders.

So far, the conclusion has been evident. In order to make the conclusion more convincing, we are going to analyze the purpose of paragraph 5.1. Apparently, the aim of this clause is to protect the state's right to manage and regulate trade. If we think that managing trade only means managing goods, not traders, then state sovereignty will be violated. Traders play a very important part of trade. Therefore, when a country promises the measures it takes should be consistent with the WTO Agreements, GATT 1994 which is the part of WTO Agreements can be applied to the measures to regulate traders.

我这种方式得到了杨国华老师的支持，但同时也受到了姜林沣同学的质疑。姜林沣同学认为，trade 一次当然可以既涵盖 goods，又涵盖 trader。但是中国现在在用 GATT 第 20 条来作抗辩，而 GATT 主要是规范货物贸易的协定（这一点在裁判中专家组也有提到），因此如若认定 GATT 管辖范围的局限性，那么建立 trader 与 goods 之间关系的环节还是必不可少的。问题就在于"GATT 管辖范围的局限性"这个认定是否成立。

陈华屹同学对这个问题进行了回答，他到 GATT 中进行检索，发现其中有多个条文与 trader 有关，因此他认为可以使用传统方式进行解释。我赞同这一观点。

（二）上诉机构的越权问题

这个问题之前我从未关注过，但是在课上被同学提出后，我发现这是一个非常值得讨论，同时也极富争议的问题。DSU 第 17 条规定：An appeal shall be limited to issues of law covered in the panel report and legal interpretations developed by the panel. 而 DSU3.2 条规定：Recommendations and rulings of the DSB cannot add to or diminish the rights and obligations provided in the covered agreements. 因此，我们争议的焦点在于，在本案中，论证 goods 与 trader 之间的 link 的行为是否属于 add or diminish the rights and obligations.

刘雨晴同学认为，上诉机构没有越权，因为其没有增加中方权利，只是把本案中的争议条款解释进了现有的权利中。袁崇霖同学把这个问题分成了形式上的越权和实质上的越权。他认为判断形式上是否越权，在于上诉机构的方法是否落入了 VCLT 的范围，从而符合 DSU3.2 形式上的要求；判断实质上是否越权的关键，在于规制 trader 是不是规制 trade 的合理措施。他认为规制 trade 没有必要通过规制 trader 的方式进行，因此是一种实质上

的越权。

对这个问题，我比较赞同袁崇霖同学的看法。根据《建立世界贸易组织的决定》9.2，有权对相关文本进行解释的是部长级会议及总理事会，上诉机构建立 link 的方式其实难逃“法官造法”的嫌疑。同时我认为，即使我上面提供了一种运用 VCLT 进行解释的方案，但其实质上仍然是一种越权的表现。

(三)assumption arguendo 的适用

专家组在报告中提到了美国援引 *US - Customs Bond Directive*，请求专家组采用“假设成立”的方式，从而避免直面 GATT20 条是否能适用于违反入世承诺的例外这个复杂的问题，而直接审查实体上 measure 是否 necessary。专家组认定了美方的请求，但上诉机构否定了这样的论证方式，认为在解决适用性问题的同时会对实体问题的解决产生影响，另外适用性问题不解决的话，不利于规范之后的实践，在成员方之间产生疑惑。

谢偎同学提出了一个疑问，那为什么在之后的案子中上诉机构又同意使用“假设成立”的方法呢？究竟何时可以适用，何时不可以呢？

关于这个问题，在第二堂课上几位同学给出了自己的观点。刘雨晴同学总结了适用 arguendo 的两种情况：(1)in order to enhance simplicity and efficiency in decision-making (US - Custom Bond Directive)；(2)in order not to undermine the parties' right to prompt settlement of the dispute(China raw materials)。

我比较赞成这一种观点，也就是说 arguendo 只是作为一种辅助方式存在的，其适用是为了更好的证明，类似于“退一步讲”的逻辑，但在本案中，专家组完全将自己的论证建立在这个的基础上，显然并不合理。

林盟同学的发言特别具有启发性，首先，她找到了关于 assumption arguendo 的适用的 WTO 官方审判手册。这是我们之前一直忽视掉的一份文件。其次，林盟同学在阅读了这份文件后指出，在 US - Large Civil Aircraft 案中，专家组仍旧适用了假定成立的方法。在该案中，专家组援引了中国音像制品案上诉机构的意见，并认为与其不同，该案可以适用 assumption arguendo。但是上诉机构并没有赞同这种方式，并认为假定成立的方法不能被单独适用。

我比较赞成这一种观点，也就是说 arguendo 只是作为一种辅助方式存在的，其适用是为了更好的证明，类似于“退一步讲”的逻辑，但在本案中，专家组完全将自己的论证建立在这个的基础上，显然并不合理。

(四)美国在 WTO 的回应

美国在 WTO 的会议上针对中国提出的两个起诉进行了回应，这也成为了我们讨论的内容之一。其中一个我比较关注的问题是，美国提出由于其所有的措施均未实施，只是“proposed tariff measures”，因此中国的诉请不符合 DSU 第 4 条。这个问题之前我们的讨论并未涉及，因此我去查找了 WTO 规定的相关诉由，发现在 GATT23.1 规定的诉由如下：

而在 US corrosion resistant steel sunset review DS244 中，专家组认为措施本身亦是可诉的。因此，我认为美国的这个说法并不能成立。

二、课程感想

这两次课上，我印象最深的有三处，一是谢偎同学问出“究竟什么时候可以适用arguendo”这个问题时，二是有同学提出上诉机构是否越权这个问题时，三是林盟同学拿出WTO官方文件中对arguendo的解释这一份材料时。可以说，这三处的内容都是我从未考虑过的，如果没有这样讨论的机会和氛围，我想我也不会在这几个方面有思考，有领悟。我想讨论的魅力就在于此，讨论能让每个人的思考都更丰富。上这门课愈久，体会愈深。

同时，我想对我们讨论的这个案子——中国出版物与音像制品案发表一些看法。许多人会认为学习法学与辩论有相同之处，会认为法学不过是在训练辩论的技巧。但是，我认为这个案子就清晰地告诉我们，辩论的技巧并不是都可以用在法律实务之中。辩论，追求的是一时的逻辑性胜利，但是法学实务，却要谨慎地考虑每一个决定对之后的长远影响。就像在本案中，arguendo的原则也许在辩论场上很好用，但终究不是法学实务中解决问题的最佳方式。

韦午梅

一、课堂内容综述

(一)基本案情梳理

前两次课大家针对中国出版物和音像制品案件进行了讨论。美国认为中国在《入世协议书》中承诺在入世三年后全面开放贸易,但是中国仍然采取了许多措施为一些政府指定的企业或者国有企业保留了进口供影院放映的电影、家庭视听娱乐产品、录音产品和出版物等的权利。美国认为这些措施对外国企业不公平,违反了中国在《入世协议书》中的5.1和5.2下的义务,也违反了中国在GATT 1994第11.1条项下的义务。

专家组认为中国限制外国印象出版物进入中国市场是违反GATS的规定和中国有关贸易权的入世承诺的,同时专家组还使用assumption arguendo的论证技巧否定了中国援用GATT第20条(a)"公共道德"作为例外的辩护。但是上诉机构却认为根据《入世协定书》第5.1段引言,中国可以在本争端中援引GATT 1994第20条(a)对被裁定的《入世协定书》和《工作组报告》下的贸易权与承诺不符合的条款作出抗辩。

(二)焦点问题之专家组的论证是否适当?

即对于中国能否援引GATT第20条(a)"公共道德"作为自己限制贸易权辩护问题,专家组没有直接给出回答,而是假设了中国能够援引该条款的话,本案中的情况是否符合该条款的实体要求。并且其最终否定了中国的措施并非保护公共道德所必需的角度否定了该条款成立。

我个人认为从案件处理的效率层面,这样的论证技巧是可取的;因为,这样的论证方式在对案件的实体结果没有影响的情况下不仅节约了司法资源,并且也让案件能够较快地得到处理。但是,从案件判决结果的说服力、实体依据层面,这样的论证技巧是有一定的瑕疵的。因为争议中一个困难的问题恰恰其实是最需要裁决者对其作出判断的,这个判断不仅在本案裁决的可接受性上有很大的影响,对于随后的案件处理也有很大的意义。所以说,虽然从个案处理的效率上这个技巧是可取的,但是要是从长远来看,这个论证技巧的效率性是否仍然成立还是有疑问的。从我个人的倾向来说,我更倾向于认为这样的论证方式不可取,我认为其回避了一个争端的关键问题,这样对于判决结果的可接受性有很大的影响,最后甚至可能不利于裁决的执行;并且一个问题不可能永远都用回避的方式来处理,这样的方式只是临时性的逃避,不利于从长久的利益考虑来处理问题。

(三)焦点问题之上诉机构的论证是否适当?

上诉机构认为专家组的论述建立在一个不确定的基础之上,因而会给中国如何实施裁决带来不确定性,并且其做法不符合WTO争端解决促进安全和稳定性的目的。于是上诉

机构自己针对专家组避开的前提问题展开了审查。专家组认为中国的被速措施虽然是关于贸易权承诺问题,但是其贸易限制是与中国对相关货物的管理、内容的审查时密切相关的,而 GATT 就是关于货物贸易的规定,故中国可以使用 GATT 第 20 条进行抗辩。总结来说,专家组就是通过将贸易权限制问题转化为了货物内容审查的货物问题,然后将协定书与 GATT 之间的间接关系建立起来,最终确定中国是可以援引 GATT 第 20 条的。

上诉机构的做法将专家组遗留的法律问题解决了,对于 WTO 法规的明确性、确定性等都有帮助,也为裁决的结果提供了一定的实体依据,在一定程度上有利于增强裁决的可接受性,也有利于裁决的实施。但是,GATT 第 20 条的适用问题事关 WTO 法律和其机制内不同文件之间的关系问题,该问题有着重大和深远的影响性,对于这个问题应该有比较扎实和成熟的论证才可。在本案中,上诉机构仅仅凭借议定书第 5 条第 1 款的开始语"不损害中国以符合《WTO 协定》的方式管理贸易的权利",认为中国的被诉措施虽然是关于贸易权承诺的,即只允许某些企业从事相关货物的进出口,但与中国对相关货物的管理,即对涉案货物的内容审查,是密切相关的,从而建立一种该协定书与 GATT 之间薄弱的间接关系,就认定可以援引,而没有严格按照《维也纳条约公约》的条约解释方法对两者之间的关系展开较为详细的分析、解释和论证。所以,虽然上诉机构批评专家组的分析建立在没有确定性的基础之上,其实上诉机构自己的论证也缺乏相对确定和稳固的论述基础,总体论证上还是比较牵强而缺乏说服力的。

(四)焦点问题之上诉机构是否越权?

即如前文所说,上诉机构对于专家组回避掉的前提问题进行了审查,但是按规定上诉机构只能针对专家组报告中涉及的法律和法律解释问题进行审查,而不能审查专家组没有提到的法律问题或者是实施上的相关问题。在此情况下,就产生了上诉机构是否存在越权的问题。对于这个问题,有同学认为可以从形式上和实质上分别考察其是否越权;也有同学将是否越权的问题转化为上诉机构是否有权解释入世协定书在 WTO 法律及其相关机制中的体系地位问题进行解释;还有同学认为这样的问题是条款解释问题,而条款解释问题就是上诉机构的工作之一,不存在越权之说……

我个人认为在本案中上诉机构并没有越权。如果将能否援引 GATT 第 20 条作为一个单独的问题的话,专家组的讨论确实避开了这个问题,没有对这个问题进行实质的讨论。但是事实上,这个问题是专家组讨论的问题的前提条件,这个前提条件完全可以纳入专家组讨论的关于中国援引 GATT 第 20 条是否恰当有效这个大问题中,如此,上诉机构讨论的问题就完全可以作为专家报告中涉及的法律或者法律解释问题进行考虑。并且从结果的角度进行考察的话,上诉机构的做法确实将一个复杂的法律问题进行了一定程度上的澄清,对于 WTO 法律法规的确定性有很大的帮助,如果上诉机构不针对这个问题进行讨论的话,那不敢保证将来的专家组在解决相关问题的时候都使用相同的回避方式来处理,从而使得一个法规永远处在一种飘渺的状态里,这对长远的效益来说也是不好的。

二、课程感想

由于最近在上的别的一门课的时候,老师和同学们有针对中国普通民企的生存问题展

开讨论，所以在这个这两次课程讨论下来的时候我也联想到了这个案件和中国民企的生存环境的关系。中国的贸易权限制主要是给予一些国有企业特权，而外企又有美国这样的政治力量为其争取更好的生存条件。在这样的状况下，国内的普通民企的生存境况就显得很尴尬，颇有点爹不疼妈不爱、还面临着咄咄逼人虎视眈眈的外部挑战者的意味。而普通民企作为我国经济体的重要组成部分，其对于我国经济发展有重大的贡献，在本案中这样的国家对抗之下，普通民企的经济利益不应该被忽视，不能让其最后的牺牲者。

撰稿人 许菁华

一、课程回顾

在这两周的课程中,大家集中讨论了关于中美出版物与音像制品案的相关问题。在自由讨论和集中讨论的环节,大家就上诉机构报告的 230 段、上诉机构是否越权、美国为何提议"Assumption Arguendo"解决问题等相关内容展开了激烈的讨论;通过讨论,解决了其中的很多问题,同时也带来了相当一部分新问题。

(一)关于上诉机构是否越权

无论是认为上诉机构越权还是不越权,都要先明确"越权"的含义,才能作出相关判断。

有同学提出,所谓的越权,即超越 WTO 规定的权利义务范围;而专家组没有增加中方权利,只是把本案中的争议条款解释进了现有的权利中,因此不能算是"越权"。也有人说而且在没有遵循先例制度的争端解决机制中,专家组和上诉机构应该没有"越权"的危险,本案完全限制为个案裁判,没有越权。

不过,就权利增减这个问题而言,我认为还应该注意到观察视角,不是以当事人角度而是以法律视角看权利增减;而在具体的案件当中,法官即代表了法律。

在讨论中,有同学认为,上诉机构是存在问题的:中国的入世议定书与 GATT 内容存在相当多的差异,如果原因 GATT 第 20 条抗辩,可能会存在一定的障碍。

也有同学提出:判断是否越权的标准即是否增加或减损义务。进一步讲,就应该全面地理解 DSU3.2 和上诉机构的整个推理。结合 DSU3.2 第二句"clarify the existing provisions of those agreements in accordance with customary rules of interpretation of public international law",所以如果说存在越权的话,应当是其解释超出了应有的范畴。那么判断这种解释存不存在问题就要参考关于条约解释的规则《维也纳条约法公约》第 31、32 条,来判断是否越权。如果这样判断的话,上诉机构不存在越权的。

在这个问题的讨论上,我认为大家的说法都有一定的道理,对于我的思路也或多或少都有一定的启发性。不过,感觉大家虽然都在讨论关于上诉机构是否越权的问题,观点之间还是有较多差异性,角度各异,因此感觉讨论不是完全集中在一个点上。

(二)关于上诉机构报告的 230 段的思路

在这个问题上,有同学认为,报告的 230 段写得不够清楚。本案涉及的内容主要是入世协定书第 5 条和 GATT 第 20 条,但本质上是中国入世协定书和 GATT 之间的关系。第五条中的 WTO agreement 建立了两个协议间的联系,但 GATT 的 in this agreement 似乎阻却了这种联系,上诉机构应该明确这种文字上的区别是可以用实质联系(link)来弥补的。还可以将 5.1 的"trade"解释为包括"trader"和"goods"来增加说服力:all enterprises in China shall have the right to trade in all goods throughout the customs territory of China。

根据讨论和梳理，我认为 230 段中有两种限制中国贸易的形式：① WTO consistent measures：用 WTO 的规定协议来限制成员方；②non-WTO consistent measures，这其中就包含 compliance 和 link。这个问题也和上诉机构是否越权存在着紧密的联系，很多同学的发言即是从 230 段思路讲起，讲到是否越权的问题。

在学习和梳理的过程中我也更加能够理解，事实问题和法律问题的界限在很多情形下并不明晰，因此在分析问题的时候，也不一定非要弄得泾渭分明、截然分开，这样反而可能不利于整体观察和理解。

(三)关于美国提出的“Assumption Arguendo”来解决问题

关于美国提出用“Assumption Arguendo”来解决争端，我认为，这是一种中立的方案，不过在个案中能否应用、是确立相关规则还是可以解决问题还存在着争议。美方提出“Assumption Arguendo”可能是想回避掉中方能否用 GATT 第 20 条抗辩的问题，这样对于美国势必会更加有利。不过，这样并没有建立起一个类似“先例”的机制，对于未来可能发生的争议来讲，还是会涉及到在具体语境下进行讨论的问题。

关于“Assumption Arguendo”的另一个问题，在课堂上大家也讨论了其与 judicial economy 的关系，后来经过澄清，“Assumption Arguendo”与诉讼经济似乎不是完全一个层面的概念，但是同学认为，这种技巧可以体现“judicial economy”的理念和精神，在这一点上，我比较认同：“Assumption Arguendo”可以看作是一种方法和技巧，而“judicial economy”则是一种理念。

在课下我也进一步找到了一些关于“Assumption Arguendo”的资料：Latin term meaning “for the sake of argument.” It is a statement，possibly hypothetical，made for the purpose of argument. Making an assumption arguendo allows an attorney to pursue arguments in the alternative without admitting even the slightest possibility that those assumptions could be true.For example，an attorney in a criminal case may say “assuming，arguendo，that the accused stole the car，it would be clear that he would have been justified in doing so in order to save a life.” It has to be noted that the term “arguendo” appears most commonly in appeals briefs.这种说法来自 US legal 和 law dictionary 的网站，比较具有参考价值；也进一步印证了在课堂讨论环节中认可的这是一种“假设成立”的论证方法。这种方法在其他案例中也有所应用：For a real example in a civil case，see Tiffany and Company's Reply Brief，Tiffany Inc. v. eBay，Inc.，08-3947-CV（U.S.Court of Appeals for the 2nd Circuit 2008，p.23，second paragraph）：

“In any event，assuming arguendo that requiring eBay to take remedial measures would impair eBay's business，that fact cannot relieve eBay of its legal obligations.”可见在这种技巧在个案中的应用也很广泛和普遍，尤其是在经济领域，也非常符合追求效率和诉讼经济的想法。

二、课程心得

通过这两周的讨论学习，我感觉自己对于 WTO 的相关运作模式、争端解决机制等内容

有了更进一步的了解，同时也感到更加陌生。更加熟悉是因为通过阅读文献、了解案件的来龙去脉以及倾听同学的发言和见解，我总能够发现对于 WTO 机制的理解的全新视角。也正因如此，每次课程我都会发现这个领域内无限多可供探索和学习的内容，值得自己去不断钻研。我认为学习这门课程带来的收获不仅仅是对于 WTO 及相关机制、争端解决的理解，更多的是对于思维壁垒的突破，例如学科之间的人为设定的壁垒，在学习法学领域形成的一些思维定式……，在学习这门课程和课堂讨论的过程中逐步突破，对于以后的学习也有莫大益处。

期待接下来的课程。

袁 丁

一、课程内容

第八周和第九周讨论的主题是中美出版物案，围绕出版物案我们主要讨论了几个主题，如 assumption *arguendo*、专家组和上诉机构的裁决思路（主要是上诉机构 230 段）、上诉机关裁决是否越权以及其他一些小问题。

1. 关于 assumption *arguendo*

assumption *arguendo* 是专家组裁决中的一个方法，由于在法律解释中专家组遇到了一个 complex legal issue，即中国在入世承诺书中所提到的 WTO agreements 究竟是否包括 GATT，进一步的问题是中国是否可以援引 GATT 第 20 条的一般例外条款。专家组为了跳过这一疑难问题，选择了这一法律解释方法，即先假定可以援引，再通过否定中国限制贸易权的措施符合 GATT 第 20 条(a)规定的保护公共道德必要措施来进行裁决，以达到同样的最终判决效果。

其实这个裁决方法在 WTO 的官方文件 WTO Analytical Index 中有所收录，可见官方早就考虑到了判决方式的多样性，通过这种方式来绕开复杂的问题可以节约司法成本，兼顾了司法的公平与效率。

在之前讨论的中美知产案件中，专家组采用了一种判决方式叫作 judicial economy，即在对一部分事实和法律进行认定后就能确认案件结果的情况下，可以不对剩下的事实和法律问题进行分析，这样达到一种司法经济。这两种裁决手段还是有一定的差别，有同学在课上作了很好的概括：judicial economy 是“多充分，一立则立”；而 assumption *arguendo* 是“多必要，一伪则伪”。

然而，尽管这种法律技巧能够带来高效，但其存在的弊端也是显而易见的，比如不能对法律进行解释，给实施造成困难等。具体到本案而言，专家组用的这个技巧存在三个问题：(1)如果中国不能援引 GATT 第 20 条 a 项，那么专家组此前认定中国没有遵守贸易权的承诺就可以结案了，后面的分析也就不再需要了；(2)由于专家组对 20 条 a 项的分析基础是中国可以援引 20 条，那么这部分分析就具有不确定性；(3)这种方式不利于解决争端，并不能真正断定中国是够遵守了 WTO 义务。因此，专家组决定迎难而上，通过解释手段最终认定了中国可以援引 20 条，从而解决了留存的法律问题。

此外，同学们还讨论了其他采用此技巧的案件，发现上诉机构既有自己采用此技巧的经验，也曾不止一次对该技巧进行否定。因此可以看出，这种技巧说到底只是一种论证的辅助方式，并不具备当然的拘束力。

2. 上诉机构的裁决思路

上诉机构首先详细解读了中国入世议定书的第 5 条第 1 款，认为贸易权不应受到给予贸易权这一义务的损害，但是中国所拥有的这项权力必须以符合 WTO 协定的方式实施。

而这里的 WTO 协定，指的是作为整体的 WTO 协定，包括作为其附件的 GATT。

上诉机构进一步认为，第 5 条第 1 款针对 traders 作出了承诺，即给予所有企业进出口货物的权利，但不得影响中国管理贸易的权利。上诉机构认为，中国涉及 traders 的义务，与所有 WTO 成员承担的 trade in goods 方面的义务，特别是 GATT 第 11 条和第 3 条是密切交织的。从 WTO 之前的判例中可以看出，争端解决机制对是否违反商品贸易义务进行的实质判断。对 traders 的限制和对 trade in goods 的限制之间存在一种 objective link。

然而引起争议的是，这里看似人为建立的 objective link 是否必要且合理。如果对 right to regulate trade 进行字面解释显然是有问题的，这种字面解释显然是不妥的，前几次对于解释方法已经进行了详尽的解释，在此不表。我认为，trade in goods 和 trader 确实无法等同，但是如果辅以其他手段的话，两者可以达到同等效果，就像在本案中，如果限制对象的是 trader，又通过其他立法手段将 trader 和 goods 直接对应起来，那么这时候进行字面解释显然是有失公允的。

3. 上诉机构是否越权

【Article 17 Appellate Review】

An appeal shall be limited to issues of law covered in the panel report and legal interpretations developed by the panel.

【Article3. 2 General Provisions】

Recommendations and rulings of the DSB cannot add to or diminish the rights and obligations provided in the covered agreements.

这两个条文规定了上诉机构的权利范围。

从 art.17 来看，上诉机构只能进行法律审而不能进行事实审，关于这一点上诉机构没有越权是显而易见的。

从 art. 3. 2 来看，上诉机关不能够 add to 或者 diminish 相关成员的 rights 和 obligations。在这一点上同学们的分歧很大，一方面，一部分同学认为越权了而另一部分没有；另一方面，一部分同学认为越权了是增加了权利义务而另一部分同学相反。

从是否越权来看，还是要看上诉机构所进行的论证是否仍在法律解释的合理范畴，关于解释的问题还是要参见国际习惯法和维也纳条约法公约。强行建立起来的联系在我看来无非是采用了目的解释的方式加以实质判断，算不得越权。如果认为进行了解释就是越权，那么本身就已经创设了权利义务是确定的前提，然而，如果权利义务确定，双方也不会就权利义务范围产生争议。

二、课程感想

1. 争议的连贯性

讨论了几个案件后我已经明显感觉到一些争议点的共同性，如实质判断还是形式判断的问题，再如解释方法的问题。这些在知产案和出版物案中都是争议焦点，这种多元价值的碰撞也正是法律的迷人之处。

2. 质疑当然可以创造价值

北大林校长近日在校庆讲话中说“质疑并不能创造价值”。我倒认为这句话放到我们的WTO课堂上就显得很可笑。按理说,专家组成员的法律技术比我们这些大学生不知道高到哪里去了,然而同学们在课堂上的有力反驳论证恰恰证明了正是质疑产生的多元声音推动了真理的发展,人类的哪一个进步又不是如此呢?

撰稿人 张钢戈

一、课程内容

这两周讨论的是音像制品案。与之前发散的思路相比，这两节课同学们的讨论较为集中，逻辑也很清晰。我们主要讨论的就是如下三个问题。我想就前两个问题进行讨论。

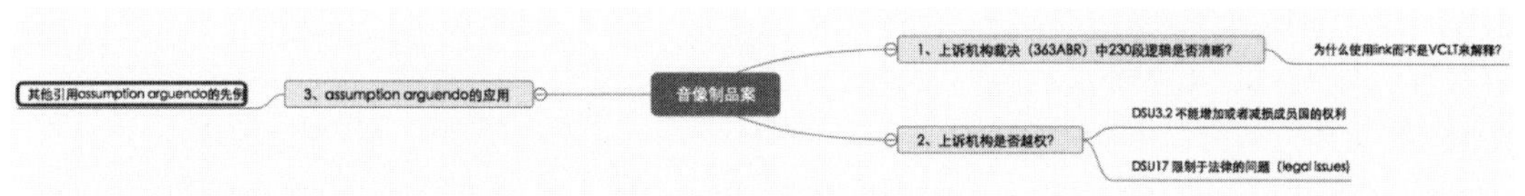

1. 上诉机构(363ABR)的 230 段逻辑是否清晰？

这个问题由姜林沣同学提出，他在阅读的过程中发现 230 段令人费解，逻辑不够清晰。基于这个问题，杨国华教授向我们延伸提问，如果我们来撰写 230 段，是否能够更为清晰？

那么我们可以先来分析是什么导致 230 段难以读懂的，分析的过程实质上也是理清思路的过程。除了段落本身较长之外，还是因为上诉机构使用了 link 的概念来解释 trader 和 goods 之间的关系。所以，上诉机构为什么使用 link 这样耗费笔墨的复杂概念来作为解释关系的工具，而不使用 VCLT 这样业已存在且具有权威性的工具呢？

课上，同学们针对这一问题展开了讨论。孙艺芸和姜林沣同学对于 link 存在的必要性展开了思考。正如姜林沣同学在综述中所提及，5.1 条中国有权对贸易进行管理“regulate trade”，根据 VCLT 的解释方法来看，trade 的范围应该包括 goods 与限制贸易资格，所以不必在 trader 和 good 之间建立联系，从而论证限制 trader 的合法性。但是因为中国使用 GATT 第 20 条作为抗辩理由，而 GATT 主要是规范货物贸易的协定，如果认定 GATT 管辖范围的局限性，那么需要建立 trader 与 goods 之间关系。所以现在需要证明 GATT 管辖范围的局限性是否存在。

对于这一问题刘书杭同学与陈华屹同学作出了回应。刘书杭同学认为，GATT 在 WTO Agreement 位于 Annex 1A，这一部分的题目为 Multilateral Agreements on Trade in Goods，因此可以对 GATT 适用范围作出限定于货物贸易的理解。并且由于美国提出了 goods 与 traders 相区别的观点，上诉机构基于这一观点作出反驳也是可以理解的。华屹则对于书杭的观点进行了反驳，他认为，虽然本案中限制贸易商最终的落脚点也在于限制商品，但不是所有的案件都能够作如此解释，因此不需要区分 trader 与 good 之间的界限。二位同学的观点角度都很独特，但是大家的立场存在着差异。书杭着重于文本的解释，从 GATT 文本中寻找 goods。而华屹侧重于实例上的参考，注重实用价值。但是书杭也承认 trader 与 goods 之间紧密的联系，上诉机构无非就是点明这种联系而已。

首先，对于为什么不适用 VCLT 的质疑，我认为，既然上诉机构在后续的报告中引用了 VCLT 的解释方法，说明他有注意到 VCLT 的解释作用。一篇报告理应有其逻辑上的连续性，同时由于一篇报告应属一个时间段内的作品，所以前后不应有矛盾或者显著差异之处。

上诉机构在后文中使用了 VCLT,说明 VCLT 的解释方法至少不是处于遗忘的状态。值得注意的是,本案中使用了查字典的论述方法,但是,在 WTO 网站上关于 DSU Article3.2 的 jurisprudence 里,它被引用在 1.3.3.4.2 的 dictionaries 里,被认为是解释 ordinary meaning 的一种方法,与 special meaning, evolutionary interpretation 等并列,没有直接说明是 VCLT。那么我们是否可以得出这样的推论,上诉机构在有意识地避免 VCLT 的直接出现或适用,而是尽力从条约(如 GATT 等)中寻找论据。按照这样的逻辑,上诉机构使用 Link 来解释也是有他的理由,而不是空穴来风。书杭同学从 GATT 的标题以及美国的请求处入手来解释上诉机构的逻辑也是有道理的。另外,我们在解释上诉机构的思路时要注意不能够强行解释。上诉机构也会存在逻辑不完善的地方,对于难以解释清楚的部分很可能就是上诉机构的纰漏。我们不必为这些纰漏强行寻找理由。在本案中,上诉机构极力划清 trader 与 good 的界限的逻辑就令人质疑。

除此之外,孙艺芸同学自己撰写了 230 段,我觉得这样的做法非常值得学习。按照自己的逻辑来梳理判决中的部分内容,也是个消化吸收再创造的过程,会加深对于该部分的理解。在下次遇到难懂的部分时,我们也可以尝试类似的方法。

2. 上诉机构是否越权?

对于上诉机构是否越权的分析,大家主要从 DSU3.2 与 DSU17 条进行分析。

DSU3.2 规定,DSB 的裁决不能增加或者减损成员国的权利。因此,林子郁同学提出,上诉机构的裁决中降低了《入世协议书》中固有的要求,违反了 DSU3.2 的规定。对于这一点,我赞同陈华屹同学与袁崇霖同学的观点。越权应当是指是否超出管辖权(这点应由 17.2 规定),而非对于成员国的权利损益。退一步说,即便承认权利损益属于"越权"的范围,也要看到权利损益与权利的解释密不可分的关系。而权利的解释是解决争端的必要步骤。过分夸大越权的界限会导致 DSB 的裁决难以进行。值得注意的是,在 3.2 中,DSU 还规定,(The members recognize that it serves to) ……clarify the existing provisions of those agreements in accordance with customary rules of interpretation of public international law.这里的 clarify 实际上就是解释的过程。DSU 将 clarify 与"cannot add to or diminish the rights and obligations"放在同一条款规定,也说明法律解释与权利损益之间的密切联系。

DSU17.6 规定,An appeal shall be limited to issues of law covered in the panel report and legal interpretations developed by the panel.

那么,置于本案,上诉机构裁决的是否就限于专家组报告中的法律问题呢?我认为,法律问题与事实问题的界限是不明确的。在 17.6 的 jurisprudence 中,总结一下 DSB 对于事实问题、法律问题的裁决,可以分为明确的区分事实问题与法律问题与不明确的区分两种。明确的自不待言,事实问题即 whether or not a certain event did occur in time and space,法律问题即 the consistency or inconsistency of the facts with the requirements,他们本来也不会成为争议的焦点。但是众所周知,最棘手的部分在于模糊的地带,即 clarify the existing provisions。对于这片模糊的地带,判例给出的裁决结果也是不统一的。比如说在 US-stainless steel 案中,上诉机构既认为专家组超出了法律问题的范围,又强调,the clarification is not limited to the application of a particular provision in a specific case。所

以，我认为，这些不同甚至有些前后矛盾的判决恰恰说明事实问题与法律问题区分的模糊性和复杂性。所以，如果想从 17.6 条款寻找上诉机构越权的依据，除非有明确的依据证明专家组在审查事实问题（比如时间、地点这些），否则失于牵强。另外，本条的设立重点应该在于不能超出 panel 报告中提及的法律问题，是否超出 panel 报告范围应为考察的重点。这也与大陆法系中关于二审性质的判定（是否为覆审等）相契合。

所以，对于本案，我认为专家组是不存在越权的嫌疑的。

二、课程感想

这两周的课给我的最大感受是大家的思路更为清晰，逻辑更为严密。相较于之前的发散的思维，这两周的讨论更为集中。尤其是第二节课时，我们严格按照第一节时列出的问题清单进行讨论。并且大家在提出自己的观点时更为深刻，有理有据，或者选用 WTO 网站上的权威解读，或是联系学习的其他部门法中的知识，让我受益匪浅。

此外，大家观点碰撞也更为激烈。时常有同学持相反的观点，这时论证的重要性就凸显了出来。学习如何强有力地论证自己的观点也是我们法律人的重要任务。当然，在不同观点的交锋之中，我们可以从多个角度思考问题，增加思维的深度与广度。

最后，要更全面地发挥课程大纲的作用。课程大纲是本门课的“百宝箱”，我们不仅在其中找到要预习的内容，也要注重杨老师课程大纲中的参考资料。

赵文轩

一、课程内容

上一周的主要讨论内容是中国——音像制品案。该讨论主要围绕几个问题展开——assumption arguendo 是否适用于本案、上诉机构报告第 230 段逻辑如何、上诉机构在第 230 段的裁决是否越权。

(一)assumption arguendo 是否适用

专家组在决定“中国能否援引 GATT 第 20 条作为抗辩”时采用了上述原则。在判断中国援引 GATT 第 20 条是否合理时,正常的推理过程应当是先判断 GATT 第 20 条是否能够作为抗辩适用于本案,但专家组认为这个问题过于复杂,因此决定假定它成立。如果“中国可以援引 GATT 第 20 条”成立,再评判“能否适用”的问题,否则不再考察该问题。

这一操作遭到了上诉机构的反对。上诉机构认为,assumption arguendo 会使判决更简洁、高效,但其未必提供坚实基础,反而可能导致法律不确定性及实施困难。裁判者未必使用有利于经济的方法,而应当使用一种适宜解决问题的方法作出客观评价。实体上讲,上诉机构认为“能否援引”的分析依赖于“能否适用”的成立,不讨论“能否适用”会让“能否援引”产生缺陷,同时回避这一问题,会导致即使中国对法规进行修改,实际上也会由于无法适用而导致无所适从的问题,即会对裁决的实施产生一定的阻碍。

(二)上诉机构报告第 230 段的逻辑

1. 中国入世协定 5.1 应当做如下适用:中国对于贸易监管权力的行使只应当在其符合 WTO 协定的情况下才受到保护。

2. 如果中国的规制手段是 WTO 协定认可的手段之一(而非仅有的手段)的话,那么就受到上述保护。

3. 至于该手段是否符合中国入世协定所规定的权力之中同样依赖这种行为是否对于这些货物建立了“discernable,objective link”。

4. 考虑上述手段是否建立了与货物之间的联系时,“受规制的人和受规制的货物之间是否有‘clear and intrinsic’的联系”这个问题是和上述联系相关的。

5. 对 4 中提出的新问题的考虑需要权衡其“nature,design,structure,and function of the measure,often in conjunction with an examination of the regulatory context within which it is situated.”如果这种联系存在,就可以通过规制行为人——规制货物——手段的联系证明其与 GATT 例外的联系。

(三)上诉机构对 230 段的论述是否越权

DSU3.2 规定,“Recommendations and rulings of the DSB cannot add to or diminish

the rights and obligations provided in the covered agreements."

本案中应当考虑是否符合上述的论述。

我认为这里存在两重问题:其一:使用"越权"概念本身是否合理;其二,上诉机构报告是否实质上"add to or diminish the rights"。

首先个人觉得,"越权裁判"这一概念用于此处一定程度上是合理的,但是很容易产生歧义。DSU3.2 对于增加或者减损权利或义务的规定的确是对专家组或者上诉组权力的一种限制,因此用于此处有一定的合理性。不过从另一方面讲,一般我们所认知的"越权裁判"更倾向于一种形式意义上的越权,而非实质意义上的错误。因此,实际上用于此处会产生一定争议。

其次,我认为,课上讨论存在一定问题,课上的讨论更偏向于"trade 和 goods 之间有无关系"而非"这种关系的建立是否增加或者减损了权利或义务(从而,是否应该建立这种关系)"。前一个问题是一种个案分析问题,在当下的案件中,由于中国对进口商的审核本质上是对货物的审核,因此应当认为本案中两者建立了关系。但是针对"是否越权"的问题,本应讨论是否增减权利义务的我们却对这个问题少有涉及。对这个问题,我个人的看法是,实际上讨论这个问题应当基于大量的案例积累——即什么情况下算是越权什么情况下不算。只有非常明确通例是如何操作的情况下,才可以理解本案中建立这种联系是否算是增减权利义务(即,这应当是一个极为精细并且全面的讨论)。但是由于个人看过的案例不多,所以对这个问题自然感觉很难回答。我个人认为,实际上专家组在对规制的问题作出解释(虽然这种解释强行拆散了 trader 和 goods,从而让我略难以接受),虽然解释本身可以增加或者减损权利义务,但是本案中作出的解释只是用于辅助上诉机构来将案件事实对应到相应的法律条款中,本身对于 trader 的规制和对 goods 的规制就是对 trade 的规制的不同方式,因此实际上上诉机构采取的策略和方法并不属于对中国权利义务的增加或减损。

二、个人感受

1. 对于一个高效的讨论,尽量还是不要反复讨论一个已经较为明确问题(虽然时不时回顾一下大概也是应该的);

2. 讨论应当基于前期对案例的精细研读和认真理解,否则讨论会流于表面,尤其是实际上法官在每一个案件中的遣词造句、逻辑编排都可以体现法官对于案件的态度和审理方式,如果没有办法在这个过程中了解法官具体在讲些什么、法官的态度以及案件到底应当如何审理,个人感觉的确略为可惜。

以上两点是在长时间的讨论中总结出的个人存在的问题,希望在此后的讨论过程中能有所改进。

5. 第十至十一周

中国原材料案和稀土案

引言

法学很大程度上是一门解释学,最优秀的法学家必定是精巧于复杂的法律解释。基于原材料案与稀土案,围绕着中国入世协定与GATT的关系,同学们和杨老师展开了一场精彩而激烈的讨论。“中美原材料案”中的核心问题是,中国在入世协定书中关于出口税的承诺能否援引GATT第20条进行抗辩。专家组认为,并不存在一项适用与所有协议的例外,即GATT第20条不能作为一切协议的抗辩基础。GATT第20条规定的例外情况是否能适用于入世协定书的某个条款,需要进行充分的解释。专家组按照《维也纳条约法公约》的条约解释方法,对中国加入WTO议定书、报告书和WTO协议的相关条款进行了分析,得出结论:中方不能援引GATT第20条作为中国入世协定书第11.3条的抗辩。上诉机构支持了专家组的结论。在稀土案中,专家组针对中国提出的新理由,对GATT和入世协定书的体系关系进行审查,最终得出了同样的结论。

在两周的课程中,我们着重分析了以下几个问题:

1. 中国入世协定第11.3条中关于“立法沉默”的理解

(1)11.1、11.2与11.3的文本分析

(2)“立法沉默”的应然解释

2. Annex 6中的“超义务”

(1)GATT与入世协定之间“义务”与“超义务”的关系

(2)按照“原则必有例外”,Annex是否存在例外

(3)是否可以结合VCLT 31、32条,得出解释“荒谬”的结论

3. GATT与入世协定书的体系关系

(1)平行关系

(2)包裹关系

本次课程整理由姜林沣同学完成。

课程内容

一、中国入世协定 11.3 条关于“立法沉默”的理解

(一)11.1、11.2 与 11.3 的文本分析

专家组在推理过程中,采用了所谓的“立法沉默”的推理思路。其将 CAP11.3 与 11.1 和 11.2 联系起来看,从 11.3 对于“与 GATT 义务一致”的沉默中看出,当时缔约过程中,缔约方并没有在 11.3 中援引 GATT 抗辩的意思。11.1—11.3 全文如下:

1. China shall ensure that customs fees or charges applied or administered by national or sub-national authorities, shall be in conformity with the GATT 1994.

2. China shall ensure that internal taxes and charges, including value-added taxes, applied or administered by national or sub-national authorities shall be in conformity with the GATT 1994.

3. China shall eliminate all taxes and charges applied to exports unless specifically provided for in Annex 6 of this Protocol or applied in conformity with the provisions of Article VIII of the GATT 1994.

专家组基于文本作出了直观的分析:首先 11.1—11.3 结构相似,都以“China shall ensure”开头,其次都以“in conformity with...”结尾。问题在于,11.1 和 11.2 提供了一个协调适用的广泛规范“GATT 1994”,而 11.3 没有“shall be in conformity with the GATT 1994”的表述,甚至规定了特定的协调适用规范,即“Annex 6 of this Protocol”与“Article VIII of the GATT 1994”。因此,专家组和上诉机构都认为,当时中国在签订入世协议时没有援引 GATT 第 20 条作为 11.3 抗辩的意思。

看似简单合理的文义分析遭到了杨老师和同学们的质疑。杨老师认为,这三句话的句式不同,决定了 11.3 就算想要把“shall be in comformity”写进去也是不可能的,因此 11.3 只能这么写,而这么写并不意味着中国有意在 11.3 中拒绝了援引 GATT 条 20 条。金文璇同学认为专家组和上诉机构的反面解释内涵的逻辑是:规则 A 适用于情形 1,因为情形 2 与情形 1 之间有区别,所以,规则 A 不适用于情形 2。这样的解释方法是否过于机械,还有待争论。

(二)“立法沉默”的应然解释

基于本案,不止于本案,同学们对于“立法沉默”的效果及解释进一步发表了自己的意见及疑惑。

孙艺芸同学引用“双反案件”提出质疑:在该案中,专家组认为 SCM Agreement 的前身《东京补贴与反补贴措施守则》中明确禁止了双重救济,但是在 SCM Agreement 中却没有

提及，因此认为 SCM 不禁止双重救济。上诉机构批评了专家组的推理，认为其相当的“机械”。上诉机构认为，立法沉默本身对于含义推定不是决定性的。需要采用其他解释方法，全面地解释条约的含义。但本案中，面对同样的“立法沉默”问题，专家组与上诉机构却选择了“非此即彼”的解释路径，使人疑惑。徐朝雨学姐从先例出发，认为专家组和上诉机构对待“立法沉默”的态度确实存在分析。

(1)稀土案中，中国提到了“美国钢铁案”中专家组的思路，即如果 WTO 法律文本对该问题保持“沉默”，那么不排除适用该文本(解决问题)的可能性。

(2)在原材料案中，上诉机构的态度是“沉默即拒绝”(见 293 段)。只要没有明文援引，就意味着放弃适用 GATT 第 20 条的权利。

(3)在“阿根廷鞋袜案”中，上诉机构认为“沉默即肯定”。只要没有明文表示放弃，就可以引用保障措施协议中的某个条款。

更多的同学认为，即使根据正确的解释路径仍未能证明 GATT 第 20 条对于 11.3 义务的可适用性，但是专家组和上诉机构的确在本案中机械地解释了“立法沉默”。而正确的解释路径离不开如下几个要素：

(1)立法沉默具有含义。立法沉默一定具有某一含义，它绝不是“出于意外或者出于疲惫不堪的谈判者或者心不在焉的起草者的疏忽大意”。

(2)立法沉默在不同的语境下可能具有不同的含义。这就告诉我们，对于立法沉默的含义推定，语境主义或者整体主义的解释方法极为重要。

(3)立法沉默本身对于含义推定不是决定性的。也就是说，并不排除对立法沉默推论得出的结论被采用其他解释方法所得出的结论所取代的可能性。

二、关于 Annex 6 超义务的解释问题

11.3 中提到了 Annex 6. 在这一附件的最后，缔约方附上了一个说明，而中美双方就这一说明展开了激烈的辩论。该说明原文如下：

[Annex 6 note]

China confirmed that the tariff levels in this Annex are maximum levels which will not be exceeded. China confirmed furthermore that it would not increase the presently applied rates, except under exceptional circumstances. If such circumstances occurred, China would consult with affected members prior to increasing applied tariffs with a view to finding a mutually acceptable solution.

老师和同学们对 note 也有不同的理解。同学们认为 note 规定了中国的权利义务如下：

(1)Annex 内规定的关税水平属于最高关税水平，在任何条件下都不能再增加；

(2)只有在 exceptional circumstances 下，中方才能提高现有的关税税率。(但上限以 Annex 规定的为准)

杨老师对 note 的理解为：在例外情况下，中国可以提高附件内种类物的关税到超过附件规定的水平，或者征收附件里没有规定的税种。为了厘清 note 的内涵，双方就“超义务”“原则必有例外”“荒谬结论”三个 sub-issue 展开了谈论。

(一)GATT 与入世协定之间“义务”与“超义务”的关系

有同学认为,入世协定本就规定了超出 GATT 所要求的义务,因此对中方征收、增加关税的严格限制(最高额无例外限制)是合理的。袁丁同学认为:(1)中国为了争取入世而放弃了部分权利,不能因为事后觉得不公平而提起抗辩,唯一合理的途径是修改入世协定书;(2)假设第二句的例外(有关不可增税的例外)可以适用于第一条的例外(最高税率限制的例外),那么对第一句的例外适用肯定要比第二句的例外适用更严格,这时候把例外放在第二句后面也不太合适。廖林风同学认为,中国的入世协定书的结构与许多国家的都不相同,其中中国自愿承担了很多“WTO 超义务”。之所以发生如原材料案和稀土案等一系列争议,根本问题是 WTO 超义务在整个 WTO 框架内的定位和性质都不甚清晰。孙艺芸同学认为,WTO 超义务不应该存在,因为其本身就违反了 WTO 的非歧视原则。为何后加入的成员国需要作出许多超越 WTO 义务的承诺？长此以往,WTO 整个的平等体系,甚至是略像发展中国家倾斜的体系就会崩溃。对于中国来说,入世协定书中第 5 条明确不应减损中国在 WTO 下管理贸易的权利,然而种种 WTO 超义务的存在本身就是一种减损。WTO 超义务的存在就类似于“不平等条约”,是有损整个法律体系的公平正义的。袁崇霖同学认为,超 WTO 义务使得能否适用 GATT 第 20 条进行例外抗辩带来了实质上的“两难选择”。一方面,如果允许其援引 GATT 进行抗辩,无异于架空了新加入成员国的额外承诺,使得入世议定书的价值大大减损,也就背离了专家组所说的“入场费”理论;另一方面,如果不允许其进行关于例外的抗辩,也损害着 WTO 规则体系的严密性——入世议定书成为了随意修改和变动既有规则的霸王条款,更损害着国际法的实质公平,使得当事国的权利和义务天平出现了失衡。支持超 WTO 义务得以存在的观点主要立足于其“促进贸易自由化的作用”和“调整竞争格局的作用”,但是其忽略了国际贸易关于公平与平等的基本价值,是难以立足的。

(二)按照“原则必有例外”,Annex 是否存在例外

为证明对 note 理解的合理性,杨老师提供了另一种思路:“凡有原则必有例外”。WTO 规范中原则性地存在着例外,例如 GATT 第 2 条尽管规定得十分绝对,却仍然存在 GATT 第 20 条的例外。那么可否认为 Annex 原则性地也应当拥有例外,即使文本没有明确规定?潘隽吉学长和柳驰认可杨老师的解释路径,分别认为“有原则必然有例外”在法律上是一个常识性的原则,在国际法上也可以应用;不是所有例外都必须明确规定出来,否则法律条文会变得过于庞杂。反对的声音包括:GATT 有例外的原因是其适用于所有的缔约国,一项规范很难涵盖不同国家的实际情况,因此有例外是合理的。但是入世协定不是的对象是特定的,不存在国情不同的情况;王宥人学长等同学认为应该区分“原则”与“规则”,Annex 作为一项规则十分明确,不存在例外也是可以接受的。

杨老师继续追问“难道在诸如战争等情况下也没有例外吗?”这个问题让同学们重新审视了“例外”作为原则的重要性。我认为,承认例外是符合公平正义、尊重国家主权原则的。专家组之所以否定中国为保护自然环境而增税,内在因素是中国可以被允许其他方式保护自然环境,增税不是唯一的路径。

(三)是否可以结合 VCLT 31、32 条,得出解释"荒谬"的结论

《维也纳条约法公约》第 31 条第 1 款规定:条约应依其用语按其上下文并参照条约之目的及宗旨所具有之通常意义,善意解释之。第 32 条(乙)项规定:所获结果显属荒谬或不合理时,为确定其意义起见,得使用解释之补充资料,包括条约之准备工作及缔约之情况在内。

杨老师认为,第 31 条规定的一般解释方法的结论很可能是"荒谬或不合理的"(absurd or unreasonable),从而可以依据 VCLT 第 32 条使用补充解释资料而进行解释,由此为引入"原则必有例外"、GATT 相关规定等进行解释提供法律基础。

袁崇霖同学认为如果承认了其字面含义而将"exceptional circumstances"限定于一个"maximum level"之下,会使得无论发生任何情况都不能有例外的严苛结果,给中国强加这种义务很可能是荒谬的。刘雨晴同学将 note 和 GATT 相应条款进行对比,发现排除 11.3 对 GATT 第 20 条抗辩的援引是不合理。首先,GATT 中出口措施的限制并未提及出口关税,而是对数量限制作出规定。GATT 第 11 条和第 13 条中关于取消出口数量的限制显然是可以援引 GATT 第 20 条的一般例外的,如果不允许中国在 11.3 项下的取消出口关税义务援引 GATT 第 20 条抗辩,就会造成对同为出口限制措施的出口关税和出口数量限制差别对待的结果,而二者从根本性质上来说是同一的,这显然是不合理的。其次,从 WTO 价值来看,大国利用自身实力和加入国希望加速入世进程的心理以及相关谈判经验的欠缺而附加的这些超 WTO 义务,完全是一种政治博弈的结果,如果不赋予其援引例外抗辩的权利,就使其成为了片面、无互惠性的义务,实际上使这些超 WTO 义务的负担国在某种程度上成为了 WTO 的二等公民。

三、GATT 与入世协定书的体系关系

在音像制品案中,我们着重讨论了中国入世协定书 5.1 与 GATT 第 20 条的关系;在本案中,我们继续挖掘中国入世协定书 11.3 与 GATT 第 20 条的关系。显而易见,WTO 对入世协定和 GATT 之间的关系是不清晰的,由此也会引发成员国之间诸多的纠纷,而成员国也很难对争议结果作出预先的判断。正因如此,中国也在稀土案中向专家组提出的议定书条款与 GATT 1994 之间的体制性关系问题。

(一)平行结构

在"出版物案"、"原材料案"与"稀土案"中,专家组、上诉机构均采纳了这样一套分析思路。GATT,TRIPS,GATS,AP 虽同为 WTO Agreement 的附件,但彼此是相互独立的存在,没有直接的牵连关系。如果 AP 要援引 GATT,必须有明确的"交叉援引条款"。专家组认为,中方入世协定中载明第 1 条第 2 款第二句"This Protocol……shall be an integral part of the WTO Agreement"。此处的"WTO Agreement"应当理解为《建立世贸组织协议》。理由为:(1)agreement 使用了单数,而不是复数;(2)该协定的第 2 条规定,GATT 等附件属于本协定的 integral part。与 CAP 处于同等地位;(3)GATT 1994 第一段明确了其组成部分,并且使用了穷尽的、封闭的清单,但并不包括入世协定。(4)如果接受中国的解释,则议定书和报告书中明确援引第 20 条的语言就是多余的了。(5)《WTO 协定》第 12 条第 1 款

要求成员在加入《WTO 协定》的时候，其加入应该全面适用，而不仅仅是一个或几个协定。该款不能支持中国的观点——议定书条款应被视为其实质上相关协议的组成部分（具体化）。（平行结构如图 1）

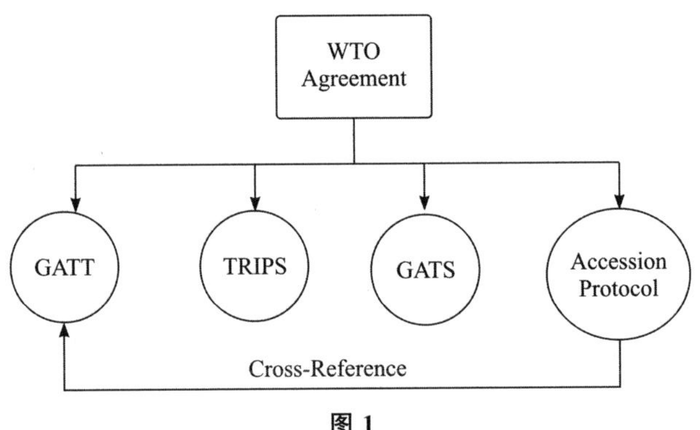

图 1

（二）包裹结构

该观点认为，无论是 GATT，TRIPS，GATS 还是 Accession Protocol，都是 WTO Agreement 的有机组成部分（integral part）。如果 AP 中的内容天然地与 GATT 相关（比如 11.3 中规定的出口关税恰恰是 GATT 所调整的对象），那么 AP 一定可以援引 GATT 例外条款。中国已经在上诉状中明确地提到了这一观点，认为 CAP is inherently related to GATT，但这一观点遭到了上诉机构的坚决驳斥。（包裹结构如图 2）

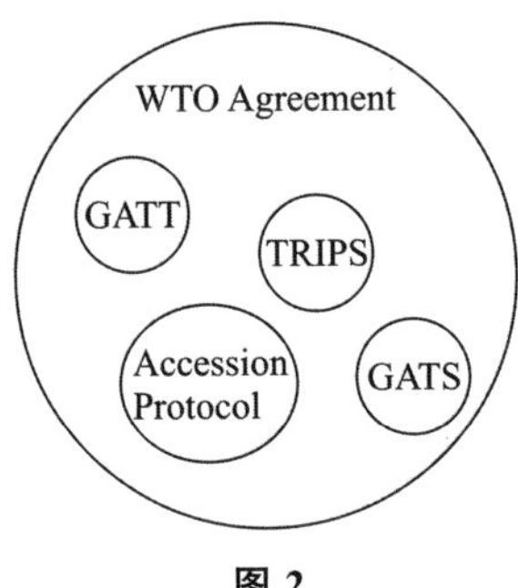

图 2

课程感悟

在原材料案与出版物案的讨论中,我们迎来了两位学生主持人:云曼和子郁。这也意味着,课程的苏格拉底式教学方式进入了另一个阶段。很多同学表示,由学生作为主持人引导课堂是一个大胆和创新的尝试。而杨老师加入同学们进行讨论,潜移默化地加深了探讨问题的深度、拓宽了问题的广度,同时也提高了课堂的效率。杨老师的课堂总是充满了未知与惊喜,很期待我们在不久的将来可以开发出"圆桌会议""模拟 WTO""模拟 DSU"等更多课堂形式,让同学们在不断的创新和尝试中,收获更多的知识、经验和乐趣。

另外很多同学也从入世协议中的"超义务"伸发出对意思自治与公平正义矛盾的思考。入世协议类似于国内法的"合同",属于意思自治的领域,是自由与公平理念的集中体现之处。然而,在国际法领域,牵扯了政治、经济、国际关系等诸多因素后,有时候意思自治却遗憾地不能彰显公平与正义。中国的入世协定,实际上相当于一个"entry fee",中方通过欠公平的权利让渡与义务承担以达成进入 WTO 的目的。专家组在报告中毫不避讳地提到:中国的入世协定看起来的确不太公平,但这是其在缔约过程中行使国家主权的结果。同学指出,国内法有一个更高的权威——法院存在,可以通过诚实信用原则、公平原则和公序良俗原则来从第三方对约定进行调整,如确认无效或变更。但国际法中却不存在这一主体,约定被视为最高的存在。因此,制度的先天性缺陷或许也将在我们解释规范中产生重要影响。

综述汇编

曾涵钰

一、课程内容

在这两周的课程中，我们主要围绕原材料案和稀土案展开了讨论，第一节课上由高云曼同学主持，讨论主要围绕立法沉默和对 CAP 第 11.3 条解释的方法展开，而第二节课则由林子郁同学主持，主要围绕具体的三个问题展开，即：1. 立法沉默的问题。立法沉默时，我们应当怎样解释"沉默"？其它 WTO 案例是怎样看待"沉默"的？2. 入世议定书与超义务问题。入世议定书在 WTO 整体法律体系中的地位是什么？中国入世议定书 Annex 6 规定的税率是否绝对不能提高？3. 先例的地位和效力：以原材料案与稀土案为例。

（一）立法沉默问题

在 CAP 的第 11 条中，比较 11.1、11.2 与 11.3 的区别，可以发现 11.1 和 11.2 中明确写明"in conformity with the GATT 1994"，而在 11.3 中则仅指向 Annex 6 和 GATT 第 8 条。由此，中国似乎是刻意排除了对 GATT 第 20 条的适用。林子郁同学提出如何理解这一立法沉默的问题，这种沉默是否一定意味着放弃了相应的权利。同时，林子郁同学为我们指出了 2 个案例，其一是原材料案中上诉机构所认为的"沉默意味着拒绝了相应的权利"，另一则是在阿根廷鞋袜案中，上诉机构指出"只要没有明文放弃即可以援用保障措施协议中的条款"。从专家组意见来看，GATT 第 20 条中"in this agreement"指向的是 GATT 协议本身，而 CAP 虽然也是 WTO 协定的一部分，但并非 GATT 的一部分，如要适用 GATT 应当在议定书中作出明确的说明。

而立法沉默究竟意味着什么，实际在不同情形下也可以解释为不同之含义。如王乾同学和孙艺芸同学所提到的在反倾销案中专家组和上诉机构的论述，她们指出上诉机构在报告中推翻了专家组的机械推理（SCM 中未提及因此即不禁止使用双重救济原则），同时又对立法沉默作出了一些解释。

在我看来，在原材料案和稀土案中，对于 11.3 中立法沉默的问题仍需回到法律解释上。由于 11.3 和 11.1 及 11.2 的文本表述中确实存在差异，如果要解决 11.3 立法沉默下能援引 GATT 第 20 条的问题，则必须要将 11.3 解释好。在 WTO 争端解决机制中，由于严格遵循条约文义解释优先的方法，依据 GATT 第 20 条中"in this Agreement"的限制，指出 11.3 未明确对 GATT 的指向故无法适用第 20 条的例外。而王宥人学长也指出，能够援引的依据主要有两种，一为 cross-reference，也即如 11.1 和 11.2 之做法，二为建立 objective link，也即出版物案中的做法。

林盟同学提出了能否用“in good faith”来解释的疑问，试图从这一方面来去除文义解释下显失公平的问题。杨国华老师则指出，11.3 所设定的义务性质不同于 11.1 和 11.2 所设定义务的性质。而潘隽吉学长则指出，11.3 中文本上的双重否定实际也就可以转化为同 11.1 和 11.2 一样的 ensure，从而这三款即在文本上有所一致，故 11.3 也可以同 11.1 和 11.2 一样援引 GATT 第 20 条的例外。而这一涉及到 11.3 下设定的义务之性质的讨论，则需要考虑是否意味着 11.3 是中国在 WTO 下的超义务，这一点会在第二部分进一步讨论。

而回到 11.3 文本本身，我个人偏向于中国在 CAP 的 11.3 中未明确提及 GATT 的援用实际属于中国自己作出的选择。一方面，正如专家组所说，CAP 中所承诺的内容实际是为加入 WTO 所付出的一种“entry fee”，很有可能是中国为了加入 WTO 所主动作出的妥协。另一方面，这种立法沉默实际难以理解为中国在立法时的无意和疏忽，且如果确实是无意也是难以证明的，既然 11.1 和 11.2 能够明确指向 GATT 而为何却偏偏在 11.3 中忽略了呢。因此，虽然要求中国在 11.3 上不能援引 GATT 第 20 条可能带来一定的显失公平，使得中国负担了更重的义务，但如果无法证明这种立法沉默的结果是立法时的疏忽，实际很有可能这种妥协是中国为加入 WTO 而选择作出的退步，也即是中国付出的“entry fee”，故中国并没有依据立法沉默不意味着放弃权利而进行抗辩。

(二)超义务问题

如前述所提到的，中国在 CAP 中的承诺，实际出现了“WTO-plus”也即 WTO 超义务。超义务虽是学理上的观点，但其是否在 WTO 体系中事实存在仍值得讨论。廖林风同学指出，中国的入世议定书之结构实际与其他国家有很多不同，而中国自己选择承担更多的超义务实际是中国自己作出的妥协，因此可以理解专家组和上诉机构的做法。而杨国华老师则进一步指出，在关税措施之外，实际上中国仍有通过其他措施来处理限制出口的问题。

在我看来，如果中国主张因为 11.3 中承诺的是超义务因此需要适用 GATT 第 20 条之例外是不合理的，因为目前来说，超义务问题并未在 WTO 的法律体系上有明确的表述，而仅仅停留在学理讨论的层面。而在 WTO 争端解决中，一切的判断仍应基于法律本身作出，既然超义务问题没有明确的法律规定之处理方式，即不能依据某一国家主张自己承担了超义务而赋予其援引例外条款的权利。

而超义务问题是否应当在 WTO 体系中进行明确的法律规定仍属于值得讨论的问题，虽然如孙艺芸同学所说，超义务实际可以理解为对所应享有的权利之减损，是一种显失公平的存在，但仍需要考虑到这一超义务问题的出现仍有国家之主动选择的原因，也即如前述所说的可能是国家为加入 WTO 而所作出的妥协。因此，如果想解决超义务下显失公平之问题，或许还是需要从 WTO 体系中进行统一的规定，即应当明确超义务是否是一种义务、是否应当存在，以及承担超义务的补偿等问题。

对于入世议定书在 WTO 整体法律体系中的地位问题，我想需要明确的是所谓“WTO agreement”的范围问题。实际中，主要可以看到的相关表述主要有 WTO Agreement、WTO Agreements 和 WTO agreement。首先，对于 WTO Agreement，稀土案的上诉机构报告中对此进行了一次解释，指出其有狭义和广义之分，其范围的指向需要依据上下文进行

判断,如在出版物案提到的第 5.1 条中,其指向了包含 annex 的整体,而在第 18.1 条的最后一句,实际就指向了单纯的 Marrakesh Agreement。(参见 DS431-ABR,第 5.46 段)其次,对于 WTO Agreements 之范围,则应是包含所有 annex 及相关协定的内容,这一点可以根据 WTO 官网上的信息得以明确。最后,关于 WTO agreement 应是指向某一特定的 WTO 法律文本,一方面可以依据其采用单数形式进行判断,另一方面则可以参考稀土案专家组报告中 7.123 段的论述。

(三)对于 Annex 6 之理解

杨国华老师针对 Annex 6 的文本提出,这一文本可以分为两个层次,前一层次是减让表中的是最高税率;后一层次是现在采用的税率除在例外情况下不会提高。而同时指出前一层次如果解释为没有例外的规定是不合理的,而应当解释为在例外情况下最高税率也可以提高。杨老师的论述基础在于"有原则即有例外"。潘隽吉学长指出,对于 furthermore 可能存在有不同的理解,杨国华老师的观点是后一层次可以打破前一层次的限制;而按照上诉机构的观点,furthermore 是 in the addition,建立在前一层次的基础上故不应打破。袁丁同学则指出,并不能因为不合理不平等而选择在解释上拒绝接受对中国不利的一面,而只能从条约签订即立法本身处理,同时进一步说明这就是个不平等条约,那只能通过立法论去反驳,如果强行对条约本身进行批判那好像就超出了解释论的范畴。且中国自己立的这个义务并没有完全放弃 GATT 第 20 条的义务,只是在例外的基础上加上了再怎么提高现有关税都不可以突破承诺底线的限制。此外,陈华屹同学从假设法上进行了逻辑论证,即如果有原则就有例外是一个原则,则这一原则也有例外,那么也肯定存在没有例外的例外情形。而同时柳驰学长则提出,原则既然是原则,就没有必要有特别的立法依据,只要是原则就可以应用,且可以通过罗素悖论来进一步论证。我个人认为,中国在 Annex 6 中的承诺实际上仍是中国自己在妥协下作出的超义务承诺,即便不公平不合理也应是应被遵守的约定。而如果想避免或脱离出这种情形,仍旧需要从解释和 WTO 立法上予以解决。

二、课程感想

在这一轮的讨论中,一个特色是学生成为主持人,而杨老师则参与到了具体的讨论中,而同时杨老师在第二次课上针对 Annex 6 的论述也十分具有启发性。第二节课上,一方面通过子郁的主持,讨论的问题更加明确和清晰,另一方面大家对于 Annex 6 从不同角度进行的解读则进一步打开了思路,并留下了许多思考的空间。印象深刻的一点是对于"有原则即有例外"的讨论,在这一讨论中,大家的论述不仅限于法律文本本身,而更多地拓宽到了逻辑学等等方面,且也通过许多有趣的举例和类比来进一步澄清自己的观点。这些都是值得学习和参考的,同时,如何理解各个国家所作出的妥协以及对超义务问题的理解仍是值得思考的问题。

姜文朵

一、课程内容

两周的课程，我们综合考察了原材料案和稀土案，主要讨论了如下几个问题：

1. 立法沉默：我们应当怎样解释立法沉默？其他 WTO 案例是怎样看待沉默的？

2. 入世协定书(AP)与 WTO 法律体系的关系：入世协定书在 WTO 法律中处于何种位置？

3. 入世协定书"超义务"问题：入世协定书是否规定"WTO-plus"义务？Annex 6 中的税率是否绝对不能提高？GATT 第 20 条和 GATT 第 2 条的关系，作为一种原则能不能用在 annex 6 的解释上？

(一)入世协定书与 WTO 法律体系关系及"WTO-plus"

中国如果要援引 GATT 第 20 条作为 CAP11.3 的例外，这就涉及 CAP 如何在 WTO 法律体系中定位的问题。CAP1.2 有如下表述："This Protocol… shall be an integral part of the WTO Agreement."根据 CAP 1.2，中国入世协定书应作为 WTO agreement 整体中的一部分，接下来的问题则在于如何解释 WTO agreement 所涵摄的范围。仅从 CAP1.2 的文义而言，WTO agreement 可以解释为马拉喀什协定，但也不能排除 WTO 体系中的其他多边贸易协定。如果将此条文与马拉喀什协定 12 条结合来看，也不妨说 CAP 成为了马拉喀什协定及其附件多边贸易协定的一部分，否则 WTO 其他成员也不会据 CAP 中的条款对中国提出申诉、DSU 也不能直接被适用到 CAP 的相关争端解决当中。

再来看 CAP 的构成。从大的 WTO 体系来看，其中多边贸易协定各自就某一领域作出了更详尽的规定，如货物贸易、知识产权、农业等，彼此之间不互相作为基础和依托。但 AP 针对的是特定加入方，协定书中包含该加入方在各领域需要作出的承诺和承诺和让步，与诸多多边贸易协定都有一定交叉，但又不能完整呈现申请加入方在 WTO 下的所有权利义务。在某些场合，对 CAP 的解释、对中国权利义务的完整阐释可能需要借助 WTO 其他多边贸易协定，但是又并没有清晰的交叉援引规则表明多边贸易协定中的例外规则也可以作为突破 AP 条款的抗辩。

这种模糊地带的形成与入世协定书背后的目的有关。入世协定书是新成员的"入场券"，申请加入方往往需要单方面作出承诺和减让，承担调整其贸易措施的义务。所谓 WTO-plus 超义务条款，是对申请加入方施加的比多边贸易协定要求更为严格的约束，但纵观中国入世协定书，并未对中国何以要承担超出多边贸易协定的义务作出任何解释。尽管我们能够从入世协定书背后的经济政治利益得出一定的理由，但超义务在法治话语中的合理性，仍显得不是那么充分。课上不少同学提到，如果允许中国援引 GATT 中例外条款，则入世协定中的义务将会被架空。这对这一观点，首先令我产生疑问的是超 WTO 义务的合理性在何处？区别于市场准入而言，WTO 是否应当根据个别成员在世界贸易中的角色而

要求其承担额外的规则义务？如果答案是肯定的，那么衡量这一角色的标准应当是什么？以何种方式进行解释才能最小化对权利义务衡平理念的冲击？

WTO 把这个矛盾移转给了个案处置。在先前案例中，上诉机构、专家组的看法也不尽相同，如在之前的音像制品案中，上诉机构认为建立 link 便可以援引 GATT 第 20 条。在实际的争端解决中，虽然说如何调整二者之间的关系不仅以条文做依托，还可能要考虑举证等个案化的因素，以对这个模糊的问题进行具体的确定。但在非遵循先例的前提下，缺乏统一的认定规则还是为成员国增添了权利义务的不确定性。

(二)关于 Annex6 的讨论

China confirmed that the tariff levels in this Annex are maximum levels which will not be exceeded. China confirmed furthermore that it would not increase the presently applied rates, except under exceptional circumstances. If such circumstances occurred, China would consult with affected members prior to increasing applied tariffs with a view to finding a mutually acceptable solution.

杨老师认为，Annex 6 中这段话应当分为几个层次理解。首先，税率不能超过表中的规定，其次是现有的税率(即便没有达到表中的上限)，也不能无条件的提高，若提高则要具备例外。但此例外无明文规定不能超过表中上限，这就形成了冲突。同学们相对的观点认为，第二句话在第一句话的基础之上，不能割裂开理解，即表中税率无论对现有税还是例外情形而言都应是最大值。

杨老师进一步提出新观点，认为既然 GATT 第 20 条就是对各成员国关税减让表的例外，GATT 第 20 条和 GATT 第 2 条之间的关系，作为一种原则是否也可以考虑用在 Annex 6 的解释上，这引发了课堂上激烈的讨论。有观点认为，VCLT 的解释方法无法运用到“原则”上，在解释上会产生问题。徐朝雨学姐注意到，原材料案和稀土案中案涉产品在减让表中并无规定，这些产品的税率怎么确定？而且入世协定书区别于一般的多边贸易协定，是根据各个国家量身定做，GATT 中适用于所有成员国的例外条款不一定就能适用在 AP 这种特殊协定上。陈华屹同学更指出，这里的原则可以提炼成“有原则必有例外”，如果此原则为真，那么这个原则本身也该有例外，所以这个原则本身从逻辑的角度来说就缺乏说服力。我个人认为，逻辑推理的反驳很有力度。而且，仅仅以“原则”的形态而不能在具体协定中找到条文作为依托和支撑，则这种原则也只宜适用于极端特殊的情形，并不能作为一般抗辩的解释。正如袁丁同学所说，此时若立法解释无法进行，则只能通过“恶法非法”的角度论证例外的存在，但这已然不在解释学的范畴之内了。

二、课程感想

第二次课上杨老师提出了“原则”这个新颖的切入点，并引起了一场非常精彩的讨论，给我留下了很深的印象。这不仅展现出了思维的力度和广度，更给我们留下了无限追问的空间。

入世协定书之本意，应在于从个别国家的层面加强多边贸易协定规范，使其市场、贸易体制更加透明开放，理想中对加入国和全球服务贸易都应是双赢的，但受制于各方面利益，

申请加入方可能不得不一时妥协并接受极为收紧的条款。在国际法的视野上，国家既是造法者，又是受法律约束者。正如原材料案和稀土案中那样，这种妥协和承诺可能会使得日后加入方在主张时遭遇条文上的模糊和解释上的单薄。我们能做的是尽可能的建立关联，寻求更完善的解释方法，并不断在国际协商互动中加强法律意识，妥善安排、综合考量我国的权利义务。

撰稿人 蒋佳佳

在出版案中，最大的争议焦点就是“中国能否援引 GATT 第 20 条对《中国入世议定书》第 5.1 条进行抗辩”，最后上诉机构通过连接起 GATT 和《入世议定书》之间的“link”裁定中国可以援引 GATT 第 20 条，在前两周我们讨论的中国原材料案和中国稀土案中也遇到了类似的 issue——中国能否援引 GATT 第 20 条来对《中国入世议定书》第 11 条第 3 款进行抗辩。

中国曾在《中国入世议定书》中第 11 条第 3 款中承诺：“China shall eliminate all taxes and charges applied to exports unless specifically provided for in Annex 6 of this Protocol or applied in conformity with the provisions of Article VIII of the GATT 1994.”中国应取消适用于出口产品的全部税费，除非本议定书附件 6 中有明确规定或按照 GATT 1994 第 8 条的规定适用。原材料案中，中国对除碳化硅和黄磷之外的 7 种产品征收了 10%～40%的出口税，所以专家组认为出口税不符合《中国入世议定书》的承诺，而中国则援引 GATT 第 20 条进行抗辩，专家组裁定中国不能援引 GATT 第 20 条来对《中国入世议定书》第 11.3 条进行抗辩。

一、课程内容

(一)专家组如何排除援引 GATT 第 20 条进行抗辩的可能性

专家组提出一个国家要加入 WTO，根据《马拉喀什协定》第 12 条，要与其他成员国谈判入世条件，入世条件就记载在《入世议定书》和《工作组报告》中，而且这两个文件也就相当于 WTO 的入门费。《中国入世议定书》第 1 条第 2 款规定：“The WTO Agreement to which China accedes shall be the WTO Agreement as rectified, amended or otherwise modified by such legal instruments as may have entered into force before the date of accession. This Protocol, which shall include the commitments referred to in paragraph 342 of the Working Party Report, shall be an integral part of the WTO Agreement.”由此可知，入世议定书和工作组报告的相关部分是《WTO 协定》的组成部分，而且本案中的所有当事方也都同意 WTO 成员可以基于违反入世议定书而提起争端解决程序，因此专家组运用《维也纳条约法公约》第 31 条到第 33 条对《中国入世议定书》第 11.3 条进行解释。

1. 文义解释

首先《中国入世议定书》第 11.3 条规定了中国应取消出口税，但是有两种情况可以不取消，第一是产品属于附件 6 中专门规定的 84 种产品，第二是以符合 GATT 第 8 条的方式实施的征税。但是附件 6 中还规定一种“例外情况”，不得不提高现行适用的税率，但是中国应该在提税之前与受影响的成员进行磋商，以寻找相互接受的方案。所以若中国要援引附件 6 中的“例外情况”，也应该遵守附件 6 的规定，中国确认附件 6 所含关税水平为最高水平，不得超过，但例外情况除外。如果出现此类情况，中国在提高关税前要进行磋商。而第二种

情况“以符合 GATT 第 8 条的方式实施”。总之《中国入世议定书》第 11.3 条只明确提出只有附件 6 和 GATT 第 8 条的例外情况，而没有一般性的例外，所以这是 WTO 成员的选择，故意不提及《WTO 协定》和 GATT 条款，目的就是不想将 GATT 第 20 条可以作为议定书第 11.3 条的抗辩。

2. 体系解释

中国援引《中国工作组报告》第 170 段说明《入世议定书》与 GATT 的关系，第 170 段规定：The representative of China confirmed that upon accession, China would ensure that its laws and regulations relating to all fees, charges or taxes levied on imports and exports would be in full conformity with its WTO obligations, including Articles I, III:2 and 4, and XI:1 of the GATT 1994, and that it would also implement such laws and regulations in full conformity with these obligations. The Working Party took note of this commitment. 即中国应确保与所有费用或税收相关的法律法规符合其 WTO 义务，包括 GATT 第 1 条、第 3 条第 2 款和第 11 条第 1 款，中国认为“包括”一词表明列举的非穷尽性，应包括所有与货物相关的义务，所以就包括 GATT 第 20 条的权利义务。专家组则给出了三点反驳理由：

(1)与 11.1 和 11.2 条进行比较：

从《入世议定书》第 11 条第 1 款和第 2 款来看：1. China shall ensure that customs fees or charges applied or administered by national or sub-national authorities, shall be in conformity with the GATT 1994. 2. China shall ensure that internal taxes and charges, including value-added taxes, applied or administered by national or sub-national authorities shall be in conformity with the GATT 1994. 第 11.1 和第 11.2 条都是规定海关费用和国内税收的，都提到了要符合 GATT 条款，唯独第 11.3 条只有 Annex 6 和 Article VIII of the GATT 1994，没有这样 shall be in conformity with the GATT 1994 这样的表述，三个连续的条款措辞不同，表明了这是中国和 WTO 成员有意而为之。但是子郁在课上对这个理由提出了质疑，她提出虽然从 11.1，11.2 的文义来看，好像中国确实在 11.3 中刻意地排除了 GATT 第 20 条的适用。但是我们除了局限于文本主义的解释方法，是不是也可以用 VCLT 里目的解释等方法呢？比如 WTO Agreement 序言里就申明了保护环境、可持续发展的重要性。而中国稀土的出口其实是对国内环境造成了很严重的污染的。这样中国援引 GATT 第 20 条，是为了保护国内环境，也是正当的。

(2)与第 5.1 条进行比较：

WTO 上诉机构就中美音像制品市场准入一案的报告中说明：“依照《入世议定书》的引言，我国能在本案使用 GATT 第 20(a)条作出抗辩”。然而在本次案件里面，专家组又裁定中国不能使用 GATT 第 20 条对《入世议定书》第 5.1 条实施抗辩，中国认为这是相互矛盾。关于中国提出的第 11.3 条和《中国入世议定书》第 5.1 条有相似之处，专家组指出，第 11.3 条并未像第 5.1 条总体提及《WTO 协定》，甚至也没有笼统地涉及 GATT，所以不能援引 GATT。

(3)分析《中国工作组报告》第 170 段的内容。

第 170 段提到了 charges or taxes levied on imports and exports 即进口和出口的税费，并且只要符合 GATT 相关条款就可以适用税费，然而本案中涉及的 11.3 条是关于禁止征

收出口税的，不属于 GATT 管辖，所以 11.3 不像 170 段，11.3 中涉及的是 GATT 中不存在的义务。

综上所述，专家组裁定第 11.3 条排除了援引 GATT 第 20 条进行抗辩的可能性。

(二)《入世议定书》与《WTO》协定及所附多边贸易协定的关系是什么

在课程讨论的另一个案子中国稀土案中，一个主要争议问题就是《中国入世议定书》与《世界贸易组织协定》及所附多边贸易协定关系。首先《世界贸易组织协定》是一个条约群，是一揽子协定，包括了《世界贸易组织协定》所附多边贸易协定和《中国入世议定书》等。《中国入世议定书》对这个问题作出了规定，可是专家组对该条文的解读却引发了质疑，专家组认为，《中国入世议定书》第 1 条第 2 款第 2 句话使《中国入世议定书》整体上作为《世界贸易组织协定》的组成部分，而不是说《中国入世议定书》具体规定也是《世界贸易组织协定》及所附多边贸易协定的组成部分。上诉机构则认为，中国加入的《世界贸易组织协定》是其入世前被已生效的法律文件更正、修正或修改过的《世界贸易组织协定》。《中国入世议定书》第 1 条第 2 款第 1 句话的上下文，清楚地规定中国加入的"《世界贸易组织协定》"是该"协定"最新的版本，包括了任何的更正、修订或修改。通过加入世界贸易组织，新成员必须受加入时经过更正、修订或修改的《世界贸易组织协定》及所附多边贸易协定约束。作为《中国入世议定书》第 1 条第 2 款的结果，《世界贸易组织协定》、多边贸易协定和《中国入世议定书》一起构成一揽子权利和义务，必须一起解读。因此可以确定《中国入世议定书》在《WTO 协定》的范围之内。

关于各个协定之间的相互关系，上诉机构则指出不同多边贸易协定的条款和条件间的具体关系，多边贸易协定条款和《WTO 协定》之间的关系，都必须通过适当解释这些协定的相关条款在个案基础上的确定，解释包括审查所涉条款、上下文、目的宗旨、WTO 体系的整体构架和对关系解读提供线索的条款。中国提出《中国入世议定书》与多边贸易协定不同，不是自洽的协定，没有大部分其他多边贸易协定拥有的重要特征，例如一般例外、安全例外、修改条款等。

二、课程感想

原材料案的两位主持人云曼和子郁都主持得非常好，在同学们发言到一定阶段都能把同学们的发言思路整理得更加清晰，并对问题作出归纳和总结，让我们更容易理解同学们的发言，以及让整个讨论变得更加有秩序有条理更加集中一些。

这两次课让我印象比较深刻的就是大家对附件 6 三句话的讨论，从每个小句的意思到每个小句的顺序排列，同学们竟然都能发现问题，这也提醒了我，思考问题不仅要从宏观去考虑，也不要放过这种微妙的细节，WTO 的多边协定大多都是由各个成员方谈判而成的，特别是入世议定书这样的文件，作为加入 WTO 的"入门费"，其中的字句肯定是经过各个成员国的推敲，所以有时候细节是解决问题的关键。在这种时候，或许表面的文义解释是不能很好地解决问题的，应该综合运用目的解释、上下文解释来解决双方的争议。

撰稿人 金文璇

一、课堂综述

(一)讨论问题总结

这两周大家的讨论围绕原材料案(China-Raw Materials)和稀土案(China-Rare Earths)展开,讨论中主要涉及以下几个问题:

1. 立法沉默。能否以11.3与11.1、11.2的区别为由排除对GATT第20条的援引,其它WTO案例是怎样看待"沉默"的?

2. 入世议定书与WTO agreement的关系。入世议定书在WTO整体法律体系中的地位是什么?Annex 6中的exceptional circumstances可否理解为将税率提高到最大值以上的权利,"凡原则皆有例外"的常识在法律推理中的地位究竟如何等。

3. 先例的地位和效力:稀土案专家组在裁判时强调的cogent reasons是否体现了上诉机构对先例的尊重与审慎态度?

(二)立法沉默

在本次综述中,我主要谈谈对立法沉默的理解。原材料案专家组在对11.3与11.1、11.2的表述进行对比时,实质上采用了反面解释的思路:规则A适用于情形1,因为情形2与情形1之间有区别,所以,规则A不适用于情形2。反面解释的方法体现着"非此即彼"的形式逻辑,其潜在假设在于,不同的事件应有不同的处理。但是,本案中是否存在此种"非此即彼"的形式逻辑,还有待争论。针对本案中能否援引GATT第20条进行抗辩这一争议,中国主张11.3构成立法沉默,不可视为对权利的放弃。但专家组以11.1、11.2与11.3在规范文意上的区别否定中方的抗辩,认为11.1和11.2都规定了"in conformity with the GATT 1994",但11.3不仅没有对援引GATT 1994这一权利的保留,还规定了GATT第8条和Annex 6,使法律援引体系变得封闭,因此11.3就失去了11.1、11.2所保留的援引GATT第20条上的权利。

课堂上杨老师将讨论视角转向对Annex 6中"例外情况"的解读,课堂上大家围绕着"原则"与"例外"二者的关系展开讨论,使我受益颇多。但是,在讨论视角转向之前,需要澄清一下对立法沉默的理解。如前所述,专家组针对11.1、2与3之间的区分得出文意解释的推理结论这一层面,在推理逻辑上就缺乏一定的周延性。如果若a,则b;可以推出若非b,则非a,这构成一对逆否命题。但是依据"若a,则b",难以得出"非a,则非b"的结论。况且,11.1、11.2与11.3的区别并不绝对,也并不当然等于立法目的的差异,因此也不当然排除11.3条款对GATT第20条的援引。

诚然,"法律的生命不在于逻辑,而在于经验",但是,在推理中对逻辑的观照是增强裁判说服力的必要保障。尤其是在处理WTO成员方间的复杂纠纷时,经验层面的考量存在着

基于各自立场形成的难以调和的声音，此时如果单纯凭借文意、上下文解释方法，以对立解释作为论证依据，所得出的结论存在着较大争议空间。从这一角度上讲，这两周的课程中大家提供的多样化思路所具有的价值不仅局限于认识论层面，还具有方法论意义。

虽然反面解释的方法在逻辑上并不严谨，但在反对专家组解释方法的同时也不能陷入另一极端，否则就构成了以反面解释的形式批判反面解释本身。面对立法沉默，不可想当然地进行解释。本案中，中国的抗辩与专家组的论证似乎陷入了僵局：中国主张"沉默不代表放弃某种权利"，专家组主张"沉默无法推出拥有某种权利"，但是双方均未在此基础上对观点进行延伸与再主张，这也从侧面反映出一个棘手的问题："立法沉默"的含义究竟为何，当存在"立法沉默"时，何种推论才是合理的？

关于立法沉默的问题，课上王乾与孙艺芸同学从反倾销案(DS379)出发，寻找该案上诉机构在批评专家组"机械推理"的基础之上，提出的立法沉默推定标准：(1)立法沉默(omission)确具有含义，不是"出于意外或者出于疲惫不堪的谈判者或者心不在焉的起草者的疏忽大意"。(2)立法沉默在不同的语境下可能具有不同的含义。(3)立法沉默自身不是决定性的。该案中上诉机构对立法沉默含义的阐述，承认了立法沉默本身的相对性，进而为其他解释方法提供了更广阔的适用空间。从这个角度上看，我认为原材料案中专家组以上下文解释的方式，通过反面解释的形式排除 GATT 第 20 条的援引有失妥当；而中方在其后以"立法沉默不必然等于放弃权利"进行抗辩时，从其它解释方法切入，在提出主张时也会更为有力。

谈到其它解释方法，课程讨论中大家也提出了多元的思考路径，包括"in good faith"、VCLT 第 32 条以及"原则必有例外"这一原则可直接适用等。虽然后两个观点是在讨论 Annex 6 这一具体问题时被提出的，但从宏观角度来看，这些方法在全案的推理中也值得一试。关于"原则必有例外"这一切入点，杨老师主张通过 GATT 第 2 条和第 20 条之间的关系升华为"约束关税有例外"这一原理，再将原理适用到本案中，用于处理 Annex 6 与 GATT 第 20 条的关系。我认为这一思路在逻辑链上本身没有问题，但在适用中存在的阻碍较大。从课程讨论中大家的讨论来看，这一路径有一点尚需明确，即"约束关税有例外"这一原则在法律解释及适用中处于什么样的地位，能否作为国际法法源直接适用。而适用原则的原则是什么，换言之，适用"约束关税有例外"这一原则的法律基础何在？对这一问题的回答若仅凭形式逻辑，争议会越来越多，例如，陈华屹同学从"原则有例外"出发，对其进行继续追问，原则的例外又有例外，如此一来，推理过程将难以被终结。为此，我认为对"约束关税有例外"这一原则在国际法中所处地位的判断，需要从经验层面出发，对国际法原则的适用原则进行宏观的把握，虽然这一讨论语境依旧是开放的、有待证成的，但是会更为高效。

二、课程感想

(一)课程形式的创新

本门课程的讨论式教学法本身就具有开创性，这两周的课程在此基础上又为大家带来了更多的惊喜。由同学进行主持，老师举桌签发言的形式，既进一步提高了课堂的参与度，又通过杨老师针对关键问题的切入让大家产生豁然开朗之感。此外，几位师兄师姐的参与

也大大提高了课堂讨论的深度与广度。我认为通过十一周的课程,大家已然形成了一个学术共同体,通过资源共享、信息整合、互动交流等形式,看似是集中于个案进行讨论,实际上已超过个案逻辑,通过争议点的提炼使得讨论内容更具宏观性。此外,自知识产权案以来四个案件的讨论,也让我进一步体会到提出问题的重要性,在为期一学期的有限的时间内,虽然讨论所涉及案例为数不多,但课堂上大家所提及的各种问题,将为日后的思考提供极为有益的思路,甚至将超越 WTO 法这一领域。

(二)入世协定书与 entry fee

当思考视角从法律解释与适用层面转向现实中时,中国在签订入世协定书之时对具体条款是否进行过审慎的考量与权衡,其间存在着怎样的博弈与妥协,均让我在些许无奈之余产生反思。虽然 entry fee 在新成员入世时普遍存在,但各国在入世议定书中的出口税义务也存在着差异,若入世协定书中没有将其他条约纳入其范围中,该国在受到违约指控之时,就只能依赖于 WTO 争端解决机制进行法律推理,由此从法律之间的关系出发,得出一国应承担怎样的义务这一最终结论。诚然,这一途径是最后的救济方式,但是在专家组和上诉机构坚持文意解释的立场下,该国将陷入作茧自缚的困境,以入世协定书中的承诺为自己施加额外的限制。如果在签订入世协定书时,中国对法律文本中规定的权利义务进行审慎考量,在熟悉立法技术的前提下对日后可能产生的风险进行规避,将会成为解决本案同类争端的最彻底的途径。既往不可追,本案中的争议也从侧面为后人提供了经验教训,增强人们对设置例外条款这一立法技术的关注,可供未来的立法加以借鉴。

撰稿人 林　盟

一、课程回顾

这两节课我们重点讨论了原材料案和稀土案中关于 GATT 第 20 条能否被援引作为 CAP 第 11.3 条的例外问题。围绕这个核心问题，我们展开了多维度的讨论，其中主要包括：

(一)具体问题讨论

—原材料案和稀土案中，同样是关于 CAP 能否援引 GATT 第 20 条作为例外的问题，能不能采用出版物案中上诉机构提出的"Link"思路？

—能否用其他 VCLT 第 31、32 条中除文义解释、上下文解释外的解释方法解释 GATT 第 20 条的适用性问题？

—CAP 中 Annex 6 规定的税率是否绝对不能提高？

—如何理解 CAP、GATT 1994、WTO Agreement 三者之间的关系？

—如何辨析 WTO Agreements、WTO Agreement、WTO agreement(s)？

(二)拓展性思考

—如果出现一个争端，既可以援引 GATT 第 1 条，也可以援引 CAP 第 11.3 条时，如何解释 GATT 第 20 条可以作为 GATT 第 1 条的例外，却不能作为 CAP 第 11.3 条例外的矛盾？

—如何看待中国入世协议书中存在的超义务？

—立法沉默：当出现 WTO 法律上出现立法空白时，我们应当如何解释"空白"？

—专家组能否就先前上诉机构已经作出判决的问题再次进行审查？

二、课后思考

1. 如何理解 CAP 与 WTO Agreement 两者之间的关系？

我认为这是我们这两节课讨论中最根本性的问题，也是要解决 GATT 第 20 条适用性的根本性判断。但是，稀土案中上诉机构确认为 WTO Agreement 的具体含义对于解决本案争端并不重要，WTO Agreement 在不同语境下的含义是不同的。

首先需要明确的是，WTO Agreement 到底是什么？根据 DSU 第 1.1 来看，WTO Agreement 的含义就是 Agreement Establishing the World Trade Organization。进而，WTO Agreement 包含了什么？仅仅从出版物案和稀土案中，我们就能看出事实上专家组合上诉机构在不同案件中的理解并不统一。在出版物案中，上诉机构认为 CAP 第 5.1 条中的 WTO Agreement 是包含所有附件的大协议。而在稀土案中，专家组则认为 WTO 仅仅包括 Marrakesh Agreement；上诉机构则肯定了两种解释都有其生存空间，需要结合具体语

境与个案分析。

这种不统一让人直觉上感到违和，法律解释所追求的目标之一就是维持法律体系内部的一致性和连贯性，为什么对同一问题（甚至是原则性问题）的理解会产生各异的答案？我猜想，之所以会产生不同的理解，一方面是因为在不同的条约文本中语境也是不同的。其中，是否存在 incorporation 的语言表述，可能是专家组或上诉机构判断 WTO Agreement 包含范围的重要影响因素。另一方面，各国 AP 与 WTO Agreement 之间的关系并非简单的包含或非包含关系，即便我们可以在整体上抽象地将 AP 视为"an integral part of the WTO Agreement"，而在具体问题上这样的抽象关系无法提供更加明确的指导。实际上，在具体的条文中，AP 与 WTO Agreement 之间的关系十分微妙，因为对这二者关系的判断直接涉及当事国之间权利与义务的微妙平衡。因此，我认为专家组和上诉机构在不同案件对两者关系的不一态度有其审慎考量。

2. 使用 VCLT 第 31 条善意原则解释的可能性？

善意原则是国际法中应用最为广泛的概念之一，除 VCLT 有规定外，《联合国公约》、《联合国货物销售合同公约》等国际条约中都有出现。DSU 第 3.2 条将善意原则引入了 WTO 法律体系的解释规则中。巧合的是，US-Shrimp(DS58)案中同样是关于 GATT 第 20 条的适用问题，专家组强调了善意原则的作用。但专家组把论证的中心放在了 VCLT 第 26 条善意履行上。但实际上作为义务履行的善意原则和作为解释方法的善意原则存在很大不同。因此，DS58 无法为我们提供采取善意原则解释的参考。

继而只能回到条文中寻找可能性。根据条款内容的解释说明(Content)，VCLT 认为很难给善意原则下一个广泛的清晰的定义，但可以清楚的是，善意原则的底线是 reasonableness。并且 VCLT 指出，善意原则通常是和其他解释方法一起使用的，是暗藏(hint at)在其他解释方法之中。由此看来，善意原则似乎更像是所有解释方法的 bottom line，后者说是一项总括性的、起到提纲挈领作用的解释原则。仅仅在解释结果明显荒谬或不合理(manifestly absurd or unreasonable)的情况下会发挥校准的作用。迄今为止，上诉机构还未因为引用善意原则而推翻建立在 VCLT31、32 条其他解释方法上的解释结果。上诉机构也从未指出适用该原则所应遵循的标准，更多的只是将它用于肯定已得出的解释结论。① 因此，善意原则单独被适用，并用以论证当事国观点的可能性很小。

3. 如何理解入世协议书的超义务(WTO-plus)？

首先需要明确的是，"超义务"是学理上的概念。尽管 WTO 官方的法律文件中从未出现过 WTO-plus 的表述，但其仍被实务界和理论界广泛应用。通常为，所谓超义务指的是比现有多边贸易协定更为严格的约束。根据 CAP，中国承担的超义务主要涉及七个方面：(1)透明度，(2)司法审查，(3)统一管理，(4)国民待遇，(5)外国投资，(6)市场经济，(7)过渡性审议。

正如课堂上廖林风同学所提出的，CAP 在 WTO 法律框架内是一个独特的协议，CAP 与其他国家入世协定书的结构不同。CAP 包含了大量的特殊条款，这些条款阐释、扩展、修改或者背离了现存的 WTO 诸协定，其结果是使 WTO 的行为规则在适用于中国贸易时被

① 陈欣.WTO 争端解决中的法律解释[M].北京：北京大学出版社，(2010).

显著修正了。[①] 甚至,由于 CAP 中特殊性的规则数量之多,可以说 CAP 是一套"在 WTO 框架下调整与世界第一大贸易国之间全部贸易关系的新的规则"。

但另一方面,超义务并非就是"不公平","超义务"本身也给承担超义务的国家带来贸易上的利好。实际上,可以将超义务理解为对入世国家的结构性改革。[②] 例如,低税率吸引国外资本。或者,即便承认"超义务"是不公平的,它也是部分入世国家为了获得 WTO 的入场券主动承担的,超义务在程序上也是正当的。

站在中立性视角,不考虑超义务对某一国家的具体影响,超义务的存在也给多边贸易体制带来了根本性的问题——WTO 能否对个别国家设置附加规则?这是否 与 WTO 自身的宗旨和目标相悖?尤其,当我们站在历史性的视角回溯 GATT 时代,或许在一定程度上 WTO-plus 的存在是一种倒退,或者说 GATT 时代阴影下的产物。造成 GATT 松散的原因之一就是起复杂零散的规则体系,成员过指尖的规则义务各不相同,实践上可行性低。而乌拉圭谈判的主要成就之一就是提出建立统一规则、统一实施的多边贸易体制,超义务——单方的特殊义务显然破化了 WTO 最初建立时对同一性的追求。因此,我认为超义务在根本上与以规则为基准的 W 多边贸易体制不相吻合,可能对 WTO 争端解决机制产生负面影响,减损承担超义务国家对多边贸易体制的信心。

三、课程感想

相较于先前,这两周的课堂出现了两个新动向,同学担当主持人组织课堂讨论和杨老师下场讨论。我明显地感觉到,一方面课堂上的讨论思路变得更加清晰,另一方面杨老师的加入使得课堂讨论的深度和广度有显著的提高。整体上,课堂讨论的效率大大提高了,同时杨老师的观点也启发着我们从更多维度上去思考问题。我认为这是非常有益的改善。

这几天刚好看到一篇文章介绍讨论式教学法在国际法课程中的运用[③],对 WTO 中国案例研讨者们课程的教学模式有了更进一步的理解。讨论式教学法的理论渊源之一是建构主义理论。建构主义理论认为,学习在本质上是一个新旧知识相互作用的过程。学生不是脑袋空空地走进课堂,相反其实每一个学生至少都带着他们在现实生活中形成的三观走进了教室。于是建构主义推论,即便再遇到完全陌生的问题时,他们也会根据自己原有的经验和业已形成的重视体系作出相应的理解和回答。在 WTO 案例讨论课上就是如此,在面对课堂上出现的全新问题的时候,我们本能地调用的是自己惯常性的思考问题的方式。因此,对于我们在课堂上的讨论,不仅同学之间相互提出的观点值得关注,对观点背后的思考问题的方式也很值得予以重视。

---

① 秦娅.李辉.超 WTO"义务及其对 WTO 法律制度的影响——中国入世议定书评析 [J].国际法研究,2003-01.

② The WTO-plus actions being demanded are exactly the structural reforms that the applicant country needs to take to enable its economy to shake off a bad reputation, to attract investment, to expand imports, and to achieve sustainable job creation. Steve Charnovitz. Salient Features of WTO Accession Protocols [C/OL].Geneva:WTO Twentieth Anniversary Accessions Programme,(2015-9-29).

https://www.wto.org/english/thewto_e/acc_e/prog_sept2015_e/presentation_charnovitz_e.pdf

③ 谢常红.讨论式教学法在国际法课程中的运用[J].法制博览,2018(13):43-44

具体来说，我记得当讨论到国际法原则运用的时候，课堂上陈华屹同学提出是否有可能参考合同法中的思路，以情势变更这样的规则解释 WTO 法律中规定的“例外情形”。这一观点对我很有启发——多边条约的本质性形态就是多主体的契约，合同法中的原则和多边条约中的原则或许在一定程度上具有共通性。更甚者，当我们在思考 WTO 法律上存在的立法沉默问题时，是否也可以借鉴合同法中合同约定不清、合同约定空白时补充解释的解决思路思考问题。

撰稿人 孙艺芸

一、课堂实录

感谢子郁同学作为主持人在前期充分的准备，提前帮助我们归纳了三个需要重点讨论的问题，因此课堂上我们的讨论也主要围绕这几点进行：

1. 立法沉默的问题。立法沉默时，我们应当怎样解释“沉默”？其他 WTO 案例是怎样看待“沉默”的？

2. 入世议定书与超义务问题。入世议定书在 WTO 整体法律体系中的地位是什么？中国入世议定书 Annex 6 规定的税率是否绝对不能提高？

3. 先例的地位和效力：以原材料案与稀土案为例。需要 cogent reasons 才能推翻原先判决，是否体现了上诉机构对于先例尊重、谨慎的态度？

(一)立法沉默

课上我们并没有针对这一个问题进行过多的讨论，而我在课前准备时看了一些资料，故我将结合课上的讨论和课下的资料对这一个问题谈谈我的观点。

在第十周的课上，我就提出了一个问题。在稀土案专家组报告的 7.63 段起，专家组报告就中国提出的一个辩护理由发表了观点。中国认为，在先前的美国钢铁案中，上诉机构认为在面对立法沉默现象时应该寻求积极解释引申含义而不是就此停止。因此，中国认为在本案中对上诉机构报告 11.3 的解释也同样可以适用“立法沉默”原则寻求解释，从而将 GATT 第 20 条解释进其可援引的范围之内。但是专家组并不认同，专家组在分析了本案和美国钢铁案的论证思路之后认为，本案与美国钢铁案思路几乎一致，在美国钢铁案中没有被解释出可以援引，故在本案中也不认为可以援引。

但是，我认为这样的论证存在很多的问题。首先，两个案件在性质上就有很多不同之处，美国钢铁案争论的是 SCM Agreement 与 GATT 之间的关系，但是在本案中却涉及到一个国家的入世协定书与 GATT 之间的关系；其次，中国提出的是将立法沉默之后的解释原则运用到本案之中，但是专家组做的却是试图遵循先例，根本没有试图运用这一种原则解决系争问题。因此，我认为专家组的论证没有说服力。

课下，我也查询了一些有关立法沉默的问题，其中查询到的一个案子就是王乾同学和我在课上均提出的，也是我们即将阅读的，在“反倾销案”中专家组和上诉机构的论述。在这个案子中，专家组认为 SCM Agreement 的前身，《东京补贴与反补贴措施守则》中明确提及了“禁止双重救济”原则，但是在 SCM Agreement 中却没有提及，因此认为 SCM 不禁止双重救济。然而上诉机构却批评说这是一种相当机械的推理方式，并提出了立法沉默含义推定标准涵盖以下几个要素：

(1)立法沉默具有含义。立法沉默一定具有某一含义，它绝不是“出于意外或者出于疲惫不堪的谈判者或者心不在焉的起草者的疏忽大意”。

(2)立法沉默在不同的语境下可能具有不同的含义。这就告诉我们,对于立法沉默的含义推定,语境主义或者整体主义的解释方法极为重要。

(3)立法沉默本身对于含义推定不是决定性的。也就是说,并不排除对立法沉默推论得出的结论被采用其他解释方法所得出的结论所取代的可能性。

因此,上诉机构运用这一原则作出了与专家组相反的结论。我认为,上诉机构的这一做法特别值得借鉴。在本案中,我认为从"11.1 和 11.2 都写了,11.3 没写"中推理出不应援引,就是一种非常机械的推理方式。

(二)入世协定书的 Annex 6

这个问题是我们在课堂上讨论最充分、最激烈的问题,由杨老师率先提出:中国入世协定书的开头一段到底应该怎么理解?是否意味着在任何情况下中国都不能将税率提高到最大值以上?exceptional circumstances 究竟是否可以适用于提高到最大值以上的情况?

Annex 6

China confirmed that the tariff levels in this Annex are maximum levels which will not be exceeded. China confirmed furthermore that it would not increase the presently applied rates, except under exceptional circumstances. If such circumstances occurred, China would consult with affected members prior to increasing applied tariffs with a view to finding a mutually acceptable solution.

按照杨老师的理解,应该是可以在发生了例外情况时提高到最高税率以上的。但是,这个观点遭到了很多同学的反对,陈华屹同学认为,第二句里面的 furthermore 是一个递进关系,也就是第一句中的 maximum levels 是肯定不能超过的,第二句是另行设定了一个新的义务。潘隽吉学长通过查阅字典的方式得出,其实 furthermore 的意思类似于 in addition,故潘隽吉学长也同意陈华屹的观点。袁丁同学从反面考虑,认为如果 maximum level 也可以适用这个 exceptional circumstances 的话,那么第一句话就变得没有意义了。

此时,杨老师提出了第二种考虑思路:因为 GATT 第 2 条存在着 GATT 第 20 条的例外,那么这种原则能否用于解释 CAP 的 annex 6 上?对此,徐朝雨持否定态度,认为 GATT 有例外的原因是其适用于所有的缔约方,但是入世协定不是。同时她也提出了一个新的问题,因为在原材料和稀土案中,并非所有的争议物都在 Annex 6 之中,那么对于减让表中没有的规定怎么考虑例外呢?此时,柳驰学长进一步提出问题:CAP 的例外指的究竟是什么?怎么去解释例外?有法律依据吗?对此,潘隽吉学长重新援引了 Annex 6 中的表述:If such circumstances occurred, China would consult with affected members prior to increasing applied tariffs with a view to finding a mutually acceptable solution.他认为从中理解,用例外的情况要协商。因此重点在协商,而不是在例外情况的解释。

袁丁同学对以上的两条进路都表示不赞同,并提出了以下三条理由:

(1)假设第二句的例外可以适用于第一条的例外,那么对第一句的例外适用肯定要比第二句的例外适用更严格,这时候把例外放在第二句后面也不太合适;

(2)如果对比一下把一二句调换过来,except 位置不变,这样才能更合理地解释;

(3)同意杨老师所讲的没有例外很荒谬的结论。但是这时候如果立法解释不通的话,只

能通过恶法非法来论证这种不合理,已经超过了解释学的内容。

这个时候,杨老师表明自己的观点是"凡原则必有例外",因此若 Annex 6 第一句没有例外就显得非常不合理。陈华屹同学表示,如果"凡原则必有例外"是一个真命题,那么其本身就是一个原则,也就必然有其例外。

我同意袁丁同学和陈华屹同学的观点,认为这是中国自愿承担了 WTO-Plus 的义务,至于是否合理是另一个问题,但是"约定必须遵守"却是需要被尊重的。

(三)超 WTO 义务

事实上,正如廖林风同学在课堂上指出的,中国的入世协定书结构与许多国家的都不相同,其中中国自愿承担了很多"WTO 超义务"。之所以发生如原材料案和稀土案等一系列争议,根本问题是 WTO 超义务在整个 WTO 框架内的定位和性质都不甚清晰。我对此表示赞同,事实上,从我搜寻到的 WTO 官方文件中来看,WTO 本身对这一个问题的态度十分模糊。

从我的观点来看,我认为 WTO 超义务不应该存在,因为其本身就违反了 WTO 的非歧视原则。为何后加入的成员方需要作出许多超越 WTO 义务的承诺?长此以往,WTO 整个的平等体系,甚至是略像发展中国家倾斜的体系就会崩溃。对于中国来说,入世协定书中第 5 条明确不应减损中国在 WTO 下管理贸易的权利,然而种种 WTO 超义务的存在本身就是一种减损。因此我认为这些 WTO 超义务的存在就类似于有同学所谓的"不平等条约",是有损整个法律体系的公平正义的。

二、课程感想

这两次课,我感触最深的有两处,其一是我们对于"凡原则必有例外"的讨论。我还记得潘隽吉学长在某一次课程综述中提及,朱苏力教授曾经说,不敢说自己相信法律。可能许多人也认为,这种例外条款的频繁出现,给法律带来了太多的不确定性。然而我认为,法律不能预见未来,因此这样例外条款的出现,是使其可以历久弥新,适应时代发展的方式。

第二点,是我们对于 Annex 6 真正含义的解释。事实上,我们也是在探讨一种为中国抗辩的可能进路。霍姆斯大法官说,法律的生命不在于逻辑,而在于经验。我想法律的生命也在于解释,是不断注入新的内涵,新的时代精神的解释,才使得法律避免"恶法非法"的结局,而保持权威性。

王　乾

一、课程实录

在第十一周与第十二周我们进行了对于“原材料案”与“稀土案”的讨论。第十一周的讨论范围较为宽泛，涉及的论点较多；在第十二周，经过林子郁同学的思考与总结，她归纳了三个讨论主题，使得第二节课上讨论的效率与精彩程度得以提高。

课堂上集中讨论如下问题：(1)立法沉默的问题：应当如何理解 11.3 条的立法沉默？沉默是否一定意味着放弃权利？(2)同样都是讨论关于 GATT 对入世协定书适用性的问题，为什么裁决思路如此不通过，即为何不能用出版物案“link”的思路？(3)中国入世议定书超义务的问题，入世议定书在 WTO 整个法律体系中的地位是什么？中国入世议定书 Annex6 规定的税率是否绝对不能提高？

对于立法沉默的问题，在第一节课上，同学们提出在 CAP11.1、11.2 中明确规定了与 GATT 一致，而好像中国确实在 11.3 中刻意地排除了 GATT 第 20 条的适用。林子郁同学提出，除了局限于文本主义的解释方法，是不是也可以用 VCLT 里目的解释的方法，依照此思路，那么中国援引 GATT 第 20 条是为了保护国内环境也是正当的。杨老师则认为，由于 11.3 的性质不同，所以不能像 11.1 与 11.2 条文那样规定“in conformity with GATT 1994”。此后，在第一节的课堂上大家集中讨论“link”与“超义务”的问题，这一问题仍然尚待讨论。第二节课上，王乾同学首先谈论了自己对于立法沉默的看法。她认为上诉机构和专家组对于立法沉默的态度是审慎的，并且上诉机构还曾经认为专家组报告中运用上下文解释的方法解决立法沉默问题，是一种“机械推理”，她以 DS379 案中对于双重救济的讨论为例，得出三个结论：

立法沉默具有一定的含义，绝不是出于意外或者疏忽大意。立法沉默在不同语境下有不同的含义——语境主义、整体主义，并且立法沉默的解释不是决定性的。

对于如何连接 CAP 与 WTO Agreement 的方法，很多同学都提出疑问：为何不能运用 link 来连接二者？林盟同学认为，出版物案中上诉机构是在文本的基础上才使用 link 的，首先确认了 CAP5.1 中有援引 GATT 1994，然后才进一步分析规则与规则之间是否有交叉援引的空间。而本案中并没有此种文本基础，因此难以通过 link 的方法解释。徐朝雨学姐随后的解释似乎印证了林盟的结论，她认为，专家组的解释是入世议定书第 5.1 条使用 objective link 的前提是 with prejudice to……WTO，而在 11.3 条中则没有这样的连接点，因此不存在使用 objective link 的可能。

对于中国入世议定书 Annex 6 所规定的超义务问题，是第二堂课上的讨论重点。在第一节课上，随着讨论的深入，大家挖掘出中国在入世议定书中实则为自己制定了一项“超义务”，从而引发了第十二周课上的大讨论：中国入世议定书 Annex 6 规定的税率是否一定不能提高？

对于超义务问题，我十分同意廖林风同学的观点，她指出中国的入世协定书与许多国家不相同，自愿承担了许多超义务，之所以会发生这些争议，本质原因在于 WTO 超义务在整

个框架下的地位和性质规定不清晰。对于 Annex 6 中规定的税率是否可以超过？杨老师认为有原则就有例外：凡有原则必有例外，凡有例外必有原则。老师的思路为同学们指明了新的方向，得到了袁丁、孙艺芸、高云曼同学的回应。高云曼同学认为，如果说如果说 11.3 可以看作 GATT.2 一般的关税减让义务的具体的特殊的延伸，那么，第二句规定的例外就可类推适用 GATT.2 的例外。这不是 CAP 和 GATT 关系的体制性问题，而是 CAP 某一精确义务和 GATT 具体条款的关系。但由于第三句规定了，出现例外可以在最高关税范围内协商调整，所以协商时是可以依据情势变更等瑕疵意思表示而更新核准的，也就是说，此处的例外是有解释空间的。

二、课后思考

课后我对如下问题进行了反思和思考：1）WTO 框架下原则与例外的关系；2）中国入世协定书与 WTO 法律体系的关系。

对于第一个问题，我十分认同杨老师有原则必有例外的看法。推理思路如图 1：

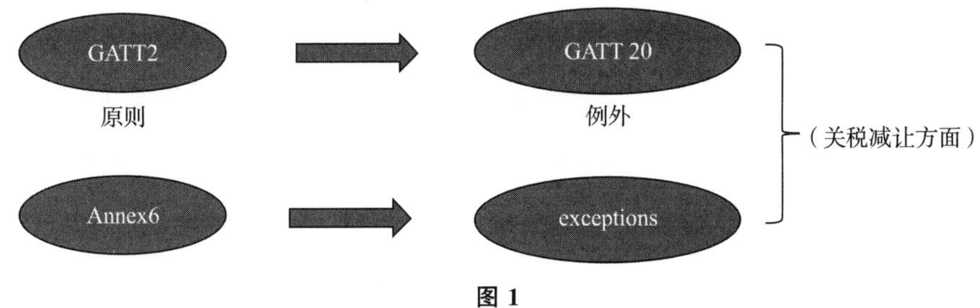

图 1

根据杨老师在课堂上分享的文献，一般遇到本案此种情况，“凡规定必有例外”（None est regula quin fallet），法律家首先会从该规定所在的协定中寻找例外，法律家把这项工作称为“法律解释”。但是非经 DSB 授权不得采取反制措施，于是会从该协定所在体系中来寻找例外。

徐朝雨学姐对此提出了质疑，她认为 GATT 是适用于所有 WTO 国家的法律条文，必定有适用于特定具体国家的例外情况，而 Annex6 则是中国入世协定书的规定，根据中国具体情况来设定，不存在 GATT 普适性问题。因此该原则不能类推适用。笔者猜测，徐朝雨学姐的反对理由主要是基于横向角度来考虑，那么如果把 Annex 6 从时间纵轴方面来考虑，一个特定的国家在不同时期（例如战时），也会有其例外的环境，因此也应当使用“None est regula quin fallet”这一原则。

对于第二个问题，回顾林子郁同学的分享，她提出了两种思考：她认为 CAP 与 WTO 法律体系的关系可以分为两种，一种是平行式法律关系，另一种是包含式法律关系。平行式法律关系下，GATT 与入世议定书均为 WTO agreement 的附件，但是二者相互独立，没有牵连；包含式法律关系下，GATT 与入世协定书均为 WTO agreements 的有机组成部分，入世协定书可以援引 GATT。（如图 2、图 3）

首先，根据目前 WTO 对入世协定书的定位，入世协定书作为 WTO Agreements 的一部分（shall be an integral part of the WTO agreement），对于新成员和原有成员均有拘束力。其次，在 WTO 体制中，特别是在其与 WTO 涵盖协定的关系上，议定书是附属于 WTO 各涵盖协定的一个附件？还是一个独立于其他涵盖协定的新协定？笔者认为，一方面，正如

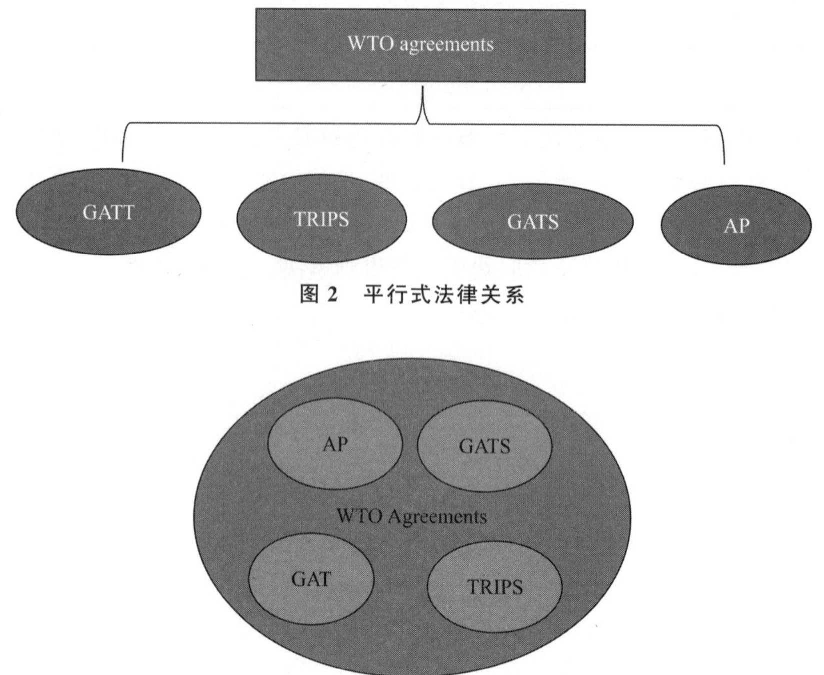

图 2　平行式法律关系

图 3　包含式法律关系

上诉机构在‘中国稀土案’中所言,《中国入世议定书》第 1.2 条将议定书的条款与 WTO 现有法律框架下的权利义务连接起来,因此《中国入世议定书》、应作为 WTO 权利义务的一个整体来看待,不能相互割裂(包含式法律关系);另一方面,《中国入世协定书》却又规定了许多背离或超越多边贸易协定的义务(平行式法律关系),从而造成一种分裂的客观事实。在 WTO 立法机构尚未就这一法律困境制定一个统一的解决方案之前,上诉机构难免会踌躇不前,谨慎行事。在本案中,专家组运用了“谨慎的平衡”这一法律词汇,上诉机构也未予推翻,因此,从这一用语,我们可以分析出争端解决机构对议定书定位认识的基本观点和立场。在专家组、上诉机构看来,议定书条款是新老成员谈判达成的“平衡”的结果,是一种与 WTO 现有涵盖协定无关的、新的、成员方之间的权利义务关系。17 这种“新平衡论”观点的实质,是将“加入议定书”置于与 WTO 各涵盖协定完全独立、平等的新协定地位。这无疑意味着,当在新成员与原有成员之间发生争端时,争端解决机构适用的应是“新的协定”—“加入议定书”条款,只有议定书条款明确提到 WTO 涵盖协定条款时,这些涵盖协定条款才可以适用(平行法律关系),但是笔者认为,这样的解释不利于保护新成员的权利,因此更倾向于包含式法律关系,而且是概括和更加细化的关系。不是一个单独的协定,而是 WTO 规则针对每一个新成员的具体化和特殊性规定。

三、课堂感受

本次课堂最大的感受课堂讨论方式创新之后带给我的惊喜。主持人们的认真负责带给我的感动和佩服。感谢高云曼同学,在课堂陷入讨论的僵局的时候,懂得及时总结,并且提出新的主题来供讨论。并且也勇于提出自己的看法,适时地对同学们的观点进行点评。感

谢林子郁同学,创新了课堂预习的方式,在每节课上之前总结出这个案子需要准备的问题,能够使我们在阅读第一手材料的时候有的放矢,不仅提高了预习的效率,更提供了课上讨论的效率。

同时讨论过程因为杨老师的加入变得更加有逻辑有条理,过去几节课大部分都是同学们自己的讨论,有时候会很容易跑偏,一节课下来,我往往抓不住解决这一问题的核心,多谢杨老师的参与,使得我们可以把握问题的方向,及时调整问题的思路和自己的观点,使自己的观点更具有说服力,也使得讨论的问题更高效得到解决。感谢杨老师的参与,感谢两位主持人的引导,使我们的课堂更加生动有趣!

 韦午梅

一、课程内容综述

这两次课程中，大家围绕原材料案件和稀土案件展开了讨论。这两个案件在根本问题上和之前的音像制品案件是类似的，也就是关于中国的入世协定书与 GATT 第 20 条的关系问题，也就是中国能否援用 GATT 第 20 条为自己违反入世承诺书中的条款进行辩护的问题。

——让我印象比较深刻的问题有：

1. 立法沉默，即在 11.3 条中的沉默到底是放弃权利还是肯定权利？

2. 入世协定书在 WTO 法律体系中的地位，与其他法律文件的关系？以及相关的超 WTO 条款的适用问题？

首先是关于立法沉默的问题。在这个问题中，专家组将 11.3 与 11.1 以及 11.2 进行对比，认为在后二者中都明确提到了与 GATT 保持一致，于是肯定在后二者中是可以援引 GATT 第 20 条作为抗辩，但是相比之下，11.3 条没有提出与 GATT 保持一致，与前面的规定对比，这里的言下之意即没有要援引 GATT 作为抗辩的意愿，因而中国是不能在 11.3 条中援引 GATT 第 20 条的。如果简单基于字面上的含义来说，这样的文义解释确实有道理，并且刚开始的时候，我自己在感觉上也是觉得这样的解释合理。

但是，杨老师提出的说法让我动摇了之前的直觉。杨老师认为 11.3 这一条在性质上和 11.1 以及 11.2 是不同的，11.3 的性质决定了其在这里只能采用与后二者不同的书写方式。实际上，我认为单纯的文义推理作为一个条文的解释理由是颇显薄弱的，文义的外延模糊，可以出现多种解释，在出现多种可能的解释的情况下，对于某种解释的选择是需要更加实质层面的理由的。倘若在这种时候不探究在更为实质层面的根据的话，很有可能使得法律的规定成为被玩弄的对象，这不仅在实质上是不合理的，更是对法律条文的不尊重。

其次是入世协定书在 WTO 法律体系中的地位问题。笔者认为这个问题的明确不仅仅对已经发生的案件具有意义，更有利于明确中国在 WTO 框架下的具体权利义务，从而帮助规避相关的争端风险，在争端发生后，也有利于促进公正地解决争端。

个人认为，中国的入世协定书中的第 1.2 条以 GATT 第 12 条作为依据，该条款的规定以及 GATT 第 12 条本身，使得中国的入世协定书成为了多变贸易协定的组成部分，从而具有了多边属性。GATT 第 12 条授权 WTO 申请加入成员按照议定的条件签署加入协定，就赋予了中国的入世协议书这一核心议定条件文件成为其组成部分，而中国入世协定书第 1.2 条更是进一步明确将议定书与 WTO 协定的关系描述为组成部分。从实践上来看中国加入的法律文件由多哈部长会议以协商一致的方式通过，虽然中国入世协定书的缔约方是中国和 WTO 这一国际组织，但所有成员方授权 WTO 组织谈判和接纳新成员，并且通过部长级会议确认同意，其中当然也应该包括同意入世协定书中 1.2 条的关系描述，从而进一步肯定了其法律效力，认定了其法律地位和关系。

二、课堂感悟

(一)关于课堂形式

这两次的课堂形式发生了一定的改变,从之前的老师主持改变为由两位同学进行主持。两位同学的表现都非常出色,都有很强的组织同学展开讨论的能力。不仅能够提出问题引导同学们的思考方向,将同学们的思考更加聚焦,让同学们的课堂参与显得很有效率;还能够适时对同学们之前的发言进行一定的总结和归纳,从而帮助同学们的讨论逻辑更加清晰,并且话题与话题之间有一定的衔接,从而也有助于帮助课堂讨论的思路保持一定的连续性,从而让讨论也能慢慢向更深层次前进。另外,两位同学的主持风格都落落大方,从容淡定,超级棒!

(二)关于课堂内容

当今 WTO 关于环境保护的法律条款,大都由发达国家主持编制,条款编制出发点本身就与其利益相关,因此在制定时自然而然的忽略了发展中国家的利益。WTO 组织建立的宗旨之一是为了使得发展中国家得到更多的支持与帮助,可是在具体的环境保护规则中并没有全面考虑到非发达国家经济和科技水平的落后的实际情况,没有特别优待发展中国家的法律条款。WTO 环保条款规定了成员方共同承担环保责任,却没考虑到因国家发展限制,国与国之间应当承担的责任大小也是有区别的。

中国稀土案之所以失利的根本在于中国只能被动的接受 WTO 的条款限制,而不是担任立法的参与者。中国正处在发展的转换阶段,贸易模式与周遭经济环境也在逐渐发生着变化,然而 WTO 法律条款制定时并无考虑到如上因素。中国初入 WTO 时,对其法律细则仍有不详之处,而规则的制定者在最初与中方交涉谈判时就已埋下种种伏笔,导致我国于入世议定书中作出了种种承诺。当涉及实际案件时,DSB 忽视了中国的特殊发展阶段,并没有支持中方在需要保护环境时的特殊例外。为了此后在国际规则限制中变客为主,我国必须主动投身于国际规则的的制定中去,让国际规则可以用来维护中方自然保护的权益。当发展中国家与发达国家共同商讨制定国际规则时,才能够在世界板块上拥有保护自己国家资源和环境的能力,如此方可在国际贸易中占得一席之地。我国应当主动参与多边贸易会议中去,尤其是涉及贸易与环境领域的磋商洽谈,转变与会角色,争取公平平等的地位。为发展中国家在环境贸易法律法规中争取切实优惠的待遇,化被动为主动,努力成为国际规则的制定者,并将规则制定的方向朝着维护我国利益的方向调整和发展。

中国入世以来,可以说是有利有弊。入世意味着我国放弃了许多权利和利益,但同时我国也获得了与其他成员国贸易的好处,这也是权利与义务的共同承担的表现。只是在 WTO 体制之下,发达国家与发展中国家之间仍然存在着不平等。我国在国际贸易争端中,仍然是处于不利的地位。虽然一方面上有体制的问题,但是另一方面也是我国对于 WTO 规则的理解、适用和解读或许还不够。专家组虽然裁定我国稀土案实施的贸易限制措施与 WTO 规则相悖,导致稀土案的败诉,但败诉也是一个好的指示,证明我国国内的相关政策

需要作出相应的调整，才能与世界接轨，也为我们加强对 WTO 规则的学习理解和运用的机能提出了要求。在我们同时参与体制的改革以及加强对 WTO 规则的学习和了解的基础之上，我相信我们会在 WTO 的体制安排中越来越如鱼得水，从而最大程度上趋利避害，更好地促进我国参与国际交流和合作。

撰稿人 袁崇霖

本次课程中,我们围绕"原材料案""稀土案"的专家组报告及上诉机构报告展开了讨论。两个案件都涉及了"中国能否援引 GATT 1994 第 20 条作为违反入世议定书义务的抗辩"这一问题,就此,大家进一步针对"入世议定书与其他协定的关系""超 WTO 义务""立法沉默的法律效果""原则与例外的关系"等问题进行了深入讨论。

一、课程内容

(一)入世议定书与其他协定的关系

结合上一次的讨论,我们知道,《中国加入 WTO 议定书》是"世贸组织协议(WTO Agreement)"的一个组成部分。然而,对于各国入世议定书与其他协定,如 TRIPS、GATT 1994、GATS 等的关系,仍然不是十分明朗。这也成为了本案法律争点(issue)产生的重要原因。

结合本次讨论的案件以及前一次讨论的"出版物和音像制品案",可以得知,专家组多数专家和上诉机构认为,入世议定书与各其他协定相互平行,共同组成了"世贸组织协议"。这就意味着,非经规定,各协定的法律效果相互独立,在本次讨论的案件中就表现为,不能任意援引 GATT 1994 的例外作为违反入世议定书义务的抗辩,如图 1 所示:

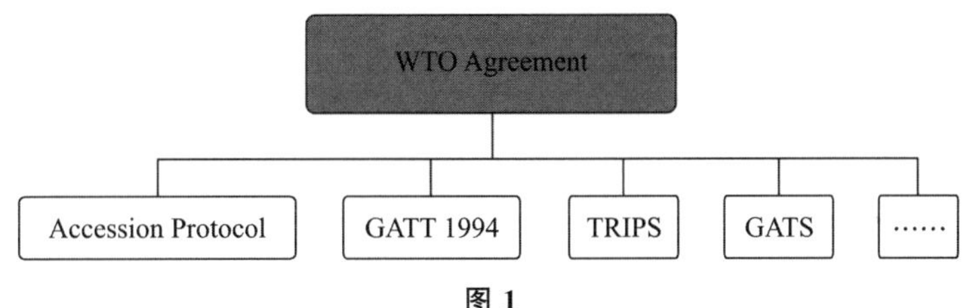

图 1

但是,对于这种认识,杨老师提出了质疑:如果中国没有在《入世议定书》中就某项义务援引 GATT 1994 中的规定,但中国依然需要遵守该义务,不因没有援引而得豁免;但是中国如果没有在入世议定书中就某项权利援引 GATT 1994 中的规定,中国则无法享受该权利。这是否构成了一个悖论呢?

我认为这一情形不能构成对平行结构的挑战。GATT 1994 对于各 WTO 成员方有着普遍的约束力,其规定之义务具有明确的要件和指向,如果某个成员国的某一行为落入该范畴,当然地应当遵守该义务,这与入世议定书是否规定无关。参照国内法可以类比为,应税行为发生时,当然落入税法的效力范畴,该义务的承担不以纳税义务人的意志而转移。但是,对于这里的权利,GATT 1994 已经限定了其范围,即"in this agreement",在没有将入世议定书解释进入"this agreement"的范畴时,自然因为不符合其要件而不能发生相应的法律效果。至于中国是否意在并且也成功地通过约定,使该其入世议定书的这一部分纳入"this agreement",又成为了行使另一个权利的问题,就与这里的"悖论"无关了。

值得注意的是，在“稀土案”的专家组报告中，有一位专家发表了其独立意见，提出WTO 协定具有“一揽子协定”(Single Undertakings)的特点，入世协定书并不是自足(self-contained)的协定，而是 WTO 法律体系的一个延伸部分。因此，如果整体地看待和解释入世议定书与 WTO 协定，不难发现《中国加入 WTO 议定书》第 11.3 条是 GATT 中有关出口税条款的进一步细化，因此应当认为即便没有明文援引 GATT，中国依然可以依据《中国加入 WTO 协定书》而引用 GATT 进行抗辩。这种观点，对于 WTO 协定的结构作出了新的解释，将所有协定视为一个整体进行判断，应当说更具有合理性。

(二)超 WTO 义务(WTO-plus)

在 GATT 中，并没有针对出口税的特别限制，然而中国却在其入世协定书第 11.3 条中承诺，“China shall eliminate all taxes and charges applied to exports unless specifically provided for in Annex 6 of this Protocol or applied in conformity with the provisions of Article VIII of the GATT 1994.”其实质是承诺了超出 WTO 协定的额外义务，故学理上将此类承诺又称为超 WTO 义务(WTO-plus)，或超 WTO 条款。①

这种超 WTO 义务使得能否适用 GATT 第 20 条进行例外抗辩带来了实质上的“两难选择”。一方面，如果允许其援引 GATT 进行抗辩，无异于架空了新加入成员国的额外承诺，使得入世议定书的价值大大减损，也就背离了专家组所说的“入场费”理论；另一方面，如果不允许其进行关于例外的抗辩，也损害着 WTO 规则体系的严密性——入世议定书成为了随意修改和变动既有规则的霸王条款，更损害着国际法的实质公平，使得当事国的权利和义务天平出现了失衡。

支持超 WTO 义务得以存在的观点主要立足于其“促进贸易自由化的作用”和“调整竞争格局的作用”，②但在我看来，这都忽略了国际贸易关于公平与平等的基本价值，是难以立足的。

(三)立法沉默的法律效果

在先前讨论的“出版物与音像制品案”中，上诉机构借助《中国加入 WTO 议定书》中第 5.1 条的“in a manner consistent with the WTO Agreement”，通过解释其“link”，使得中国得以运用 GATT 第 20 条进行抗辩，但这两个案件中，DSB 却没有运用这种方法，专家组和上诉机构都认为，这里存在所谓的“立法沉默”(the absence of an express reference to Article XX)。

结合涉案的第 11.3 条的上下文，11.1 与 11.2 均明确提到了“shall be in conformity with the GATT 1994”，而 11.3 却缺少这样的文本基础(textual basis)，而是特意规定了“unless specifically provided for in Annex 6 of this Protocol or applied in conformity with the provisions of Article VIII of the GATT 1994”，把例外的范围限制在了 Annex6 和 GATT 1994 第 8 条的狭窄地带。从这样的立法沉默中，专家组和上诉机构推定，谈判当时

---

① 彭德雷.“超 WTO 条款”法律适用研究：基于中国“稀土案”的考察[J].国际经贸探索，2015，31(01)：90.

② 周艳云，周忠学.“WTO 国家特定规则”的合法性危机及其化解路径——基于中国入世议定书中的超 WTO 和负 WTO 规则的思考[J].河南财经政法大学学报，2018，33(02)：164.

各国达成的合意和平衡是使中国承担更严格的义务，而限制了一般例外条款的适用。

这样的解释技巧引发了大家广泛的讨论，支持与反对 DSB 推理的观点针锋相对，可以简要归纳如下：反对的一方认为，首先，“立法沉默”本身不能说明问题，藉此直接进行推断是十分“机械”（mechanical）的解释方法，应当全面结合上下文和立法背景等材料，以符合 VCLT 第 31 条、第 32 条的方法予以周延的解释；其次，立法过程中，中国不可能面面俱到地援引所有 WTO 规则以说明中国没有放弃权利；支持的一方则认为，既然专家组认定了中国的超 WTO 义务，这里如果又通过“立法沉默”创设抗辩，实际上就赋予了中国逃避义务的通道；另外，中国是完全可以以 5.1 的写法来安排第 11.3 的，即用“WTO Agreement”来概括所有的协定，但中国没有这样做，反而是用了一个更具限定色彩的连词“unless”，说明中国的确意在承担更多义务。

就个人而言，我倾向于认为“立法沉默”是一个“伪命题”，即便其成立，在解释 11.3 的过程中亦不需要使用这一概念。在“立法”过程中，任何立法者、任何立法技术都不能面面俱到地涉及未来可能发生的各种情况，而需仰仗阐释者进行解释，这也正是“法律永远比立法者更聪明”的缘由。因此，所谓“沉默”，无非是立法者有意为之——可能由阐释者通过主观解释而阐明，或者依据客观解释而发展演进；或者立法者无意为之，则构成了所谓“法律漏洞”，需释法者通过漏洞填补的解释方法加以完善。无论哪一种情况，都不可能简单由所谓“立法沉默”而直接推导出结论。事实上，任何立法均是有其积极表达的一面与其沉默的一面的，如果完全依靠这一“技巧”，岂不是在入世议定书的每一句话中都能找到所谓“立法沉默”而径行推定了吗？在本案中，就存在哪些例外这一问题，《中国加入 WTO 议定书》第 11.3 条完全没有采用缄默的态度，而是积极地规定了“Annex 6”和“GATT VIII”两点，显然，只需借助 VCLT 规定之方法对此进行解释即可。由于 GATT 第 8 条无法链接到 GATT 第 20 条的抗辩，Annex 6 就成为了关键所在。

（四）原则与例外

Note to Annex 6 中对中国承诺的出口税水平作了最高水平（maximum level）、例外情况（exceptional circumstances）两方面的说明，能否从中解释出中国对稀土、原材料的出口限制呢？

首先，杨老师提出了关于语段中前后两部分关系的问题，大家也围绕 furthermore 一词的语义和作用进行了讨论。我认为在这里，如果从文义上分析，furthermore 的确只能表达一种使得“exceptional circumstances”从属于前半部分“maximum levels”的含义——柯林斯词典的 furthermore 词条英译最清晰地支持了这一观点，即“Furthermore is used to introduce a piece of information or opinion that adds to or supports the previous one.”从此可以看出，习惯上 furthermore 所扩展的含义是为前述内容做补充或强化的，很难将其解释向完全背离其之前文本内容的范围扩展。

但是，应当引起注意的是，这种解释方法的结论很可能是“荒谬或不合理的”（absurd or unreasonable），从而可以依据 VCLT 第 32 条使用补充解释资料而进行解释。首先，如果承认了其字面含义而将“exceptional circumstances”限定于一个“maximum level”之下，会使得无论发生任何情况都不能有例外的严苛结果，我想这不会是任何参与国际贸易的国家所期待和有意设计的，给中国强加这种义务很可能是荒谬的。

进而,杨老师给出一个作出合理解释的参考资料,即重要的法理——“凡原则比有例外”,从而认为这里应当允许“exceptional circumstances”对“maximum level”进行突破,借此给这个看似荒谬的立法文本一个较为恰当的归宿。

在此之余,我认为对于所谓“maximum level”这样的原则,不仅可以尝试从法律解释上寻找其例外,亦可以参考“出版物和音像制品案”中关于国家规制贸易的“主权”这一角度尝试解答。结合《WTO 协定》的序言中关于环境保护目的的论述,以及联合国《各国经济权利和义务宪章》第 2 条第 1 款之规定,①可以认为规制有关原材料和稀土的贸易,是中国的固有权利(inherent right)和环境主权范畴,中国政府当然有权采取适当措施对此加以保护。当然,这样的保护也可以不局限于出口税的方法,甚至可以通过更为直接的行政手段来实现,这也与课程最后老师所提出的观点相符合。

二、课程感想

这次材料阅读和课下学习中令我感触颇深的是“超 WTO 义务”部分的内容。我认为,两案件之缘起,正是超 WTO 义务给 WTO 法律体系带来冲击的后果。这种通过入世议定书增加或减损一国在《WTO 协定》项下义务的做法,给 WTO 的法律体系带来了诸多不确定性。在这里,仅仅是一个 GATT 第 20 条的一般例外抗辩,便能引发如此之多、如此之复杂的争议。

可以想见,这种特别规则的存在本身,也不具有牢固的正当性基础——在一国请求加入 WTO 的谈判桌上,国家力量博弈的激烈程度不啻为一场没有硝烟的战争,其局面难免有失平衡。像中国这样的发展中国家,很可能是由于利益妥协而被迫选择了所谓的“超 WTO 义务”。课上有同学用“不平等条约”来概括这种特别规则,我认为也不无道理。允许“超 WTO 义务”的存在,将政治博弈的后果长久地弥留在了 WTO 的规则体系中,这与 WTO 的价值追求也是不一致的。此外,就像同学已经提到的,这种差别对待本身也有歧视对待先加入国家和后加入国家之嫌疑。因此,我认为应当通过更妥当的解释,调整 WTO 协定中各国入世议定书的地位,至少使其所谓的特别约定从属于其他既有协定的效力,而不能超出其范围,从而减少争端,加强 WTO 规则的一致性和入世议定书的正当性基础。

当然,我相信这样的“建议”和“希冀”不是没有人提出过,而是复杂的政治力量较量阻挠着它们的实现——或许国际法的问题仅依靠法律的理性是不能给出完整的解释和解决进路的,更需要对国际社会以及国际政治敏锐的洞察力和创造性思维才能作出更有价值的回答吧。

① 该条款内容为:“每个国家对本国的全部财富、自然资源以及全部经济活动,都享有并且可以自由行使完整的、永久的主权,其中包括占有、使用及处置的权利。”

撰稿人 翟宇凡

倏忽之间，第十周和第十一周的课程结束了，我也是第六次写课程综述了。在高云曼同学幽默风趣的主持人初试、林子郁同学张弛有度的循循引导下，同学们围绕原材料案与稀土案，先展开了脑洞大开的“拓展问题”阶段，此后在杨国华老师的提示下，集中讨论了几个极富争议、颇具价值的问题：

1. 立法沉默的问题。立法沉默时，我们应当怎样解释“沉默”？其它 WTO 案例是怎样看待“沉默”的？

2. 入世议定书与超义务问题。入世议定书在 WTO 整体法律体系中的地位是什么？中国入世议定书 Annex 6 规定的税率是否绝对不能提高？

3. 先例的地位和效力：以原材料案与稀土案为例。需要 cogent reasons 才能推翻原先判决，是否体现了上诉机构对于先例尊重、谨慎的态度？

一、课程内容

（一）立法沉默

用通俗的话说，中国认为在 CAP11.3 中，没有写明不能援引 GATT 第 20 条作为抗辩，并不代表就不能援引，而美国则认为，没有写明，就意味着没有援引 GATT 第 20 条的权利。这就好像小孩子吵架一样：“没有说明就不能这样做吗？”“没有说明就不能这样做！”在稀土案的专家组报告中，专家组的论证并不能说服我。相反，反对专家组报告结论的一位专家组成员认为，“omission”是一个“case by case”的问题，应当具体地判断立法沉默究竟有什么含义。另外，如果不能援用 GATT 第 20 条抗辩，应当明确（explicitly）地写出来，而不是能引用才明确地写出来，我非常赞同这位专家组成员的观点。只要未明确约定，就等于禁止这样权利的法律解释，太过刻板。如果一律规定没有例外，那么成员国在签订国际条约时，恐怕要瞻前顾后、畏手畏脚了。

在“双重救济”一案中，上诉机构报告指出：“尽管立法沉默（omissions）确有其含义，但是，立法沉默在不同的语境下可能具有不同的含义，并且，就立法沉默自身而言，并非必然是决定性的。”据此，立法沉默含义推定标准涵盖以下几个要素：(1)立法沉默具有含义。立法沉默一定具有某一含义，它绝不是“出于意外或者出于疲惫不堪的谈判者或者心不在焉的起草者的疏忽大意”。(2)立法沉默在不同的语境下可能具有不同的含义。这就告诉我们，对于立法沉默的含义推定，语境主义或者整体主义的解释方法极为重要。(3)立法沉默本身对于含义推定不是决定性的。也就是说，并不排除对立法沉默推论得出的结论被采用其他解释方法所得出的结论所取代的可能性。

(二)关于 Annex6

Annex 6

China confirmed that the tariff levels in this Annex are maximum levels which will not be exceeded. China confirmed furthermore that it would not increase the presently applied rates, except under exceptional circumstances. If such circumstances occurred, China would consult with affected members prior to increasing applied tariffs with a view to finding a mutually acceptable solution.

杨国华老师认为,“约束关税必有例外”,即在例外情况下,最高关税水平是可以超越的。陈华屹同学则认为,第二句话里的 furthermore 表示一种递进关系,换句话说,第一句中的 maximum levels 是绝对不能超过的界限,第二句在第一句的基础上另行设定了一个新的义务。潘隽吉学长则另辟蹊径,通过查阅牛津字典得出,其实 furthermore 的意思与 in addition 比较接近,所以潘隽吉学长也同意陈华屹同学的观点。袁丁同学倾向于认为,如果 maximum level 也可以适用第二句的 exceptional circumstances,那么第一句话就被架空了。

杨国华老师提出了第二种思路:因 GATT 第 2 条是 GATT 第 20 条的例外,那么能否用于解释 CAP 的 annex 6 上?对此,徐朝雨学姐并不赞同,她认为 GATT 有例外的原因是因为其适用于所有的缔约国,但是入世协定书则不是。同时她也提出了一个新的问题,因为在原材料和稀土案中,并非所有的争议物都在 Annex 6 之中,那么对于减让表中没有的规定怎么考虑例外呢?此时,柳驰学长进一步提出问题:CAP 的例外指的究竟是什么?怎么去解释例外?有法律依据吗?对此,潘隽吉学长重新援引了 Annex 6 中的表述:If such circumstances occurred, China would consult with affected members prior to increasing applied tariffs with a view to finding a mutually acceptable solution.他认为从中理解,用例外的情况要协商。因此重点在协商,而不是在例外情况的解释。

袁丁同学不完全赞同上述观点,并提出了理由:假设第二句的例外可以适用于第一条的例外,那么对第一句的例外适用肯定要比第二句的例外适用更严格,这时候把例外放在第二句后面也不太合适;如果对比一下把一二句调换过来,except 位置不变,这样才能更合理地解释;同意杨老师所讲的没有例外很荒谬的结论。但是这时候如果立法解释不通的话,只能通过恶法非法来论证这种不合理,已经超过了解释学的内容。

杨老师表明,自己坚持的观点是“凡原则必有例外”,因此若 Annex 6 第一句没有例外就显得非常不合理。陈华屹同学表示,如果“凡原则必有例外”是一个真命题,那么其本身就是一个原则,也就必然有其例外。我认为陈华屹同学的观点让人眼前一亮,不禁感慨逻辑的魅力。

(三)超 WTO 义务

同学们关于超 WTO 义务的观点非常精彩,在此我想谈谈自己的看法。对于 CAP 中规定的带有歧视性色彩的中国征收出口税的限制条款,是一味固守“pacta Sunt Servanda”,承认这样的超 WTO 义务属于“entry fee”,还是坚持“凡是原则必有例外”,对“立法沉默”坚持

不同语境下的不同解释方法?

我们可以观察各方对超 WTO 义务的态度。专家组和上诉机构认为,这些条款是苛刻的,但是苛刻与否,不属于管辖范围。我能够理解,专家组和上诉机构的职能之一在于为争端解决机制提供法的稳定性和可预测性,所以坚持"条约必须遵守"无可厚非。

中国对入世议定书在 WTO agreements 中地位的态度也很值得思考。在入世之初,中国到底是法律意识淡薄,对"立法沉默"的另一方面的解释欠缺防范,还是为了加入 WTO 而忍一时之不公,交纳"entry fee?"但这已经不重要了,已经发生的事实,即使我们如何想要追溯,也无能为力了。

那么,超 WTO 义务的条款对中国来说,一定是无利的吗?在稀土案中,中国曾经提出,当入世议定书的条款 与 WTO 协定冲突的时候,前者优先适用,因为根据 VCLT 30(3)"later-in-time"原则,当"后入世议定书"与先前存在的条约冲突时,前者优先。如,GATT 1994 article11.1 允许征收出口税,但中国议定书却限制了中国这一权利,两者是冲突的,这相当于议定书优先适用。我们可以欣喜地看到,中国顺着这一"超 WTO 义务"的方向,提出了有利于自己的抗辩,

未尝不是一种 WTO 纷繁争端中自觉的成长。

二、课程感悟

课程进行到第十一周,我的内心产生了一个疑问:究竟应该抱着一个怎样的态度来审视 WTO 协定?

其实,在课程之初,我就知道,能够成为 WTO 争端解决机构的一员,必然要具备深厚的法律素养、敏锐的法律洞察力、无懈可击的逻辑思辨能力。在超国家的法律争端解决机构中,断最难的案子,协调各方,游刃有余,是一件极富挑战却又十分幸运的事,也是很多法律人的终极梦想,我也怀有这样的梦想。然而,身处超国家组织,就真的能做到超脱吗?我想恐怕不能。毕竟,大国与大国之间激烈的利益交锋、牵扯着无数人生活的冲突,就浓缩在纸面的法律文件上,在面对它们的时候,也许难免被内心的"正义"带跑吧。

尽管如此,专家组和上诉机构还是给我们留下了许多精彩的报告,无疑是中国入世以来可从中吸取经验教训的宝贵财富。

我们作为学习 WTO 案例的学生,与专家组、上诉机构的立场不同,是站在相信 WTO 协定是一种精妙的利益平衡的立场上,还是尽管明知其中有不平等的条款,也固守"pacta sunt servanda"?还是坚持民族主义的立场,在 WTO 框架下,为中国利益作最大限度的争取?这些疑问,我不能一一辨明,因为它们都存在于我的心中,我还没有形成确定的答案。但我要承认,中国入世的道路走得太艰辛、太不易了,有些事实已经不得更改,在现行体制下作灵活的防守,也未尝不是一条上策。对于我们来说,至少有一点是可以肯定的,就是在学习 WTO 案例的过程中,学习论证技巧与论证方法,随着学习的深入,甚至今后经历的丰富,我想每个人内心都会找到确定的答案。

 张铜戈

这两周围绕中美原材料案与稀土案展开讨论，也是首次引入同学作为主持人。杨国华教授成为坐在下面的"同学"，加入到我们的讨论中。形式上的创新是这两次课给我的最大感触。

在第一节课时由高云曼同学主持，她引导着同学们开拓思路。这节课上大家的思维也很发散。在第二节课时由林子郁同学主持，她在课前将同学们的问题收集总结为如下三个：

"1. 立法沉默的问题。立法沉默时，我们应当怎样解释"沉默"？其它 WTO 案例是怎样看待"沉默"的？

2. 入世议定书与超义务问题。入世议定书在 WTO 整体法律体系中的地位是什么？中国入世议定书 Annex 6 规定的税率是否绝对不能提高？

3. 先例的地位和效力：以原材料案与稀土案为例。需要 cogent reasons 才能推翻原先判决，是否体现了上诉机构对于先例尊重、谨慎的态度？"

因此在第二节课时大家主要对于上述三个问题进行讨论，其中前两个问题尤其吸引了大家的关注。本次综述我也将围绕这三个问题进行，由于第一个问题与第二个问题联系紧密，都主要涉及 Annex 6 与 GATT 第 20 条之间的关系，因此我将统一进行分析。因为第三个问题我比较感兴趣，在课前课后也进行了整理，因此综述中将集中对于第三个问题进行阐述。

一、课程内容

1. Annex 6 与 GATT 第 20 条的关系

Annex 6 是指 CAP 中中国减免关税的附录。讨论 Annex 6 与 GATT 第 20 条的关系是为了判断 Annex 6 是否能够援引 GATT 第 20 条中的例外。

那么，根据 Annex 6 的说明，中国是否可以提高关税？这里是否存在例外呢？大家的讨论可谓精彩纷呈。

首先是对于这段文字的文意解释。杨国华老师认为，这里从文意上，可以从 furthermore 将段落分为两个层次。第一个层次上，中国承诺 Annex 中的关税是最高限额，不会征收超过这些限额的关税。第二个层次上，不排除例外情况下，中国可以提高关税超过限额。"furthermore"恰似两个层次的分界线。对于这一观点，陈华屹同学、袁丁同学、潘隽吉学长都提出了相反的意见。大家的分歧在于对"furthermore"的理解上。这些同学认为 furthermore 是递进的关系，陈华屹同学与潘隽吉学长还查找了牛津字典中的释义"in addition, besides"，来论证自己的观点。此外，陈华屹同学提出，在 furthermore 一句中，两个分句之间为逗号，说明后面的例外都是建立在前面"it would not increase the presently applied rates"的基础上。袁丁同学则从相反角度分析，他认为，如果限额也能适用例外的话，那么这个限额就相当于被架空，没有存在的意义。

我比较认同这些同学们的观点，同学们的解释方法恰恰与 VCLT 中文意解释、目的解

释的方法契合。牛津字典中的英文语义与条文的目的设定(设定不是为了被架空")都可以佐证 exceptional circumstances 不能够适用于 maximum levels 中。

紧接着,杨国华老师又从另外一个角度论述 Annex 6 可以适用例外。他提出,任何原则都有例外。既然 GATT 第 2 条都可以适用 GATT 第 20 条中的例外,那么 Annex 6 中一定存在着例外。杨国华老师的意见再次引发了同学们的激烈讨论。首先是对于"任何原则都有例外"这一命题的质疑。陈华屹同学提出,如果"任何原则都有例外"这一命题正确的话,那么这个命题本身也存在着例外,这陷入了一个逻辑悖论之中。柳驰学长则反驳了这个观点,认为这恰如"理发师悖论",是无解的。

我承认,这一命题在逻辑上的确具有不严谨性,但是对于 Annex 6 是否具有例外这一实际问题进行纯理论的逻辑讨论是否与现实过于抽离?我们应该寻找现实上的例子来进行说明,否则将停滞在这一悖论中。徐朝雨学姐指出,GATT 与 CAP 存在着差异。GATT 适用于所有的成员国,成员国之间的情况存在着差异,因此会有着例外的规定以备特殊情况之需。但是,CAP 不具有普适性,它是一个国家的入世承诺书,面向的是一个特定国家而非众多不特定的国家,因此可能就不存在着例外。我比较认同学姐的这一看法,她着眼于不同 agreement 目的、特性的不同,因此注意到可能会存在例外的差异。这一推论相较于理论上的论证似更具有说服力。

那么这也涉及了另一个关键性的概念"WTO-plus",即超 WTO 义务。"WTO-plus"常见于新入世成员的入世协定书中,也被称为新成员所交的"入门费"。但是,这一概念又十分模糊,它与 agreement 中规定的成员国的权利与义务做何关系?廖林风同学指出,中国在入世协定书中就选择承担了许多"WTO-plus"义务,这也是中国自己的选择。而 WTO 对于超 WTO 义务的定位又不甚清晰,致使如何对待超 WTO 义务成为了棘手的问题。

既然"WTO-plus"是中国入世的选择,这给我们为 Annex 6 寻找例外带来了难度。条约必须遵守是国际法的准则,我们又应该用什么理由来突破它?杨国华老师还提出了一个思路,即因为 GATT 第 20 条可以作为 GATT 第 2 条的例外,那么如果违反 Annex 6 实质效果与违反 GATT 第 2 条相同,那么就可以利用 GATT 第 2 条将 Annex 6 与 GATT 第 20 条连接起来,适用 GATT 第 20 条的例外。我十分赞同这一思路,相比于从"恶法非法""诚实信用原则"等应然的方面寻找例外的依据,这些实然上的联系具有说服力。

当然对于 WTO-plus 的存在我还有着质疑,这些"入场费"相当于要求新入会的国家被迫自愿放弃权利,是否有违公平与正义?这些被迫减损的权利不也是原有国家对于新入会国家的歧视的变相体现?所以,作为承担 WTO-plus 的国家,如何寻求救济也是我们的一大难题。

2. 先例的适用

这一问题在课堂中鲜少提及,但是我认为在这两个案件中也具有着重要的意义,因此特地在综述中着重讨论。我将专家组在原材料案中对于先例的适用(1.1.1.1.1 部分)的论述思路进行了整理,思维导图如图 1、图 2、图 3:

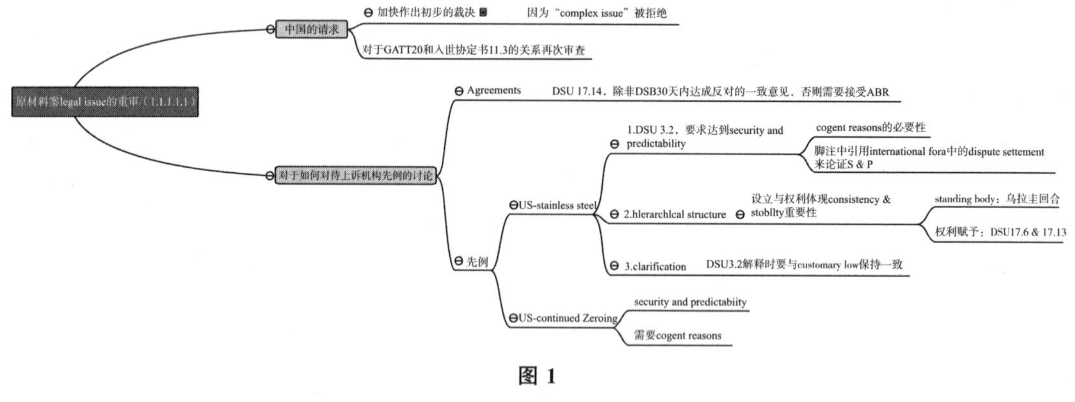

图 1

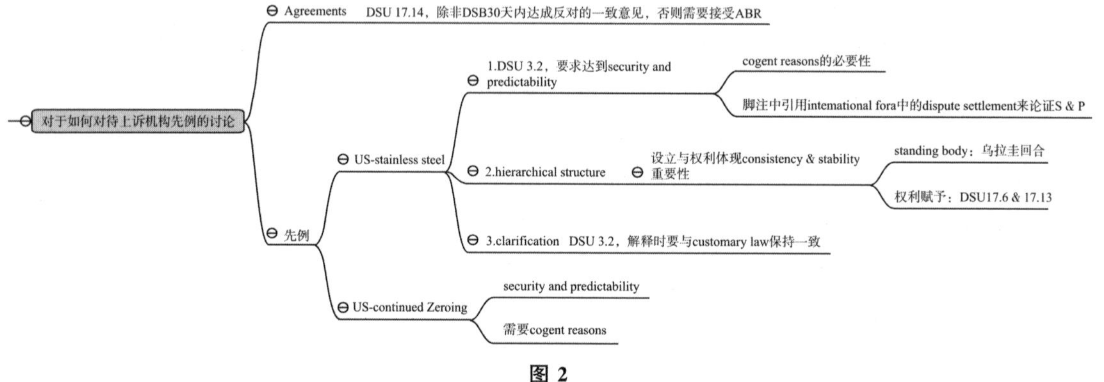

图 2

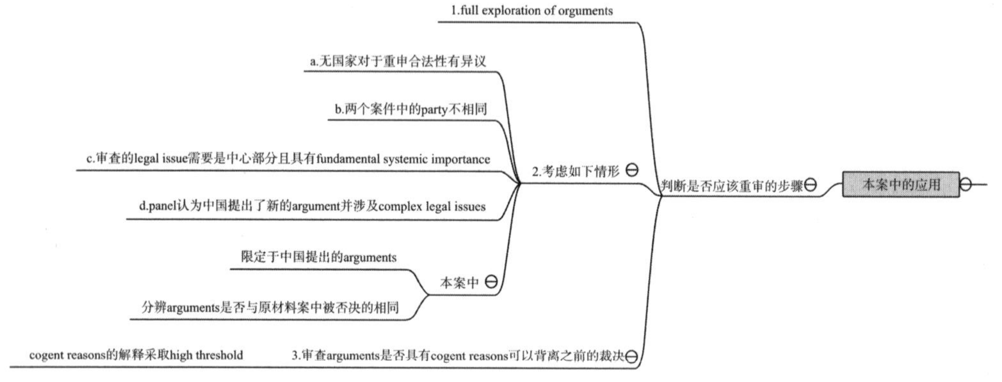

图 3　思维导图

根据上述导图，可以看出，专家组对于上诉机构针对同一 legal issue 的判决态度十分审慎。它首先因为涵盖了 complex issue 而驳回了中国加快审理的请求，并从 DSU 以及 US-stainless steel 以及 US-continued Zeroing 中寻求依据，再适用于本案。在充分审查所有中国提出的 arguments 之后，考虑了四个因素，审查是否具有 cogent reasons，才作出了裁决。以前我以为先例只起到参考的作用，但是这里让我认识到先例的重要性，在没有充足的理由下，专家组是不会贸然违反先例的。

在整个论述过程中，我发现专家组非常注重维护 security and predictability（DSU 中要

求)以及专家组和上诉机构功能设置上的差异。上诉机构要注重体现 consistency and stability。这也第一次引起了我对于二者设立目的差异的关注,原来在 DSB 中还会注重分权的限制。

不过对于专家组的论述过程,有一点十分有趣而 tricky。它引用了两个先例来作为在本案中如何对待先例的参考。这样的引用是否有循环论证之感?既然引用先例,那么说明先例已经成为参考的依据,而这不正是要解决的问题吗?虽然引用的先例是专家组的裁决,而本案中对待的先例是上诉机构的裁决,层级不同,但是这样的引用还是让人迷惑,说服力值得质疑。

对于姜林沣同学专家组是在针对提出的 arguments 做裁决还是 issue 的疑问,我认为应当是 arguments。当然,arguments 和 issue 是同步的,审查 arguments 实质上就是在审查 issue,但是这涉及专家组是否要对成员国未提出的 arguments 审查的问题。我认为答案是否定的。姜林沣同学认为本案中专家组只限于审查 arguments 有个案之嫌,但是 DSU9.1 中提及 Where more than one Member requests the establishment of a panel related to the same matter, a single panel may be established to examine these complaints taking into account the rights of all Members concerned. A single panel should be established to examine such complaints whenever feasible.这里的 panel 是用来审查"complaints"的,我认为也可以体现出不告不理的原则。

二、课程感想

这两次的课程由同学担任主持人,形式上的创新也带来了新的感受。两位主持人风格各异,但都十分尽职尽责,课前做好了充分的准备。在此感谢云曼和子郁的奉献与付出。另外,杨国华老师参与讨论也为我们带来了很多的惊喜。相比于做主持人时,杨国华老师发言次数与内容明显增加,为我们带来了很多角度各异而又富有深度的看法,让我们深受启迪。

同时,同学们的很多做法也都值得学习。在论述 CAP 与 WTO Arguments 的关系时,杨国华教授与同学们都使用了图表来说明,生动直观。柳驰学长带来的长达 25 万字的关于法律解释的论文也十分让人佩服。在听同学们的发言时,感受到大家的思辨性与逻辑性都非常强,十分有理有据(先例、WTO 网站上的文献),这都十分值得学习。

徐朝雨

一、课程内容

5月5日和5月11日的两次课程，讨论了原材料案和稀土案。与以往不同的是，杨老师由讨论的主持人变为了讨论的参加者，而两节课主持人则由法六的两位同学高云曼和林子郁分别担任。初读这两个案例，我感觉和上两周讨论的音像制品案有些相似，都是违背中国入世议定书的某个条款能否援用GATT第20条使其行为正当化的问题。随着阅读的深入，我发现专家组在原材料案，稀土案中运用了与音像制品案完全不同的解释思路，也得到了完全相反的结论。课堂上，大家的思绪不断碰撞，争点和思路在讨论中明晰。讨论中，我印象最深刻的是下面三个问题：(1)专家组对中国入世议定书第11.3条的解释是否合理，特别是关于附件6的解释；(2)专家组在稀土案中“沉默”的解释思路和方法；(3)中国入世议定书与WTO Agreement和GATT 1994的体制性关系。

(一)专家组对中国入世议定书第11.3条的解释是否合理

原材料案中，专家组认为音像制品案中上诉机构认为GATT第20条可以适用的原因是中国入世议定书第五条提到了“without prejudice to China's right to regulate trade in a manner consistent with the WTO Agreement”，就是没有排除WTO Agreement在其中的适用。而在原材料案中，专家组详细考察了入世议定书第11.3条的含义，通过与第11.1，11.2条的体制性对比，发现只有11.3条未提及WTO Agreement。专家组进一步探寻了入世议定书11.3条中提及的中国工作组报告第170条，认为中国工作组报告第170条仅提到了GATT第1条、第3.1、3.4条和第6.1条，并未提及GATT第20条，因而不能通过条文规定得出援用GATT第20条的结论。

上诉机构对此问题做了进一步分析，并着重分析了“specifically provided for in Annex 6”，即附件6能否直接援引GATT第20条的例外。专家组认为，大部分涉案原材料都没有被附件6所罗列，所以附件6在本案中是不可适用的。即便属于附件6中的产品，附件6也只援引了GATT 1994第8条，并未援引GATT 1994第20条，故仍然不能得出适用GATT第20条的结论。

关于附件6的解释是课堂讨论的重点之一。除了84种产品的表格，附件6还包括下面这么一句话。经过讨论，大家公认关税减让表中的税率是最高的征税水平，任何情况下均不能超越。中国可以在特殊情况时，通过协商提高部分产品的现有关税水平，但是不能超过表格规定的上限。

China confirmed that the tariff levels included in this Annex are maximum levels which will not be exceeded. China confirmed furthermore that it would not increase the presently applied rates, except under exceptional circumstances. If such circumstances occurred, China would consult with affected members prior to increasing applied tariffs

with a view to finding a mutually acceptable solution.

杨老师认为，有规则就应当有例外，有原则就应当有救济，附件 6 规定的税率上限无论如何不能突破违背了这一基本原则，就连专家组都曾表态："这种对条文的单独解释看起来很不公平，但是专家组无法找到允许违反入世议定书第 11.3 条的行为适用 GATT 第 20 条予以正当化的法律依据。"以陈华屹为代表的一批同学认为，中国入世议定书的内容属于"超 WTO 承诺"，即承诺接受高于 WTO 一般标准的义务，所以承诺的关税最高标准没有例外是可以被接受的。

就此问题，我认为不允许中国援引 GATT 第 20 条的一般例外确实有违公平原则，但是仅从条文文义解释的角度很难得出附件 6 可以援引 GATT 第 20 条的结论。我认为，可以尝试体系性解释的方法，将附件 6 与 GATT 第 2 条的体系性关系梳理清楚，如果违反附件 6 的行为必然违反 GATT 第 2 条，而违反 GATT 第 2 条的行为可以用 GATT 第 20 条来正当化，就可以得出结论：违反附件 6 的行为可以通过 GATT 第 20 条来正当化。

(二)专家组在稀土案中"沉默"的解释思路和方法

稀土案中，中国提到了"美国钢铁案"中专家组的思路，即如果 WTO 法律文本对该问题保持"沉默"，那么不排除适用该文本(解决问题)的可能性。在林子郁同学的引导下，大家开始考虑"立法沉默"在 WTO 案件中的意义。我们应当怎样去理解 11.3 条中的立法沉默？这里的沉默一定意味着放弃权利吗？从 WTO 案件历史来看，对如何理解立法沉默，专家组/上诉机构是存在分歧的。在原材料案中，上诉机构的态度是"沉默即拒绝"(见 293 段)。只要没有明文援引，就意味着放弃适用 GATT 第 20 条的权利。但是在"阿根廷鞋袜案"中，上诉机构认为"沉默即肯定"。只要没有明文表示放弃，就可以引用保障措施协议中的某个条款。当出现立法沉默的时候，我们应当用怎样的方法去解释它？如果我们用体系解释、目的解释、历史解释的眼光去理解 11.3 的立法沉默，有没有可能推翻上诉机构的结论？

王乾同学认为，379 案对应的"立法沉默"部分，是一种机械推理。孙艺芸同学进一步阐释认为，379 案对应的"双重救济"原则，与本案有类似，但是专家组解释"立法沉默"的方法存在问题。我仔细阅读了稀土案中专家组对"立法沉默"的回应，专家组将原材料案与美国钢铁案进行了对比，认为两案存在相似之处，包括条约的解释方法，文本内容，条文间的交叉引用技术，两案都缺少明确的交叉引用条款以及两案的分析都要求在权利义务间实现平衡。专家组最后得出结论，"立法沉默"不能作为排除原材料案中上诉机构结论的充分理由(cogent reasons)。

专家组的解释看似天衣无缝，却存在着根本的体制性问题。中国提出"立法沉默"作为理由的原因是证明法律没有规定(缺乏明确的交叉引用条款)时不排除被援引的可能性。而专家组解释时，一方面认为 WTO Agreement 对入世议定书第 11.3 条并未沉默，一方面又将其与美国钢铁案进行相似性分析，得出"立法沉默"不能作为排除原材料案中上诉机构结论的充分理由，这种论证逻辑本身存在自相矛盾。就美国钢铁案中对"双重救济"的"立法沉默"问题，我会在深入阅读该案的基础上进一步分析。

(三)中国入世议定书与 WTO Agreement 和 GATT 1994 的体制性关系

关于中国入世议定书与 WTO Agreement 和 GATT 1994 的体制性关系，大家公认中国入世议定书和 GATT 1994 都属于 WTO Agreement 的组成部分，不太清晰的是入世议定书和 GATT 1994 的体制性关系。在稀土案中，中国方面认为入世议定书与 GATT 1994 具有内在的体制性联系，但是被专家组否定。

因为时间所限，只有林子郁同学和林盟同学提到了自己对这个问题的理解。林子郁同学认为二者关系可能存在两种情形：其一，二者存在内在的体制性联系，WTO Agreement 下的所有协议都可以不经交叉引用条款而直接援用；其二，树状关系，即二者均属于 WTO Agreement 的组成部分，但必须通过交叉引用条款来援引。林盟同学则尝试从一般法和特别法的角度分析 GATT 1994 和中国入世议定书，认为不一致的情况下优先适用中国入世议定书的规则，而中国入世议定书未规定的情况适用 GATT 1994 的规则。

二、课程感想

这次 WTO 案例课程，是第一次由同学组织讨论的课程，两次讨论的主持者高云曼同学和林子郁同学准备地非常充分，我对她们表示由衷地敬佩和感谢。第一堂课时，大家的讨论思路比较分散，组织者高云曼及时总结大家的发言内容，并对大家讨论的问题进行分层，保证了整个讨论秩序有条不紊地进行。同坐在最后一排，我看到高云曼的材料是单面打印的，另一面上是密密麻麻的批注，就能感受到她为这次讨论付出的心血。第二堂课时，林子郁同学提前发给大家了讨论的题目和对应的法律条文，使得整个讨论秩序更加清晰。有一次我举手发言，回应的问题比较多思路比较凌乱，林子郁同学能够一针见血地概括出我的主要观点，这是令我非常佩服的。期待下一次讨论时主持同学更加精彩的表现啦～

除了主持者，这两节课的深入和激烈程度也是前所未有的。以关于附件 6 的解释的为例，在柳驰师兄的“逼问”下，陈华屹同学敢于提出反问，紧接着刘书杭、姜林沣、王乾、孙艺芸等同学相继提出观点进行回应。唇枪舌剑，绽放异彩，能够有逻辑地论证法律问题，正是法律人鏖战群雄的必要利器。有幸参与，有幸见证，与有荣焉。

6. 第十二至十三周

美国反倾销反补贴与反补贴反倾销案

引言

本节课的主要讨论内容为美国反倾销反补贴与反补贴反倾销案，具体案号为 DS379 和 DS449。两节课的讨论由法 6 的赵文轩和姜林洋主持，课堂氛围也经历了从“无话可说”到“渐入佳境”的过程。以下是同学们在课上讨论的重点以及同学们的观点汇总。

本次课程整理由赵文轩同学完成。

课程内容

一、补贴的计算方法

课上同学们提出了 ME 通过市场价与出口价的差额、NME 通过参考国来类比价格计算倾销幅度的公式,并就此推算是否双反会导致双重救济。

由于美国选取了替代国的市场价格,其不反映国内补贴的降价影响,因而根据公式,市场价格和出口价格的差值已经可以反映出补贴对于出口价格的影响,而选用第三国的价格,就会导致倾销幅度被抬高,部分补贴被“双重计算”。

ME 情况下——倾销幅度=市场价-出口价

两种情况:1. 出口补贴;2. 国内补贴

本案讨论的是 2 的情况,即销往国内、国际的商品价格一致的情况

若 ME,此时市场价=出口价

若 NME,由于市场价由替代国计算,相当于只对出口产品补贴,市场价格岁补贴而浮动因此计算反补贴时,市场价≠出口价

导致双重救济

从双重救济引申开来,就引出了美国法律调整和《东京回合补贴守则》的问题。在《东京补贴回合守则》中,其 15 条对 NME 双反问题有详细的讨论,其暗示“仅对 NME 的产品征收反倾销税就足以救济倾销和补贴造成的损害”的原则并没有在 SCM 中并没有被提及,如果运用“反面解释”的话,是否意味着 SCM 就此不讨论该问题?同样,专家组在一开始解释 GATT6.5 中,分析了其与 SCM19.3 和 19.4 规定了禁止进口补贴的双重救济,因此反面论证出 GATT 并不禁止国内补贴的双重救济。

因而,这就牵出了立法沉默和反面解释的问题。

二、反面解释

对反面解释的一种理解在于:反面解释的趣旨在于通过已然确定之事项,来推理出原本未知之逆否,亦即,只有“非 M 则非 N”才可以运用这样一种方法,而不是反面解释中再根据命题不同的假言判断的形式进行辨认。

因此该种理解认为,反面解释的位阶是不高的。这样一种“非 M 即非 N”的前提条件,实际上使得反面解释本身只是一种规范中的解读,而根本无法成为漏洞补充之方法。

因此,如果在此种情况下适用反面解释,那么一种声音认为,这样的解释方法应该在其他解释方法均不适用时方可适用,属于例外的情况,在使用时需要受到严格的限制。其正确的前提在于法律本身没有漏洞。

另一种理解在于:当某一观点没有得到明确禁止时,将其推定为正确的。它建立的基础在于法律规则只适用于它所明确规定的情形。这与“法无禁止皆可为”的观念相似,同时也

与上诉机构强调的 same situation 的适用范围对应。另外，这种法律规则只适用于明确规定情形的要求或许可以成为 DSU 中追求的可预测性的体现(参见 DSU3.2，“security and predictability”)。它不是逻辑上非正确即错误的对立，而是一种对于未规定情形的默许。从这个意义上，它与立法沉默这些“留白”相似。

在两种理解都可以使用的情况下，一个问题即为：为什么裁判者会采用这样的方式来说明问题。一种声音称，首先这是一种提高效率的手段。使用反对解释不需要思考成本，不需要对法条内涵做过多的解释，只需要简单做一下置换，就可以得出结论。其次反面解释可以作为一种探寻立法目的的方式：为什么立法者要这样写？为什么不把反过来的情况说清楚？是有意的留白吗？立法者的原意是什么？通过反对解释，裁判者试图探求立法者的意图。

因此，在上述情况下，对于一些问题则可以考虑适用并得出以下结论：

对于 GATT 的相关内容而言：反面解释的方式在于，A 是 B 的充分条件，则 A 可以推导至 B，但 B 无法推导回 A，除非 A 是 B 的充分且必要条件。这就客观解释了专家组机械反向解释的错误，即 GATT 第 6.5 条规定了出口补贴不适用双重救济，不能推导到其他情况下都不禁止适用双重救济。

对于东京回合协议的相关内容而言：东京回合协议第 15 条关于补贴的规定，通过封闭式列举的方法认定关于补贴的规则，只能适用本协议或者 GATT 第 6 条。美国在专家组和上诉机构两个环节均使用该款进行抗辩。专家组报告中，也将该条款作为支持最后的结论的一项依据。在上诉机构报告中，直接否定了该款的解释价值，认为该条款不能作为 VCLT 第 31 条的“context”，因为这是乌拉圭回合之前达成的协议，不具有适用效力，最多只能作为 VCLT 第 32 条中提及的“补充材料”。

法律解释不完全是逻辑推理的过程，上诉机构之所以不认同专家组的意见，是因为东京回合的文件不能作为 SCM 的体系解释材料，杨老师也提醒大家，上诉机构的观点是反面解释本身没有问题，但不能机械适用，要看具体情况

反面解释和其他概念的关系：

假设结果与反面解释的关系。假设结果的逻辑在于，在假设条件成立的情况下，一定会发生构成要件结果。反面解释的方式在于，A 是 B 的充分条件，则 A 可以推导至 B，但 B 无法推导回 A，除非 A 是 B 的充分且必要条件。

反面解释一定程度上也是对立法目的的解释和立法沉默的体现。

三、立法沉默和越权问题

在一位同学的解释中，其认为在本案中，判断专家组采用这样的方法的合理性，应当充分考虑立法沉默的背景，存在三种可能的解释：

(1)文字的局限性：由于法律条文不能面面俱到，有明示便有沉默，这样的沉默应该由司法机关在裁判时结合上下文等材料进行解释而使其得到符合文义、目的、体系的结果。

(2)法律漏洞：即立法机关在立法时因疏于考虑，而遗漏了某一问题，遂产生漏洞。法解释的重要意义就在于填补法律的漏洞。当然这一问题在 WTO 这种基于国际法主体的多边合意而产生的特殊规则应当更加审慎地进行解释。

(3)建设性模糊(constructive ambiguity):有学者认为这种模糊之处是不可解释的,它代表了谈判主体在达成一致的过程中因为复杂的角力、博弈而未能形成合意的部分,通过有意的模糊而避免整个成果的流产。

另一位同学表示,以往美国就原本的法律已经实施,此就意味着其做法是可以实施的。而以往美国的做法其实是认为反倾销法律已然足以保护其利益,仅在例外下进行补充。那么这里的例外,自然可以同"适当金额"之要旨结合。

本案中,按照美国的说法,解释没有 intend 的 concept,上诉机构是越权的。那么是否实际上存在越权呢?一些同学认为,如果试图去解决这个争端,对于文本中已然有的内容,作出相应的认定并无大碍。同时,在法律解释的实质效果层面,如果不考虑 appropriate amount 的内涵,"双重救济"问题难以真正得到解决,这与争端解决机制的职能不符,因此对 appropriate amount 的解释不应理解为越权。

如果专家组想要与上诉机构先前的判决作出不同的解释,应当具有令人信服的理由(cogent reasons)。在本案中专家组对 cogent reasons 的情形进行了列举,包括:(1)按照《马拉喀什建立世界贸易组织协定》第 9 条第 2 款,对涉案条款的多边解释与先前上诉机构的解释不符的;(2)能够证明先前的上诉机构解释在其争议焦点下设定的义务于特定的情形无法执行的;(3)能够证明先前的上诉机构解释与当时未提及的其他条约存在冲突的;(4)能够证明上诉机构的解释是基于错误的事实前提的。

因此在本案的适用过程中,首先,这样的"令人信服的理由"须是客观的、合理的,不以当事国主观意志为标准;其次,如果主张推翻之前的上诉机构解释,美国应当承担举证责任,并且出于法的安定性与可预测性的要求,这样的举证责任应当接受严格审查。

课程感想

杨老师在课堂讨论中提出了一个十分具有建设性的问题：WTO 专家组、上诉机构对于法规范的解释究竟是在探究立法的目的还是只是为自己的论证来追求合理的解释？这一个问题在整个课堂讨论中可以说是起承上启下的重要作用，既为上一个问题：立法沉默与反面推理的适用，提供了另一种解决的思路与思考的方向，也将本案的具体情况提升到法理学的高度，来讨论专家组和上诉机构推理论证的合理性合法性。

一些同学认为，在现实操作过程中，探究立法目的的过程可能会变为探求几个成员国甚至几个专家的目的，这显然与 WTO 的公平价值是相冲突的；上诉机构似乎是在强行解释立法者的意图，在 SCM 签订时，并没有序言，也没有明确地指出立法目的和意图，但是 DS379 中，上诉机构却人为"创造"序言。在这样的情况下，最好的解决方式似乎是提高 WTO 司法机构的能动性。

也有同学认为，从法律的具体条款中、立法的外部辅助资料中推导出立法目的赋予了法官极大的裁量权，有一定的局限性。一方面会出现课堂讨论的"为了目的而目的解释"的逻辑怪圈；另一方面，目的解释可能无法适应社会的发展。立法目的本身带有极强的主观色彩，其对目的解释的制约作用是十分有限的。因此，最好的解决方式反而是对主观性色彩浓厚的目的解释加以限制。一方面，从制度层面加以变革，在赋予专家组和上诉机构能动性的同时，扩大当事人的救济途径；另一方面综合运用其他解释方法来限制目的解释。

从一个更广泛的角度而言，可能涉及的问题更像是司法应当更为克制还是更为激进。从激进的角度讲，能动主义可将自然法的思想作为支撑点。WTO 条约是广阔国际法的有机组成部分，国际法原则与习惯应超越于 WTO 条约之上。有同学认为，从法律现实主义的角度讲，立法局限性要求应对复杂多变的社会环境。其次，法官职业群体的中立性、超然地位和审慎反思性，是司法能动主义正当性之所在。最后，立法权并非为立法部门所独享，将一定限度的立法权授予行政、司法部门也是现代民主制度的常见特征。

然而从克制的角度讲，司法能动主义的观点未免有些激进。运用国际法原则与习惯进行解释未必符合 DSU 3.2 条，即有增添或减损成员的权利义务的风险。WTO 运用 DSU 3.2 这一条文，确立了一套效力位阶。司法机构在裁判 WTO 案件时，确实可以运用 VCLT 等辅助性国际法文件。但是当 WTO 法律规范与国际法基本原理相矛盾时，应当优先适用 WTO 法律规范。毕竟，争端解决机制的目标是保障贸易体系的稳定性与可预测性。无论司法机构如何阐释，也不应当违反缔约方谈判时的意旨。同时，法官并非国家利益的代表者，何以行使立法职权？根据代议制与权力分立理论，只有被选举出来的人民代表才有创制法律的权力。WTO 法官并非被特定国家所委任，也不是选举出来的"人民代表"，因此并无司法造法的权力。然因其涉及的问题更具有各个法系下的普遍性特征，故在此不再较多论述，而只留下观点供接下来讨论的参考。

综述汇编

高　珂

一、课程内容

DS379 案中共有两处涉及反面推理(A Contrario Reasoning):(1)GATT 1994 A6.5 中仅明确禁止了出口补贴情况下的双重救济,而未对国内补贴情形作出禁止性规定,是否可以根据反面推理认为在国内补贴情形下的双重补贴是被允许的?(2)《东京回合补贴守则》第15 条明文禁止双重救济,但是这一禁止性规定并未被纳入 SCM,是否能够证明 WTO 成员含有允许双重救济的意图?

1. WTO 裁决报告

(1)GATT 1994 A6.5 的立法沉默

根据 GATT 1994 A6.5 的规定,在“same situation of dumping or export subsidization”的情形下,不可以同时适用反补贴税和反倾销税。针对这一规定,专家组报告在 14.117 段支出,“situation of dumping or export subsidization”这一表述将该条的适用范围限定于出口补贴情形,对国内补贴不存在适用的余地。这一解释也得到了有效解释原则(“the principle of effect utile”)的印证,因为这一解释有效地解读了“export”一词的含义。加拿大和巴西作为第三国也支持了专家组的这一观点。上诉机构报告则在 567 段指出专家组的这一解释是“机械的反面推理”(“mechanistic a contrario reasoning”)。上诉机构指出,由于沉默在不同的上下文中可能含有不同的含义,沉默本身不是决定性的证据(“omissions in different contexts may have different meanings, and omission, in and of itself, is not necessarily dispositive”),A6.5 仅禁止了出口补贴情况下的双重救济并不代表允许国内补贴情况下的双重救济。随后上诉机构从 SCM19.3 的角度出发,对“appropriate amount”进行解释并得出了反补贴税数额的适当性必须考虑对相同产品、抵销相同补贴的反倾销税,将国内补贴的情形也纳入了禁止双重补贴的范围内。

(2)SCM 相对于东京回合补贴守则的立法沉默

根据东京回合补贴守则第 15 条,无论是否导致双重救济,同时适用反补贴税和反倾销税的行为都是被禁止的。WTO 成员方在缔结 SCM 时显然未将这一条款纳入该协议内。上诉机构报告 581 段指出,东京回合补贴守则这样一份前协议的存在并不能说明后协议SCM 的缔约方含有允许双重补贴的意图。此外,前协议明文禁止的是同时适用反补贴税和反倾销税的情形,而专家组和美国试图将一个不同的、更为狭窄的义务(即双重救济:针对相同产品、抵销相同补贴的情形)。

2. 巴西飞机补贴案的裁决

在 DS46“巴西飞机补贴案”中,被告方巴西认为对“出口补贴例示清单”第 k 条采取反面

推理构成对 SCM A3.1 禁止性规定的例外,即在与该清单第 k 条规定的出口补贴为同一项下的补贴、但是落在该条描述之外的出口补贴是不被 SCM 禁止的。针对这一抗辩,加拿大在第一份书面陈述中对 A Contrario Reasoning 的适用进行了讨论。书面陈述首先指出,A Contrario Reasoning 的基本逻辑在于,从文本中已知部分内容,起草者有意将未明确提及的相似事物排除在外,来源于"expressio unius est exclusio alterius",即提及某事就是排除另一件事。这一方法适用于起草者有意排除未提及内容的情形,适用这一方法需要仔细斟酌。书面报告在此引用了国际法委员会关于条约解释的建议,适用这一方法需要考虑以下内容:单词和句子的特殊排列("the particular arrangement of the words and sentences")、单词和句子的相互关系和与文件其他部分的关系("their relation to each other and to other parts of the document")、文件的一般性质和主题事项("the general nature and subject-matter of the document")、起草情形("the circumstances in which it was drawn up")等。根据以上考虑得出可能可以适用的结论后,这一方法也不能自动适用,而是必须由解释人结合具体案情判断是否合适和公正。在 *The Law of Treaties* 一书中,Lord McNair 指出:立法沉默情况的出现经常是立法者疏忽或意外的结果,如果采取这一方法将导致不一致或不公平的结果,那么就不能适用。至此,加拿大放认为 a contrario interpretatio 取决于被解释条款的上下文。由于清单仅仅列举了出口补贴的部分情形,它并未对已提及的情形作出特别规定;SCM A3.1(a)的禁止性规定适用于出口补贴的全部情形,因此未提及的出口补贴其他情形也被包含在禁止性规定的范围内,A Contrario Reasoning 不能成立。专家组和上诉机构均支持了加拿大的主张。

回归本案,笔者认为 DS46 的案情不具有参考意义。DS46 讨论的是 SCM 附件条款与 SCM 条款的关系,即 SCM 附件条款作为不完全列举,不能反面推理为未被附件条款提及的相似情形被排除在 SCM 的适用范围外。而本案讨论的是(1)GATT A6.5 的立法沉默,不存在一个类似于 DS46 中 SCM 的一般规定。(2)SCM 相对于前协议《东京回合补贴与反补贴守则》的立法沉默,后者仅对签字方有效,也不如 SCM 具有普遍的效力。但是加拿大书面陈述中关于 A Contrario Reasoning 的相关论述却值得参考。在探寻是否能够适用这一方法时,必须首先结合国际法委员会所列举的应纳入考虑的各项因素(也即《维也纳条约法公约》第三十一条规定的各种解释方法);在考虑了上述因素后,如果认为存在适用空间,必须结合具体案情根据一致、公平、合适的原则审慎考虑。

3. 如何判断本案两处 A Contrario Reasoning?

(1)GATT 1994 A6.5 的立法沉默

根据 GATT 1994 A6.5 规定:

No product of the territory of any contracting party imported into the territory of any other contracting party shall be subject to both anti-dumping and countervailing duties to compensate for the same situation of dumping or export subsidization.

根据国际法委员会的建议,适用这一方法应该考虑单词和句子的特殊排列、单词与句子的相互关系和与文件其他部分的关系、文件的一般性质和主题事项等因素,此外还要考虑公平、一致、合适等原则。笔者赞同上诉机构的论证方法,由于 A6.5 仅禁止了出口补贴情况下的双重救济,国内补贴情况下的双重救济应理解为"没有规定"而非"被允许"。根据 A6.5

的单词句子的排列,“No product of ...shall be subject to ...duties to compensate for the same situation of ...or expert subsidization”,这一排列针对“product of”这一部分作出了完全否定,针对倾销和出口补贴补偿同一损害的情况,规定任何产品在这一情况下都不能同时适用反倾销税和反补贴税。根据这一解释,A6.5 并未对国内补贴和倾销补偿同一损害的情况作出任何隐含的规定,而是由于某种原因完全“留白”。此外,由于在非市场经济条件下确实会产生倾销和国内补贴补偿同一损害的情况,如果禁止出口补贴下的双重救济却反而允许相似的国内补贴情形下的双重救济,确实有损于公平、一致、合适原则。因此,GATT 1994 A6.5 的规定无论从正面还是反面都不适用于国内补贴。上诉机构转而从 SCM A19.3 寻求对是否禁止国内补贴情形下的双重救济的结论是适当的。

(2)SCM 相对于东京回合补贴守则的立法沉默

另一处关于 SCM 和东京回合补贴守则的立法沉默也不应适用 A Contrario Reasoning。由于双重禁止的相关规定未出现在 SCM 中,因此我们只能从国际法委员会建议中的“起草情形”进行分析,即 SCM 缔约方在明知东京回合补贴守则对同时适用反补贴税和反倾销税的情形作出了严格禁止的情况下,其对于双重救济的沉默是否含有允许这一行为的含义。笔者未能搜索到关于 SCM 立法背景等相关文件,专家组和上诉机构报告也未就此展开论述。但是,由于 A Contrario Reasoning 这一方法容易导致法律解释 de1 简单化、粗暴化,只有在证明了立法者有意排除禁止双重救济的规则时才能采取反面解释(而在已经证明立法者意图的情况下再适用反面解释似乎稍显多余)。在无法证明立法者意图的情况下,还是应该将立法者的沉默看做无意的留白,作为法律漏洞等待后法(或裁判机关?)的弥补。

二、课程感受

没想到这次课程带给我的第一个挑战竟然是反补贴税、反倾销税和双重救济等概念的理解。从翻开专家组报告的第一页开始,我就在不停地整理公式,希望弄清楚本案中的双重救济是如何产生的,但是国内补贴、出口补贴、平常价格、替代价格等多个层次的概念让我仿佛重新体验到了被数学支配的恐惧。感谢同学们在第一节课就一起梳理了这些关系,让我没有在迷茫中虚度这两节课。

姜林沣

一、主持感想

课堂主持人是一个十分幸福、能够收获满满的角色。为了理清楚裁判要旨与框架,主持人需要反复阅读重点段落,并参阅所列辅助材料;为了总结讨论问题,主持人需要深入思考 issue 以及 issue 背后内涵的问题,并广泛检索以引导自己形成一个基本的思路;为了课堂的流畅性与积极性,主持人需要时刻集中注意力,用心倾听每一位同学的发言,协助小结、引导澄清等等,在用心聆听的同时,也学习到老师、同学思考问题的不同角度、方法,挖掘问题的深度等等。在阅读案例判决的时候,需要动笔批注,最终形成一个整理的框架,最好能够脱稿复述出来;每一个 issue 都是值得讨论的法律问题,但在具体问题之外,又存在着法律体制、WTO 价值、如何解释规范等广泛的原则层面的问题。

二、课程综述

(一)有关反面解释

DS379 中有两处提到反面解释的问题:(1)GATT 第 6.5 条中仅明文禁止了对出口补贴的双重救济,而没有规定国内补贴的情形,反面解释则认为“无规定等于否定”,即 GATT 第 6.5 条并未禁止有关国内补贴的双重救济;(2)有禁止双重救济的《东京协议》的相关内容,并没有被纳入 SCM,证明 SCM 不禁止双重救济。

对于这个解释技巧,我认为它和“立法沉默”有关联性。有人认为其类似于没有规定的情况不适用本法规定的法律效果,但这样机械地适用技巧明显是错误的。比如原材料案与稀土案的 19.3 的沉默,就需要和 19.1、19.2 等法律规范、立法背景等一起来理解。在“立法沉默”发生的时候,我们要尝试不同的解释路径,以探求一个合理的结果。就解释依据而言,有上下文解释、辅助材料解释等等;就方法不同而言,有文义解释、目的解释、体系解释等等。

从留白的原因入手或许也是一种解释的手段,为此学长提出了几个可能:不应列出、无需列出、constructive ambiguity 等。

实际上,“立法沉默”在很大程度上造成了 WTO 之中的疑难案件。例如本案中对非市场经济国家“双反”规定的缺失,又如《反倾销协定》没有规定成员方应采用何种方法确定倾销的幅度,对于是否允许行政复审中的简单归零做法,条约未作明确规定。

【在实践中,美国以每笔交易为单位确定倾销的幅度,即如果一笔交易未发生倾销,则将倾销幅度“归零”,如果发生倾销,则记录其倾销数额,最后将这些数额加总得出该产品总的倾销幅度。“归零”的做法忽略了交易中可能存在倾销幅度“正负抵销”的情形,因而导致涉案产品总的倾销幅度畸高,由此引发不公平贸易行为。】

有学者认为,应该对沉默处应用“有效解释”的原则,但我认为目前采用这种方法还是太过激进,有扩大条约意义的风险。最基本的实践中,要坚持依据上下文、辅助材料进行解释,

追求一个合理的结果;在立法上,随着时代背景的转变需要修改规范,使立法目的在流动状态下与保护善意法意相统合。(这里想指的是立法目的不应该僵硬的解释,可以从追求某种价值的角度来理解立法的目的)

(二)法律解释:立法意图 or 合理解释

在解释法律规范的时候,专家组、上诉机构常常将立法者的"intent"作为重要的考量标准。杨老师提出的疑问是:立法者意图难以获知;与意图相比,是否"合理"的解释更加重要。首先可以比较获取立法意图的难度与找到一个 reasonable understanding 的难度,二者之中,立法意图会有客观性的体现,可以依据立法背景、会议记录等等进行判断,而 reasonable 相比而言更加主观判断。在普通法域中,"reasonable test"常常被用作解释条款,化解 ambiguity 的方法,但是长时间的判例和法规范的完善为法官在"reasonable"的判断上有了更下一级的判断指引。但在 wto 框架下却没有清晰地对重点、高频原则进行补充说明的,对实践的统一性有负面的影响。

其次,我认为立法意图的价值应该与合理解释的价值有相契合的地方,但最核心的还是追求合理的结果。

个人比较支持在松散的"联盟"中践行司法能动主义。例如美国历史上州与联邦的立法、司法历史,赋予司法机关较大的裁判权,有利于整个国家的统合。其背后的内涵时,平等且松散的下级机构之上,有一个权力型的中央机构,对下级的争议作出裁判。上级的权力来源于下级的协议,亦约束下级的实践。站在维护 WTO 权威,理顺国家贸易实践的角度,从"合理解释"切入我认为是十分合理的。

可能出现的反对意见是未能反映集体的意见。由协议为基础建立起来的组织,在决策的合理性、合法性上都应当要求反映缔约方的意志。而裁判方拥有越大的权力,就越容易对这个基本的法律价值进行破坏。我认为可以从两个角度回应这个问题:第一,缔约方承认专家组成员、上诉机构成员的身份,实际上就是一种授权,代替缔约国集中表达集体的意见;第二,考虑到文化、身份背景的差异,裁判人员尽可能的多元化,特别是上诉机构的 7 名大法官。

(三)其他收获

在同学、老师的不断追问和澄清之中,我还收获了其他的一些知识点:

1. 在探求立法目的的时候,可以参考文件的 preamble,但 preamble 并不是唯一来源。

2. 在探讨规范针对对象的时候,可以从立法背景入手。比如,乌拉圭回合产生的 GATT 是以市场经济背景为前提的,因此只禁止了出口的双重补贴。因此不能直接判断非市场经济国家常见的"国内补贴"不在禁止"双重救济"的范围内。即未规定不等于否定。

3. 两条约关系界定的依据或区分的依据可能有:多变/双边;关系密切与否;订立时间等。

撰稿人 廖林风

本次专题涉及两个中国诉美国的反补贴、反倾销措施并胜诉的案例。案例的焦点仍然是法律解释问题，与上一个专题讨论的中国入世议定书的法律问题有一定关联。

一、背景

（一）NME 计算方法

在针对非市场经济国家的反倾销幅度计算中，最大的问题在于基准价格（normal value）是以第三国的市场价格为基准的，而不是本国的价格，因此是固定不变的。我国的出口价格实际反映了国内补贴＋出口补贴，所以计算倾销幅度时会产生会重复计算国内补贴，产生双重救济问题。

正是因为这种计算方法的特殊性，美国败诉后立法专门针对 NME 的计算部分进行了修改。实际上，美国对市场经济国家的反倾销措施已经采取了必要的避免双重救济的做法，而 NME 则是近年才浮现。自 2007 年起，美国改变了其长期不对中国发起反补贴调查的实践，频繁地对来自中国的产品发起反倾销和反补贴的所谓“双反”调查，迫使中国不得不捍卫自己的权利。①

（二）双重救济

本案涉及的 WTO 规则有《补贴与反补贴协定》第 10 条、第 19.3 条、第 19.4 条和第 32.1 条以及 GATT 第 6.3 条。其中，19.3 是主要的法律解释的对象：

When a countervailing duty is imposed in respect of any product, such countervailing duty shall be levied, in the appropriate amounts in each case, on a nondiscriminatory basis on imports of such product from all sources found to be subsidized and causing injury, except as to imports from those sources which have renounced any subsidies in question or from which undertakings under the terms of this Agreement have been accepted. Any exporter whose exports are subject to a definitive countervailing duty but who was not actually investigated for reasons other than a refusal to cooperate, shall be entitled to an expedited review in order that the investigating authorities promptly establish an individual countervailing duty rate for that exporter.

专家组认为，由于 GATT 第 6.5 条的禁止明确限定在“出口补贴”潜在的双重救济范围内，WTO 成员并没有想在国内补贴问题上禁止双重救济，SCM 第 19.3 条和第 19.4 条在条文上对此问题没有规定。上诉机构则认为，反补贴税的目的是对造成损害的补贴行为予以

① 龚柏华.中美“双反措施”WTO 争端案上诉机构有关双重救济裁决述评[J].国际商务研究，2011，32(03):45-51.

抵消(救济),如果对同一补贴行为征收的反补贴税和反倾销税金额总和超过了补贴金额,则就并非"适当"。在确定反补贴税金额时,对已经抵消(救济)了该补贴行为的反倾销税情况予以考虑的做法才是适当的。

所以,专家组和上诉机构的主要分歧在于,WTO 条约中缺失对反倾销时国内补贴问题的规定,究竟应该作何解释。

二、焦点问题

(一)立法沉默

近几个专题都涉及立法沉默问题,例如原材料和稀土案中中国入世议定书对 GATT 第 20 条援用的沉默。归纳而言,立法沉默可能有几种不同的涵义:①无需写明,即通过上下文课推出的意思;②不应写,即明确放弃;③疏忽大意,未考虑周全;④未达成一致,故意留白。最后一种也称作 Constructive ambiguity,谈判中处于政治或其他原因而故意留白,留待后续解决。这种 ambiguity 有利于推动谈判,更好地达成一致。林子郁同学认为,要判断本案是不是 deliberate (constructive) ambiguity,可以参考立法历史。美国在 2006 年前从未对 NME 实行过双反。乌拉圭回合谈判时各国也许认为"禁止对 NME 实行双反"是理所当然的,是大家的共识,所以无需规定。且从经济学来看,补贴、倾销都是在市场经济的语境下讨论的,NME 的议题可能没有引起大家的重视。林盟同学则认为可能是缔约国没有达成一致。故意留白,留待后续协商。上诉机构的意见与林子郁同学更为相似,在解释过程中,《东京回合补贴与反补贴守则》是一个重要的历史文件,也是专家组与上诉机构的分歧所在。

上诉机构认为,《补贴与反补贴守则》不足以为 SCM 19.3 提供上下文。东京回合和 WTO 的正式缔约相隔二十余年,且当时只有部分缔约国达成一致,显然不能代表 WTO 全体成员的意思。DS344 等案件中,上诉机构同样否认了东京回合守则的解释作用。

总之,立法沉默在不同的语境下可能具有不同的含义。这就告诉我们,对于立法沉默的含义推定,语境主义或者整体主义的解释方法极为重要,而上下文的范围和语境材料的选用可能对解释的结论具有至关重要的意义。立法沉默本身对于含义推定不是决定性的。也就是说,并不排除对立法沉默推论得出的结论被采用其他解释方法所得出的结论所取代的可能性。①

(二)反面解释

专家组在解释《补贴与反补贴守则》与 SCM 的关系时运用了反面解释的方法。因为东京回合明确禁止了双重救济,而最终的 WTO 协定却没有此类规定,专家组由此认为缔约国并没有限制双重救济的意图。这遭到上诉机构的质疑,大多数同学也不同意这种观点。孙艺芸同学提出,反面推理有时候会得出错误的结论。当 A 是充分不必要条件时,反面推理就会出现问题。袁崇林学长补充道,张明楷老师的《刑法学》里的反对解释有两种可以适用

① 苟大凯.WTO 争端解决机构对"立法沉默"之含义推定——评中国原材料出口限制措施案专家组基于上下文对《中国入世议定书》第 11.3 段之解释[J].国际贸易,2011(10):64-67.

的情况，一是法条所确定的条件为法律效果的全部条件(充分必要条件)；二是法条所确定的条件为法律效果的必要条件。

但笔者认为，法律解释不完全是逻辑推理的过程，上诉机构之所以不认同专家组的意见，是因为东京回合的文件不能作为 SCM 的体系解释材料，杨老师也提醒大家，上诉机构的观点是反面解释本身没有问题，但不能机械适用，要看具体情况(same situation，567)。

(三)司法能动主义

美国攻击上诉机构在本案中的结论是"overreaching"，因为 WTO 中没有任何规定说制裁反倾销时要考虑反补贴，而上诉机构得出了超越文本的结论。王乾同学也觉得上诉机构在为了目的解释而解释。孙艺芸也同意上诉机构有越权的嫌疑，司法解释的原则之一是不能解释出文字以外的意思。

WTO 具有立法机构的职权——部长级会议(Ministerial Conference)与总理事会(Ministerial Conference)在必要时可行使解释条约、填补漏洞、修订法律的职权。通过一项法律解释的决定应由成员的四分之三多数作出。也就是说，WTO 体系中存在两种法律解释，部长级会议与总理事会的解释类似于"立法解释"，DSB 是"司法解释"。立法和司法之间互动机制的不同假设，司法究竟应该积极还是谦抑，也有诸多争议。

柳驰学长认为，司法能动主义是不尊重立法的。普通法系是司法体制赋予了法官这样的权力来发展法律，但这在大陆法系是不成立的。大多数国家并不关心 SCM 第 19.3 条，有意图反对双重救济的只是一小部分国家，而法律又是一小撮专家制定的，这样的司法难免有少数意见绝对化的嫌疑。林盟同学则认为，从 WTO 的设立来看，是希望发挥司法能动性的。采取反向协商一致原则，足以看出 WTO 是追求效率。而部长级会议很少召开，即使召开也无力解决烦琐的法律解释问题。另一方面，WTO 的修约太过困难，所以司法能动性具有关键作用。袁崇林学长也认为司法能动有积极作用——美国马歇尔时代司法积极的行动，削弱了联邦的自主立法权，促进了美国的统一。

杨老师举例，如何解决本次经贸摩擦中国究竟能否采取报复措施的问题？有三种可能的途径：①立法规定，但呈现空白；②立法解释，也缺失；③司法解释成为了唯一途径。司法当然可以回避，但是这样并不利于 WTO 体制的运行和成员之间争端的解决。

总之，在规范性意义上，司法能动争议还会继续，但实践中，司法能动主义已经成为毫无疑问的主流。"法律是活的"，即意味着法律解释赋予固定的文字以灵活性，也意味着司法者作为鲜活的个体，将自己对社情的体察和法律的信仰融入裁判当中。

三、课程感想

进入倒数第二个专题，课程学习渐渐褪去了新鲜感，而要求更有深度的思考和对法学其他领域的广泛联想。立法沉默、法律解释方法、司法能动主义等话题都是被反复讨论的，温故而知新，新的案例也总是带来不同的感悟。

这其中最令我深思的是杨老师提到的，法律解释究竟是对立法者意图的探究，还是司法者创造的合理解释？其实，我们早在大一时就与这个问题打过照面。在法学绪论课上，屠凯老师说大陆法系的法律解释是"为法律推理提供可接受的理由"。目的解释虽然是探究某一

规则的立法目的，但并非是遵从立法者的原意，而是以实效性和解决法律体系内部问题为导向。那么法律解释是司法者意志的结果吗？法律解释是随意的吗？在规范意义上，答案是否定的。法律解释是遵循方法的，司法判决也是要接受同行和时间的检验的。

法律与实践往往不能严丝合缝，但法律体系总是保持相对的稳定和精妙的完整，离不开法律解释和司法的作用。在承认这点的基础上，未来可能成为司法者的我们，下一步更应该思考的问题是能动背后的克制，即司法的界限和原则在何处。

撰稿人 林子郁

一、课程内容综述

在 DS379"美国反倾销和反补贴案"中，司法能动主义是我们课堂讨论的焦点。WTO 协定并未明确允许或禁止对非市场经济国家同时征收反补贴与反倾销税，因此遗留了司法漏洞。面对立法沉默，上诉机构采取了能动主义的立场。因同一补贴而获得双重救济，从常识来判断就是极不合理的情形。故上诉机构在协定条款没有明示的情况下，对双重救济的情形予以禁止。美国事后发表声明，认为这是上诉机构明显的越权行为。①

近年来，随着 WTO 上诉机构司法能动主义的蓬勃发展，WTO 权力重心也正向上诉机构转移。因此上诉机构成员的任命成为了炙手可热的话题，甚至是一块"烫手山芋"。正如课堂讨论中同学们所言，司法能动主义的趋势反而促使某些大国、强国去推动并"滥用"司法能动。2016 年，美国以韩国籍上诉机构法官张胜和"越权裁判"为由拒绝其连任。2017 年，美国开始阻挠 DSB 启动法官候选人甄选程序。此举可能使上诉机构濒临瘫痪。悲哀的是，司法能动主义使 WTO 上诉机构沦为"兵家必争之地"，陷入政治力量的博弈中。更有学者认为：美国阻挠上诉机构法官遴选的行为是从"权利政治"走向"权力政治"，以行使权利为名，行破坏法秩序之实。②

我在课后检索资料、进行思考的时候，寻找到了一篇很有启发性的文章。这篇文章的作者 J.Patrick Kelly 将 WTO 的基本组织机制进行了探讨，提出了"司法能动模式""立法模式""契约模式"三种可能的模式。③三种模式的区分对于我们理解司法能动主义、司法谦抑主义很有帮助，也能够使我们对 WTO 的整体架构有一个宏观的认识。因此下文将对这三种模式简单进行介绍。

(一)司法能动模式(Judicial Activism Model)

"司法能动主义"的内涵宽泛，在 WTO 语境下，"司法能动主义"指的是"造法性司法"。WTO 法律规范常有模糊与不确定之处，上诉机构成员扩张性地解释条约，填补漏洞、创设新标准，此即"司法能动主义"的体现。在成文法律规范付之阙如时，WTO 上诉机构运用司

---

① US Trade Representative Ron Kirk said in a statement that this "It appears to be a clear case of overreaching by the Appellate Body", https://www.mayerbrown.com/publications/wto-appellate-body-issues-ruling-on-us-definitive-anti-dumping-and-countervailing-duties-on-certain-products-from-china-03-21-2011/.

② James Bacchus: *Might Unmakes Right*, *The American Assault on the Rule of Law in World Trade*: Seeing a chance in the second half of 2017 to link its long-standing grievances to the process of judicial reappointment, the United States decided to hold the Appellate Body hostage.

③ J.Patrick Kelly, *Judicial Activism at the World Trade Organizational*: *Development Principles of Self-Restraint*, 22 Nw.J.Int'l L.& Bus.353 (2001—2002).

法能动主义，积极解决国际贸易实践中不断涌现的新问题。

司法能动主义模式可将自然法的思想作为支撑点。WTO 条约是广阔国际法的有机组成部分，国际法原则与习惯应超越于 WTO 条约之上。我们可以将专家组和上诉机构视为国际法原则与习惯的捍卫者，其职责在于搭建国际法与 WTO 之间的桥梁。因此，DSB 应当运用国际法原则与习惯来解释 WTO 法律文本。更进一步，DSB 甚至可以用国际法原理来推翻 WTO 规定。①

但是，司法能动主义的观点未免有些激进。最直观的一个弊病在于，运用国际法原则与习惯进行解释未必符合 DSU 3.2 条，即有增添或减损成员的权利义务的风险。WTO 运用 DSU 3.2 这一条文，确立了一套效力位阶。司法机构在裁判 WTO 案件时，确实可以运用 VCLT 等辅助性国际法文件。但是当 WTO 法律规范与国际法基本原理相矛盾时，应当优先适用 WTO 法律规范。毕竟，争端解决机制的目标是保障贸易体系的稳定性与可预测性。无论司法机构如何阐释，也不应当违反缔约方谈判时的意旨。

司法能动主义遭遇的另一大质疑是：反多数难题。在 WTO 争端解决系统内，法官并非国家利益的代表者，何以行使立法职权？根据代议制与权力分立理论，只有被选举出来的人民代表才有创制法律的权力。根据我检索到的资料，WTO 上诉机构成员的选拔标准在于国际贸易领域的专业知识和经验。上诉机构成员的任免权并非掌握在主权国家手中，而是由世贸组织总干事、总理事会主席、争端解决机构主席等高官组成选拔委员会，进行面试。② WTO 法官并非被特定国家所委任，也不是选举出来的“人民代表”，因此并无司法造法的权力。

我将尝试对上述观点进行辩驳。首先，从法律现实主义的角度讲，立法局限性要求法官发挥司法能动性以应对复杂多变的社会环境。其次，法官职业群体的中立性、超然地位和审慎反思性，是司法能动主义正当性之所在。③最后，立法权并非为立法部门所独享，将一定限度的立法权授予行政、司法部门也是现代民主制度的常见特征。只是行政、司法部门行使立法权时，需要接受立法机关的监督，立法机构能够撤销或者修改任何违背其意旨的下位法。

（二）“契约”模式（Contract Model）

第二种模式将 WTO 条约视为自足的（self-contained）契约。缔约国签订契约，自愿承担开放市场、减免关税的义务、享受自由贸易的权利。契约尊重当事国意思自治，需经谈判

---

① Joost Pauwelyn, *The Role of Public International Law in the WTO: How Far Can We Go?* (2001).Robert Howse & Makau Mutua, *Protecting Human Rights is a Global Economy: Challenges for the World Trade Organization* (2000).转引自 Kelly 文。

② 新华社.中国律师张月姣当选 WTO 上诉机构成.http://www.gov.cn/rsrm/2007-11/28/content_818888.htm

③ 杨建军.重访司法能动主义，中国法学，https://iolaw.org.cn/showNews.aspx? id=45917.

国意思表示一致方可订立。非经契约当事国的一致同意，WTO 条约内容不得被更改。[1]任何对 WTO 条约内容的增添、修正，均需要召集国家重新进行谈判。

关税与贸易总协定(GATT)即为“契约”模式的最好体现。GATT 的争端解决机制并不具有强制性，只有全体成员国一致同意，专家组的裁决才能通过(协商一致原则)。也就是说，每个国家都享有充分的自主权。只要不同意，即可阻碍裁决的通过。GATT 绝不可违背国家的意志，强加义务于其身。

举一些事实为例。GATT 时期，国家往往采取“补充协议”(side agreement)的方式，对 WTO 法律进行修正。这就是 GATT 于 1947 年缔结，但国家一直通过不断的谈判，对 WTO 法律体系进行修正与完善。举东京回合为例，东京回合签署了九个新协定和四份谅解录(Understanding)，但这些文件并不是全体一致通过的。实际上，仅有不到一半的国家同意加入这些新协议，而且这些协议也只在签署国之间适用。[2]

我认为，“契约论”的缺陷有二。一方面，WTO 立法漏洞是难以避免的，即便经过再精心的谈判、再细致的检查，WTO 法律也会留下许多空白与模糊之处。当新兴法律问题出现时，专家组、上诉机构不能无动于衷，消极地等待当事国重新谈判。一些重大的国际经济贸易问题需要立即得到解决，不容延宕。契约论要求国家重新谈判，不具备现实可行性。

第二，“契约模式”固然尊重了国家的自主意志，但也导致 WTO 内部法律统一性的丧失。我感觉“契约论”比较符合 FTA，RTA 等自由贸易区、区域贸易协定的定位，但不能适用于 WTO。采用“契约模式”，WTO 成员将各自为政。好比春秋诸侯与战国七强，通过“谋士”、“说客”(这里指各国驻 WTO 大使或者谈判代表)合纵连横，达成一个个小联盟。这样一来，WTO 就是一个十分松散的大联盟，其存在的意义就值得质疑了。(由 GATT 被 WTO 替代的历史经验可窥一斑)。

(三)立法模式(Legislative Model)

立法模式认为：WTO 具有立法机构的职权——部长级会议(Ministerial Conference)与总理事会(Ministerial Conference)在必要时可行使解释条约、填补漏洞、修订法律的职权。经立法机构的多数成员同意，WTO 即可作出决议，对法律进行修正和解释。

我查找了 WTO 立法机构的相关规定，分享如下。

WTO 法律的解释：根据《马拉喀什建立世界贸易组织协定》第 9 条第 2 款，部长级会议和总理事会有权对多边贸易协定进行解释。通过一项法律解释的决定应由成员的四分之三多数作出。

WTO 法律的修正：根据《马拉喀什建立世界贸易组织协定》第 10 条第 3 款，WTO 贸易条约的修正须经成员的三分之二多数接受，并仅对接受修正的成员生效。

---

① 在日本酒精饮料案中(*Japan Alcoholic Beverages* case)，AB 表示：“WTO is a treaty-the international equivalent of a contract. In exchange for the benefits member states expect to derive as Members of the WTO, they have agreed to exercise their sovereignty according to the commitments they made in the WTO Agreement.”

② J.Patrick Kelly, *Judicial Activism at the World Trade Organizational: Development Principles of Self-Restraint*, 22 Nw.J.Int'l L.& Bus.353 (2001—2002)

可惜的是：实践中，上述法律解释与修正的方式从未被使用过。我们不禁好奇，是什么使部长级会议与总理事会的法律解释权形如虚掷？我想：首先是决议生效门槛过高。四分之三是"超级多数决"，在利益两极化的WTO是很难达成的。其次在于：多数决与国家主权有直接冲突。国家主权原则要求：每个国家独立自主地决定缔结何种契约、承担何种义务。多数决无疑是以他者的意志限制了国家的自主决定权。经多数决得出的法律解释与修正，可能不被主权国家所接纳。根本原因在于，相比于民主多数决，国家还是更倾向于采取政治谈判的方式达成共识。政治谈判与博弈虽然过程艰辛坎坷，但最终的结果是得到谈判者一致认可的，因此更具有正当性。

将三种模式总结如表1：

表1　三种模式

	司法能动模式	契约模式	立法模式
介绍	面对法律漏洞，上诉机构成员扩张性地解释条约，填补漏洞、创设新标准。	任何对WTO条约内容的增添、修正，需要成员国重新进行谈判。	部长级会议与总理事会行使解释条约、填补漏洞、修订法律的职权。
优势	上诉机构成员的中立性、超然地位与审慎反思性	尊重国家自主意志； GATT的实践。	存在法律渊源，《马拉喀什建立世界贸易组织协定》第9.2条与10.3条。
质疑	反多数难题； DSU 3.2	难以实践； WTO法律体系的不统一	难以实践； 与国家主权冲突

二、课程感受

课程接近尾声，我逐渐感到课程的前后内容是相互牵连、不可分割的整体。我们上节课虽然讨论的是反补贴、反倾销与双重补贴，但最终还是回到了上诉机构司法能动的问题上。这样的情形不仅在本学期屡屡出现。虽然课堂讨论的主题是货物贸易、服务贸易、知识产权等实体性内容，但最终我们总是不可避免地"回到原点"，对世贸组织本身（一个"潘多拉魔盒"般的存在）进行讨论。第一、二堂课讨论的主题——WTO的历史背景、组织架构好像"磁石"一般，使我们"周而复返""流连其中"。这或许就是WTO法律体系的魅力所在吧。

另一件很令人惊喜的事情是：我们从自由无序的讨论模式一步步成长为集中有效的讨论模式了。这门课是对所有同学课堂发言能力的大考验，也是对我们协作精神、合作意识的检测。我感到近几周的课程都聚焦于某一特定主题进行讨论，讨论的深度有所延伸。同学们围绕该主题进行了细致的课前准备，使得课堂讨论更高效。这也是我们很大的进步。

刘书杭

一、课程感想

法律是一门讲求逻辑的学科，这两次关于双反案的讨论，更体现了法律人的逻辑思维。尤其是在对反面解释的适用条件的讨论中，有同学提出了基于逻辑学的判断标准，但在这里我却感到了逻辑的事实上的无能为力，采用纯粹的逻辑推演的方法，并不能为解决实际问题提供任何指导，相反，会使法律解释方法的适用显得有些机械。法律人的思维固然需要逻辑，但推理解释的过程绝不应当仅仅以逻辑学为基础，法律的逻辑是要求前因后果，要求每一个结论要有证据的支撑，要求每一条说理都有据可循。无论如何，法律的解释应以文义出发，放眼整个法律体系，考虑条文立法目的，从而作出合理的恰当的解释。

而司法克制主义和司法能动主义之争则进一步让人产生思考，法律为何需要作出解释？文字天然是白纸黑字的，却也天然是模糊的；而现实式发展的，国际社会中更是会出现层出不穷的新形式，这不仅是法律需要解释的原因，更是 WTO 体系下势必给 DSB 解释留下了司法能动主义的空间之原因，却也同时给成员方带来了 DSB 通过司法造法侵犯成员未予让渡的主权的担心。但最后，我却再有了疑问：究竟何种主权被让渡了，何种主权没有呢？最终不也得回到文本本身吗？文字难免会有双方产生不同的理解之处，那么不同理解哪一种又是正确的呢？这样的理解，似乎就进入了现实主义的思考模式，最终也是依个案决定的结果。

二、课程内容综述

在展开讨论前，大家首先对一个基础性问题展开了讨论：为什么在 NME 情形下同时征收 CVD 和 ADs 会导致“双重救济”？同学们根据专家组以及上诉机构的报告归纳整理除了“双反案”中一个最重要的公式：

1. 在被征税对象国为 ME 的情形下——**倾销幅度＝市场价－出口价**

a)在出口补贴的场合，补贴并不会反映在国内市场价格上，因此在计算倾销幅度时出口补贴会被计算一次，而在计算 CVD 时出口补贴又会被计算一次，如此产生双重救济；

b)在国内补贴的场合，补贴导致的价格变化会同时反映在国内市场价格和出口价格上，因此在计算倾销幅度时这部分补贴并不会被计算在内。

2. 在被征税对象国为 NME 的情形下——**倾销幅度＝结构价格/参考价格－出口价**，所谓结构价格乃由于 NME 的某产品由于政府干预而被认为是不可靠的，所以选取了其他市场经济下未受干预的价格作为参考价格

c)在出口补贴的场合，与 EM 下同时采取 CVD 和 ADs 所导致的结果一致，同样会导致双重救济，而在出口补贴的场合，“双重救济”被 GATT 1994 Article VI:5 所明令禁止；

d)在国内补贴的场合，由于计算 ADs 采取了 NME methodology，因此，由于国内补贴导致了出口价格的降低，而 surrogate value 并非国内市场价格，因此基于 NME

methodology 计算的倾销幅度同样会将国内补贴计算在内。而在征收 CVD 的场合，国内补贴会被再次征收，所以在国内补贴的场合同样有导致“双重救济”的可能性出现。而本案的争议焦点正在于国内补贴场合，对非市场经济国家发动双反调查可能导致的双重救济是否被禁止在 GATT 和 SCM Agreement 中并没有像出口补贴场合一样被白纸黑字的写明，双方的争议和同学们的讨论也由此展开。

1. 反面解释与立法沉默

“双反案“中涉及的几个重要条款分别为：

SCM Article 19.3 *and* 19.4：*Imposition and Collection of Countervailing Duties*

19.3　When a countervailing duty is imposed in respect of any product, such countervailing duty shall be levied, in the appropriate amounts in each case, on a non 81 3 6A5 3 2 discriminatory basis on imports of such product from all sources found to be subsidized and causing injury, except as to imports from those sources which have renounced any subsidies in question or from which undertakings under the terms of this Agreement have been accepted. Any exporter whose exports are subject to a definitive countervailing duty but who was not actually investigated for reasons other than a refusal to cooperate, shall be entitled to an expedited review in order that the investigating authorities promptly establish an individual countervailing duty rate for that exporter.

19.4　No countervailing duty shall be levied on any imported product in excess of the amount of the subsidy found to exist, calculated in terms of subsidization per unit of the subsidized and exported product.

GATT Article VI paragraph 3：*Anti-dumping and Countervailing Duties*

No countervailing duty shall be levied on any product of the territory of any contracting party imported into the territory of another contracting party in excess of an amount equal to the estimated bounty or subsidy determined to have been granted, directly or indirectly, on the manufacture, production or export of such product in the country of origin or exportation, including any special subsidy to the transportation of a particular product. The term “countervailing duty” shall be understood to mean a special duty levied for the purpose of offsetting any bounty or subsidy bestowed, directly, or indirectly, upon the manufacture, production or export of any merchandise.

Article 15 *of the Tokyo Round Subsidies Code*

立法沉默与反面解释两者紧密相连，一为立法条文的文字所呈现出的客观状态，一为解释方法。当立法对于某一问题保持沉默时，反面解释可以弥补出立法者没有规定的部分，不失为一种解释方法。但从上诉机构推翻了专家组适用反面解释得到的结论的结果来看，这种反面解释对立法沉默的弥补是否周延、得当，反面解释应该在何种情况下可以适用仍是一个值得讨论的问题？DS379 案中，专家组主要在两处运用了反面解释的解释方法。

第一，DS379 案中，专家组从条文出发认定 SCM 第 19.3、19.4 条未涉及双重救济的问题，并援引了 GATT Article 6.5 作为其认定的上下文支持。专家组认为，“上述条款明确了将第 6.5 条的禁止范围限制在涉及出口补贴的情况下的意图”。专家组认为，由于第 6.5 条

的明确禁止仅限于出口补贴相关的可能存在的双重救济，成员不可能意图在 SCM 第 19.3、19.4 条中禁止征收与国内补贴相关的双重救济，因为这两个条款字面上均为提及双重救济的问题。

第二，专家组认为《东京回合补贴守则》第 15 条明确讨论了非市场经济国家进口产品同时征收反倾销税和反补贴税的问题，而该条款没有被纳入《补贴协定》，这表明 SCM 第 19.3、19.4 条未讨论或不包括是否允许双重救济的问题

但上诉机构分别推翻了专家组的两处解释，对专家组机械性的反向解释持保留意见。尽管省略的确具有意义，但在不同的情况下，省略可能有不同的含义，而省略本身并不一定是决定性的。上诉机构认为 GATT Article 6.5 禁止同时征收反倾销税和反补贴税以补偿倾销或者出口补贴所造成的相同情况——"相同情况一词解释了为什么在国内补贴的情况下，未包含明确的禁止条款。同时对 SCM 第 19.3 项下反补贴税"适当金额"的解释都不应拒绝考虑 GATT 1994 第 6 条和 SCM 所提供的上下文。因此尽管上诉机构同意专家组关于 SCM 第 19.3、19.4 条不涉及反倾销税的观点，但这并不不等于这些条款必然不涉及任何可能同时征收反倾销税的情况。**机械的采用反面解释的方法很难符合必须以协调一致的方式解释 WTO 适用协定的条款，并赋予所有适用条款相互协调的原则。**因此，尽管两种措施的救济的目的和性质可能不同，但是其形式和影响是相同的，恰当理解 SCM 第 19.3 项下反补贴税"适当金额"就必须充分考虑《反倾销协定》的相关条款。

课堂上，大家对反面解释原则什么时候可以适用展开了讨论。孙艺芸、高珂等同学尝试从逻辑学的角度出发论证：将所要解释的法条氛围三种情形：

(1)充分条件：当构成要件为 M，法律效果为 P，M 是 P 的充分条件，由于原命题与否命题的真假不具有一致性，因此，不能运用反面解释的原则得到非 M→非 P 的结论；

(2)必要条件：当构成要件为 M，法律效果为 P，M 是 P 的必要条件，则 P→M，由于原命题和逆否命题具有一致性，可以通过反面解释得到非 M→非 P 的结论；

(3)充要条件：当构成要件为 M，法律效果为 P，M 是 P 的充要条件，则当然 P→M，由于原命题和逆否命题具有一致性，可以通过反面解释得到非 M→非 P 的结论。

因此，学者得出结论，反面解释适用的前提 M 是 P 的充要条件或是必要条件。是然而，笔者在课堂上得出了质疑，在对法律作出解释之前，并没有办法从实质上判断 M 究竟为充分条件、必要条件还是充要条件。因此，上述区分实际上只是反面解释在逻辑上的构造，并不能为解决实际问题提供任何指导。然而，作出这样的区分说明了具备 M 是 P 的必要条件或者充要条件的性质的条文可以进行反面解释，但在解释的过程中，实际需要解决的问题就是 M 是不是 P 的必要条件或者充要条件。正如在本案中，M 为"同时征收反倾销税和反补贴税已补偿倾销或者出口补贴所造成的相同情况"，P 为"禁止双重救济"，按照反面解释，本案中的非 M 即为"同时征收反倾销税和反补贴税已补偿倾销或者国内补贴所造成的相同情况"，非 P 则为"允许双重救济"。认为这里不适用反面解释原则是因为 M 是 P 的充分条件，实际上已经有一种预设的前提，即在国内补贴的场合，同样禁止双重救济；然而，国内补贴的场合双重救济是否被禁止恰恰是需要回答的问题，所以采取纯粹逻辑推演的方法，并不能很好的解决问题，反而颇有循环论证、"事后诸葛亮"之感。

故笔者坚持主张判断哪些法条可以进行反面解释的时候，逻辑并不是判断标准，而所谓

逻辑的归纳实际上仅是对可以进行反面解释的法条的一种性质的概括，并不具有实践性。笔者主张：对于反面解释采取两步走的判断方法：

第一，原则上肯定反面解释作为一种解释方法的正确性。笔者认为，文义解释是解释的基础，反面解释实际是文义解释的一种特殊情况，就是立法语言为基础，去探究立法者在立法语言中所保持沉默的“非 M 则非 P 是否成立”的问题。

第二，对条文作出反面解释仅是第一步，其次，还需要从体系解释、目的解释等角度衡量所得到的反面解释是否恰当，如果能够达到体系上的一致，符合立法目的，则应当认可反面解释得到的结论，反之则应当否认所得到的结论。在这一层面上，某一条文能否作反面解释难以说有客观唯一的标准，实乃因个案而定的问题，唯在对一条文作出解释后，方才可能将这一条文归入逻辑框架下三种分类中的一种。

本案中，上诉机构其实也是采用了这样的思路，认为机械的适用反面解释难以使 WTO 适用的条款达到协调一致，故对专家组的反面解释得到的结论持保留意见。由上，不难看出，法律虽然是门讲求逻辑的学科，但逻辑不是法律的唯一方法，法律的解释也不应当为逻辑所困。

2. 上诉机构是否越权？基于司法克制主义和司法能动主义

上诉机构虽然巧妙的以“适当金额”为连接点，认为国内补贴场合，双重救济同样被禁止，但这一解释却遭到了美国的批判，被质疑如此解释有越权的嫌疑，不当增加或者减损了成员国的权利。孙艺芸同学引用 Analytical Index：指出上诉机构的逻辑是只要对条约进行了正确的解释，没有引入 words that are not there or concepts that are not intended，结果就是不越权的。笔者认为，其实上述机构的逻辑具有一定的正确性。

首先，如果说上述机构的裁决不当的增加或减少了美国的权利，就必须要明确美国的权利本来应当是什么？美国认为 SCM 第 19.3、19.4 条并没有涉及国内补贴场合双重救济，而美国的逻辑恰恰是被上诉机构所推翻的逻辑。因此，归根结底，上诉机构是否越权的问题还是回到了上诉机构的解释是否正确得当的问题。WTO 协定具有很强的契约型特点，在日本——酒精饮料税案中，专家组指出：“WTO 协定是一项国际条约——是契约在国际层面的反应。在行使主权以及在追求各自的国家利益时，WTO 成员方进行了交易。为了交换作为 WTO 成员方所期望获得的东西，他们同意根据在 WTO 协定中作出的承诺行使主权。”WTO 作为一个国际组织，显然无法凌驾于主权国家之上，因此，WTO 中没有规定被明确禁止的权利应当视作主权国家并未让渡的权利。无论是专家组还是上诉机构都不能对 WTO 协定作出超越文本的解释，只有在所有成员方同意的情形下才有权这么做——这也就是说，修改 WTO 协定并不是专家组或者上诉机构的权能，仅属于 WTO 所有成员方。DSB 注重的是法律形式主义的实现，并把对 WTO 政治机构、成员方的尊重和司法的自我限制看作是与民主原则相一致的审判方式，由此维系 WTO 的权威。当争端解决机构的司法解释有可能因为对解释方法的能动的应用产生司法造法的效果，不必要地影响了成员方未予让渡的主权时，在适用相关的解释方法时应当保持充分的审慎和自制。但另一方面，反面解释也并非机械的对立，司法能动主义在 WTO 法内仍然有适用的空间——澄清应予澄清的模糊和在 WTO 已有规定基础上对立法沉默的空白作出填补，从而有利于成员方对 WTO 规则的顺利履行。绝对的司法克制主义也不利于 WTO 规则的发展，对事实上存在

模糊的条文不加解释会造成争端不能有效解决，但是方的权利义务得不到明确的结果，反而与 DSB 的宗旨不相符合。

因此，DSB 在作出法律解释时，应当以克制主义为主，但也兼采能动主义，尤其是存在立法沉默之处，更应当主义两者的平衡。本案专家组裁决基于司法克制主义，但得到的解释结论则与 WTO 的体系，以及相关规则的目的等不相符合时，上诉机构基于司法能动主义的立场就很好的填补了立法沉默的空白。

 刘雨晴

过去两周中大家围绕反倾销与反补贴案主要围绕对双重救济的理解、上诉机构对19.3的解释以及上诉机构是否越权这几个问题进行了探讨：

一、课堂内容

(一)有关"双重救济"的理解

所谓"双重救济"，是指反补贴与反倾销对同一个补贴额同时适用产生了救济。反补贴措施已经对于此补贴产生救济，自然不生疑问。所以确定是都会产生双重救济的关键在于反倾销措施是否对同一个补贴额再次产生了救济。反倾销措施中 dumping margin 的计算公式如下：

dumping margin＝normal value － export price

不论是 export subsidies 还是 domestic subsidies，都会影响计算式中的出口价格的，所以关键是看会不会影响市场价格：出口补贴是不会影响国内市场价格的，所以会产生双重救济；而国内补贴要根据对 normal value 的计算方法不同而区分情况，如果使用本国市场价格作为 normal value，等式右边的两项会同时受到反倾销措施的影响，不会产生双重救济；采用 NME 的方法即使用其他非市场国家的市场价格作为 normal value，则 normal value 的数值没有受到反倾销措施的影响，但 export price 受到了反倾销措施影响，因此会产生双重救济的问题。

(二)上诉机构对19.3的解释

1. 立法沉默情况下 contrario 的运用

本案中的立法沉默问题主要是指：签订于 SCM Agreement 之前的 Tokyo Round Subsidies Code 的15条规定对于从非市场经济国家的进口在反补贴与反倾销措施中只能选其一适用，而在 SCM Agreement 的19.3和19.4中并没有强调这一点，是否说明 SCM Agreement 的缔约者是有意沉默而表否定？专家组的答案是肯定的，而上诉机构认为专家组在本案中对于 contrario 的运用是不适当的。

有关 contrario 本身的概念，大家没有找到权威的定义。孙艺芸和高珂同学提出 contrario 的适用条件是法条列举的是充分必要条件而不是充分条件，这让我想起公司法课堂上讨论的有关《公司法》190条的反面解释，190条规定了公司解散的情形，但对此条采取反面解释即认为没有被列举在本条中的"公司僵局"不能作为公司解散的情形使不合理的，因为此条规定是对公司解散情形的不完全列举。其他设例如"构成要件"类的规定由于其列举的要件是充分必要条件，自然可以适用反面解释。

但本案中的 contrario 的运用其实是对比上下文出现立法沉默时的解释问题。前两周讨论的原材料案和稀土案中，类似的立法沉默问题同样引发争议。本案中上诉机构否定

contrario 运用的理由是 Tokyo Round Subsidies Code 不属于 VCLT31 条规定的“上下文”(就解释条约而言,上下文除指连同弁言及附件在内之约文外,并应包括:(a)全体当事国间因缔结条约所订与条约有关之任何协定;(b)一个以上当事国因缔结条约所订并经其他当事国接受为条约有关文书之任何文书)。因而其内容不能作为解释 SCM agreement 的充分证据。相比之下,在原材料案和稀土案中,11.1 与 11.2 很明显构成 11.3 的上下文,因而??

由于国际贸易领域发展的日新月异和 WTO 协定中各缔约方的妥协性,完全列举条款和“构成要件”性的条款是不多见的,甚至很多情况下存在 constructive ambiguity。所以 WTO 条约解释中 contrario 的适用更为常见的可能是结合上下文推断立法沉默含义的情况,“上下文”的判断自然应符合 VCLT 的规定,但笔者认为推理方法在此处只是一种手段,最终结论的得出还在于裁判者心中的结论和立场。

2. 条约解释的目的

课上大家提到了 WTO 条约解释的目的是探求缔约方的意图,至少在官方说法中,立法意图被摆在了一种至高无上的地位。而在国内法的解释有关法律解释的目的存在“主观论”与“客观论”的争论,“主观论”即原旨主义者主张法律解释的目的是探求历史上立法者的意图,认为只有立法者才有权决定应该用何种方法实现所需实现的目的和价值,法律适用者必须尊重法的权威;“客观论”的支持者主张法律解释必须依据法规定本身探求法的意旨,因为立法者意图难以探明,推测立法者意图会破坏制定法应具有的确定性和明确性,且立法者的意图很可能是过时的,客观解释能使法律更好地适应社会的变化。实际上主观论与客观论的争论还牵涉到司法机关的权限大小,“主观论“显然是限制了司法者的权力。

笔者认为尽管官方认可的 WTO 条约解释目的是探求缔约者意图的主观论,但专家组和上诉机构在解释条约的过程中不可避免地会掺杂客观论,原因在于很多情况下很难说众多的缔约国之间真的存在一个“common intention”,且 WTO Agreements 框架下条约众多,体系架构不甚清晰,很多条约之间的相互关系并不明确,不同条约的不同条款之间能否相互印证来说明缔约意图还有待探明。另外随着国际贸易和国际法的发展,最初缔约时的”intention of the parties”很可能已经过时,距离缔约的时间越久远解释时对客观性的强调就会倾向于越强。且 WTO 作为一个国际多边贸易体制本身需要很多的妥协和灵活性,固守缔约时缔约者的意图并不利于维系这个本就脆弱的体系。

而在明文的论述中上诉机构恐怕难以突破“intention of the parties”的限制,机关实质上诉诸了客观论的方法,上诉机构还是会尽量在主观论的框架下进行论述。如本案中上诉机构强调反倾销措施的目的是“offset injurious subsidies”和为没有 preamble 的 SCM Agreement 创造 preamble 来说明该条约的宗旨和目的,实际上还是在强调”intention of the parties”,但本案中 SCM Agreement 的缔约方究竟有没有在 19.3 中禁止双重救济的意图又是难以探明的,因而上诉机构实际上将“intention of the parties”退到了一个更为抽象的层面,即抵消损害性补贴这样一个基本性共识以符合主观论的框架。

3. 上诉机构是否越权——条约解释与越权

越权问题在各个案子的讨论中被反复提及,却也还是一个常谈常新的问题。课上艺芸的一个问题也表达出了我的疑问,即正确解释了条约是否就意味着没有越权呢?

首先,条约是否得到了正确解释应该如何来判断呢,是由裁判者、缔约方还是争议解决

的双方来判断呢？另外这也与上面谈到过的条约解释的目的有关，正确解释一定程度上也可以说就是运用正确的解释方法实现条约解释的目的。

另外，是否会出现正确解释了条约却造成越权的情况呢？假设本案中是正确解释了条约，可以说在条约解释的层面没有"add to or diminish the rights and obligations provided in the covered agreements"。但在适用和执行这一解释的层面，正如美国在 M294 中的抗辩中提到的，上诉机构对 19.3 的禁止给美国增加了其反倾销措施的实施不会导致"双重救济"的证明责任，而这属于"new obligations that did not appear to derive from the text of the covered agreements"，这种由"禁止双重救济"生发的附随性义务即证明义务又该怎么去理解呢？如果对条约本身做了一个目的性解释，对于 DSU19.2 中的"covered in the agreements"是不是也应该做一个宽泛解释而不仅仅局限与条约文本呢？笔者认为不如此做恐怕会出现解释与适用的矛盾之处，但显然此种宽泛的裁量需要界限来规制，不然确实易引发权力滥用。

二、课程感想

其实本次的案例中提到的问题都是之前讨论过的，但放在不同的案例语境之下这些问题却总有常思常新的含义。如立法沉默的解释问题本案和稀土原材料案涉及的上下文解释的情形不尽相同，越权问题也有了新的争点和思考。现在我们阅读到的案例和材料都比较有限，对很多问题的理解也都还偏颇而浅显，如果有机会我想之后可以去了解更多案件的情况和判决，一定会收获很多新的理解和感悟。另外很多时候双方的抗辩也很有启发性，比如本案中美国对于举证责任的抗辩我觉得是自己之前从没思考过的，也让我对越权问题有了进一步的思考。

撰稿人 袁崇霖

本次课程中,我们围绕与反补贴和反倾销有关的 DS379、DS449 两个案件展开了讨论,大家主要就双重救济的含义、立法沉默的法律解释问题、上诉机构在本案中是否越权等几个问题进行了有意义的探索。

一、课程内容

(一)何为"双重救济"?

本次讨论的两个案件中,涉及一个重要概念,即双重救济(Double Remedies)。显然,如果"双反"措施的救济计算具有重合部分,便构成了双重救济。在本案中的情形是,美国商务部(USDOC)对中国出口产品首先按照 NME methodology,参照替代国的市场价格,计算出其公允价格,再按照反补贴方法抵消政府对生产进行的补贴。中国政府主张,在这一过程中,NME 方法由于参照了第三国的正常市场价格,已经把所有产品制造商所接受的补贴全部抵消了,再进行补贴重复进行了救济。而美国则抗辩称,由于政府的国内补贴金额不一定按比例(*pro rata*)地反映在出口价格中,NME 方法没有完全地抵消补贴带来的影响,故再次进行反补贴计算是合理的。

实际上,很容易看出,即便补贴没有按比例反映在价格中,双重救济至少也是部分存在的。在 DS379 中,专家组承认了这一点,①然而,最后专家组却以 SCM Agreement 没有也无意禁止这类双重救济为由,认定美国的做法没有违背 SCM Agreement 第 19.3、19.4 条。专家组之所以作出了这种看似不合理的判断,主要是出于对 SCM Agreement 中"立法沉默"的解释,这也就引发了大家关于法律解释的更深层次讨论。

(二)立法沉默:反面解释的进路

前几周的讨论中,我们已经根据 VCLT 的解释规则对立法沉默的解释进行了一些分析。在这次的讨论中,我们因循专家组的思路、上诉机构的批评,对本案中专家组所采用的具体方法——反面解释(*a contrario*)进行了研讨。

1. 反面解释的内涵

在剖析与评价"反面解释"这一方法之前,对这一方法的具体内涵进行辨析是非常必要的。对此,同学们主要持两种观点:其一认为,反面解释意为通过法律条文的反面来推测没有明示的意思,其使用的情况可以概括为只有在法律条文规定之条件系法律效果的充要条件或者必要条件之时,方可藉此进行推理;其二认为,这里的所谓"反面解释"又可译作"对立

---

① DS379 专家组报告第 14.67 段:"…the simultaneous imposition of anti-dumping duties calculated under an NME methodology and of countervailing duties likely results in any subsidy granted in respect of the good at issue being offset more than once."

推理”，是指在立法沉默的特定情形下，该法律效果只适用于其明示的情况，而不适用于未明示之情形，也有同学更形象地以“法无禁止皆可为”来举例，比较具体地说明了这一观点。一开始我更倾向于支持第一种观点，但结合DS379上诉机构报告的第581段，以及专家组的推理过程，我认为还是第二种观点更可取，理由有二：一方面，前者所言之方法实际上源于刑法的法律解释，相较而言受制于罪刑法定等刑法的特殊原则，适用范围更为狭窄、条件更为苛刻，在本案中如果按这一标准解释则使得推理的前提都难以成立，使得专家组的解释成为了完全错误的推理，而事实上即便连上诉机构也只是批评其为“机械的（mechanistic）”，并没有完全否定其正确性；另一方面，事实上专家组是从立法历史中条文的变迁来从反面推测立法者的意图的，不是单纯的条文解释，而是在推断其意图基础上，证成了对立面的假设，即现在没有规定则代表现在不再禁止。

2. 反面解释的适用性和合理性

在应对立法沉默之时，反面解释不当然是合理的，甚至很多情况下都是不合理的，正如上诉机构所说：“omissions in different contexts may have different meanings, and omission, in and of itself, is not necessarily dispositive”。①

在本案中，判断专家组采用这样的方法的合理性，应当充分考虑立法沉默的背景，我认为存在三种可能的解释：

（1）文字的局限性：由于法律条文不能面面俱到，有明示便有沉默，这样的沉默应该由司法机关在裁判时结合上下文等材料进行解释而使其得到符合文义、目的、体系的结果。

（2）法律漏洞：即立法机关在立法时因疏于考虑，而遗漏了某一问题，遂产生漏洞。法解释的重要意义就在于填补法律的漏洞。当然这一问题在WTO这种基于国际法主体的多边合意而产生的特殊规则应当更加审慎地进行解释。

（3）建设性模糊（constructive ambiguity）：有学者认为这种模糊之处是不可解释的，它代表了谈判主体在达成一致的过程中因为复杂的角力、博弈而未能形成合意的部分，通过有意的模糊而避免整个成果的流产。②

本案中的立法沉默，具有SCM Agreement第10条和*Tokyo Round Subsidies Code*作为参考，很难认为是由于第一种理由造成的，而更可能是法律漏洞或者建设性模糊，尤以后者更为可能。这样的情况下，如何进行解释，可能就与司法机关的立场息息相关了。

对此，结合杨老师的观点，我认为如果仅仅因为一种可能存在的“common intensions”而拒绝解释法律，显然有悖司法机关定分止争之意旨，实际上这样的“目的”也是很难探究的，所以还是追求“合理解释”（reasonable understanding）更有意义。用我自己的理解概括，便是采用“能动主义”的观点，通过司法机关，充分发挥WTO机制存在的作用和价值。

如此看来，这里采用反面解释是一种合乎时宜的尝试，其路径值得肯定，但是其结果却是不合理的（unreasonable）。

---

① Appellate Body Report, *Canada-Autos*, para.138.

② 程红星.WTO专家组、上诉机构“司法解释”合理性研究——以WTO涉美贸易救济争端解决引发的争议为背景[J].国际经济法学刊，2005，12(01)：340-341.

(三)上诉机构在本案中是否越权

美国对 DS379 一案的上诉机构裁判提出了不满,最重要的理由在于专家组在裁判中超越了其应有权限。其理由包括三点:①AD Agreement 和 SCM Agreement 都没有明文规定禁止 NME 方法和双反措施的同时适用;②WTO 的成员没有限制双重救济的意图;③上诉机构通过错误地解释出对双重救济的禁止,给成员国增加了义务。①

在先前的讨论中我们已经明确,上诉机构之实质性越权,无非是给当事国增加或减损了义务。在这里要确定是否越权,其核心在于 SCM Agreement 的第 19.3 条中的"appropriate amounts"是否涵盖了审查双重救济是否存在的义务,或者说是避免双重救济的义务。

审视上诉机构从 551 段到 567 段的推理,其思维路径自查字典开始,结合 19.3 上下文的"non-discrimination"等进行了整体解读,又把视野依次扩大到第 19 条整个条文,以及 SCM Agreement 第 21.1、10、3.1 条,GATT 1994 第 VI 条等条文,这样的进路与 VCLT 第 31 条之规定并无冲突。第 568 段到第 572 段则在上述条文基础上,解读双重救济的内涵以及与条文的关系,是上下文解释的延伸。在第 573 段至 575 段,则探究 SCM Agreement 和 AD Agreement 的立法目的,以求探析"appropriate amounts"的善意解释结果。显然,整个过程全然是落在 VCLT 的框架之内的,推理的结果也证明了双重救济确不合理,违背"appropriate amounts"的用意——也就意味着"appropriate amounts"本身就包含审查和避免双重救济的义务,而上诉机构并没有不当地给成员国增加义务负担。

从法理上分析,任何一部法律都不可能将所有的权利、义务悉数以明确的形式列示出来,这是文字的缺陷所在,也是法律的生命所在。如果仅仅以缺少文字的明确规定而否认文字合理涵摄范围内的义务或者权利,只能说是一种文本主义最无力、最肤浅的辩驳。我想即便是斯卡利亚这样的原旨主义者,都无法接受这样一种躺在文字上睡觉的懒惰观点。

至于立法者究竟有没有意图禁止双重救济,美国以及本案的专家组所持观点中最鲜明、有力的证据便是 *Tokyo Round Subsidies Code* 与 SCM Agreements 的"有无"对照,对这一观点已经在前述反面解释部分评析,在这里不再赘述。不过,这里上诉机构选择的路径是"四两拨千斤"地指出,该条约的"前身性"——效力中止且被替代——与 VCLT 第 31 条规定的"一个以上当事国因缔结条约所订并经其他当事国接受为条约有关文书之任何文书"不符,并不构成上下文,而是构成第 32 条的"补充解释"资料,这种看法可资赞同。事实上美国在 DSB 历史上另外两次(DS213、DS344)依托该文件提出的抗辩也均遭到更充分的理由的否认。

结合上述理由,我认为上诉机构的裁决并没有越权。

(四)"cogent reasons"的四种情形

如果专家组想要与上诉机构先前的判决作出不同的解释,应当具有令人信服的理由(cogent reasons)。在本案中专家组对 cogent reasons 的情形进行了列举,包括:(1)按照《马

---

① Dispute Settlement Body, MINUTES OF MEETING (Held in the Centre William Rappard on 25 March 2011), M294, para. 99-100.

拉喀什建立世界贸易组织协定》第 9 条第 2 款，对涉案条款的多边解释与先前上诉机构的解释不符的；(2)能够证明先前的上诉机构解释在其争议焦点下设定的义务于特定的情形无法执行的；(3)能够证明先前的上诉机构解释与当时未提及的其他条约存在冲突的；(4)能够证明上诉机构的解释是基于错误的事实前提的。

在讨论中，姜林沣同学提出了关于"无法执行(unworkable)"的一点疑问，即如美国故意不执行，那么不是反而可以推翻上诉机构裁决了吗？对此我认为有两方面的回答可以避免这种"悖论"，首先，这样的"令人信服的理由"须是客观的、合理的，不以当事国主观意志为标准；其次，如果主张推翻之前的上诉机构解释，美国应当承担举证责任，并且出于法的安定性与可预测性的要求，这样的举证责任应当接受严格审查，从而尽可能避免上述悖论的出现。

二、课程感想

课后我读了主持人赵文轩同学整理的"课堂记录"，尤其是他的"写在前面"部分，感触颇深。

他指出，大家在讨论时面对细节问题往往很沉默，直到宏观讨论时才恢复热情，而宏观问题的讨论往往伴随着一些重复而宽泛的观点。读罢我感到既欣慰又羞愧，欣慰的是主持人能够直言不讳、高屋建瓴地提出讨论的不足，羞愧的是我自己在阅读中正是这样好高骛远地在寻找宏观问题的答案时常常忽略了有意义的细节。回想课上杨老师的发言，往往都能把案例的共性和个性、宏观和微观维度结合起来，提出一些既新颖又深刻的问题，而反思自己的思考，却不得不说是常常停留在原有知识的窠臼中打转。喟叹之余，我也希望能在最后几节课的讨论里亡羊补牢，力求能够做一些更深刻的思考、提出更多有意义的想法和大家探讨。

课程已过大半，经历这些阅读、讨论和课后的研究，我切身体会到了所谓"越学习，越发现自己的无知"。与其说这门课教会了我怎样的 WTO 法律知识，毋宁说它是一个了解 WTO 法律的起点、法学学习的驿站、研究方法的指示牌——也希望自己能从此出发，走得更远。

撰稿人 袁　丁

一、课程内容

这两周的课堂内容是围绕两次争议(DS379 和 DS449)展开的,涉及的案情主题是双重救济。双方的焦点是双重救济(即同时征收反补贴税和反倾销税)是否符合《补贴与反补贴措施协定》。在 DS379 中,专家组认为双重救济是有可能出现的,因为反补贴和反倾销各不相干。然而,上诉机构认为,协定第 19 条第 3 款所规定的"appropriate amount"是相对于补贴所造成的损害而言的,如果不考虑已经起到弥补损失的反倾销税,补贴的适当金额就无法确定,从而认定双重救济不符合第 19 条第 3 款。在 DS449 中,专家组通过对比审查,认为没有新理由可以支撑去否决前面判决的行为。

这两次课堂上的讨论都比较集中,主要涉及了反面解释、专家组的行为是否越权等几个主题。

1. 反面解释

SCM Article 19.3 and 19.4:Imposition and Collection of Countervailing Duties

19.3　When a countervailing duty is imposed in respect of any product, such countervailing duty shall be levied, in the appropriate amounts in each case, on a non-discriminatory basis on imports of such product from all sources found to be subsidized and causing injury, except as to imports from those sources which have renounced any subsidies in question or from which undertakings under the terms of this Agreement have been accepted. Any exporter whose exports are subject to a definitive countervailing duty but who was not actually investigated for reasons other than a refusal to cooperate, shall be entitled to an expedited review in order that the investigating authorities promptly establish an individual countervailing duty rate for that exporter.

19.4　No countervailing duty shall be levied on any imported product in excess of the amount of the subsidy found to exist, calculated in terms of subsidization per unit of the subsidized and exported product.

GATT Article VI paragraph 3:Anti-dumping and Countervailing Duties

No countervailing duty shall be levied on any product of the territory of any contracting party imported into the territory of another contracting party in excess of an amount equal to the estimated bounty or subsidy determined to have been granted, directly or indirectly, on the manufacture, production or export of such product in the country of origin or exportation, including any special subsidy to the transportation of a particular product. The term "countervailing duty" shall be understood to mean a special duty levied for the purpose of offsetting any bounty or subsidy bestowed, directly, or indirectly, upon the manufacture, production or export of any merchandise.

反面解释往往和上两周讨论到的“立法沉默”也是密不可分的。据我的了解，反面解释一般并不作为一种常用的、效力高的法律解释手段。关于它的争论焦点是：如果立法规定A导致B，则是否可以解释出非A导致非B。在一些比较明确的情形下，这种解释是有效的，比如立法在行为模式和法律后果之间的因果关系进行了严格的限定，例如中国《刑事诉讼法》第15条的规定。然而，立法不可能完全完备，时代的变迁必然导致立法永远是落后的。那么为了保持法律的全面性和权威性，往往就要通过模糊立法而采取司法能动来解决。

在本案中，DS379专家组机械适用反面解释，认为既然协定中没有规定双重救济，而且《东京回合补贴守则》中出现了双重救济的讨论，专家组因此判定双重救济未被收录进协定即代表它不受协定管辖。

在课堂上，同学们就司法保持能动还是谦抑展开了一定的讨论。子郁同学在综述里已经把理论梳理得比较清楚了，我就不在此画蛇添足了。在此我想结合实际论述一下我所支持的司法能动主义立场。

众所周知，现代的国家权力往往采用互相制衡的模式。但是，真正采用典型三权分立的国家实际上只有美国。在美国，司法权力相对于其他国家也是出奇地大。如果采用完备的立法(况且，在我看来这种情况根本不可能，正如十年前的立法者不可能想到如今的电子支付发展如此迅猛，立法永远落后于时代)，则司法权根本无法对立法权起到制衡作用，而执行法律的行政权则会前所未有的膨胀，因为它垄断了执行的暴力手段。立法权的权力是有限的，因为真正发挥法律作用的是裁判和执行。要想制约行政权，则必须赋予司法无上的权力。而且，这种司法的权力是不需要警惕的(这里所指司法仅指代法院)，原因有二：一是司法权是一种消极权力，如果没有人在纠纷时诉诸司法机关，司法机关无法主动干预，换言之，司法权力的来源完全来自于自身的威信和民众的信任度，它和行政权这一积极权力有着本质的不同；二是司法权发挥作用最终还是需要依赖执行机关，即使司法机关作出了判决，没有暴力机关的执行司法机关也只是一纸空文。因此，司法机关的权力我们是可以看得到上限的。

那么，为什么要发挥司法的作用呢？以美国宪法为例，美国宪法之所以产生如此大的价值和权威，与联邦最高法院一次次精妙地解释、扩张和收缩是有密切联系的。比如言论自由的保障，就是通过最高法院的在布朗案、纽约时报案等一次次判决中发挥了作用。如果我们信赖司法者，就应当确信他们会根据时代的价值不断给法律赋予新的内涵，只有这样，法律才是“活的法律”。因此，我本人认为，司法能动主义是解决政治社会问题的必然途径，它不是一种简单的价值观判断，而是现实实践给出的答案。

当然，国内法和国际法毕竟还是有区别，因为国际法(至少是WTO)中不存在类似行政权的结构。那么对比国内法，国际法采取司法能动主义就有了更深远的意义，即通过提高司法权来增加权威性和形成中立的可信的第三方。

此外，同学们还在课堂上根据逻辑原理讨论了反面解释是成立的。在充要条件中，反面解释一定成立，因为条件和结果之间是一一对应的，两个相等的集合他们的补集也是相等的。其他情形下，采用反面解释都要慎重，因为很多时候立法并不是采取一种由因到果的简单一元线性逻辑，反面解释也不一定是由条件的反面推出结果的反面。只有两集合不完全相等，那它们的补集也就一定是排除反面解释的。另外，法律所遵循的也不是数理逻辑，要

用这个来说明还是要建立起对应关系，虽然说学科是人为划分的，但不同领域还是存在着一些不同的规律，简单地套用是不行的。

2. 上诉机关是否越权

上诉机关通过解释“适当金额”从而禁止双重救济被美国认为是越权。其实关于越权行为在之前的课堂上已经讨论过了，即讨论上诉机关的行为是否 add to or diminish the rights。Analytical Index 里面指出，只有上诉机构没有引入 words that are not there or concepts that are not intended，而只是进行单纯的文本解释工作的话，无论如何都是不越权的。

如果 the rights 可以被认为是增加或减少，那么申诉方已经假定了存在一个确定无疑的 rights 范围。就本案讲，如果美国认为双重救济是它的固有权利，那么只有判决对其不利，都是“越权”，这样想显然是荒谬的，因为这样一来，越不越权完全取决于判决结果对当事国利或不利。当然，此处的越权也仅仅是一家之辞，并没有得到一致认可。

二、课程感想

随着讨论越来越多，我有了一种返璞归真的感觉。尽管 WTO 作为模范国际法与国内法有着千丝万缕的区别，但是围绕它的焦点还是相似的，比如法律解释手段，法律权力的分配。关于这些命题的争论永远都不会走到尽头，因为其中蕴含着人类伟大的多元价值和情感取向。但是，讨论是有益的，在之前的课堂上，我们从来没有机会对“司法能动主义”甚至法律权力分配这样的宏大命题展开过如此翔实而有深度的讨论。或者将来一些人进入律所，开始为自己的事业和一个个烦琐的案卷疲于奔命，但是年轻的时候思索的这些宏大命题，可能会在对职业感到迷茫的时候，在心里产生一点光亮。

撰稿人 张铜戈

这两周的课程讨论的是反倾销反补贴案，分别由赵文轩和姜林沣同学主持。首先感谢两位同学课前的搜集问题、课上的主持与课后分享在群里的课程总结与感想。通过回顾这些总结与感想，我对于上两周的内容有了更为完整而全面的认识。

一、课程内容

这两周的课程内容主要讨论了如下两个方面的问题：

1. 案件本身的焦点

双重补贴如何计算？（在第一节课前半节着重讨论）

对于 AB a contrario 的理解以及是否越权？

2. 案件之外的延伸

WTO 法规范的解释，是在探求立法的意图，还是寻求合理的解释？

(一)案件本身的焦点

1. 补贴额的计算方法

这个问题首先由翟羽凡同学提出，补贴的计算方法也是判断是否存在双重补贴的关键所在。林子郁、姜林沣同学都对于补贴的计算方法进行了解释。简要说来，是要区分 ME 与 NME、国内补贴与国外补贴的情况。在销往国外的产品与国内产品价格相同时，如果使用国内补贴，ME 国家的市场价与出口价相同，不会出现双重补贴的问题。但是在 NME 国家，由于市场价格采用替代国的市场价格，市场价格随补贴而浮动，不等于出口的价格，因此出现双重补贴的问题。NME 国家的国内补贴正是本案的情形。

这里林子郁同学采用用数字的解释方法较为清晰明了。明确补贴的计算方法也为我们后来的讨论打下了基础。

2. a contrario 的理解

这是我们这两节课讨论的重点问题，在第二节课进行了着重的讨论。a contrario 在 ABR 中主要解决在对于条约中没有规定的部分应该作何解释的问题。它体现在两个方面，其一为 GATT6.5 没有规定国内补贴的双重救济，专家组认为没有规定就意味着禁止国内补贴的双重救济，但是上诉机构则持相反见解，认为应该在 same situation 中分析。

567. We have concerns about the Panel's rather mechanistic, *a contrario* reasoning in this connection. **While it is true that omissions have meaning**[541], **"omissions in different contexts may have different meanings, and omission, in and of itself, is not necessarily dispositive".**[542] In this instance, we do not agree with the Panel that the "explicit terms in which the drafters addressed the issue" of double remedies in Article VI:5 make it "all the more unlikely that they sought to prohibit the imposition of double remedies in respect of other types of subsidies".[543] We note, rather, that Article VI:5 prohibits the concurrent application of anti-dumping and countervailing duties to compensate for the *same situation* of dumping or export subsidization. In our view, **the term "same situation" is central to an understanding of the rationale** underpinning the prohibition contained in

其二为 *Tokyo Round Subsidies Code* 中禁止 NME 国家对于国内补贴双重救济，但是这并未纳入 SCM 中。专家组认为这意味着 SCM 不禁止双重救济。上诉机构同样持相反意见。

Article 15 of the *Tokyo Round Subsidies Code* does more than merely prohibit double remedies, in that it prohibits the concurrent application of anti-dumping and countervailing duties, regardless of whether they offset the same situation of subsidization. In the light of this, the absence of a provision like Article 15 of the *Tokyo Round Subsidies Code* in the *SCM Agreement* cannot be interpreted as indicating that Members intended to exclude from the scope of the *SCM Agreement* a different and narrower obligation, such as a prohibition on double remedies.

首先，需要明确 a contrario 的含义。在 Black law 里面，是 on the other hand 的意思。在 wikipedia 中，意为 denotes any proposition that is argued to be correct because it is not disproven by a certain case.

In logic, an ***argumentum a contrario*** (Latin: 'argument from the contrary'), also known as **appeal from the contrary**, denotes any proposition that is argued to be correct because it is not disproven by a certain case. It is the opposite of the analogy. Arguments *a contrario* are often used in the legal system as a way to solve problems not currently covered by a certain system of laws. Although it might be used as a logical fallacy, arguments *a contrario* are not by definition fallacies.

Legal examples [edit]

- "§ 123 of the X-Law says that green cars need to have blue tires. Therefore, red cars don't have to have blue tires."

Here the argument is based on the fact that red cars are not green cars and therefore § 123 of the X-Law cannot be applied to them. This requires the law to be interpreted to determine which solution would have been desired if the lawmaker had considered red cars. In this case it's probably safe to assume that they only wanted to regulate green cars and not regulate cars of other colors.

艺芸和高珂在课上运用逻辑学对于 a contrario 进行解释，根据命题为充分条件、必要条件还是充分必要条件来区分结论是否成立。但是我认为这种解释方法值得商榷。这类似于数学上命题为真，逆否命题也为真的论证，在法律适用上是否存在应用的前提令人怀疑。法律上是否存在明确的 a 与非 a 的界限？法律不像正误对立明确的数学，一个情形的禁止与其他情形的允许没有直接必然的联系。将逻辑学的解释应用于法律适用中似为不妥。刘书杭同学提出的这种方法带来循环论证的看法也很有道理。所以，我认为不能单纯运用逻辑学进行解释。

我比较认同 wikipedia 对于 a contrario 的解释，是指当某一观点没有得到明确禁止时，将其推定为正确的。它建立的基础在于法律规则只适用于它所明确规定的情形。这与林子郁同学提出的“法无禁止皆可为”相似，同时也与上诉机构强调的 same situation 的适用范

围对应。另外,这种法律规则只适用于明确规定情形的要求正是DSU中追求的可预测性的体现(参见DSU3.2,"security and predictability")。它不是逻辑上非正确即错误的对立,而是一种对于未规定情形的默许。从这个意义上,它与立法沉默这些"留白"相似

那么,在WTO的裁决中,a contrario是否可取?我认为,a contrario应该在其他解释方法均不适用时方可适用,属于例外的情况,在使用时需要受到严格的限制。a contrario正确的前提在于法律本身没有漏洞。如果法律中遗漏部分应该禁止的情形,那么反对解释正好将这些"漏网之鱼"合法化。而WTO的条约不是完美无瑕的,漏洞可能存在,所以如果不加限制地适用a contrario是一种危险的行为。如果VCLT31条中提及的文意解释、目的解释、体系解释都可以使用的话,自然就无需a contrario。当文意、目的、体系解释都无法找到依据时,就只能适用反对解释。但是适用的时候,需要注意分析条约中禁止的情形,比较此情形与待解决的情形是否相同。本案中,上诉机构对于the same situation的判断就属于在分析适用情形的差异。

2. 案件的延伸:WTO法规范的解释方法

这个问题由杨国华老师提出,属于本案的延伸理解。其实,按照立法意图解释还是合理解释的分歧也是司法现实主义与司法能动主义之争的体现。柳驰学长和袁崇霖学长对于这一问题都作出了回应。我比较认同柳驰学长提出的观点,由于WTO由不同的国家组成,如果承认可以探寻WTO法规范的intent,那么可能成为部分国家维护本国利益的"保护伞"。司法能动主义固然看似诱人,但是是否适合WTO还有待商榷。袁崇霖学长参照美国法院的发展历史,从而支持WTO进行reasonable understanding。但是美国法院能否作为WTO的参照?WTO由各国组成的特点决定了之间一定会存在利益的分歧,这样利益之间的平衡就不是美国法院所面临的最大挑战。因此,我对WTO法规范的能动解释持谨慎的态度。

二、课程感想

这两次课程中,主持人发挥了很大的作用。主持人上课前的收集问题可以让课堂讨论的方向更为集中,课后的总结也有利于大家的回顾。在此非常感谢两位主持人的付出。

另外,这两次课程中涉及的领域更为广阔,如在第一节讨论双重救济的计算方法时大家使用公式、举例等方法来进行明确,在第二节讨论a contrario同学们使用逻辑学的知识进行阐述。这样多学科的融会贯通也十分令人惊喜,在讨论的时候学习到更多样的知识,也是讨论课的意外之得吧。

最后,随着WTO课程的深入,我越发觉得有些问题没有明确的答案。比如司法能动主义与现实主义之争,这种广有争议的问题也不是三言两语就能解决的。这种没有明确答案的讨论更能开阔我们的思路,给人以启发。

撰稿人 谢 譞

一、课堂总结

在第十二、十三周的课上,我们在赵文轩、姜林沣两位主持人的带领下讨论了美国反补贴和反倾销案与美国反补贴与反倾销案。

首先,翟宇凡同学提出问题:在非市场经济情况下双重救济是如何计算的。林子郁同学引用上诉机构报告中的解释,在市场经济情况下,倾销幅度=市场价一出口价,补贴分为出口补贴和国内补贴两种情况,本案讨论的是第二种情况,即销往国内外的商品价格一致的情况,在市场经济情况下,市场价与出口价相等,而在非市场经济情况下,倾销幅度=结构价格/参考价格一出口价格,由于市场价由替代国计算,相当于只对出口产品补贴,市场价随补贴而浮动,因此计算反补贴时,市场价与出口价不相等,从而导致了双重补贴。姜林沣同学提出疑问为什么中国没有反对由替代国计算的方法,这是因为 CAP 的补充条款第 15 条 d 项规定了中国加入 WTO 的过渡机制,即替代国的承认应该在 15 年后终止,所以现在中国仍应该适用由替代国计算的方法。

其次,我们讨论了为什么在市场经济体制的国家反而允许双重救济的问题。老师提到了 DS515 和 DS516 两个案例,从制度上促使美国修改了国内法律,反补贴法作出的调整是在征收反补贴的时候考虑是否已经在其他场合征收了反倾销税,如果已经征收,就减少重合的部分。这些立法上的调整有利于通过合理的法律来反思不合理的法律规定。刘雨晴同学指出,上诉机构报告中提出市场经济情况下实际上也是受到双重救济影响的。这就引发了为什么美国只修改了针对非市场经济情况下的法律,而没有修改市场经济情况下会受到影响的情况的法律的问题。刘雨晴同学指出在专家组报告中,USDOC 考虑了(i) adding subsidies to the producer's cost of production;(ii) deducting countervailing duties from the export price;or (iii) using a producer's reported costs, if these costs do not reflect subsidies received (or otherwise using *unsubsidized* costs) to determine constructed normal value 这三个措施来改善市场经济情况下双重救济的问题,从而只修改了非市场经济情况下的法律。

接着,林子郁同学提问:如何看待上诉机构报告中对专家组运用反面解释的方法(a contrario)说明 GATT6.5 不能在出口的情况下同时征收反倾销和反补贴税的批判的问题。本案中专家组在两处运用了反面解释的方法。1. 专家组认为由于 GATT 第 6.5 条明确进 hi 仅限于出口补贴情况下存在的双重救济,SCM Agreement 第 19.3 和 19.4 条均未提及双重救济问题,不可能意图禁止征收在国内补贴情况下的双重救济。2. 东京协议第 15 条明确讨论了非市场经济体制国家进口产品同时征收反倾销税和反补贴税的问题,该条款未被纳入补贴协定,因此 SCM Agreement 不涉及是否允许双重补贴的问题。孙艺芸同学认为,反面解释与之前课上提到的立法沉默有紧密的联系,前者为法无明文规定皆可为,后者则是法无明文规定皆禁止,在出现立法沉默这种状态时,可以运用反面解释的方法弥补空白。老师提议通过查字典的方法明确 a contrario 的定义,即 one find in the law a regulation for

situation A and therefore concludes that the regulation does't apply to situation B and C.在第十三周的课上,我们继续讨论了对反面解释的理解。孙艺芸同学从逻辑推理的角度讨论了反面解释的适用,从先例来看反面解释的适用要求很严格,只有在必要条件和充要条件时才可以适用,充分条件时不能适用。这个角度遭到了老师的反对,因为采用纯粹的逻辑推理会提前预设构成要件和法律效果之间的关系。刘雨晴同学认为上诉机构的论证是从另一个角度进行,即东京协议不属于 SCM Agreement 的上下文,因此不能体系解释。袁崇林学长提出美国在历史上多次运用东京协议进行抗辩,如 DS344、DS213、DS379,都被上诉机构驳回,主要理由是东京协议是 20 世纪 80 年代的产物,至今经理了双边协议到多边协议性质上的变化和历史变迁,因此两个协议之间关系并不密切。林子郁同学则从背景角度考虑,认为乌拉圭回合产生的 GATT 是以市场经济为前提的,因此只禁止了出口的双重补贴,而非市场经济体制的双重补贴问题在立法时或许根本没有考虑到,由于语境的不同,不能适用反面解释。我认为本案中专家组可以使用反面解释的方法,但是运用的方式过于机械,对于条文的解释仍然应该遵循 VCLT 第 31、32 条的规定,综合运用文义解释、体系解释、目的解释等方法。

最后,我们围绕上诉机构是否存在越权解释的问题展开了激烈的讨论,由于 SCM Agreement 和 WTO 协定中都没有规定,此时应该如何确定上诉机构职权范围成为了争议焦点。林子郁同学认为,上诉机构的越权体现在解释所用的条款和原被告在辩护中所援用的条款并不一致,而是按照自己的意思来判断,条款和争议内容相关,但是与争议双方适用的法律没有紧密联系。老师指出美国认为上诉机构越权的两个理由是:1. 上诉机构解释的条款没有来源于争议双方适用的法律。2. WTO 成员国没有限制双重救济的意图,上诉机构解释 SCM Agreement 中对双重救济的禁止,给首先,第一条理由并不构成越权,因为根据 DSU 第 17.6 条,专家组审查的是 issue 而非 argument,专家组和上诉机构在报告中对 claim/argument 的回应应视为一种法律推理的方法和裁决的依据。其次,针对第二条理由,老师认为专家组不越权的原因是没有考虑 appropriate amount 的问题,但是如果没有考虑的话,就无法解决双重救济问题,因此上诉机构解释 appropriate amount 不应视为越权。孙艺芸同学认为,不合理的问题不一定都要在司法内解决,可能是 WTO 本身对立法机关职权范围的制度有缺陷,导致立法机关的解释极为有限,实际上必须以司法造法的形式解决。老师指出 WTO 的三种解释途径是立法、立法解释和司法解释,他们之间存在较为清晰的界限,如果所有的情况都归结于司法解释的话,实际上前两种解释途径就失去了作用,但实际情况是双重救济属于哪种解释途径并不会引起上诉机构的主义注意,上诉机构认为属于司法解释时就会去审核。法律解释主要发生在两种情况,一种是有漏洞但管不了,另一种是有漏洞就填补,正是这种情况容易导致牵强附会。张锎戈同学提到在 2007 年上诉机构年度报告中提出要从宽度与深度两个方面论证了上诉机构的解释,其中宽度是指 issue,深度是指权利义务的增减,但是没有提及类似于本案中的解释问题,可能有刻意回避的倾向。袁崇林同学认为,解释问题在一定程度上是立场问题,即司法能动主义和司法克制主义的对立,如果对解释持支持立场,那么对于立法的漏洞可以填补,但对有意而为的沉默则需要司法机关有目的和根据才能作出解释。如果对解释持反对立场,那么在有意而为的沉默的情况下,如果解释可能打破微妙的平衡,那么就不可以解释,即 constructive ambiguity。采司法克制主

义可以达到一时的稳定作用，但是长远上看会导致更大的漏洞，采司法能动主义，积极地对法律的模糊地带进行填补，才会推动法律体系的长足发展。老师指出法律需要解释分为两种情况，一是文字天然的模糊，即立法原意随着法律的发展导致文字含义变化，二是故意模糊，即在签订条约的过程中无法达成共识，在条约签订可能失败的情况下，订立各方为了达成协议刻意在条约中留有模糊地带，即 constructive ambiguity，有时候也需要解释。在第十三周的课上，我们进一步讨论了 WTO 的司法解释是在探求立法目的还是探求合理解释。林子郁同学指出 SCM Agreement 签订的时候并没有序言，也没有明确立法目的，因此上诉机构的解释可以说是给 SCM Agreement 增加了序言，即共同增进反倾销与反补贴，最好的方法应该是由缔约国重新解释法律文本，明确立法目的，但是这种方法难以实施，因此法律条款的解释工作就转移到司法机构身上。柳驰同学认为，在实际情况中，司法能动主义探求立法目的的过程可能会演变为探求几个成员国甚至几个专家的意图，这就与 WTO 的价值相冲突，而探求合理解释的问题在于 reasonable 的定义并不明确，主要依靠法官的解释，只有立法一直不被削弱的情况下，法官解释权才不会被滥用，这只能在极少数的国家实现。

二、课程感想

首先要感谢姜林沣和赵文轩两位主持人，不仅在课上激发大家的灵感，在课下还做了全面的总结，使我们对这两周讨论的内容有进一步的反思。同时我也感受到从第一个案例的讨论至今，同学们讨论的主题越来越集中，在思考的深度和角度上都有了很大的进步。同时我也感受到自己思维的局限性，在第十三周法逻辑学和法理学角度的讨论，给了我很大的启发。在赵文轩对自己主持的感想之中提到对于细节问题同学们往往很沉默，在原则问题上讨论很激烈，我也深切体会到这正是自己的问题所在，对于一些难以理解的细节问题缺乏深入的思考。

这两周课上关于法律解释的激烈讨论，围绕司法能动主义和司法克制主义之间的博弈。立法中不可避免的会有内容的空白和目的模糊，因此司法中需要赋予法官一定的自由裁量权，在时代的不断发展中，很多新产生的意义都是在立法时所无法预料的，如果固守立法上的空白而不填不，只会让法律与时代脱节，失去应有的作用。因此我认为司法能动主义应该成为时代的主流，让法律焕发持久的生机。

撰稿人 陈华屹

这两周的课上，大家关于两起双反案展开了有效率的讨论。不同的观点在交锋之间碰撞，最终围绕几个重点，形成了许多有深度的观点。以下对课程内容进行综述。

一、课程内容综述

1. 双重救济的计算

首先大家就为什么会产生双重救济这一基础问题展开了讨论。林子郁同学对这一问题的的介绍颇为详细：

首先需要明确的是，补贴(subsidy)可以分为两种：国内补贴和出口补贴。出口补贴是指政府对出口的产品，在出口环节进行补贴；而国内补贴是政府对产品从制造过程开始就进行补贴。二者会造成的区别是：出口补贴下，产品的国内市场价格和国际市场价格不同；而国内补贴下，两价格相同。

为什么这会对双反税的征收造成影响？在市场国家的情况下，反倾销税 AD：倾销幅度＝市场价－出口价。假设某产品成本为 5，正常市场价为 10，补贴程度为 1，那么在这两种补贴下(假设没有除补贴之外的倾销)(见表 1)：

表 1　补贴与征收对比

成本＝5	
出口补贴＝1	国内补贴＝1
市场价＝10	市场价＝9
出口价＝9	出口价＝9
AD＝10－9＝1	AD＝9－9＝0
CV＝1	CV＝1

我们可以看出，在国内补贴的情况下，征收的 AD＋CV＝1，与补贴额相同。而出口补贴的情况下，AD＋CV＝2，超过的补贴额，也就是说这是一种不公平的征税方式。因此，在 GATT 中也明确禁止了出口补贴下的双重救济。

本案的问题出现在国内补贴的情况。从上述分析来看国内补贴本不应存在双重救济，为什么本案产生？这是由于中国是非市场国家，以及美国对非市场国家的市场价采取的 NME 计算方式。

仍然以上表为例，出口价为 9，国内市场价为 9。然而，美国在用倾销幅度＝市场价－出口价的计算公式时，并没有用中国的市场价带入计算，因为中国不是市场国家。相反，美国采取了参照第三方国家的价格的方式(NME)来计算。而这种方式计算出的市场价，会排除一切政府因素的影响，包括补贴。

因此，美国算出的市场价至少比 10 要高，因为它排除了国内补贴的影响。假设该市场

价为 10＋x，则 AD＝10＋x－9＝1＋x，而 CV 仍为 1。这里的两个 1 都代表补贴额，因此可以说，补贴被计算了两次，产生了双重救济。然而此处双重救济应否被禁止，并没有体现在 WTO 的法律规定中。这就带来了本案的问题。

2. a contrario 的运用

a contrario 可以翻译为反对解释，其大概意思为：法律明确规定法条 A 适用于情形 1 而没有提及情形 2，于是得出结论：法条 A 不能适用于情形 2。这是一种逻辑性很强的解释方式，其中也包含着很多推理的因素。

在本案中，专家组有两处运用到了 a contrario 的解释方法：其一，专家组认为 GATT6.5 明确禁止了出口补贴下的双重救济，因此推理出在国内补贴情况下不禁止双重救济；其二，专家组认为 SCM 的前身即东京回合的一份文件中，明确禁止了双重救济，而 SCM 中没有此规定，因此推理出在 SCM 中不禁止双重救济。

对于这两处解释，上诉机构都一一反驳，认为这样的推理是很“机械”的。在上一个案子的讨论中，我们也讨论过立法沉默的问题，我认为立法沉默和此处的 a contrario 很像，都是法官在面对法律未明确规定的情形时，决定某一规则能否适用的问题。上诉机构认为，在不同的情形下，省略可能有不同的意义，单单凭借反对解释不能得出结论。

孙艺芸同学首先从逻辑演绎推理的角度尝试解释反对解释的效力。她认为，法条 A 和情形 1 之间的关系可以分为以下几种：1. 充分必要关系。也就是说，法条 A 只能对应情形 1，而情形 1 也只能适用法条 A。2. 必要关系。即法条 A 只运用于情形 1，但情形 1 不一定适用法条 A。3. 充分关系。即法条 A 可以运用于包括 1 在内的很多情形，但情形 1 只能适用法条 A。4. 不充分不必要关系》即二者没有必然的联系。孙艺芸认为，在充要关系和必要关系下，可以进行反对解释，认为不能适用于其他的情形。

我个人认为，这种解释尽管有其道理，但却无实际作用：要如何决定法条和情形之间的关系是什么？在充要关系，如一些没有兜底条款的规定中，法条适用的情形是闭合的，此时容易得出结论，但这种情况也就不存在反对解释的空间。反对解释之所以能被适用，一定是因为法条和所对应的情形的关系不清楚。此时运用逻辑推演的方式，不过是在循环论证，而没有进入问题的核心。

以下举几个国内法的例子，试加以说明：

《中华人民共和国担保法》第 41 条：“当事人以本法第四十二条规定的财产抵押的，应当办理抵押物登记，抵押合同自登记之日起生效。如果按照反面解释的逻辑来解释，就会得出结论：未经登记的不能生效。不生效则对抵押物的所有人是有利的，而对债权人是不利的，此外还可能涉及第三人如其他抵押物权人或买受人的利益。但第三人的利益并不都是存在的，在无第三人利益的情况下，抵押物所有人是基于自愿将其所有物提供抵押的，这样再对其予以特别照顾，则过度忽视了债权人的利益，使双方的利益严重失衡。所以，在不涉及第三人利益的情况下，对第 42 条作反对解释通过利益衡量所得的结果是不适当的。

《合同法》第 51 条：“无处分权的人处分他人财产，经权利人追认或者无处分权的人订立合同后取得处分权的，该合同有效。”如果按照反面解释的逻辑，就会认为未经追认的无权处分行为无效。然而，如果认为未经追认的无效，就会导致相对人的权利得不到保障，不能向无权处分人请求违约责任，还将面对原权利人对处分物的请求权，腹背受敌。因此，从立法

目的来看，应当承认，即使在未经追认情况下，无权处分的合同也依旧有效。

《合伙企业法》第 27 条第二款：不执行合伙事务的合伙人有权监督执行事务合伙人执行合伙事务的情况。反面解释的话，会认为：执行合伙事务的合伙人无权监督其他执行合伙人的执行情况。然而，这也是有悖于常理的：这一条的规定就在于要保护合伙人的利益，避免有执行权的合伙人滥用权利，损害合伙企业利益。因此，在有多个执行合伙人时，一个执行合伙人当然可以监督其他执行合伙人的执行情况，这是该法条的本来意旨。

从这些例子来看，单纯使用反对解释来解释法条，会得出一些与立法目的不符、与公平正义不符，甚至显得荒唐的结论。为什么会出现这样的情况？我认为，这是因为反面解释根本不是一种解释的方法，它只是一个表面的现象。我们在接触法学后的第一堂课上就学习了法律的几种解释方法：文义解释、体系解释、历史解释、目的解释……而反对解释不在其中。这是由于，反对解释仅仅只是把一个法条反过来，是逻辑上的推演。而就像真命题的反命题不一定为真一样，单纯的反对解释没有任何的作用。

那么，为什么包括本案专家组在内的，如此多的裁判者采取了这种解释说理的方式呢？我认为，有两个原因：第一，这是一种节省效率的手段。使用反对解释不需要思考成本，不需要对法条内涵做过多的解释，只需要简单做一下置换，得出一个结论，就可以直接套用；第二，其实反面解释也是一种探寻立法目的的方式：为什么立法者要这样写？为什么不把反过来的情况说清楚？是有意的留白吗？立法者的原意是什么？通过反对解释，裁判者试图探求立法者的意图。

我进一步认为，既然反对解释不能提供任何有效的信息，我们实际上还是要将目光放在立法目的上来观察。以上我举的三个例子都反映了这一点：在这三个例子中，反对解释不合理的原因都在于它们不符合立法者的原意和公平正义。那么来看本案：尽管立法者没有明确规定在国内补贴中是否禁止双重救济，但从立法者禁止了出口补贴的双重救济来看，立法者的意图就在于不让同一个补贴在征税中被计算两遍，从而维护国际社会的公平秩序。那么这样的一个意图，就不可能因为出口国家是市场国家还是非市场国家而变化，不可能说因为中国是非市场国家，就应当受到惩罚。因此，无论是从目的解释还是公平正义的角度来看，双重救济的规则都应当是明显的：非市场国家也应当禁止双重救济。

但是，光有目的解释还不够——由于文义解释才是“黄金规则”，我们对立法目的的所有解释，最终都应该落脚到文义中去，如果我们的解释超出了文义的射程，那么就是越权解释。本案情况如何？我们欣喜地看到，我们的解释在 19.4 中能够找到一个落脚点：appropriate. 正是通过这个词，上诉机构为一个合理的、公平的解释找到了依托，从而没有越权。

综上，我认为 a contrario 的运用不是决定性的，要通过各种解释的方式，综合得出一个公平、合理的解释。

二、课程感想

司法的目的是什么？司法的本质是什么？是发现还是创造？这是无论在国内法中，还是国际法上都无法避免的一个永恒的话题。创造性地解释在西方当代是主流观点：“司法的创造性是不可避免的”。当然，即使法官在进行创造性解释，这种创造也应以法律原则及明确的法律条款为基础。

哈特认为，人类立法所不能摆脱的困境是对未来事实的相对无知和对未来目的的相对模糊。因此，后来的法官在适用法律规则时，就必须要有一定权衡利弊的空间。在规则出现"空缺"的地方，法官拥有自由裁量权，发挥其创制规则的功能。我想，司法积极主义在承认法律原初意图的基础上，发展了其意义，增加了许多原初意图所未预想到的，而这是符合历史发展和社会进步这一基本规律的。很多时候，如果完全拘泥于立法上的空白而不进行填补，法律就会在当今社会越来越失去其可适用性。

有同学认为，WTO 的立法和国内法的立法存在很大区别，这造成法官不能过多施展能动主义的拳脚。我认为这一说法有一些问题：首先，国内法和 WTO 规则一样，都是通过民主方式订立的，展现了每个参与者的意愿。只不过国内立法上，民主的展现方式更加间接，但这不妨碍立法表现公民的意志。其次，既是是纯粹通过意思自治订立的合同，依然存在法官调整的余地。从这二者观之，允许法官对 WTO 规则进行适当的发展和补充，是当今 WTO 体系应有的态度。相反，如果要求法官墨守成规、不越雷池，则 WTO 规则中的漏洞不能得到填补，就会以尊重国家意志的名义，走向 WTO 争议解决框架的分崩离析。

 徐朝雨

一、课程内容

第十二、十三周的两次课堂同学们一起讨论了美国反倾销和反补贴案(DS379)和美国反补贴和反倾销案(DS449),分别由赵文轩和姜林沣两位同学担任课程主持人。两位同学准备充分,不仅为大家呈现了一个秩序井然的课堂,还在课后进行了课程内容总结,在此对两位同学表示崇高的敬意。

第十二周时,大家刚开始集中于事实层面的讨论,从翟宇凡同学的问题:"为何出口补贴的情况会导致双重救济?"开始。林子郁同学和姜林沣同学一起梳理了国内补贴和出口补贴的结构。在出口补贴的情况下,无论是市场经济地位还是非市场经济国家,补贴的作用都会直接导致货物价格下降,所以 GATT 第 6.5 条不允许在国内补贴的情况下同时发起反倾销调查和反补贴调查。而在国内补贴的情况下,市场经济地位国家与非市场经济地位国家的情况完全不同。计算倾销幅度是将出口价格与正常价值进行比较,而非市场经济方法,正常价值的基础是来自第三国的"替代"成本或价格,因为出口国的价格和生产成本受到了政府干预的扰乱,不能反映市场经济条件。因此,使用非市场经济方法计算出来的倾销幅度,不仅反映了被调查企业在国内和出口市场的价格歧视(即倾销),而且反映了影响生产商生产成本的经济扰乱情况。在这种情况,使用非市场经济方法,对某种产品同时征收反补贴税和反倾销税,就可能出现"双重救济"。

界定清楚概念后,杨老师提出了本案的核心问题之一:上诉机构的解释是否存在越权?回答此问题,首先要分析专家组和上诉机构分别采取了何种解释思路。我们可以看到,虽然都在 VCLT 的框架内,但专家组与上诉机构采取了完全不同的解释方法。专家组认为,"双重救济"是可能客观发生的,但是中国关于 SCM 第 19.3 条和第 19.4 条的主张是在 SCM 框架下提起,与 AD(Anti-Dumping Agreement)无关,关于"appropriate amount"的解释也仅限于 GATT 第 6.5 条和第 19.4 条的规定。专家组最终得出结论,中国没有证明美国使用非市场经济做法计算价值导致了 SCM 协定下的双重救济。

上诉机构的解释思路和专家组大相径庭。上诉机构先采用文义解释的方法对 SCM 第 19.3 条的"appropriate amount"进行解释,随后采用体系解释的方法将第 19.4 条纳入解释范围。随后,上诉机构认为第 19.2 条,第 21.1 条也与第 19.3 条的内容存在体系关联。接着,上诉机构发现 SCM 第 10 条第一次提到相关问题,并可由此引申到对 GATT 第 6.5 条的解释。GATT 第 6.5 条明确解释:"任何国家不得对其他国家出口的产品同时征收反倾销和反补贴税"上诉机构认为,专家组对 GATT 第 6.5 条进行机械地反向解释是错误的,此处存在的特殊规定并不意味着只有在出口补贴时要避免双重救济。之后,上诉机构认为在 AD 中存在与 SCM 协定第 19.3 条类似的条款,应当进行整体解释,并认为无论从 AD 还是 SCM 协定的宗旨还看,允许"双重救济"显然有悖于协议宗旨,从而得出使用非市场经济方法,对某种产品同时征收反补贴税和反倾销税是不合适的(inappropriate)的结论。

袁崇霖同学认为，看待上诉机构的解释是否越权，根据不同立场得出的结论不同。如果支持司法能动主义的立场，上诉机构的解释是对法律内涵的延展，不构成越权；反之，如果采取反对司法能动主义的立场，认为上诉机构必须按照 DSU 的规定严格解释法律，那么上诉机构的行为可以评价为越权。袁崇霖同学支持司法能动主义的立场，他认为如果上诉机构的解释违背了 WTO 的基本宗旨和价值，而是机械地遵守固有方法，则无法看到 WTO 体制的活力。孙艺芸同学不同意此观点，她认为上诉机构的解释属于实质越权，因为从 SCM 协定第 19.3，19.4 条中无法解释出禁止双重救济的结论。

第十三周时，事实层面的问题几乎已经解决，大家的讨论集中于理论层面。杨老师抛砖引玉，提问道："如果支持上诉机构的解释，那么'appropriate amount'还可能包括什么情况，除了不能同时存在反倾销税的救济以外。"我个人认为，上诉机构的解释为"appropriate mount"不仅包括 SCM 第 19.4 条的情况，还包括反倾销救济，也可能包括其他因素。所以应当个案判断"appropriate mount"，根据双方诉求再为确定。

接着，孙艺芸同学提到了假设结果与反面推理的关系。假设结果的逻辑在于，在假设条件成立的情况下，一定会发生构成要件结果。而反面推理的问题在于，A 是 B 的充分条件，则 A 可以推导至 B，但 B 无法推导回 A，除非 A 是 B 的充分且必要条件。这就客观解释了专家组机械反向解释的错误，即 GATT 第 6.5 条规定了出口补贴不适用双重救济，不能推导到其他情况下都不禁止适用双重救济。

最后，大家的讨论重点集中于东京回合协议第 15 条关于补贴的规定，通过封闭式列举的方法认定关于补贴的规则，只能适用本协议或者 GATT 第 6 条。美国在专家组和上诉机构两个环节均使用该款进行抗辩。专家组报告中，也将该条款作为支持最后的结论的一项依据。在上诉机构报告中，直接否定了该款的解释价值，认为该条款不能作为 VCLT 第 31 条的"context"，因为这是乌拉圭回合之前达成的协议，不具有适用效力，最多只能作为 VCLT 第 32 条中提及的"补充材料"。

二、课程感想

先说说对案件的看法吧。阅读材料的时候，我无数次的感叹，上诉机构的裁决写得真好啊，真是非常公平公正了，所以一定程度上忽视了上诉机构是否存在越权这个问题。在我的潜意识里，上诉机构的裁决显然不能与一般人的主观认知相悖，专家组所言："虽然裁决看起来是不公平的，但是从 SCM 协定第 19.3 条，第 19.4 条无法得到不允许双重救济的结论。"在我看来是无法接受的。这可能涉及到一个理论性更强的问题，法律是恪守文义更加重要还是得到公平的结论更加重要。

我认为，恪守文义的解释和得到公平的结论同等重要，两者是相辅相成的，这从 VCLT 第 31 条、第 32 条的解释方法中也能得到印证。VCLT 要求综合运用文义解释、体系解释、目的解释、善良解释(in good faith)等多种方式解释条约，在文义解释难以得出适当结论时，可以运用其他解释方法进行补充。我非常认同第一节课时潘隽吉同学提出的观点，即一般情况下条约的文本可以直接反映订约目的，这就是文义解释作为基本解释方法的原因。但是，特殊情况下，有些文义具有扩展性含义，必须使用体系解释的方法才能更加完备，比如本案中的"appropriate amount"。体系解释中的"context"既包括同一协议的上下文，也同样

包括相关协议(比如 GATT 1994,AD 等)中与主旨、目的有关的条款。所以,本案中上诉机构的解释方法完全处于 VCLT 的框架之内,不存在越权的可能性。

就孙艺芸同学提出的,上诉机构的解释属于实质越权,虽然名义上在 VCLT 的框架内,但是从 SCM 协定第 19.3 条和第 19.4 条中无法解释出禁止双重救济的结论这一质疑,我认为是不合理的。她的核心观点认为,第 19.3 条和第 19.4 条没有直接援引 AD 中的内容,就不能对其进行综合考虑,实质是坚持 WTO 协议之间"cross-reference"的观点。本案中,中国明确提出了对已经征收反倾销税的产品按照第三国市场价值征收反补贴税会违反 SCM 协定的诉求,显然可以根据整体解释的需要援引至 AD 协议,否则会显得论证不足。在诉求中的证明因素不需要通过"cross-reference"来援引至其他协议,这也在 GATT 第 6.5 条中有所体现。

还有同学担心,一旦扩大了解释的范围,会不会影响法律的稳定性。我认为,在 WTO 的体系中,这一切完全不必担心,原因有二:其一,虽然为建立先例制度,但专家组和上诉机构审理案件的过程中,会以以往的裁判为依据,除非发生了特别的情形,大多会选择遵循以往的判决,这在 DS449 案中体现的非常明显;其二,上诉机构是最终裁判,它的裁判不仅代表着一个案子的最终判罚,也代表着世界经贸的发展,其对条文的解释会随着时代的进步而变化,比如著名的"shrimp"案中第一次将活体解释为濒危资源。在本案中,上诉机构坚定表示了反对不合理地"双重救济"的观点,同样为未来各国间的经贸往来指明了道路。

再来聊聊这两位主持人同学。两位同学的主持风格明显不同,赵文轩同学更加沉稳,姜林沣同学更加灵活,但可以看出为了课堂讨论都作了十分充足的准备。沉稳的好处是对问题的剖析更为深刻,比如第一节课时我们终于对国内补贴如何导致"双重救济"的问题达成了统一意见;但缺点是课堂气氛不够活跃,大家对理论问题的交锋也比较少。而灵活的课堂氛围正好与此相对,第二节课时大家的思维都非常活跃,等待发言的人数众多,但大都停留在主观层面,较少回到文本内容分析。值得注意的是,回归讨论的杨老师,每节课都担当着问题的提出者,推动着课堂的前进。

期待着本周对"电子支付案"的讨论,希望"服务贸易"领域能带来不一样的收获。

7. 第十四至十五周

中美电子支付案

引言

第十四、十五周的课上，我们围绕中美电子支付服务案（DS413）展开了最后一次研讨。课程讨论内容涵盖了事实问题、解释问题、制度问题。在课程综述中，同学们主要讨论了以下四个问题：对于 EPS 两种模式的澄清；专家组论证 EPS 属于中国减让表的 subsector（d）中的“all payment and money transmission service”的思路；承诺书中 including 不同用法的差别以及进而引起的制度思考；立法的滞后性引发的发展解释以及进一步的司法权限思考和解决思路。

本次课程整理由袁丁同学完成。

课程内容

一、对于 EPS 两种模式的澄清

本次讨论的案例是本学期唯一一个服务贸易的案例，由于本案的事实问题涉及许多专业的金融知识，因此首先澄清这些模式是十分必要的。

廖林风同学对本次案例中涉及的金融专业知识如清算、结算等概念进行了梳理。三方模式的三方，一方是银行，一方是个人，一方是商家。从抽象上来讲，三方之间的关系，即客户在银行提取现金、支付给商家，商家在银行存款。四方模式包括卡组织、发卡行、收单行、商户，卡组织自身不再负责发卡和收单，因此便需增加从发卡银行接收信息和向收单银行发送信息两项职能，而资金流则不再经过卡组织，直接由发卡银行转入收单银行。这意味着资金流和支付信息流进一步分离了，卡组织专门承担清算职能以及与之相关的标准制定、市场秩序维护等等。具体流程如下图所示。

随后，同学们针对微信和支付宝的支付模式展开了进一步讨论，但由于与案情无关，在此不作展开。

二、专家组论证思路

在报告中，专家组利用了上下文解释、文义解释、目的解释等手段得出了 EPS 属于中国减让表中“all payment and money transmission service”的结论。对于专家组的论证思路，曾涵钰同学进行了图表梳理。

有同学指出，这是本学期阅读的案例中唯一严格按照 VCLT 解释方法进行的论证。

在本案中，美国提出使用“业界观点”（industry source）来解释 subsector（d）中“payment”“money”“transmission”的含义，专家组接受了这一建议。同学们基本一致认为，引入 industry source 来探究 ordinary meaning 是合理并且符合 VCLT 要求的。在《维也纳条约法公约述评》中，对于“一般含义”的探求原则，学者们认为，“In this respect, account can be taken of the kind of treaty involved, thus the test is not so much any layman's understanding, but what a person reasonably informed on the subject matter of the treaty would make of the terms used.”也就是说，这种“一般含义”应当是一个在相关领域受其影响的人的理解，“业界观点”恰恰符合了这种要求。此外，本案的推理中，专家组并没有偏袒某一方而只采信一方提供的“业界观点”，而是同时考察了双方的材料并且予以了评估，是比较客观、中立的。因此，尽管尚无援引“业界观点”的先例，这里的尝试也是值得肯定，并且符合法律解释的精神的。但与此同时，专家组也承认“业界观点”可能带有“自利”（self-interest）和“偏见”（bias），并表示必须对这些局限性加以注意。

经过各种解释方法后，专家组专家组通过判断原因力的强弱、对结果贡献的大小，对电子支付服务的范围进行了限定：承诺表中的 service 指的是“any service that is essential to

'payment and money transmission'"。

对于专家组得出了这一标准性解释，同学们提出了不少疑虑。一些同学认为，essential 的标准一旦定下来，将会很难得到执行，如果仅定下这一标准，那么网络提供商、水电供应商等也都可以被纳入 service 的范畴。据此，林子郁同学认为，专家组可以作如下修改："Subsector (d) encompasses any service that is essential to 'payment and money transmission' and is of the same basic nature"。她建议添加一个"根本属性"上的限制——必须与三方交易、四方交易的金融属性相同。这样就可以将(d)项限缩于金融领域，而不会包括计算机网络的提供者、银行的送餐人员、银行的清洁工。

针对此，陈华屹同学通过查阅辞典解释 essential 进行了回应。他认为 essential 至少包括两个含义：不可或缺的 & 根本的。因此，of the same basic nature 本身就被包含在 essential 的含义中，因此无须添加。

而对于 essential 规则本身而言，笔者自身有一点看法。笔者认为，由于 WTO 法上并不采用严格的判例制度，而前面的判例对后面还是会产生辐射影响，那么确立这种规则性标准本身有一丝不妥之处，产生了干预立法之嫌。因此，笔者认为专家组完全可以就事论事，将 essential 仅仅作为论证的一环，最后得出符合要求的言论，而尽量避免确立一个规则性的标准。

三、由 including 引发的思考

刘书杭敏锐地发现了减让承诺表中 including 的立法差异，一些用的是 including，一些用的是 including, but not limited to；一些 including 在逗号后面，一些 including 在括号里面。

对此，杨老师和同学们作出了一些假设，如立法者不是同一人，林盟同学由此展开，对 WTO 协定究竟是如何起草的进行了探究。

有同学认为，尽管 including 本身就表示列举式说明，但是 but not limited to 应该做有效解释。针对此，同学们作出了回应：有效解释并非指不同的词就要体现出不同的含义，它其实是善意解释的一种方式，本身并不具有很高效力，法律用语和含义并不是数学中的一一对应，不同的含义也可以用不同的词语表达出来。因此，不能过于苛责立法者。对 including 和 not limited to 的理解应该遵循立法原意，进行体系解释。

由此，我们也进行了立法上的思考。在讨论中，柳驰学长认为，其实立法者可能并没有想那么多，是司法能动性的问题。而潘隽吉学长表示反对，立法者为了不让司法者随意解释，应该注意每一个标点和用词。杨老师拿《民法总则》的立法条文进行了对比，并指出，作为法律解释着，我们应当适应立法中的"不完美"，并运用解释方法使其变得"完美"。

四、立法的滞后性引发的思考

这个案件涉及的立法滞后性的问题。由于在作出承诺时，EPS 还并不发达，因此没有被列入 including 的范围，体现了立法落后于时代。于是大家开始讨论司法能动主义与判例制度的合理性。

袁崇霖学长认为，WTO 本身是以成文法制度为出发点，以大陆法为参照系的，然而因

为成员国博弈的复杂性、体系的特殊性，漫长的立法周期和从未被激活的“立法解释”使得这种“立法滞后性”相较大陆法国家的法律制度更为突出。在这种情况下，“事实上的遵循先例”应运而生——这不是谁创造的，而是埋藏于、植根于争端解决机制的体系之中的，从DSB诞生的第一天，似乎这种制度就开始发芽，成长到今天已经成为了一棵茁壮的大树。但是这种表面上的“茁壮”掩饰不了其背后的重重矛盾和激烈冲突，使得我们无法作出结论，“事实上的遵循先例”是一个解决滞后性的好制度吗？

柳驰学长则认为，一方面，WTO的内在矛盾在于这个机构的设立本就不是围绕遵循先例的理念构建的，其既没有深厚的判例根基，又表现着突出的成文法特征，使得判例制度像是一个不合适的“嫁接”产物；另一方面，如果公然承认先例的效力，就无法回避如“cogent reasons”规则这样的重要制度，然而这些制度本身便不是国际公法解释习惯，引入这些制度的过程还是“判例”，其来源也是判例法，根本就无法赋予这些规则一个正当、牢固的法理根据，那判例制度的确立也就无从谈起了。此外，如果采取成文法模式，基于一个成员一票的设计，在立法中，小国是有博弈能量的；但是在判例制度中，实际上造法的是一些在全球范围内为数不多的顶尖法学院接受法律训练的的法官和律师，这种出身和背景的同质化、垄断化都会给WTO带来不利的影响。

子郁同学也分析了司法能动主义的正当性。普遍认为，法官职业群体的中立性、超然地位和审慎反思性，是司法能动主义正当性之所在。但是在本学期的阅读中，我们经常感到部分裁判说理不够清晰、逻辑混乱，无法“以理服人”。(比如原材料案与稀土案)张月姣大法官也在访谈中谈到：“上诉机构法官都很辛苦，由于长距离飞行的时差问题，几乎每个人都是早起的小鸟，早上4点钟就开始评论案情和有关的法律问题。”现在上诉机构仅剩四名法官，想必这种情况还会加剧。WTO的法官是劳累、疲惫的，审案质量可能得不到保证。因此，大家对WTO采取的司法能动主义或者判例制度还是有所疑虑。

但事实上，由于WTO特殊的制度，司法能动主义已经成为了裁决机构势不可挡的趋势。徐朝雨学姐就用举了例子，“shrimp”案中将“海龟”解释为珍稀资源，这是上诉机构第一次将活的生物解释为珍稀资源(exhaustible resource)，与以往对珍稀资源的解释大相径庭(矿山等)，充分体现了上诉机构的解释随时代现状变化的能动性特点。

笔者也认为，由于WTO立法条件过于严格，而世界贸易关系又一日千里，要想维护规则体系的正常运转，司法能动主义是不可避免的。杨老师提出了evolutionary interpretation的概念，笔者也了解到，这种动态解释或称进化解释的方法在当今国际法中越来越常见。

此外，有同学提出，对于减让承诺表的解释应当具有特殊性。由于减让承诺表的目的性和自愿性非常明显，因此对它的解释应当与一般条约的解释有所区分。陈华屹同学的期末论文即围绕此展开，在此不表。

课程感悟

一、WTO 法的独立性

随着判例法/成文法之争的展开，有同学逐渐意识到，这种非黑即白的归类方式可能会让我们造成一些先入为主的误解。据此，有同学提出，我们在对待 WTO 法时，应当尽可能地将其独立看待，而不要习惯于先归类，后建构。

二、法律与其他部门的关联性

由于本次案例的特殊性，许多同学都开始意识到，只局限于法律的眼光去看法律是不行的，法学学习对知识结构的丰富性要求是极高的。专业领域知识甚至制度建构在我们审视法律时都是极为重要的。

三、讨论感想

有同学再次强调了 tutorial 形式的优越性，但也同时指出，我们往往沉迷于宏观的高谈阔论，却在细节的、专业的、技术性的知识讨论中陷入僵局。

徐朝雨学姐对清华本科生的学术素养提出了赞赏，而几位本科生也表示从学长学姐的专业性中学到了许多。

本次讨论是 WTO 课程的最后一次讨论，在将来还有无穷无尽的案例正在等待我们分析，WTO 的发展也已经面临着关键的转型期。很荣幸能够为同学们进行最后一次综述汇编，希望在不远的将来，大家能够再次坐在一起，再次“高谈论阔”！

综述汇编

曹文潇

一、案情概述

2010年9月15日,美国就中国关于电子支付服务的一些措施诉诸WTO争端解决机制,是为“中国电子支付服务案”(China-Certain Measures Affecting Electronic payment Services,DS413)。

本案中,美国称,“电子支付服务”是指处理涉及支付卡的交易及处理并促进交易参与机构之间的资金转让的服务。电子支付服务提供者直接或间接提供通常包括下列内容的系统:……“支付卡”包括信用卡、赊账卡、借记卡……

美国认为,中国加入WTO时,就“电子支付服务”作出了市场准入和国民待遇承诺,但中国却通过采取一系列措施,限制了市场准入,并且没有提供国民待遇。服务贸易减让表将服务分为四种模式:(1)跨境交付;(2)境外消费;(3)商业存在;(4)自然人流动。美国认为本案中中国正是就模式1和3,即“跨境交付”和“商业存在”作出了承诺。

通过使用条件解释的方法,专家组认定,中国就“电子支付服务”作出了承诺,但对于所谓中国所采取的措施,专家组则作出了分别认定,即美国证明了一些措施,但另外一些措施,则美国没有证明。这样,专家组所审查的是否违反市场准入和国民待遇承诺的措施,仅仅是那些美国所证明的措施。

本案中,我们讨论的是中国承诺是否包括电子支付服务。

二、课堂内容

(一)事实问题:EPS的三方模式和四方模式

三方模式:

持卡人-银行-商家

一方是银行,一方是个人,一方是商家。

客户在银行提取现金、支付给商家,商家在银行存款。

四方模式:

卡组织、发卡行、收单行、商户。

(二)用essential去判断是否使得(d)的边界变得非常模糊?

除了essential之外我们是否应该加入direct、可替代性等标准?微信支付宝等也符合

essential 的标准吗?

在本案中,专家组用“essential”来论证,中国所承诺的 payment and money transmission 是否属于 all payment and money transmission services 这个部门,并将服务和清算业务列为其中。不少同学指出,我们很难去界定 essential 的含义。陈家棋同学认为我们应该在必要性方面加一些限制,使它更加严谨,在课堂上他提出了“不可替代”这一标准,而在综述中,他认为,应该将其考虑为相当的因果关系。而蒋佳佳同学认为我们在运用 essential 的时候最好能够加上 direct 这个标准,从直观上看,对于整个交易,提供 pos 机这个服务跟电子支付服务相比,已经是一个比较外围的服务,而电子支付服务对于支付则是比较直接的服务,所以专家组除了要拿“重要的”来作为界限之外,还要用“直接的 direct”这个标准来作为另一个界定标准,即当某项服务与交易目的关系密切且直接时即可认定为 essential。

而专家组其实是限制了 essential 的,虽然它比较模糊,但是也是要具体行业具体分析。

微信支付宝则是通过建立了一个第三方的资金短期存储平台,实现银行卡内的资金流通。

个人—绑定的银行卡—微信支付宝内资金流通—商家—商家绑定的银行卡

根据央行最新出台的规定,网络支付服务也需要经过网联平台处理,也就是说,微信支付宝也要接入银联。

(三)扩大解释的问题

Q 既然本案涉及的是中国的承诺,用 VCLT 解释可能会导致扩大解释,此时如果使目的解释占更大比重会更好。那么怎样确定目的呢? context。上下文的范围是什么? 本文中采用的这些“context”都是合适的吗? 在进行法律解释的时候专家组和上诉机构会运用不同的解释方法和手段,那么我们该如何确定界限和权利范围? WTO 等规则制定出来的时候,并没有微信支付宝等等,也没有电子支付。那么我们该如何对法律进行解释?

专家组在进行论述的时候执着于进行文义解释,通过查找字典等等,一个词一个词的进行阐述。但是经过时代的变迁,法律条文中的文字含义总会发生变化,社会条件也会发生变化。因而要在文义解释的基础上,综合运用目的解释,对立法目的和现实目的进行综合分析。这样比较与时俱进,也比较科学。也要考虑运用上下文解释,系统的理解条文含义。最后,也要综合考虑国际习惯法,商事习惯等等。

三、课程感受

已经是第八次课程综述了,这次讨论的电子支付案,从内容上来看,非常有现代气息,涉及了电子服务这一非常二十一世纪的概念。而在课程开始我们就讨论了跨学科的 EPS 三方、四方模式,也使我了解到了很多新的知识。

但实际上在新之余,我们的重点仍然放在法律解释这一问题上。在本案,我们着重讨论了有关 essential、including、not limit to 这些非常具体的,可能看起来很不起眼的词。但是这些词对于解释整个条文的意思,在限制条文的边界上都起到了非常大的作用。我个人并不擅长分析条文,但是看了同学们的总结,感觉收获很大,也学习到了很多知识。而其中一些同学们观点的交锋,也让我像是回到了课堂上,在看大家辩论。非常感谢大家!

 陈家棋

一、课堂感想

这两次课程与之前不同的地方在于，其针对的是服务贸易而非货物贸易。相比货物贸易，服务贸易在概念上和外延上都要更加复杂。这也是为什么本案中，对于 EPS 的认定专家组用了较大的篇幅去讨论其概念，甚至对其中的每一个单词都进行了极为充分的讨论，也因此更加考验我们在分析和解释上的能力。

这次课程结束，我们这学期对 WTO 的探索也算是基本告了一个段落。相比起前面的内容，反而这个案例让我更加感兴趣一些：这大概因为平时就喜欢这种"科技"一点的东西，所以了解也多一些。它相比以往的案例，会更加有一个基本的骨架在那里，也更好掌握其脉络，例如对于三方模式和四方模式，虽然一开始觉得有些生涩，但是了解下来，比照上次综述中的反倾销和反补贴的计算等，会显得更加直观、体系化。

但其实，我们虽然遍历了几个贸易，但是 WTO 的面纱还远远没有揭开。如果我们还希冀于去探求其和其背后的原理，那么实际上，我们的旅程才刚刚开始。这也是法学的魅力之所在，我们的框架，在无数的领域中都发挥也将发挥着作用。这也就更要求我们，在进入和理解的时候，必然要接触更多更新鲜的东西——求而弥远，学而弥深。

二、内容综述

（一）essential 的边界与判断

主持人在第一堂课就提出了这样的一些问题："本案争议的 EPS 究竟是发生在三方或四方模式的哪一个阶段？这种用 essential 去判断是否使得(d)的边界变得非常模糊？除了 essential 之外我们是否应该加入 direct、可替代性等标准？微信支付宝等也符合 essential 的标准吗？"

为了考虑中国所承诺的 payment and money transmission services 是否属于 all payment and money transmission services 这个部门，专家组使用了"essential"来论证，从而使得清算等业务得以被摄入。事实上来说，清算等业务被纳入这个部门，在专家组的论证下争议并不大，但是我们却依然对这个词汇的使用抱有疑虑。事实上，就如同我课上的观点，我认为这里除了"必要性"还有必要加上一些限制，才能使得它显得更加严谨，而不会出现我们上课说的，一切为其提供方便的，如网络提供商都因"essential"而成为其一部分。从因果关系的角度来说，可以考虑其为"相当的因果关系"，也就是遵循近因原则，一方面，某种业务或者某种服务需要是必要的同 all payment and money transmission services 相联系(essential)，一方面，这种联系是关乎这个 all payment and money transmission services 的性质的。在这种界定下，可能比较不会出现问题。这也是蒋佳佳同学的观点。我课上的思

考基于的是“可替代性”,实际上同关乎性质有类似之处。即,这种服务的存在与否,是与其性质的改变所有关的;但是我现在放弃了这种主张,是因为我思考后发现,例如三方模式和四方模式,假如四方模式去掉了一方,性质实际上改变了,但并不意味着三方模式不作为一种支付方式存在。这个例子不大确切,因为三方和四方并不是简单的减去一方的关系,但是意思是差不多的:其本身作为 services 的某个特定类别是有区别的,但减本身可能是无碍于整体性质的。

(二)用语之问题

这个问题,一方面同同学们讨论的关于 YCLT 的解释方法有关,一方面也立足于我提出的那个“not limited to”的问题。我提出这个问题的时候,本没想到大家会做这么多的讨论,但看来还是有助于我们进行一些思考的。

也许正如老师所说,立法者也是人,在当时的情况下,也许有的规则并没有诞生,或者并不严谨。综其看来,解释落实到最后,也不过是为了解决理解的问题,从而提供一定的公信力。我们介意 not limited to 的原因在于,如果每个符号和每句话都要求有其特定的含义,那么可能这里会成为国家抗辩时候的一个工具:或者至少限制了专家组在分析时 including 的运用。但事实上这还是极为艰难的,因为以上的解释本身,终究还是不能违背解释的目的,探求意图,寻求争端的解决。所以同学们的意见,从括号内的较为不重视,到语义通顺论,实际上也并不是基于“必有含义”而反对 including 进行解释。我的观点也与之类似,即对于金融衍生品的列举极不充分,所以特意多加了一句。这实际上我认为并不能形成一个较为妥当的解释,因为实际上并没有解决“必有含义”和对“including”前后不一的问题。

但也就是这些地方,才是专家组作用之所在,对于这种地方的调和,实际上是对于立法技术和个案内容的再审视。这就比如,如何“take into account”,其效力如何,最后终究是需要落在其条文上来进行解释的。这也是我们对于 not limited to 无人以此攻击 including 的理由之一:我们根据前后文,实际上可以理解 including 应该有的意思,因此此处并不是“表意不明”而需要探讨,更多的会被认为是一种可以被治愈的瑕疵。由此,我们某种程度上也经历了一番“善意解释”。

(三)立法滞后性

这似乎是一个已经争论了很久的问题,直到最后一节课,我们仍然有在讨论这一个问题。

我们都不可否认,立法是必然滞后的,而法官的“能动”也是必然存在的。如我们反复思考的,克制和能动的界限在哪里?虽然这个说法有些 tricky,但是我还是觉得,克制和能动并不是相互冲突,或者说至少它不是一个非此即彼的内容——否则我们就得去分辨“谁对谁错”“谁好谁坏”了。

WTO 中,专家组和上诉机构面临的问题是,他们所被赋予的公信力、中立性,无一不是建立在脆弱的平衡之上。如果要其克制,那么可能出现很多问题未能解决,从而丧失了争端解决机制本身的作用;而要其能动,也总得有一个边界,否则其背后的平衡也并不足以支撑。

立法者实际上想得比我们周到,DSU直接规定其以解决实际问题为要务。那实际问题究竟限制到了哪一步？这实际上是一个走进死胡同的问题——否则我们也不会讨论了那么久,最终还是回到一个空泛化的结论上,即例如专业性、中立性。实际上,与其说这是一个主义的问题,不如说还是一个权衡的问题,从实务中走,在已有的法条内腾挪。

撰稿人 陈嘉琳

在这两节课上我们组要讨论了电子支付案的相关内容，对于其中很多问题都进行了较为详细的分析和讨论，包括三方、四方的交易模式具体状况，解释的方法、立法和司法的关系等诸多问题。除了一以贯之的法条解释、逻辑分析的讨论，这个案例更多地引发了同学们对于案例之外延伸出来的问题的思考。以下摘取我最有兴趣的几个问题进行讨论。

一、新情况的出现

就中国的承诺问题，争议焦点在于是否包括银联提供的 eps 服务。在这个问题的讨论中，课堂又衍生出了新的问题：微信、支付宝等新兴的交易支付方式是否也应该被纳入到这个范畴之中，是否也应该算在中国的承诺中。

这就涉及了当一个条文确定之后出现新的社会状况的问题。在讨论中，同学们有认为这个应该被包括在其中。正如网络传输的音乐影像是否包括音像制品的问题，并不能因为当时没有就当然地认为他不包括。法律条文的解释并不是一个机械的过程，也不是一个一成不变的事情。在随着社会情态的发展中，撰写条文时所未出现的新的事物有可能产生，这就要求在随之而来的法律解释中对这些新的事物性质进行分类。当新的事物在性质上属于对已有规定的事项的衍生和进步，就应当被认定为属于规定范畴内的事物加以考量。

在这里，就是支付宝、微信等第三方平台的问题。在过去人们大多使用银行卡进行刷卡消费时，无疑是一个典型的四方模式(在消费者与商家账户分属不同银行的情况下，这种情况较消费者与商家的银行账户相同的情况更为多见也相比更为复杂，因此这里着重讨论四方模式)。消费者通过 POS 机刷卡消费，将消费信息反馈至自己账户所在的银行，通过银联将该笔金额划到商户所拥有的另一银行账户之中，用户、用户的银行卡、商家的银行账户和商家，构成了这一模式下的四方。

而随着电子支付的兴起，人们越来越多的依赖移动平台进行消费的支付。在不考虑支付宝、微信等支付平台“零钱”这一功能，而仅考虑通过绑定银行卡进行支付的情况，支付宝、微信等移动结算平台所提供的服务应该也被认定为一个四方模式。因为在移动结算的情况下，消费者不需要出示银行卡，商家不使用 POS 机，双方都通过二维码的扫描等方式进行交易。但是事实上，这只是用移动设备和二维码扫描仪替代了传统的银行卡和 POS 机的角色，双方的账户资金往来仍然需要通过银联进行划拨和结算。而“零钱”这一功能，则是平台为客户建立起了一个“虚拟账户”，直接和交易方的“虚拟账户”进行数字上的转移，并不直接和银行相关，因此更类似于一个三方模式。

因此在这样的情况下，无论是微信还是支付宝的平台结算方式，都应该被列入条文考虑的范畴之中，因为其都是属于传统交易结算方式的衍生。

二、条文中具体词语的解释

就条文中“including，not limited to”的表述，课堂进行了深入的讨论。在相邻的几条之中，先后出现了多种 including 的表述方式，诸如：单纯的 including，后加 not limited to 的 including，以及是否有逗号等不同的形式。这些不同的表述方式是否有其不同的意思，又应当各自作何解释。

对于这个问题，有同学认为，如果认为这一条款本身就是不完全列举，那么与 not limited to 就不产生冲突。就纯粹语言学角度来看，是否存在 not limited to 并不构成实质性的差别。但是，在法律条文的制定中，这一点似乎并不能够有足够说服力。毕竟在不同的条文中不同的表述如果都完全解释成为一个意思，似乎会给法律解释者造成困惑，毕竟在法律人眼中一个字的差异也可能代表不同的意思。但是似乎在这里，即使存在不同的表述也确实很难以解释出不同的几个意思。

在法条解释中，我们基本上都会出于对于法条表述的肯定，在认为其是正确且有意义的基础上进行解释，那么，如果将法条“拉下神坛”，认为它也可能存在问题呢？那么，改动法条的表述似乎就是一个可行的思路——如果是同一个意思的话，就应该改成统一的表述。

也有同学认为，类似于 including 的不同表述方式并不构成最核心的问题，可能只是细节问题而不是重要的内容。因为名词本身就具有其复杂性，很难直接确定其内涵和外延，一般情况都需要加以解释。法律在一旦颁布之后，就会天然的存在解释的问题，因为无论是新情况的出现还是语义不明，由于这些问题而重新谈判显然是不可能的。在法官判决的过程中，就天然具有解释法条的权利和义务。无论是大陆法系还是普通法系，这都是法官的一项基本的工作。因此，法律解释是确定一个法条具体意思的重要环节。而同时，也是一个能够通过解释发现法条之中不合理之处的重要途径。至少在我们阅读法条的时候，应该站在一个批判的立场上来看待，而并不是将其“奉在神坛”，为了让其有“合理性”而强加不合理的逻辑。

姜林沣

一、课程感想

白驹过隙，很快一学期的 WTO 案例研讨课程就要结束了。回顾整个学期，我们从多哈回合谈起，了解了"What is WTO"，"The future of WTO"。在知识产权案、原材料案、双反案、中美经贸摩擦的讨论中，逐渐对 WTO 的运行机制，DSU 的裁判方法有了越来越深的认识。这两节课我们进入了一个新的领域，即服务贸易总协定(GATS)。在第一节课上，我们主要就本案的具体问题进行了讨论。比如：三方模式、四方模式的运行机制，EPS 在其中是否起到了 essential 的作用。第二节课中，我们着重讨论了抽象的原则性问题。比如：立法用语的连贯性，对 DSU9.2 有权解释的反思等等。我自己比较深刻的感受是，要解决法律问题，我们需要不断地接收新的外来学科的知识。比如电子支付的内在运行机制，金融服务的本质特点等等。未能将这些专业的知识弄明白，适用法律，进行解释就只能是空谈了。

二、课程总结

(一)维也纳条约法公约

在本学期的课堂上，我们常常和 VCLT 打交道，因为在 DSU 解释法律的时候，VCLT 的解释规则是最重要的参考。潘隽吉在自己的研究基础上为大家普及了一些 VCLT 的知识。VCLT 作为一个公约，并不是所有国家都签订加入了，例如法国就未加入 VCLT。可是这并不否定其在解决纠纷时的普遍性适用。因为 VCLT 大部分内容都在国际法院等机构的实践中被承认为国际习惯法。这里想主要探讨两个问题：(1)"in good faith"善意解释的意思；(2)针对老师提问：31.3(a)被规范到"take into account"的地位是否正确。

1. 善意解释

VCLT31 条第一款规定："A treaty shall be interpreted in good faith in accordance with the ordinary meaning to be given to the terms of the treaty in their context and in the light of its object and purpose."我认为可以从两个角度理解善意解释。首先是形式上的善意解释，即是在解释方法上要善意。根据条约文本来看，解释方法的善意就是解释要从通常含义入手，结合目的和宗旨。其次是实质上的善意解释，即是解释结果上要善意。这里的善意应该融入了众多法理念，是价值的综合。比如合理原则、公平原则，有效解释原则等等。在"尼加拉瓜诉美国案"中，就出现了条约对时间未作出具体规定的，应解释为"合理时间"。"in good faith"在英美合同法上也有深远的应用，在实践中，其常常与 reasonable person's understanding 相匹配，也体现了追求"合理"的内涵。

2. 对于 31.3(a)的理解

首先，从形式上讲，这属于一个立法技术的问题。31.2 条集中规定了与本条约的订立相关的文件，31.3(a)(b)主要是嗣后在本条约的适用上有关的文件。

其次，take into account 是否是指类 source 在解释上价值不大呢？我认为这个观点不一定正确。简单来讲，第一款规定了解释要看上下文，第二款规定了什么在上下文的范畴，第三款规定要与上下文一起考虑的有哪些。和“上下文一起考虑”不一定代表比“上下文”的重要性弱。因此，31.3(a)权威解释的效力还是应该认可的。

若是承认在 31 条内部存在 source 参考等级、效力的区别的话，31 条的立法安排可能出现的问题就是：在编排上同时糅合了形式上的离条约文本远近的影响，与实质上效力的不同。在体系上理解就容易引发误解。

(二)立法用语的“瑕疵”还是“故意”

在电子支付案的报告中，专家组认为：including 是不完全列举，但在 51 页 sub-sector in paragraph 5 of the Annex on Financial Service 里却出现了让人疑惑的问题：including，but limited to。Not limited to 是否有独特的含义引起了讨论。更有同学指出，sub-sector 之间还存在括号的使用、单个列举与多个列举等问题。部分同学认为，not limited to 等用语起到的是强调的作用，与原意没有根本的区别。但另一部分同学认为，站在有效解释的立场上，对于每一个标点的运用都要引起重视。我比较赞同后一种观点。首先，法律用语应该追求体系性的自洽，任何细节都可能会留下解释的空间，引发不必要的争议。其次，注重细节也是立法对司法的一个限制，立法者为了不让司法者随意解释，应该注意每一个标点和用词。另外，大家也对括号，such as 等用语有自己的看法，比如雨晴认为括号的意义是不需要再强调；潘学长认为 such as 的意思是对模糊解释的再次解释。但是，类似的理解毕竟只是我们的猜测，每个人的理解似乎都不能具有高度概括性。

谈到立法机关的有权解释，《建立世贸组织协定》9.2 难以发挥其作用的现实再一次成为讨论的焦点。徐朝雨学姐认为，WTO 立法具有滞后性，需要建立类判例制度，充分发挥司法能动性。柳驰学长从三个方面提出反对意见：(1)从逻辑上讲，不能因为一个制度可以解决问题我们就去采用她，因为其对 WTO、国际法理念有不相融合的地方；(2)从历史上来看，遵循先例的国家一般都有着深厚的判例司法传统，因此该制度很难空降 WTO；(3)从现实来讲，判例制度对成员国参加诉讼的要求太高，可能会导致小国难以维护自己的权利。在立法为核心的体系下，小国还享有平等的投票权。但是遵循先例的背后，就是法官造法，法官的西方背景可能会对解释有重大影响。而反向一致原则之下，报告几乎都能通过，因此也是对小国有效行使自己权利的一种限制。

笔者想再次提供一个思路，WTO 是否能尝试中国的“指导案例”制度。二者存在不同，但没有直接走向“判例制度”的激进。(见表 1)

表 1　美、中和 WTO 制度对比

美国	中国	WTO
判例法	案例审查制度	待定
法律渊源(拘束力)	应当参照(准法律解释)	说服力

美国的判例制度实际上是一个“法官造法”的过程。与之相关，中国逐渐建立其案例审查制度。党的十八届四中全会《关于全面推进依法治国若干重大问题的决定》提出了“加强和规范司法解释和案例指导，统一法律适用标准。””案例指导”由原来仅为司法机关的司法

改革举措上升为执政党"支持司法"的指导方针。从制度建立至今，最高法院已经公布了 92 个指导案例。应该明确的是这些案例并不是法律渊源，故也不可在其他案件的裁决中引用为裁判依据。法律上对指导案例的态度是"应当参照"。我的理解是可以将之视为"准司法解释"。在大陆法体系下，在一定事实之下，需要对法律文本作出详细的解释。而不同的解释方法和法官的资质会造成解释结果的不同，进而造成"同案不同判"的结果，而最高院发布的指导案例则提供了规范的法律解释，限制了各级法院法官的自由心证。在碰到类似案件、适用法律的时候，首先应当考虑、参照指导案例，法官作出违背指导案例的认定需要作出解释。与专家组裁决相比，指导案例是由最高人民法院下发，其本为我国的司法解释有权机关，因此指导案例的效力也应该得到确认。张千帆教授早在多年前就提出高级法院从办大案的角色，转向梳理典型案例的角色。而与英美相比，考虑到我国司法权与立法权并不平等，近代判例法历史较短，法官素质不高等问题，并不适合模仿其"先例"制度。

蒋　昕

这两周我们主要进行了“电子支付案”的讨论，主要讨论了以下三个问题：

一、Essential 的边界与判断

中国的银联为中介的交易方式是否在 essential 的程度上属于承诺范围呢？在 POS、支付宝、微信支付广泛使用的今天，金融服务的边界到底有多大，是需要考虑的问题。有同学提出 essential 边界模糊，可以使用 direct 的概念。这个问题我认为可以和“WTO 立法的滞后性”结合起来考虑，因为新的金融产品层出不穷，所以如何 WTO 给的金融服务概念过于确定则会产生一些监管盲区。而立法中的这种模糊与空白恰恰给法律解释留下了空间。比如此处，在我看来，支付宝作为第三方确实在交易中起到了中介的作用，那么可以认为其属于一种金融服务。若我们加以展望，假如日后以去中心化为特征的区块链技术也被提起诉讼，它甚至都不能算中介，也难说直接参与了交易，但确实 essentially 和金融服务相关。

二、Including 的用语考察

专家组认为 including 是不完全列举，这里包括了 payment and money transmission services 以及 credit 等五种非现金支付方式。GATS 金融服务附件相关内容的表述为：derivative products including，but not limited to，futures and options。同学们讨论了这一用语的指向。Including 表达不完全列举，那么 including 后面加上 but not limited to 是否使得指向性发生转变呢？同学们提出了诸如善意解释、语言学解释等多种方法。杨老师以我国《民法总则》中“应当遵循”和“不得违背”之间的可替换关系为例，向我们展示了法律用语的灵活性。而具体的理解仍然需要结合实际情况的解释。我赞同一些同学的观点，认为此处，两个词的含义基本一致，加上 but not including 可以看成谨慎的表示。我想，律师对法律文本的阅读应该是极为细致的，但是“抠字眼”是否有没必要呢？应该还是存在一个阈值，如果离太远则是“不求甚解”，过于细致又有形式主义、过于拘泥文本之感。

三、EPS 的模式

这是一个事实层面的问题。首先需要区分三方模式和四方模式。三方模式是付款方、收款方和信用卡公司三方。如果付款方和收款方用了不同公司的信用卡，那么两个信用卡公司都会参与交易。四方模式下，EPS 机构作为中介也参与进交易。专家组根据 VCLT 第 31 条和第 32 条把 EPS 解释进 all payment and transmission services 中。同学们提到的金融衍生品的概念对此的理解也很有帮助。

撰稿人 金文璇

第十四至十五周的 WTO 法课堂上，我们迎来了本学期的最后一次案例讨论——电子支付案(DS 413)，至此 WTO 中货物贸易、服务贸易和知识产权这三大领域已在本学期的讨论得到全面涉及。本次课程综述将综合同学们的讨论成果，继续探讨条约解释在 WTO 争端解决机制中的运用。

一、课程讨论内容综述

(一)VCLT Art 31、32 适用中的集大成者

本案的争议焦点在于中国是否对电子支付服务(EPS)作出承诺，即 EPS 是否包含在减让表 d 项的范围之内。中国减让表 Section 7B Subsector(d)规定，All payment and money transmission service，including credit，charge and debit card，travelers cheques and bankers draft(including import and export settlement)，美方据此主张 EPS 是指处理涉及支付卡的交易及处理并促进交易参与机构之间的资金转让的服务，属于(d)项中规定的“支付和划汇服务”；而中方则主张 EPS 应属于 GATS Annex on Financial Service 5(a) subsector(xiv)规定的金融资产之清算与结算义务(settlement and clearing services for financial assets，including securities，derivative products，and other negotiable instruments)。中美双方关于 EPS 的性质争议，最终将矛盾的解决诉诸 Vienna Convention 第 31、32 条的条约解释原则。

专家组的论证结构可谓严谨且面面俱到，按照第 31 条规定的 ordinary meaning、context、object and purpose 三方面，以及第 32 条的补充解释原则，对减让表 subsector(d)及 GATS Subsector(xiv)进行解释。以文意解释为例，在对减让表(d)项进行解释的过程中，首先专家组通过解释 payment、money transmission、service 等词的通常含义，指出支付和划汇服务指管理、促进以及成就支付和划汇行为的服务；接着专家组又通过对“including”一词的解释，将其认定为未完全列举，而 EPS 则是为利用信用卡、借记卡等工具完成支付的必要手段，因此属于(d)项的范畴。

针对中方的主张，专家组在对 GATS Subsector(xiv)进行解释的过程中，同样先从 clearing、settlement 及 financial assets 的文意入手，最终将着眼点放在“negotiable”上。专家组认为，依据 GATS 的文本，置于 securities and derivative products 之后的“other negotiable instruments”尤为关键，其中“other”一词即限制了(xiv)所要规制的主体范围。由此专家组认为 EPS 不符合 negotiable 这一性质要求，因此不支持中方依据 GATS 主张的抗辩。

纵观专家组在条约解释这一部分的论证，三十几页的篇幅颇像一份命题作文，题目为“试用 VCLT 的条约解释原则分析 EPS 的性质”。专家组利用 VCLT 中的解释原则进行演绎，初看结论的达成似乎是水到渠成之事，但问题远没有这么简单。具体包括两点：第一，对 VCLT 31 条的适用若严格按照 ordinary meaning-context-object and purpose 的顺序进行，

是否有损整体性解释原则(holistic interpretation);第二,本案中涉及的 EPS 在立法阶段尚未兴起,面对此种新兴事物,对立法目的的考察更接近于发展式解释(evolutionary interpretation),正如音像制品案中对网络制品的考虑,不以中国在立法时没有提及网络制品的方式而否定中国的义务,为促进解释的可预见性、安全性与自由化,专家组在进行目的解释时仍须面对能动主义的发挥与当事国权力的保留这一对经典矛盾。由此可见,专家组的论证是"带着镣铐跳舞",在既定的推理路径上探究"电子支付服务"的外延。因此,接下来我将以"including"为例,讨论 EPS 与电子支付服务的关系。

(二)概念的外延——对 including 的理解

将"including"认定为未完全列举(not exhausted)是本案专家组论证过程中的重要一环。但是对"including"的理解并非绝对化,例如,subsector(x)in paragraph 5 of the annex on financial services 中第(c)项:条约的用语是"including,but not limited to",这样的立法用语和专家组的解释存在着矛盾。如果按照有效解释原则 but not limited to 必然有其含义,那么如果 including 是不完全列举,but not limited to 就是多余的。大家思考该问题的切入点非常细致,从纯粹语言学,excluding 和 including 的关系,括号、逗号等不同标点符号在解释中所起的作用等不同角度生发出自己的见解,虽是对 including 的理解,但已将讨论的视角转向了对 EPS 外延的解读。结合出版物与音像制品案中专家组对"including"的理解来看,including 的内涵本身就是多元化的,专家组也承认将 including 理解为"列举已尽"的情形(exceptional circumstances),对 including 为列举已尽还是列举未尽的辨析,仅靠词典之义难以涵盖所有情形,还须结合个案语境,方能得出合理判断。

其中柳驰学长从语言学、哲学的角度对本问题的理解颇具启发性,学长认为 including 为"至少包括",立法中的模糊是自然状况,名词是不可能用非常明确的于此表述清楚的,这不是文本解释的问题,而是司法能动性的问题。杨老师也指出语言学上立法语言的运用存在着复杂的情形,完全相同的意义不一定用完全相同的词语来表达,由此为解释带来潜在的困难。诚然,作为法官与律师,面对立法语言的局限性,只能正视法律解释要素随时代发展发生的变化,试图寻找法律文本与时代内涵之间的连结点;而不拘泥于司法裁判环境和身份限制的学者则可以超越法律文本本身,寻找最佳的立法方案,追求立法语言的完善。例如,针对 including 的分歧与争议,可采用其他语汇加以明确,如"consisting of"、"compose"等,以此规避立法可能存在的模糊之处。我想,学长和杨老师立足于语言学角度的分析也可以运用于对 WTO 法律文本的实证研究,例如对"shall"和"should"的对比,对单数、复数的解释等等方面,从中分析立法语言的智慧与局限性,为法律解释学的发展提供新的思路。

二、课程感想

当第十五周的下课铃打响时,意识到 WTO 法课程的讨论就要告一段落了,我在感慨时光飞逝之余,更多的是对课程讨论形式的意犹未尽之感。每周的课堂都能让我收获认识论层面的启发,积累不同的思考视角。在电子支付案中,立法滞后性这一局限更为直接地暴露在我们面前,在大家多元化观点的引导以及学长和老师的启发下,我开始质疑"事实上的遵循先例"制度的法理基础及其在政治博弈中的正当性。而在我之前的个人思考中,这一视角

经常被我遗忘，以致我陷入一家之言式的主观化立场中，难以超越相对化的思维方式。感谢大家在课堂讨论中的思维交锋与碰撞，让我得以高效率地收获全面的认知视角，从而将WTO的历史、现实与未来有机地串联在一起，将个案事实、法律文本与法理学将结合，将法学与语言学、逻辑学、哲学、政治学等多学科加以综合，由此构建更为多元开阔的视野。

 林　盟

一、课程回顾

十五周的课程转眼就接近尾声了，从一开始对一个案子总是有着讨论不完的问题，到最后我们对每个案例的问题似乎都在渐渐收拢，总是殊途同归，归结一些根本性的探讨。在这两节课程中，我们围绕电子支付案重点讨论了以下问题：

(一)事实层面

一本案中三方支付、四方支付的交易模式有什么区别？

一在这之中银联扮演的角色有什么不同？

一新型移动支付方式(支付宝支付、微信支付等)属于哪种模式呢？移动支付模式是否可以呗 subsector(d)涵摄？

(二)解释层面

一专家组对"payment and money transmission services"的解释是否使其范围阐释得更加模糊不清？

一专家组将"including"解释为"including but not limited"，是否与条文所在的上下文相悖？

一将 industry sources 作为 ordinary meaning 的解释，是否具有 VCLT 上的依据？其正当性在何？

(三)职权层面

一从电子支付案，如何理解 WTO 的立法滞后性与司法能动主义之间的关系？

二、课后思考

延续课堂讨论的思路，课后主要对两个问题进行了延伸思考。

(一)从 WTO 协定的决策过程看司法能动主义

这节课上的一个讨论重点是立法滞后性和司法能动主义的关系。我认为立法滞后性是每部法律都无法避免的桎梏。在国内法的语境下，因为通常具有可以及时出来澄清规则、更新规则的机构，所以立法滞后性的问题并不会产生太大负面影响。但在国际法的环境中，由于通常不具有这样一个机构，或者即便有机构也无法及时发挥这样的作用，因此只能等纠纷产生了再由司法机构或者准司法机构释明规则，在实质上更新规则。这样看来，司法能动主义似乎是一种必然。

关于立法滞后性的思考引发了我的另一个疑问：WTO 协定是如何起草，又是如何最终

成型的？本学期的讨论主要围绕争端解决机构展开，但争端解决机构也是依据 DSB 规定的职能，和其他 WTO 协定进行裁判。因此我认为了解多 WTO 协定的订立过程对于我们进一步理解 WTO，理解司法能动主义，理解个案中当事国之间反复出现的同质性争点，具有重要的启示意义。

WTO 协定是通过多边贸易谈判程序和协商一致决策而形成。谈判本质是一个不断酝酿和构建共识的过程，作为谈判最终的结果的各种多边贸易协定，都是一个个“伟大的妥协”。

WTO 基本继承了乌拉圭回合的“分组谈判”和“一揽子承诺”的多边谈判模式①，但并没有具体谈判的规则。于是，在正式规则缺位的情况下，所谓的非正式决策惯例“绿屋会议”和“主席案文”应运而生，并常常扮演者“准协定”制定者的角色。

“绿屋会议”最早产生于东京回合期间，是指当面临争议性的谈判议题时，少数国家先行展开秘密、非正式的小范围磋商，待小范围磋商取得共识后再将此共识扩大到全体成员。WTO 所有重要的正式会议之前都会召开“绿屋会议”，会议产生的草案往往会被随后召开的正式全体会议通过协商一致接受，而不做修改或仅作细微修改。② 而“主席案文”是指，在构建共识的过程中，在面临争议性的谈判议题时，由谈判者以外的第三方，通常是谈判小组主席或者 TNC 主席，提出类似条约草案的一揽子建议以打破谈判僵局。主席案文的内容对谈判通常具有重大影响，最终协定常常是在主席案文的基础上稍加修改或甚至原封不动。③

由此可见，WTO 协定文本的起草主要来自于“绿屋会议”和“主席案文”。虽然这两种非正式的决策惯例能够在很大程度上节约彻底谈判所需耗费大量的时间成本和交易成本，提高决策效率，但这两种方式都面临着程序正当性和决策公平性的质疑。

早期的“绿屋会议”是由相对少数的几个发达国家以及发展中国家聚集在一起召开闭门会议。后期虽然尝试改革，但依然是只是部分贸易大国的俱乐部。作为非正式的闭门会议，其协商的内容不会公开，其他未能参加“绿屋会议”的国家无法得知会议的内容。“主席案文”同样缺乏明确的形成机制，主席和秘书处的自由发挥的空间极大。实际上，WTO 的总干事以及高级职员大部分来自发达国家，并且由于“绿屋会议”机制导致少数贸易大国在谈判过程中始终处于强势地位，主席及秘书处极有可能为赢得强势国家的支持而形成一份基于发达国家提案或更多地反映发达国家利益的提案。上述分析仅是基于常理的猜测，博弈论中“无限期讨价还价的动态博弈”也可以说明 WTO 协定制定被贸易强国主导。因为在无

---

① 实际上，在 WTO 诞生前的八轮谈判中，不同回合的谈判规则不尽相同。从前五轮的主要供应国原则，到东京回合的“相互独立守则”和“点菜式选择性接受”，再到乌拉圭回合的“分组谈判”和“一揽子承诺”，到今天的多哈回合谈判基本完全继承了乌拉圭回合模式。

② Richard H.Steinberg.In the Shadow of Law or Power? Consensus-Based Bargaining and Outcomes in the GATT/WTO[J].International Organization，2002，(56)：339-374.

③ 例如多哈会议上的 Harbinson 草案和坎昆会议上的 Castillo 草案，都采取了“主席负责制下”秘书处独立起草的方式，实际上是由大国操纵的秘书处主导起草工作。草案的内容大多只反映了发达国家的意见。Adrian Otten.The TRIPS Negotiations：An Overview[A].Jayashree Watal，Antony Taubman.The Making of the TRIPS Agreement：Personal insights from the Uruguay Round Negotiations[C].Geneva：WTO Secretariat，2015. 62-63

限期讨价还价的动态博弈中，存在先动优势，即先要价者获益最多，其后要价者的获益根据要价次序顺次递减。对于掌握了“绿屋会议”席位和对“主席案文”形成具有实质影响力的国家来说，它们在协定制定中当然也掌握了“先动优势”，这使得它们在后续它谈判的过程中继续处于优势地位。①

由此可见，以这两种方式形成协定草案反映的基本都是贸易强国的利益诉求，有学者称之为“权力导向的谈判”②。面对这种情况，处于弱势的地位的国家往往只能被动接受，即便通过谈判据理力争，但成效微小。

我认为，这两种协定产生方式虽然节约了决策成本，提高了决策效率，但却导致日后争端解决中解释规则的成本大大提高。另一方面，虽然当时的贸易强国获得了符合其利益的规则秩序，当然推进了在其主导下的世界贸易发展。但随着世界贸易格局发生变化，在乌拉圭回合中形成充满利益差序的规则体系，给日后 WTO 的实践埋下了争端频发的种子，并在一定程度上使得专家组上诉机构采取司法能动主义的立场成为必然。在这一意义上，司法能动主义其实是对先前追求决策效率而牺牲的规则正当性的校准和弥补，也是在新谈判无法实现和有权解释机构羸弱的情况下一个最可行的次优选择。

(二)如何理解 GATS 中关于 including 的多种用法?

基于前文对 WTO 协定制定过程的阐述，课后进一步思考了 paragraph 5(a) of the Annex 的 Subsector(x)中出现四种 including 表述的现象。

7.166 Subsector (x) in paragraph 5(a) of the Annex on Financial Services reads as follows:

(x) Trading for own account or for account of customers, whether on an exchange, in an over-the-counter market or otherwise, the following:

(A) money market instruments (including cheques, bills, certificates of deposits);

(B) foreign exchange;

(C) derivative products including, but not limited to, futures and options;

(D) exchange rate and interest rate instruments, including products such as swaps, forward rate agreements;

(E) transferable securities;

(F) other negotiable instruments and financial assets, including bullion.

在课堂上的发言中，我提出了一个假设：之所以 WTO 协议汇中对 including 的用语如此不统一，很有可能是因为不同规则是在不同谈判中形成中的，参与起草、谈判、决策的代表不同，因而造成用语上的差异。(前文关于 WTO 协定决策的介绍证明了统一规则的确可能是不同场谈判的产物，尤其可能是在绿屋会议和主席案文基础上二次增删的结果)但随后刘

① 周骏宇，何秋琴.讨价还价博弈、先动优势与全球贸易治理话语权争夺——以 WTO 谈判为例[J].广东外语外贸大学学报，2014，25(04)：32-35.

② 孙龑.WTO 谈判规则的反思与改革[J].湖北经济学院学报，2017，15(02)：121-127.

书杭同学反驳道，可是在 Subsector(x)中就出现了四种 including 的用法，并且 subsector(x)整体应该是一轮谈判的结果。但我认为对于 subsector(x)中所列举的(A)—(F)，依然不排除分别起草谈判、决策通过再一揽子被囊括在 GATS Annex 中的可能。潘学长进而提出一种理解，加括号的 including，即"(including……)"，通常是用于前款出现"and"的情形，体现 including 仅仅是对某项的说明；而不加括号的 including 则是对前项所有的说明。最后，通过讨论，大家一致认为，当文本中出现括号或"but not limited to"等其他字符时，应理解为是一种强调，这些强调并不意味着其他没有被强调的 including 不可以被扩张解释。

我认为，其实追究造成 including 不统一用法的原因并没有多少实际意义，因为在现实的争端解决中，似乎专家组都可以突破不同形式的隔阂，从所谓"实质"层面上解释 including。就如在本案中，专家组对"including credit, charge and debit cards, travellers cheques and bankers drafts (including import and export settlement)"的解释就是如此。

更进一步想，基于前文的讨论，其实所有的文本，包括其中文字和标点符号等等，都只是通过谈判而形成公共产品。从司法能动主义的立场看这些公共产品的工具理性，可能其主要作用之一就是裁判者正当化其能动性裁判的工具。虽然追求条文的一致性对于规则体系的应用和维系具有重要作用，但问题是，WTO 协定在构建中可能就不是基于一个完整连贯的话语周期(乌拉圭回合历时 7 年半，其中 GATS 的谈判也是 7 年半)，所谓的条纹一致性可能根本不存在。因此，无须对于条文表述一致性过多纠结。

 刘书杭

一、课程感想

很荣幸在最后一节讨论课成为了主持人，当看到同学们对自己搜集和整理出来的问题“意犹未尽”时甚是开心，便觉得自己的主持是有效果的。其实兜兜转转，最后一次课的讨论还是回到了 VCLT31、32，这一我们在最开始就讨论过的话题，或者说，其实一学期我们都没有背离过这个话题。但是，这一次的讨论让我明确树立了法律解释应该有的一个基本立场：既然为解释，就非立法，就应当尊重立法。

但有些遗憾的是，对于一些问题，我们还是没有得出答案：如何解决立法滞后性的问题，司法能动性应当如何发挥，裁判是否越权，应当如何解释？这些问题被反反复复讨论，在不同的案情背景下讨论，却始终没有得出结论。不过我想，这才是一个合理的结果，一个又一个被起诉到 WTO 的案件不其实也在处理这些问题吗》WTO 的制度和职能所具有的复杂性我们可谓只是窥得一角，仍然有待继续挖掘。

二、课程内容综述

讨论课进行的最后一次，关注的焦点再一次回到了法律解释这一核心而且也无法回避的问题，而这与“电子支付案”这一案件本身的性质是分不开的。

1. 文义解释还是目的解释？

部分同学在讨论时提出质疑，在对成员国作出的承诺进行解释的时候，应当侧重于运用目的解释的解释方法，否则会将成员国本来没有作出的承诺解释出来。以本案为例，入世的时候电子支付技术并不发达，入世协定签订时，很有可能作出承诺的成员国本意并不包含 EPS 这样一种服务。如果解释随着时代的改变而改变——那么专家组的解释是否就切断了过去和现实的联系？对此，我主要有三点思考。

第一，专家组为何执着于文义解释？从解释规则来看，文义解释是基础，而通过已经阅读过的许多 WTO 案例，我们也不难发现，WTO 争端解决机构对文义解释的方法及其偏爱。这种解释方法在国际条约的解释上有其固然的合理性：各国面对的都是同样的文字，因此，也只有从文义出发，才能最大限度平衡各国的利益。笔者以为即使是各成员国作出的承诺，文义解释也应该是解释的出发点。

第二，即使是文义的解释并不是单纯的字典的文义的解释，而是一个客观的第三人在当时立法，签订契约或者作出承诺时的全部背景下会作出什么样的承诺。条文的解释出来的含义不一定是字典本身的含义，而这一过程中谈判的过程和主观的意思或目的不应当被纳入进来。为司法能动主义提供支撑的一种可能的解释即是缔约方已经预见到文字的含义会随着时代的变化而变化。

第三，所谓发展的解释方法，并非是将成员国没有作出的承诺纳入进来，本质上而是随着时代的发展，新出现的情况本来就是包含在了立法用语的涵摄范围之内。就如在音像制品案

中,专家组认为音像制品是否包括网络的音像制品,不能以中国入世当时不存在网络音像制品的情况,就说中国作出的承诺不包括网络音像制品,即便当时没有也是符合当事人的愿意的。

2. 咬文嚼字

咬文嚼字大概是法官或者律师最长进行的一项工作,这次讨论中一个十分有趣的点就是大家就 including,but not limited to 展开的讨论。本案中专家组认为:including 是不完全列举,但在 51 页 sub-sector in paragraph 5 of the Annex on Financial Service 里却出现了让人疑惑的问题:including,but not limited to。既然按照有效解释的原则,but not limited to 这里就必然应当由其独特含义。

杨老师指出是否可以从语义学的角度:including,but not limited to 和 including 本来就是同义词。当然也有同学指出,but not limited to 起到的是强调的作用;或者表达了立法者不同的态度。但是随着讨论的深入,大家发现该条款之下各项中 including 的用法都不完全相同,其中一些不同甚至体现在括号、逗号这样的标点的不同。

针对这些差异,有同学指出,用语本来就不是一成不变的,有偏差是正常的,甚至立法者本就没有意图把这些很细微的差别赋予特别的含义,说不定立法者在听到了大家的讨论后会选择对立法用语进行修改。当然,也有同学指出,立法用语的差别是客观存在的,根据立法体系的一致性和有效解释的原则,即使是细微的差别也应当予以注意。

笔者认为,在文义解释为基础的 WTO 体系内,法教义学的立场值得采纳:也即"带着镣铐跳舞"。首先应当承认立法的逻辑自洽性,在承认立法完备性的基础上再进行解释。这也就意味着要在接受这些细微差别的基础上对条款作出善意合理的解释,尤其对客观上存在细微差别的立法条款,要作出互不矛盾能够和谐共存的解释以保持体系的一致性,这也就要求不能对这些细小的差别持回避态度。

我想,我们应该明确的基本立场是咬文嚼字是作为法官和律师应当保有的精神,但咬文嚼字绝不是质疑立法者的立法。

3. 立法的滞后性

立法从制定出来就是落后的,这一点在这次的讨论中得到了清晰的体现。针对 WTO 立法的落后性的问题,学长和学姐们提供了一些思路:徐朝雨学姐提出建立判例制度的构想,通过判例确立一些解释方法,从而为司法判决提供更明确的指引,同时起到不断发展法律的作用。王宥人学长提出了发挥 Marrakesh Agreement 的 9.2 条的作用,其中规定了理事会和部长级会议可以以四分之三多数表决通过解释协定的决定。但在实践中,理事会和部长级会议从未对任何一个条款作出解释,四分之三多数难以达到是一个客观存在的问题。对于建立判例制度,柳驰学长认为:第一,判例制度体现的司法理念与 WTO 成文法的内在制度架构存在矛盾;第二,判例制度的法律基础 cogent reason 缺乏法律依据;第三,建立判例制度,WTO 的争端解决机制将成为大国角逐的舞台,对于小国来讲,运用判例维护自身权益着实困难。

 孙艺芸

在这两周的课程中，我们主要围绕着“电子支付案”进行了讨论，在第一堂课上我有幸担任了主持人，在这个过程中也有了一些新的收获和体会。

一、课堂实录

这两次课上讨论的内容特别丰富，当然留下的疑问也有很多。总结来看，我认为主要讨论的问题集中在以下几点：

（一）EPS 的运行模式和 Essential 的判断

首先，我们的讨论希望厘清一些事实问题和基本概念。有同学提出，在论述中提及的三方模式或者四方模式是什么意思？

杨老师分享的这个图可以帮助我们理解，实际上 EPS 负责的是在中间的银行之间进行信息传输，简便跨行交易和清算服务。

在本案中，专家组在判断 EPS 是否能属于中国议定书 7. B.(d)时，用了 essential 这个概念。有同学提出，采用 essential 判断是否合适呢？现在新兴的微信、支付宝等方式是不是属于这个 essential 的范围之中？

蒋佳佳等同学认为，用 essential 判断并不合适，可以再加入 direct 等概念，让这个范围更加清晰。袁崇霖学长认为，我们应该判断这是否是一个闭环，EPS 是否为可替代，例如生产 POS 机或者提供网络，就是一个具有可替代性的环节。我赞成袁学长的观点。

（二）VCLT 的问题

在本案中，专家组运用了非常多样的 context 进行判断，这就又引申到了关于 VCLT 第 31 条的问题。杨老师提出，VCLT31. 3. (c)是否使得一切条约比如环境等都可以被用到 WTO 的解释之中？而 VCLT31. 3. (a)的规定是一种权威解释，为什么地位却又只是 take into account 的程度呢？

在第一节课上，这个问题并没有被讨论。课后我翻阅了 Treaty Interpretation By the WTO Appellate Body 一书。书中作者提到，之所以之将 agreement 放到 take into account 的地位，是因为刚开始并不想让这个变得太严苛，一些程序性的讨论达成的共识或者协议，也可以作为这里的 agreement。但事实上的情况却是，现实中能被引用的太少，专家组的态度相当谨慎。即使多哈回合已经形成了许多的共识，但并没有真正得到应用。这是为什么呢？这个问题还没有答案，还需要继续的思考。

（三）Including but not limited to 的解释问题

这个问题是由陈佳棋同学提出的，刚开始我并没有注意这个问题，后来在课堂上一经讨论我才发现这个问题非常有趣：7. 164 段中，用了(including…)/including but not limited/

including 三种表述,这是有不同的含义吗?

关于这个问题,同学们发表了自己的看法。杨老师首先提问:虽然国际法上存在有效解释原则,但是如果本身两个用语的意思就是完全一致的,就没要考虑有效解释原则了。那么在本案中,including 和 including but 是不是意思本身就完全一致呢?有同学支持了这样的观点,比如林子郁同学、赵文轩同学检索发现,国外有人认为把 including 表述为 including but not limited to 只是一种谨慎的表现。但是,也有同学提出了新的看法,袁崇霖同学认为,这种不同的表达方式与前面所需解释的词汇有关,因为 derivative products 一般来说仅仅指期货和期权,因此需要强调 not limited to。刘雨晴同学举了自己曾经看到的一个案例,认为括号中的内容是表示"可看可不看"之意,在这里是指括号中的内容没有那么重要。

杨老师和柳驰学长的发言将这个看似简单的语言学问题提升到一个新的层次:一切法典里的表述都不可能是完全统一的,那么我们如果作为法官或者律师,遇到这种情况时可以提出立法上出现了模糊甚至漏洞吗?答案显然是否定的。虽然立法解释可以从根本上解决法律内部的矛盾,但是在实务中,法官和律师都应该通过解释的方式使得法律内部体系圆融一贯。柳驰学长认为,当我们试图去解释条文的时候,我们事实上已经进入了司法能动主义的范畴。

我以为,这个看似很细微的问题其实引申出了一个很深刻的问题,律师都是语言学家,我们"斟酌字句",究竟是为了发现法律上的漏洞,还是为了解释填补漏洞呢?我想,这两种能力缺一不可吧。前者体现敏感度,后者体现逻辑性。

(四)WTO 的遵循先例问题

这个问题最开始被提出,是因为我们在阅读本案中发现,EPS 作为一种新兴的支付方式,也许在立法时根本没有考虑到。我们经常听到"法律一制定其实就已经落后于时代了",那么在 WTO 中如何解决这个问题呢?

徐朝雨学姐提出可以通过遵循先例的方式来解决。她援引了"美国海龟海虾案",在这个案例中海龟也被解释为一种珍稀的资源。她认为,如果能确立遵循先例制度,那么法律就会因为新的案例的出现而不断发展。

王宥人学长指出,目前 WTO 其实是一种"事实上遵循先例"的制度,而这种制度还存在着很大的不确定性,不能有效地维护 WTO 法律的稳定性。

柳驰学长显然对这个问题曾经做过比较深入的研究,杨老师分享了他写过的一篇论文。柳驰学长提出,如果在 WTO 正式设立遵循先例制度,就意味着只有那些有能力系统的运用和解释先例的国家,才有胜诉的可能。而事实上,只有很少的强国可以做到这一点。因此他认为 WTO 目前陷入了一个三方矛盾之中:没有深厚的遵循先例的基础,也没有成体系的立法,也没有遵循先例的条件。柳驰学长进一步提出了两个问题:在遵循先例时,WTO 喜欢用 cogent reason 这个概念。问题是,这个概念虽然很好用,但从未出现在 WTO 的整个法律体系之中。而如果只是因为某个概念或者方式"好用",就将其纳入裁判思路之中不断使用,那么整个体系就荡然无存。

二、课堂感受

十四周的讨论上我第一次担任主持人，下课后我想到了两句诗："不识庐山真面目，只缘身在此山中"和"纸上得来终觉浅，绝知此事要躬行"。之前不管是看杨老师还是其他同学担任主持人，总觉得他们游刃有余，当自己准备时才发现，这种自如是建立在先期的充分准备基础上的。只有当对案情和每一个问题足够熟悉，才能在同学们的发言后进行总结甚至提升。

同时，做主持人时，也不能囿于同学们的发言中，要能够"跳出庐山"，掌握同学们的思路，进行一些适当的引导和进一步的提问，使得讨论能够更加深入。

总体来说，我认为自己做主持还有很大的提升空间，事后杨老师也给我分享了一本关于讨论式教学法的专著，这时我又想到一句诗："世事洞明皆学问，人情练达即文章"。万事万物，当我们真正去做的时候，总能有无穷体悟，总能感到其中学问深邃。

撰稿人 韦午梅

一、课程内容综述

这两周的课堂，我们针对中国电子支付服务案展开了讨论。总结起来说，两节课的讨论核心其实都是法律解释的问题。结合主持人的总结，具体来说主要有以下三个问题：

1. essential 的边界与判断。本案争议的 EPS 究竟是发生在三方或四方模式的哪一个阶段？这种用 essential 去判断是否使得(d)的边界变得非常模糊？除了 essential 之外我们是否应该加入 direct、可替代性等标准？微信支付宝等也符合 essential 的标准吗。

2. 立法用语与法律解释：从 including 出发，同学们发现立法者的用语有是很多元的，同学们探讨了这是否会影响条文含义的表达，探讨了这种现象可能出现的原因，也探讨了应该如何对不同的用语作出善意而合理的解释。

3. 对 WTO 立法滞后性：同学们探讨了建立判例制度是否有助于解决这一问题，同时也探讨了判例制度与 WTO 体系的内在的矛盾。

在课程综述中，我自己上述三个部分的内容整合为两个方面进行综述，分别为法律解释和司法能动性。

(一)法律解释

在实体法律的层面，本案的核心问题主要有两个，即 EPS 电子支付服务。美国所说的 EPS 是否属于减让表中“银行服务(d)”所指的服务，中国所承诺的是否是 EPS；以及即使属于所指的服务，中国是否就 EPS 作出了市场准入和国民待遇的承诺，关系如何理解”不做承诺”、“没有限制”、和“除了……外”的含义。如果中国没有承诺，就不存在 GATS 违反的问题。在本案中，专家组认为中国人民银行要求所有银行卡上印刷银联的标志，要求所有的 POS 机和 ATM 机上印有银联的标志，使得所有的银行通过银联进行联通，这使得银联和国外的电子支付服务提供者处于竞争的优势地位，违反了国民待遇原则。

对于前述问题，首先要弄清楚的就是银联提供的服务的性质到底是什么，是否书美国所说的电子支付服务的范畴。银联作为一个专业机构，其提供的服务主要是一种信息转接和资金清算的服务。具体来说，就是银行加入银联成为其会员，然后银联就能统一处理各行之间的交易。其核心业务有两个，首先是交易信息的转接和处理，也就是将收单机构上送的卡片信息和交易请求转送给相关发卡机构，之后再将发卡机构的交易授权应答转发至收单机构，从而帮助银行跨行交易顺利完成。其次还有资金清算的服务，也就是按照清算批次对各机构之间的交易进行汇总、清分和清算，并根据轧差后的结果形成清算报表，从而通过人民银行结算中心完成在各个机构之间的资金清算。

专家组认为电子支付服务提供者直接或间接提供以下服务：处理设备、网络以及促进、处理和实现交易信息和支付款项流动并提供系统完整、稳定和金融风险降低的规则和程序；批准或拒绝某项交易的流程和协调，核准后通常都会允许完成某项购买或现金的支付或现

金的或兑换;在参与机构间传递交易信息;计算、测定并报告相关机构所有被授权交易的净资金头寸;以及促进、处理或其他参与交易机构间的净支付款项转让。在本案中,专家组通过“必要性”的解释来将银联的服务纳入到了电子支付服务的范畴。其认为电子支付是一个由多种要素组成的系统,只有这些要素联合起来,支付卡交易才能实现。如果是这个系统中必要的要素,专家组就认为其属于电子支付的范畴。

个人认为,专家组这样的界定有些过于宽泛。如果将其极端化,其会使得电子支付服务的范畴不仅包括银行提供的服务,甚至可能包括别的机构向银行提供的银行赖以存在的服务,如此推演下去,甚至可能出现一条无止境的因果链条。如果从自己的看法出发,我认为美国提出这项诉请的背景是基于其对公平竞争的要求。那么对于这个范围的界定就应该从竞争性的角度出发进行思考。就好像在反垄断法中一样,界定是否存在垄断或者不正当竞争首先要界定的就是是否同在一个相关市场中,而是否同在一个相关市场中的重要标准就是二者是否存在可替代性。国家反垄断委员会对相关市场的界定为:“相关商品市场,是根据商品的特性、用途及价格等因素,由需求者认为具有较为紧密替代关系的一组或一类商品所构成的市场。这些商品表现出较强的竞争关系,在反垄断执法中可以作为经营者进行竞争的商品范围。”在市场竞争中对经营者行为构成直接和有效竞争约束的,是市场里存在需求者认为具有较强替代关系的商品或能够提供这些商品的地域,因此,界定相关市场主要从需求者角度进行需求替代分析。当供给替代对经营者行为产生的竞争约束类似于需求替代时,也应考虑供给替代。在本案中,银联提供的服务和 visa 等能够提供的服务是否具有可替代性其实是很明显的。银联提供的服务需要整合各个银行之间的关系,其看起来像是银行上一层的环节;而 visa 类似的角色更像是在银行的下一个环节中的角色;相比之下,二者之间的替代性显然是几乎不存在的。一方面,二者确实不存在直接的竞争,另一方面,visa 等支付服务的提供商能否像银联一样整合各个银行之间的关系这个基础条件就存在很大的问题,那么替代性就更加难以说起了。

(二)司法能动

反对司法能动主义的主要观点是认为,在 WTO 体制下,立法不能够即时干预司法,WTO 虚弱的立法和行政权力与极大的司法化争端解决机制之间存在严重的失衡。同时,反对司法能动主义的理由还主要有认为 WTO 条款中某些模糊之处根本就是不可以解释的,某些模糊之处可能就是故意留下来的模糊或者空白,这些模糊、空白其实是其成员经过艰苦谈判达成的妥协和协议,这些模糊或者空白其实是多方利益妥协的结果,这样妥协的结果本身就是一个相对合理、和谐的处理方式,如果再前进一步就可能打破了各方妥协的平衡。而司法能动主义认为:所有的条款都是不完全的,不能够完全涵盖当事人的行为。根据其法律条款的不完全性,那么让决策者在特定情形下完善和解释法律条款是合适的。就像袁崇霖同学所说的,如果一味司法消极主义会导致 WTO 法律体系一定程度上的僵化,无法适应时代的需要,最后可能导致其崩塌。如果一味限制上诉机构的解释权限,其很可能就会导致 WTO 受制于程序和实体规范的不完全,从而导致事后规则谈判不经济、导致机会主义等等。

就我个人而言,我更倾向于支持司法能动主义的立场。反对司法能动主义的支持者也

看到了现有的 WTO 体制的一个问题，也就是很难协商一致，所以其立法权和行政权较为薄弱。而恰恰就是因为这个薄弱，想要指望 WTO 机制通过立法来完善其条款中不完善的地方几乎是不可能的。而现有的世界变化极快，国际贸易模式变化也快，从而对贸易体制的灵活性要求也很高。同时，由于立法的僵化性，如果抑制司法能动主义，那么 WTO 体制的僵化和贸易变化快速产生的需要之间的张力就有可能导致 WTO 争端解决机制最后跟不上时代的需要，最后可能完全崩溃。司法能动主义的立场则更能顺应国际社会的发展，从而让 WTO 保持其活力，使其能够可持续发展。

二、课程感想

这两次课的内容和之前的内容有了比较明显的不同，涉及的是专业性比较强的领域，所以其中有很多比较复杂的概念，并且这些概念还需要进行非常细致的分析。这两次课给我的最大感受就是法学学习对知识结构丰富性的要求。因为法学解决的是生活中各种各样的问题，自然就会要求对生活中各个方面的知识都有一定的了解，如果不了解其基础问题的话，解决问题则无从谈起。因而，给我的启发是法学学习者更要保持一种开放性的心态，保持一种持久的好奇心。只有对生活中各种各样的现象都保持好奇心，并且保持探索和钻研的勇气，才能够更加顺利地学习好法学技能。

陈华屹

这两周的课程中，我们第一次接触到了有关服务贸易和GATS的内容。在本案中，中美双方基于中国的减让承诺表，围绕“电子支付服务”是否属于all payment and money transimission service进行了讨论。

一、EPS的模式和性质

在第一堂课上，我们就EPS的事实问题进行了讨论，逐渐厘清了EPS的模式和性质，并以此为基础分析了专家组的定义。

与上一个案件“反倾销反补贴案”相同，本案同样涉及一些专业的背景知识。林子郁同学首先为我们介绍了EPS的“三方模式”和“四方模式”：

在“三方模式”下，交易的三方是付款方、收款方和信用卡公司。此时，信用卡公司直接参与到了资金的转移和支付过程中。但是，不可能所有交易的付款方和收款方用的都是相同的公司的信用卡，因此就会出现有两家信用卡公司参与到交易中来的情况。在四方模式下，为了跨行之间的资金转移的方便，EPS服务作为中间机构，参与到交易中，负责信息的交换和处理。可以想象，如果没有EPS，那么每两家信用卡公司之间都需要签订协议来进行数据交换，就会显得十分烦琐；而在EPS的帮助下，市场上的多家银行就可简便地进行跨行交流。

在弄清楚EPS的功能之后，我们开始讨论EPS是否属于all payment and transmission service.专家组对这一语句作出了非常全面的分析：

首先，根据VCLT 31，专家组对上述语句进行了字面意思的推敲；接着专家组又通过上下文、相关的context和立法目的等多方面的考量，得出了service的通常含义：Subsector (d) encompasses “any service that is essential to ‘payment and money transmission”. (7.180)可以看出，专家组对service的定义非常宽泛，只要是对“支付和货币移转”是essential的服务，就可以落入subsectior (d)的范围以内。因此，专家组认为本案的EPS公司提供的配套服务应当属于d项所规定的内容，应当受到中国的承诺表的规制。

这一判决在班上引起了很大的争议。有同学认为，这一定义过于广泛，失去了清楚的边界。在同学们看来，既然只要是对转移支付不可缺少的服务都属于转移支付服务的范畴的话，那么连提供互联网的公司，甚至是提供清洁服务的公司和送餐服务的公司，都可以说是转移支付服务的一部分。这显然是不合理的。

我不认为这些质疑是有道理的。诚然，专家组仅仅使用essential这个词来界定，显得有一些单薄，但如果我们进一步分析essential的含义，就不会得出这些荒谬的结论。我查阅柯林斯大词典发现，其对essential的定义是这样的：

1. Something that is essential is **extremely important** or **absolutely necessary** to a particular subject, situation, or activity

2. The essential aspects of something are its most **basic** or important aspects.

从 essential 的定义来看，我认为其至少包含两个要素：一方面是“不可或缺的”，即缺少了它原活动就不可能继续进行；另一方面是“根本的(basic)”，也就是说 essential 之物应当是能反应其对应物的本质的。同学们似乎只看到“不可或缺的”这一层意思：从这一层来看，的确“网络服务”“送餐服务”是不可或缺的，否则，没有网络系统不可能运营，没有送餐员工不可能工作。但是需要注意的是，这并不是 essential 的全部含义。

从“根本的(basic)”这一层次来分析，即很容易能将这些干扰项和我们讨论的 EPS 分开：网络服务是现在几乎所有服务的根基，它本身是中性的，无法代表转移支付服务的本质；送餐服务就更是如此。

综上，我试着归纳出判断一项服务是否是 essential 的判断基础：

1. 看缺少了这项服务，转移支付服务是否还能继续进行，如果可以，则不是 essential；

2. 看这项服务的本质内容是否和转移支付相契合。具体而言，可以看这项服务的功能是单一性的还是广泛、普适性的；看这项服务的设计初衷是为了进行什么；看这项服务的本质是什么。

我认为，通过这两层的判断，完全可以准确地判断出 essential 的含义。在本案中，EPS 的设计初衷就是为了在转移支付中方便双方银行的信息往来；EPS 的本质也是直接与转移支付相契合的，因此在本案中将 EPS 界定为 d 项的 service，我认为没有问题。

林子郁同学在综述中也讨论了这一问题，并认为专家组应当增加“of the same basic nature”的表述。我认为这一点是对的，但是没有必要，因为从 essential 中完全可以解释出来这一含义。

二、including 的立法模式

第二节课上，我们针对 including 的几种用法展开了非常多的讨论。这一问题起源于承诺书中在列举时对 including 的几种不同的用法：

1. …，including …

2. …，including but not limited to …

3. … (including …)

这几种用法各不相同，也为我们带来了解释上的困难。有同学指出，如果要在整个体系内前后通畅地解释 including，就需要善意(good faith)地解释 but not limited to 并赋予其含义，因为要避免立法语言没有意义。既然要赋予其含义，下一步的推论就是 including 是完全列举，这正中中国下怀。

那么 including 究竟应不应该解释为完全列举呢？大家的直观感受是不行的。但对于如何解释，同学们给出了不同的见解：

有同学查阅外网认为，not limited to 仅仅起到一个强调的作用，是一个习惯性的表述，并没有太多特别的意思；

有同学结合专家组在之前案件的讨论认为，including 本身就应该带有不完全列举的包含的意思，因为如果立法者想要进行完全列举，就应当采用 consisting 这种词，而不应采用本身就有不完全的含义的 including；

还有同学指出，WTO 的立法实际上有其随意性。这一方面取决于谈判过程的焦点不

在于文字，一方面也取决于每个条文的执笔者可能不同。

笔者认为，一切文本上的东西都要结合立法目的来看，否则就极容易得出错误的结论。当一个解释看起来反常的时候，应该思考：立法者是否有意要这么写？这么写的用意在哪？如果没有办法看出立法者这么写的特殊用意，而另一种更通常的解释显得更为符合立法者原义，则当然应当采用另一种解释。

在本案中，应该思考的是：立法者为什么、有没有必要将 service 限定于列举出的几种情况？首先我们应当明确，GATS 的本意是将更多的服务内容纳入到 WTO 的规范下来管理；其次应当明确，中国的承诺书的本意也是将全部支付移转的服务纳入 WTO 范畴；再次应当明确，payment and transimission service 包含的内容非常多种多样，绝不仅是列举出的几种。那么从善意的角度来理解缔约者的本意，应当得出立法者不希望只做完全列举的结论。

以上是我所归纳的，这两次课比较重要的问题。而关于整个 WTO 课程的感想，“想说却还没说的，还很多”。尤其是这个学期我们经历了中美贸易关系的大动荡，更让我们对这门课的现实意义有了新的认识。这些感想，笔者希望放到最后的课程感想中，再娓娓道来。

附　录

附录 1:课程论文

曹文潇:WTO 中“立法沉默”的含义推定——区别与意义:跳出狭隘,立足公平

曾涵钰:WTO 争端解决中的体系解释——基于原材料案、稀土案和电子支付案的思考

陈家棋:WTO 中“软法”的协调与适用——以法庭之友为落脚点

陈嘉琳:简论中美知识产权纠纷——从“301 调查”引发的思考

陈自力:WTO 中的立法沉默

程雁遥:反面解释的适用

高珂:GATS 中国承诺表中的演进解释——以出版物案和电子支付案为例

高云曼:久仰大名,何时幸会?——论 WTO 条约解释之补充原则

姜林沣:WTO 立法解释与司法解释

姜文朵:《入世协定书》的体系定位与处理原则

蒋佳佳:探讨 WTO 争端解决机制下的举证责任规则

蒋昕:WTO 法上自然资源数量限制问题研究

金文璇:WTO 争端解决机制中司法经济原则的适用与完善

廖林风:论 WTO 争端解决中的目的解释

林盟、刘书杭:中国入世议定书》第 15 条到期后的解释进路——基于条约解释的分析

林子郁:美国 232 调查的合法性审视——以安全例外条款为视角

刘雨晴:WTO 条约解释中的演化解释

孙艺芸:WTO 上诉机构与司法经济原则:挑战与突破

王乾:变则通,通则久——晨光初现的条约演化解释

韦午梅:《入世议定书》的适用分析

许菁华:WTO 纠纷解决中的法律原则适用

袁崇霖:从对“双重救济”的禁止看 WTO 上诉机构越权裁判问题——以“美国反倾销和反补贴案”为例

袁丁:论 WTO 裁决机构越权问题——兼论 WTO 整体权力配置

翟宇凡:反面解释在 WTO 中的适用——以反倾销反补贴案与原材料案为例

张铜戈:简析上诉机构的越权问题

赵文轩:基于中国电子支付案的案例分析

潘隽吉:独立自足的体制与反求诸一般国际法的方法

谢譞:WTO 的演化解释规则

陈华屹:WTO 承诺表的特殊性与解释原则

徐朝雨:美国"301 条款"与 WTO 争端解决机制的互动关系探究

附录 2:学期感悟(摘录)

"回首一学期的讨论,我将这些浸润着灵感与智慧的问题记录下来,勉励自己,也与大家分享。WTO 概述:什么是乌拉圭回合? WTO 的附录分别是什么? GATT 1994 与 WTO 协定的关系分别是什么? GATT 1947 与 GATT 1994 之间又存在什么关系? 什么是反向协商一致原则? 中美知识产权案:专家组论证的思路是怎样的? 专家组的职权是什么? 如何理解《维也纳公约》第 31 条和第 32 条? 法律解释方法有无优先级? 如何理解专家组关于"a commercial scale"的论证? 美国承担的举证责任是否过重? 如何理解"judicial economy"? 中美贸易摩擦:如何理解一方面提出通过 WTO 磋商、解决争端,另一方面又试图启动 301 项下的自力救济? 232 是否违反 WTO 规则? 是否属于保障安全措施? 是否违反最惠国待遇原则? 232 与 301 条款的主要区别? 301 的哪一环节违反了 WTO 规则? 美国发起 301 调查的目的是什么? 美国为何援用"国家安全"而非保障措施为 232 提供依据? 安全例外与保障措施的区别? 美方声称非违反 DSU23 条的说法是否成立? 中美双方是否绕开了 WTO 规则? 中国报复可能的合法性依据有哪些? 存在怎样的缺陷? 如何理解"Non-WTO Law"? 中国出版物和音像制品案:上诉机构报告 230 段的含义是什么? 根据 DSU 3.2,上诉机构是否越权? "Judicial economy"与"Assumption Arguendo"的不同? 美国为什么提议使用"Assumption Arguendo"解决争议? 原材料案与稀土案:立法沉默的问题。立法沉默时,我们应当怎样解释"沉默"? 其它 WTO 案例是怎样看待"沉默"的? 入世议定书与超义务问题。入世议定书在 WTO 整体法律体系中的地位是什么? 中国入世议定书 Annex 6 规定的税率是否绝对不能提高? 先例的地位和效力:以原材料案与稀土案为例。需要 cogent reasons 才能推翻原先判决,是否体现了上诉机构对于先例尊重、谨慎的态度? 反倾销与反补贴案:反倾销是由什么造成的? 如何计算? 如何理解"a contrario"? 对 contrario reasoning(反面推理)的理解与适用进一步探讨,什么时候可以使用? 与"假设成立"原则性质上的对比。司法能动主义在 WTO 体制中的利弊? 电子支付案:如何理解"三方模式"与"四方模式"? "including"与"not limited to"是否矛盾?"

"参横斗转欲三更,苦雨终风也解晴。云散月明谁点缀? 天容海色本澄清。空余鲁叟乘桴意,粗识轩辕奏乐声。九死南荒吾不恨,兹游奇绝冠平生。"

"发觉 WTO 三个字母根本无法概括课程内容,从法理到逻辑,从哲学到现实,社会科学的种种美妙都在明理楼三楼的一间教室里交织。"

"我曾多次设想,假设杨老师突然从我后面的座位上离开了,课堂会变得怎么样?"

"大二下学期大概是我们法六年级最后一次这么多同学共同上课,之后许多人都会忙着

交换、实习等。讨论也使得大家极大增进了对彼此的了解,也沟通了感情。多年后聚会再相见,提起 WTO 的时候,大家一定都会梦回周五上午,那间空调冷气相当足的教室里。”“很难说这门课对我产生了多大的影响,也许多年后,再次回到明理楼 320,突然想到当年,世界之门在此为我打开。”“希望在多年以后,如果看到某一个 WTO 的案件或者新闻,仍能回忆起当年在杨老师课上所学的知识,并为之一笑。”“这门课也确实给我带来了很多思维和习惯上的改变。”

“在这门课的学习中,我不仅提高了从讨论中学到他人的思维亮点等等具体的学习能力,更重要的是学习到了一种全然不同的学习和思维模式:以学生为主导的课堂模式,整个课堂是一个整体,通过大家的发言讨论,推动其向前进展。在这样的模式下,大家必须要积极思考、跟上课堂的节奏,才能最大限度的有收获、有提升。”

“通过一学期这样的锻炼,我感受到了在课堂上角色的转换;由学生也可以主导出非常丰富的课程内容。尤其是最后几周的课程,基本都是由同学担任主持人,推动课程的进程,这也让我切实感受到了学生是这门课的主人。”

“可能不同的学生的参加同样是第一节课,其讨论的方向是截然不同的,就像是抛出骰子后的多种可能性和未知性。而我们都在经历着独一无二,没有固定方向和结局,看似未知的讨论,这种讨论使我们的焦点沿着知识脉络从树的主干到枝干一直到树梢,其中无数的岔路可以去探索的选择,自主的获取信息,深入的了解一小方面的知识。”

“十六周以来,我觉得非常开心的一件事情,则是在课上与大家共同探究并解决了很多问题。通过这些问题,我获得了新知,并且让这些新知能够继续在我接下来对于国际经济法的探究和思考中提供给我前行的动力。”

“这样的熟练过程其实也是从“输入”到“输出”的转变。”“在这个过程中,有的同学画出了思维导图,有的同学甚至在认为专家组报告不尽如人意的时候自己动手改写专家组的报告,这个过程中,自己也尝试着运用导图等方式来帮助自己理解,这大概就是一个输入——输出——再输入——在输出的过程。在这个过程中,尽管我们没有系统的教科书指点迷津,却发现自己对 WTO 法领域的一些基本概念和解释方法逐渐熟悉,这大概就是自主式学习的第一层内涵。”“输入与输出。输入是指阅读、上课等把知识储存到自己大脑的过程。输出则是通过课堂发言、写作等方式,把信息传递到“我”之外的介质当中。”

“起初我对 WTO 是一窍不通也是不感兴趣的,但是在案例的阅读中我发现这些看似枯燥冗长的报告竟然逻辑清晰而简明,遣词造句别有一番风味。尽管有时我们会“吐槽”专家组的报告写的晦涩难懂(如 commercial scale、objective link 等),但是反过来想一想,确实无法找到更为明快的写法。实际情况的复杂与文书写作时要求的严谨,以及条约中可能存在的模糊,使得专家组必须不能一味地追求简单。纸上得来终觉浅,绝知此事要躬行,没有实

际地阅读案例，就不会感受到专家组报告于严谨和简明间寻找平衡的微妙之处。”

“头脑风暴式”课堂。课堂上的讨论除了要求举桌签按照次序进行发言以保障课堂秩序之外，对于讨论的内容基本上没有实质上的拘束，让参与讨论的同学们都能够敞开思想，使得各种设想、观点能够进行充分地相互碰撞。在课堂上，同学们不受调调框框的限制，从而能够放松思想，让思维自由驰骋，进而能够从不同角度、不同层次、不同方位大胆展开思考，有利于发现很多独创新颖的想法。这样的上课方式使得每一个人的思维都能得到最大限度地开拓，能有效地开阔思路，激发灵感；非常具体地体现了集思广益，有利于体现团队合作的智慧；并且每一位参与者的发言都会受到尊重和鼓励，在这很大程度上有利于使得同学们更加自信，发言更加从容。”

“政治是一门妥协的艺术。”“在一学期的学习中，经过对多个案例的讨论，能够明显看出中国在 WTO 争端解决中的进步和发展，也能从中看到我国国力强大之后在 WTO 体制中微妙的地位变化。”

“中美经贸摩擦下的学习。”“课堂讨论引发民生问题思考。”

“首先便是摆脱了“衣来伸手饭来张口”的学习模式。”

“回顾一学期以来的 WTO 案例研讨课程，感触颇多：第一堂概论课时面对 WTO 争端解决机构的设置时的一头雾水但又充满好奇的心情，第一次面对篇幅冗长又夹杂颇多术语的专家组和上诉机构报告时的手足无措，第一次举起桌签发言时害怕被“怼”的战栗和第一次“怼”了别人时略有成就感的微小情绪……”

“WTO 中国案例研究是我在本科期间的最后一门专业课，也是我上过的最独特而有魅力、最有趣而与众不同的一门专业课。”“‘拿着手机上课’也是这门课最与众不同的地方。”“这是一门能够让你很有收获的课程，也是一门需要自己参与才能体会到他内在魅力的课程。”“这门课让人‘又爱又恨’。”“这门课程也是这学期使我印象最深的一门课程，它对我而言，着实是一次十分新颖的体验。这个“新颖”，既体现在形式意义上，也体现在实体意义上。”“这真的是我大学以来学到的最特殊、最充实也最有趣的课堂！”“相比大家一开始的懵懂无知状态，这种状态更令人歆羡。我所上过的课中，从来没有哪一节课是大家都能如此全情参与的，也从没有哪一节课，让我如此有动力地在课上课下阅读了这么多课内外的文献。我本想将它称之为“民主”的力量，因为我觉得这节课从老师到大家，都是平等的、尊重的，所以才得到了这样的参与，但是后来我觉得这还是要归功于“求知”的力量。它比单纯的“不知”更可贵，更像是由“不知”这片戈壁上的油井钻探出的石油，一点火，便熊熊燃烧不止。课后的综述更像是提纯石油得到汽油的过程，把它一加进油箱，就驱动汽车把每个人送上求知的高速公路。”

“于无声处听惊雷”

“我们最大的突破在于课程综述。事实上，我们的课程综述已经远远超出了回顾，而成为了一篇篇论文的片段，对课堂上未能及时大家进行深入讨论的部分的再展开。”“于是综述就越写越长，我所写的最多的有七千字，而其他优秀的同学的综述就更长了。”“16周的WTO中国案例课程结束了，没想到一学期竟然过得这么快。回首这门课的时候，看到了文件夹里整整齐齐地放着八次课程综述，从第一次的世界贸易组织法课程概论到最后一次的中美“电子支付案”讨论记录，完整地记述了我一个学期以来的学习过程。”“从大家的综述中，我看到了清华法学院本科生对于学术的认真态度，很多时候我自惭形秽。每次综述中，大家不仅会全面总结上节课程中同学们的发言，还会在查阅资料后提出很多自己的思考，甚至和大家分享一些查阅资料的方法。综述的作用不仅在总结，更在于分享，通过阅读大家的综述，我了解到很多查阅资料的网站，也看到了比课程所言更加细致的观点阐述。在此，我也倡导同学们抽时间阅读一下其他同学的综述，这定会启发你自己的思考。”

“要是能提前一年修杨老师的课就好了，大四下出乎意料地繁忙，以致于没能充分地投入课程，不得不说是一种遗憾。”

“整理自己这一学期所写的课堂综述，整整八份。每两周一篇十六周正好八篇。看着自己所写的综述，脑海中也浮现出课堂上的一情一景。”

“每一堂课上我都会发言，一是想在大家的帮助下可以慢慢地修改自己很多不成熟的想法；二是每次发表完看法，甚至是举起名牌的那一刻，我真的收获了自信！每次周五的中午，我的心情都特别好，因为在课堂上，我去全情地参与其中，并且敢于把自己的想法分享给大家。这样一来，满满的成就感又会促使我投入到下一堂课讨论的准备之中。”“到了研究生阶段，感觉说话的机会不是很多。往来独行，形单影只。于是碰到可以说话的课，我都无比珍惜，视为一周内为数不多的说话的机会。学术比较辛苦，革命尚未成功，同志压力很大，侃天便是放松。”“我能够看到的，有几位学弟学妹可能比我付出的可能要多得多——每次在课程群里默默读过几篇综述之后我便有这种感觉。即便在课上，有时候我虽然有自己独特的观点，或者提前做了充足的课外文献阅读，我也没有像几位学弟学妹那样特别积极地与大家进行交流，而是选择了倾听、思考，现在回想起来，还是有些遗憾。正是因为这些原因，我对自己的表现并没有那么满意，也对自己的收获并没有十足的把握。”

“每一个双数周都是最忙的时候。因为既要写课堂综述，也要看课堂上所要讨论的案例；甚至还要准备自己的发言，如果安排不好时间，真的会在上课之前有些焦虑与忐忑。后来逐渐摸清杨老师上课的节奏，我都是在周末把课堂综述写好，因为周五刚过，还有很完整的记忆，为了防止遗漏课堂上任何一个思考点，每次课堂上我都会录音，即使后一个星期可能没有时间再去听，但是也会很安心。周一和周二是看英文案例的时间，我试过在电脑上看案例，好处是遇到不懂的词或者知识点可以马上查询老师的资料包和其他资料。但是我更

倾向于纸质版的案例阅读，因为效率真的比通过电脑屏幕看更高，而且可以划分重点，划分层次，帮助自己理解整个案例的判决思路，甚至还可以在灵感爆发的一刻在旁边画出思维导图。周三和周四则是再次阅读案例准备相关问题的时间，因为我的英文能力不是很好，因此读原始文献确实有些吃力，往往第一遍的阅读我可以理解意思，但是更深层次的判决思路、援引案例、解释方法我往往很难梳理出来，所以还需要再阅读一遍。所以，WTO 课程真的是一门需要投入足够时间和精力的课程，但是忙却快乐着。因为课前的焦虑之感往往经过课堂讨论之后转换为自己的满足之感。"

"这些优秀的学长学姐不仅对课堂讨论起到画龙点睛的作用，而且而时常扮演"小老师"的角色，为我们讲述他们在各自领域所研究的最新进展。真的十分感谢他们，从他们身上，我不仅学习到了在学术上认真、钻研的态度，更学习到了诲人不倦、与学弟学妹交流的无私与耐心。"

"中国作为世界贸易舞台上引人注目的焦点，我们法律人更应当熟悉世贸规则，维护公平贸易秩序，帮助中国更好的与世界贸易规范接轨。"

"非常荣幸本学期完成了一次大综述，仔细阅读了同学们的课程总结，仿佛看到了同学们的思想火花从课上燃烧到了课下，化成文字继续闪烁着光芒。"总之非常感谢杨老师和同学们一个学期以来的真诚付出！

"从跨学科思维方式的角度看，WTO 法律体系并不是封闭自足的，其在实践中呈现出的复杂性、多样性与包容性，使法学与政治学、经济学等语境相交织，与逻辑学、语言学、哲学等学科相联系，由此构建更为多元开放的思维视野。"

"本门课程给我的另一个启发在于，对 WTO 法的研究视角不应只局限于国际视野，还可立足于国内法语境，分析 WTO 的争端解决实践对中国司法实践的借鉴意义。从这一角度来看，专家组及上诉机构的论证智慧值得被国内法院借鉴。"

"进入清华法学院两年，专业课修了不少，却从没上过这样的课——没有基础知识的铺垫，没有老师的手把手教学，没有教材，也没有套路。国内法学了不少，WTO 确实头一回接触。开学时都有些犯怵，第一节课前慌忙找学姐请教如何入门，该看哪些材料。时光飞逝，十六周就在七个案例和中美贸易争端的讨论中匆匆逝去了。这门课带给我的，有新颖也有枯燥，有知识也有感动，最终留下的，都是宝贵的财富。"

"最初几节课上，杨老师的沉默寡言已经到了令我手足无措的地步——不知道谁的观点是对的，不知道接下来的讨论会走向何方。"

"开学的第一堂课，杨老师就兴奋地用微信的"雷达"功能，加了班里每个同学的好友。"

“周虽旧邦，其命惟新。”

““课前准备-课堂讨论-课程综述”螺旋式上升的学习模式与托克维尔所说的“把一个人永远抛回给他自己”不谋而合。正是在这样一种不断“交出自己”又“抛回自己”的过程中，我逐渐体悟到讨论和思考是事实和观点的无限生机之源。”

“然而，或许直到今天WTO令人充满信念的原因不是它已经实现了贸易自由化，而是这一套规则体系中蕴含着贸易自由化的可能性。但这也并不是说WTO规范指向的是一个乌托邦，在一定意义上制度实践本身比制度目的更重要，结果论者往往会丧失把制度付诸实践的热情。但是如果我们选择坚持制度中所蕴含的“可能性”，那么我们或许就有理由相信“路途尽头，星辰降生”的故事。”

“中美经贸摩擦的状况起起跌跌，基本从这门课刚开始一直到现在，都没有结束，时而缓和，时而又激烈，然而一学期的WTO的课程却就此结束了。”

“自己也曾作为最后一次的主持人，主持工作并不容易，不仅要自己对材料有足够掌握，还有预先设定好问题。其实，自己也没有想到对“including”这样一个十分小的点，能让大家意犹未尽。”

“自己最后也作为这一次的综述人，对大家的观点进行了整理，综述的过程其实比自己直接对课程进行总结的过程更加复杂，需要衡量不同的观点，有斟酌的放入最后的综述中予以突出，而这个过程又是自己再学习的一个过程。”

“这一次的WTO课程确实让自己收获颇丰，自己也很庆幸自己最后能够基本上参与到课程的方方面面，准备、讨论、综述、大综述、到最后的主持人，在这个过程中自己深刻感受到了WTO的魅力，甚至，在最后，为当初因为外出参加模拟法庭的比赛而错过了一次课程感到一丝丝的遗憾。”

“时光飞逝，收到课程材料包时的茫然又有些许期待、第一次课堂从不知所措到鼓起勇气发言、看到中美经贸摩擦消息的时候的震惊……一学期以来的点滴似乎还历历在目，转眼就到了结课总结之时。”

“很享受这种自由讨论、自由发言的过程。”

“我一直是一个惧怕课堂发言，在任何课堂举手前都要审慎三思的人。”“我有严重的“写作困难症””。

“自主学习与学习共同体。”

“罗素说：参差多态乃是幸福本源。学会包容与欣赏他人的观点，可能也是这个多元化的社会中必备的技能。参加 WTO 课程后，我时常感觉到这样一个优秀的学习共同体。与其自己慢慢地看论文，在一堂课的争锋与辩论之中就可能发现一个新的研究领域、发现值得探究的问题。在与同学的讨论之中，我突破了许多既有价值观的藩篱，勇敢地去拥抱前所未有的新见解。包容与多元，沟通与共享，也是 WTO 课程教给我的重要一课。”

“学生主导与教师主导。”

“记得法 4 有个同学笑着对我说，自己上完这个课就愉快地入了 WTO 的大坑，连毕业论文都写了 WTO。”

“知之不若不知。”“不知未及求知。”“求知方得真知。”

“坦白地说，这门课的第一周课后，我的心中充满了质疑和不安。因为我从来没有遇到哪一门课，从第一节便鼓励大家自由提问、讨论，何况我们对讨论的内容还一无所知。彼时我的感觉便像是忽然闯进了一场陌生学科的研讨会，我不知道别人要说什么，不知道自己应该说什么，甚至都想不出我应该知道些什么。”

“这种不同是“失控”带来的化学反应。就像凯文·凯利在《失控》一书中所写的，这是一种来自群体智慧的力量。在课下，我读罢案例，可能没有太多想法，或许只有灵光一现的一个主意，但是当大家把每个人微不足道的一点想法汇集到课堂上的时候，质变就发生了。想法碰撞在想法上，产生了新的想法，围绕这些想法很快产生了观点、回答、质疑，它们如云般汇聚，形成了一些难以由书本或者授课带来的全新认识。它的数量可以从每两周课汇集起来数十万字的综述的体量上窥见一斑，它的质量可以从每节课大家提出的创见和独到见解中知其一隅。仿佛没有人引导大家走出“不知”，只是每个人求知的欲望便带领着大家不停地探索、开发着新的知识荒原。”

“在写论文的一周里，我逐渐整理出了自己的收获。虽然我知道自己对 WTO 的体制、规则、原理知之尚浅，但是我努力将课上所学、所想都投入到了这篇论文中。从头到尾，常常是写下几段话，我就能想起课上讨论过的一个观点、课下读过的一篇文献，尽管有些已经模糊了，但是它们的精髓在这门课里已经悉数交予了我，我也把它们应用到了论文里。”

“直到写完论文，整理完所有的思路，我再问自己，这门课我学到真知了吗？这时答案只剩下坚决的肯定。不敢自诩在这短短的一学期里收获如何丰富，但是它绝对超出了我的预期，甚至超出了我的许多“期望”。我知道这是我在这一学期坚持求知的收获，我更加知道这还是我与大家一路一起求知的收获。”

“在中期退课的时候我犹豫过，因为感觉自己无论在时间、文献的阅读、资料的查找还是课堂的讨论上，都比其他同学差很多。但是考虑到这门课的讨论形式十分新颖，在参与中，我能够从优秀的同学们身上学到很多东西，于是还是坚持到了最后。”

“到了期末也习惯性的在每周四都抽出一天的时间阅读文献，查找资料，查找过程中的随手摘录、标红、记录，都是这门课教会我的。”

“尽管案件事实各不相同，如何解释、适用法律条文却是我们一直不能绕过的问题，虽然解释规则都绕不开 VCLT 第 31、32 条，具体应用却要各显神通，专家组和上诉机构的报告论证的逻辑缜密，技巧灵活令我叹服，这是中国的判决书上没有达到的严谨，但是我们也挑战权威，对专家组和上诉机构论证是否详尽，是否越权展开批判，在批判式学习中我们的思路更加清晰，甚至提出了比权威更胜一筹的解决方法。在第一、二周的课上，我们迈入 WTO 的大门，讨论了多哈回合和乌拉圭回合，关贸总协定和 WTO 协定的关系，WTO 争端解决程序，反向协商一致原则，专家组的成员组成，WTO 裁决的强制性和执行力。在第三、四周的课上，我们围绕中美知识产权案讨论了第三方在争端解决中的作用，专家组的职权，司法经济原则，法律解释的方法和适用的顺序，先例的效力，遇有疑义从轻原则，知识产权保护的必要性和保护程度的问题。在第五、六周的课上，我们围绕美国 301、232 调查以及 DS543、544 磋商通报讨论了保障措施与安全例外条款，两个调查是否符合 WTO 规则，中国反制措施是否符合 WTO 规则。在第八、九周的课上，我们围绕中国出版物与音像制品案讨论了假设成立，上诉机构是否越权，中国入世协定书 5.1 援引 GATT 第 20 条作为例外的论证思路。在第十、十一周的课上，我们围绕原材料案和稀土案比较了在不同表述中中国入世协定书能否援引 GATT 条款作为例外的差异，讨论了立法沉默，中国入世协定书 11.3 的例外，入世协定书中的超 WTO 义务，入世协定书与 WTO 协定的关系。在第十二、十三周的课上，我们围绕反倾销与反补贴案讨论了双重救济，反面解释，对于立法漏洞的解释和填补上司法能动主义和司法克制主义的不同立场。在第十四、十五周的课上，我们围绕电子支付案讨论了三方模式和四方模式的差别，专家组对于电子支付服务的界定，微信支付和支付宝与电子支付的关系，演进解释，建立判例制度的可行性，including 表述的意思。回顾这一学期，我不禁震惊于涉及的内容之广泛。”

“*Classical case, /Tremendous debates./Disputes emerge from troublesome trades. Treaties? Tricks/.Trump's tricky TRIPs./World-wide-war of transnational trades./ Preview, review./Week after week./Curriculum summary guarantees your trip./ However hard in terms of interpret./Just hold on to your aims, /And we'll have our days.*”

“时光如白驹过隙，为期十六周的课程虽短暂，却处处充满着惊喜。在提笔写下课程感想之时，我的思绪飞回到第一周的课堂。2018 年 2 月 23 日，是“世贸组织法中国案例研究”

开课的第一天，是“WTO 案例 2018”微信群诞生的日子，也是中美经贸摩擦爆发 28 天前一个平静的早晨。看似平凡而宁静的一天，于我而言，却有非凡的意义。”

“感谢世贸组织法中国案例研究课程，让我正式走近 WTO 的世界，在与大家的讨论分享中见证到思维碰撞的无限可能。所谓“问渠那得清如许，为有源头活水来”，水之清澈澄明，在于源头活水的不断汇入。本门课程的讨论正如“源头活水”，让我在交流的过程中感受到跨学科思维模式的妙用，由此豁然开朗，不断获得新知。”

“现在，十六周的课程已告一段落，不知杨老师的预期有没有实现？我想，这一问题仍将交由大家共同完成，而答案，就在每位同学的课程综述及课程感想之中。无论是对 WTO 体系的全面认识，还是对某一具体争议的真知灼见，抑或是对法学、逻辑学、语言学、政治学、经济学等学科知识的融会贯通，都将作为浓墨重彩的一笔，共同描绘成本门课程的最终画卷。”

“谢谢你们，陪伴我度过充实难忘的周五，谢谢你们，让我有了一个最美好属于 2018 年春天的回忆！”

世界贸易组织法律与实务教学研究文丛

总主编：杨国华（清华大学）

张晓君（西南政法大学）

执行主编：王　衡（西南政法大学）

陈雨松（商务部条法司）

作者简介：

杨国华，男，1965年3月生，1996年毕业于北京大学，获法学博士学位，清华大学法学院教授。曾就职于对外贸易经济合作部条约法律司，任商务部条法司副司长，负责与我国有关的WTO争端解决事务。